Handbuch

für

Konkursrichter

Auf der Grundlage der Reichskonkursordnung v. 10. Februar 1877, des Gesetzes betr. Änderungen der Konkursordnung vom 17. Mai 1898, sowie der sonstigen einschlägigen Vorschriften für den praktischen Gebrauch bearbeitet

von

J. Senst,

Oberlandesgerichtsrat, Geh. Justizrat

Vierte Auflage,

nach dem Tode des Verfassers durchgesehen von

Dr. Wilhelm A. Müller

Senatspräsidenten in Stettin

1928

H. W. Müller, Berlin und München

Druck von Dr. F. P. Datterer & Cie., Freising-München.

Vorwort.

Wohl auf keinem Gebiete der Reichsjustizgesetzgebung zeigt die Praxis der Gerichte eine so verschiedenartige Gestaltung, wie auf demjenigen des formellen Konkursrechts. Der Grund hiervon dürfte in erster Reihe darin zu suchen sein, daß während sonst der Gang des Verfahrens sich größtenteils in fest vorgezeichneten Bahnen bewegt, von dem Konkursverfahren nur der Beginn und die Beendigung eine einigermaßen bestimmte Regelung erfahren haben, während im übrigen fast alles dem pflichtmäßigen Ermessen des Richters überlassen worden ist. In zweiter Reihe kommt sodann auch die Technik der Reichs-Konkursordnung in Betracht, welche sich überwiegend auf die Aufstellung der allgemeinen Grundsätze für das Verfahren beschränkt und die Ausgestaltung desselben im einzelnen der Praxis überlassen hat, dabei aber durch die Knappheit der Fassung der Gesetzesbestimmungen zu mancherlei Zweifeln Anlaß gibt. Diese Umstände müssen eine gewisse Unsicherheit in der praktischen Anwendung der Konkursordnung um so mehr zur Folge haben, als bei den meisten Gerichten die Konkurssachen in zu geringer Zahl vorkommen, als daß es dem Konkursrichter möglich wäre, sich selbst eine hinreichend feste Praxis zu bilden.

Nun ist es zwar richtig, daß die Reichs-Konkursordnung die Tätigkeit des Konkursrichters auf ein verhältnismäßig geringes Maß zurückgeführt hat. Indessen diese Tätigkeit ist immer noch so umfangreich und wegen der bedeutenden dabei in Betracht kommenden persönlichen und vermögensrechtlichen Interessen so wichtig und verantwortlich, daß es wohl als wünschenswert bezeichnet werden darf, durch eine zweckentsprechende Bearbeitung den Konkursrichtern die schnelle und sichere Handhabung der einschlägigen Vorschriften nach Möglichkeit zu erleichtern und die jüngeren Juristen in die Grundsätze und den Gang des Konkursverfahrens einzuführen. Zur Erreichung dieses Zieles dürfte es aber am dienlichsten sein, wenn — abweichend von den meisten bisherigen Bearbeitungen des Konkursverfahrens — nicht die mannigfachen Interessen sämtlicher Beteiligten des Konkurses gleichmäßig berücksichtigt, sondern ausschließlich die Stellung und die Obliegenheiten des Konkursgerichts untersucht, diese aber einer gründlichen Beleuchtung unterzogen und in tunlichster Anlehnung an die wirkliche Gestaltung des Verfahrens zur Darstellung gebracht werden.

Von diesen Erwägungen ist bei der vorliegenden Bearbeitung ausgegangen worden. In derselben wird versucht, die formell-rechtlichen Bestimmungen der Reichs-Konkursordnung, soweit möglich, in der Gestalt, in welcher sie in der Praxis der Konkursgerichte zur Erscheinung gelangen, unter Erörterung aller für die gerichtliche Praxis interessierenden Fragen und in möglichst übersichtlicher Form darzustellen und auf diese Weise eine ausgiebige, dabei aber doch schnelle Information dem Praktiker an die Hand zu geben.

Die Bearbeitung hat sich nicht auf die Besprechung der Vorschriften der Konkursordnung beschränkt, sondern zu deren Ergänzung andere gesetzliche Bestimmungen herangezogen.

In die Erörterung von Streitfragen hat der Verfasser, dem Zwecke des Buches entsprechend und mit Rücksicht auf die von berufenerer Seite bereits erfolgten zahlreichen Bearbeitungen, sich meistens nicht eingelassen; nur an einzelnen Stellen hat er in möglichster Kürze sich eigene Ausführungen in der Hoffnung gestattet, dadurch zu einer weiteren Klärung der Ansichten über mehrere für die Praxis wichtige Fragen vielleicht einen Beitrag liefern zu können. Dagegen sind die wohl bedeutendsten und in den Kreisen der praktischen Juristen verbreitetsten Kommentare nach ihren neuesten Auflagen fortlaufend zitiert worden, um ein eingehenderes Studium der jeweilig interessierenden Fragen zu erleichtern. Auch etliche wichtige Entscheidungen des Reichsgerichts haben Berücksichtigung gefunden.

Die in den Beilagen enthaltenen Beispiele sollen diejenigen Teile des Verfahrens, welche für die Praxis von besonders hervorragendem Interesse sind, an einem bestimmten Falle veranschaulichen.

Der erheblichen Schwierigkeiten der übernommenen Aufgabe ist sich der Verfasser wohl bewußt, er wagt auch nicht zu glauben, daß er diese vollständig bewältigt habe, und wird für Anregungen zu Ergänzungen oder Umgestaltungen des Buches sowie für die Hinweisung auf Irrtümer, welche etwa trotz der angewendeten Sorgfalt sich eingeschlichen haben sollten, dankbar sein. Es wird ihm aber schon zur Genugtuung gereichen, wenn das Buch, so wie es vorliegt, wenigstens im großen ganzen geeignet befunden werden sollte, dem Zwecke, dem es gewidmet ist, einigermaßen zu dienen.

Magdeburg, im März 1890.

Der Verfasser.

Vorwort zur vierten Auflage.

Der Verfasser hat das Erscheinen der neuen Auflage, die er in rüstiger Schaffensfreude noch selbst besorgt hatte, leider nicht mehr erleben dürfen. Unermüdlich hat er sich noch während seiner letzten Krankheit der Korrektur des Handbuches gewidmet, bis ihn die Kräfte verließen. In dankbarem Gedenken an den ausgezeichneten Richter und gütigen Menschen habe ich gern die Aufgabe übernommen, seine Arbeit fortzuführen.

Für die vorliegende Auflage konnte sich diese Aufgabe nur in engen Grenzen halten. Mit dem Druck war bereits begonnen, der Plan des Buches, die Gliederung des Stoffes, war also unverändert beizubehalten, und auch inhaltlich konnten Änderungen und Ergänzungen nur insoweit in Frage kommen, als es im Hinblick auf den gegenwärtigen Stand der Gesetzgebung und auf die in Einzelfragen jetzt als herrschend zu bezeichnende Meinung unbedenklich geboten erschien. Im wesentlichen habe ich mich deshalb darauf beschränkt, die Anführungen in den Fußnoten durch Hinweise auf die vom Verfasser noch nicht berücksichtigten Kommentare von Wolff (2. Auflage 1921), Mentzel (2. Auflage 1926) und Bleyer (3. Auflage 1928) nach Möglichkeit zu vervollständigen. Die angekündigte neue Auflage des führenden Kommentars von Jaeger ist bisher leider nicht erschienen.

Stettin, im Mai 1928.

Dr. W. A. Müller.

Inhaltsverzeichnis.

Anhang.

Beilagen.

Vorbemerkung.

Abwendung des Konkurses.

Zur möglichsten Erhaltung der wirtschaftlichen Existenz eines in Vermögensverfall geratenen Schuldners hat das Gesetz vom 5. Juli 1927 (RGBl. I S. 139) die Einrichtung getroffen, daß ein Schuldner, der vom Konkurse bedroht ist, unter gewissen Voraussetzungen die Eröffnung des Konkurses dadurch abwenden kann, daß er die Eröffnung eines gerichtlichen Vergleichsverfahrens beantragt. Ein solcher Antrag hat zur Folge, daß die Entscheidung über einen etwa bereits vorliegenden oder später eingehenden Antrag auf Konkurseröffnung einstweilen auszusetzen und nur dann zu treffen ist, wenn die Eröffnung des Vergleichsverfahrens abgelehnt oder das eröffnete Verfahren rechtskräftig beendet wird, ohne zu einem Vergleich geführt zu haben. Wird das Vergleichsverfahren eröffnet, so finden während seiner Dauer Zwangsvollstreckungsmaßregeln zugunsten der am Verfahren beteiligten Gläubiger — das sind in der Hauptsache alle Gläubiger, die Konkursgläubiger ohne Vorrecht wären, wenn statt des Vergleichsverfahrens das Konkursverfahren eröffnet worden wäre, — nicht statt und unterliegt die Erfüllung laufender gegenseitiger Verträge den in den §§ 28—30 des Gesetzes vorgesehenen Einschränkungen.

Durch das Vergleichsverfahren wird dem Schuldner die Möglichkeit verschafft, sich von seinen Verbindlichkeiten, soweit sie nicht eine besondere Sicherung genießen oder im Konkurse bevorrechtigt sind, durch Gewährung einer Teilbefriedigung zu befreien oder zu ihrer Erfüllung eine Stundung zu erwirken. Dazu bedarf es eines Vergleichs, zu dessen Abschluß aber nicht die Zustimmung aller am Verfahren beteiligten und stimmberechtigten Gläubiger erforderlich ist, vielmehr die Zustimmung einer Mehrheit der Gläubiger genügt, die in der Regel der im Konkurse zum Abschluß eines Zwangsvergleichs erforderlichen Mehrheit entspricht. Ist die erforderliche Mehrheit erreicht, so sind auch die überstimmten Gläubiger an den Vergleich gebunden. Voraussetzung ist nur, daß der Vergleich die gerichtliche Bestätigung findet, die aber nur in bestimmten Fällen, ähnlich wie die Bestätigung eines Zwangsvergleichs im Konkurse, zu versagen ist (§§ 67, 68 VerglO.). Wird das Vergleichsverfahren nach dem Zustandekommen und der Bestätigung eines Vergleichs aufgehoben, so gilt ein vorliegender Antrag auf Konkurseröffnung als nicht gestellt (§ 69 Abs. 3).

Die Abfindung der Gläubiger muß, wenn durch den Vergleich ein ziffermäßig bestimmter Teil ihrer Forderungen erlassen werden soll, mindestens 30% der Forderungen betragen (§ 6), und wenn sie 50% nicht erreicht, mit einer Mehrheit von nicht nur ¾, sondern mit einer solchen von ⅘ der Forderungen der stimmberechtigten Gläubiger angenommen werden (§ 63 Abs. 2). —

Schon bei der Eröffnung des Verfahrens ist ein Vergleichstermin zu bestimmen, der nicht über einen Monat hinauszurücken ist (§ 26). Dem Schuldner können während des Verfahrens Verfügungsbeschränkungen nach Maßgabe der §§ 50ff. auferlegt werden. In der Regel ist eine Vertrauensperson zu ernennen (§§ 40ff.), auch kann ein Gläubigerausschuß bestellt werden (§§ 48f.).

Die Vergleichsordnung vom 5. Juli 1927 ist an die Stelle der Vorschriften über die Geschäftsaufsicht getreten, durch die bereits ein Zwangsvergleich ohne Konkurs unter gewissen Voraussetzungen ermöglicht wurde. Die die Geschäftsaufsicht betreffenden Gesetzesbestimmungen sind durch § 101 Abs. 2 VerglO. außer Kraft gesetzt. Die am 1. Oktober 1927 anhängigen Geschäftsaufsichten sind nur noch kurze Zeit weitergeführt worden (§ 101 Abs. 3).

Erster Teil.

Allgemeine Bestimmungen für den Konkurs.

I. Zuständigkeit.

A. Allgemeine Grundsätze[1]).

Die Zuständigkeit ist durch die am 1. Januar 1900 in Kraft getretene Novelle zur Konkursordnung vom 17. Mai 1898 abweichend von den früheren Vorschriften geregelt worden: Während früher die Zuständigkeit sich nach dem allgemeinen Gerichtsstande des Gemeinschuldners bestimmte, — ohne Rücksicht darauf, ob dieser Gerichtsstand mit dem Orte seiner gewerblichen Niederlassung zusammenfiel oder nicht, — erklärt das Gesetz nunmehr in erster Linie das Amtsgericht für zuständig, in dessen Bezirk der Gemeinschuldner seine gewerbliche Niederlassung hat. Ist eine solche in Deutschland vorhanden, so ist Konkurseröffnung auch dann zulässig, wenn der Schuldner im Deutschen Reich gar keinen allgemeinen Gerichtsstand hat, nur beschränkt sich in diesem Falle der Konkurs auf das im Inlande befindliche Vermögen (§ 238 Abs. 1 KO.). Erst in Ermangelung einer gewerblichen Niederlassung ist jetzt der allgemeine Gerichtsstand des Gemeinschuldners für die Zuständigkeit des Konkursgerichts maßgebend (§ 71 Abs. 1 KO.). Nur für den Konkurs über einen Nachlaß bleibt es

---

[1]) S. hierzu Jaeger in der LZ. 1909, 662ff.

bei dem bisherigen Recht. (S. Seite 5 unter c.) Hat der Gemeinschuldner innerhalb des Deutschen Reiches weder eine gewerbliche Niederlassung noch einen allgemeinen Gerichtsstand, besitzt er aber in Deutschland ein Gut und ist deswegen Konkurseröffnung über sein im Inlande befindliches Vermögen statthaft, so ist das Amtsgericht zuständig, in dessen Bezirk das Gut liegt (§ 238 Abs. 2 KO.).

Die hiernach begründete Zuständigkeit ist eine ausschließliche. Prorogation ist unstatthaft (§§ 71 Abs. 1, 238 Abs. 2 KO.).

Entscheidend für die Zuständigkeit ist die Zeit des Eingangs des Konkursantrags[1]). An der einmal begründeten Zuständigkeit wird durch eine spätere Verlegung der gewerblichen Niederlassung oder des Wohnsitzes nichts geändert.

Ein Mangel der Zuständigkeit wird durch die Rechtskraft des Eröffnungsbeschlusses geheilt.

B. Einzelheiten.

a) Gewerbliche Niederlassung.

Die Niederlassung muß den Betrieb einer Fabrik, einer Handlung oder eines anderen Gewerbes zum Gegenstande haben, und es müssen von ihr aus unmittelbar und selbständig Geschäfte des Schuldners betrieben werden. Das Halten eines Lagers, der Betrieb einer Fabrikation oder das Halten einer Agentur stellen für sich allein noch keine gewerbliche Niederlassung dar. Daß die Niederlassung dem Schuldner eigentümlich gehört, ist nicht gerade notwendig; es genügt, daß sie für seine Rechnung betrieben wird. Besitzt der Schuldner außer einer Hauptniederlassung noch eine oder mehrere Zweigniederlassungen in Deutschland, so ist nur das Gericht der Hauptniederlassung für die Konkurseröffnung zuständig[2]).

b) Der allgemeine Gerichtsstand.

α) Von physischen Personen.

Der allgemeine Gerichtsstand einer physischen Person wird zunächst durch den Wohnsitz bestimmt (§ 13 ZPO.). Unter dem Wohnsitz ist der Ort zu verstehen, wo die Person ihre ständige Niederlassung, d. h. den Mittelpunkt ihrer wirtschaftlichen Tätigkeit und ihren dauernden oder wenigstens als dauernd beabsichtigten Aufenthalt hat (§ 7 BGB.). Dies gilt jedoch nur mit folgenden Maßgaben:

---

[1]) OLG. 19, 218 (Köln). Vorausgesetzt, daß das Gericht zu dieser Zeit zuständig ist. OLG. 19, 218 (Kiel). Anderenfalls Verweisung an das zuständige Gericht entspr. § 276 ZPO. LG. Hamburg in ZZP. 49, 279 und die Anm. dazu von Jaeger.

[2]) v. Wilmowski A. 2 zu § 71, Jaeger A. 10, Wolf A. 2, Mentzel A. 2, Bleyer A. 2.

1. Die Ehefrau teilt den Wohnsitz ihres Ehemannes, sofern dieser nicht seinen Wohnsitz im Ausland an einem Orte begründet, wohin sie ihm nicht folgt und auch zu folgen nicht verpflichtet ist (§§ 10 Abs. 1, 1353, 1354 BGB.). Nur solange der Mann keinen Wohnsitz hat oder sie seinen Wohnsitz nicht teilt, kann sie selbständig einen Wohnsitz haben (§ 10 Abs. 2 BGB.).

2. Eheliche und diesen gleichgestellte Kinder teilen den Wohnsitz des Vaters, uneheliche Kinder den der Mutter. Den hiernach begründeten Wohnsitz behalten die Kinder so lange, bis sie ihn in rechtsgültiger Weise aufheben (§ 11 BGB.).

3. Militärpersonen haben ihren Wohnsitz[1]) am Garnisonort, ausgenommen, wenn sie selbständig einen Wohnsitz nicht begründen können (§ 9 BGB.). Militärpersonen sind jetzt nur noch die im Waffendienst tätigen Angehörigen der Wehrmacht (Offiziere, Deckoffiziere, Unteroffiziere und Mannschaften), nicht dagegen die Zivilbeamten der Militärverwaltung (Reichswehrgesetz vom 23. März 1921, § 1).

4. Deutsche, die das Recht der Exterritorialität genießen, sowie die im Auslande angestellten Beamten des Reiches oder eines deutschen Landes mit Ausnahme der Wahlkonsuln behalten in Ansehung des Gerichtsstandes den Wohnsitz, den sie in dem Heimatstaate hatten. In Ermangelung eines solchen Wohnsitzes gilt als ihr Wohnsitz die Hauptstadt des Heimatstaates (§ 15 ZPO.).

Wenn eine Person keinen Wohnsitz hat (weder im Inlande noch im Auslande), so wird ihr allgemeiner Gerichtsstand durch den Aufenthaltsort im Deutschen Reiche und, wenn ein solcher nicht bekannt ist, durch den letzten Wohnsitz bestimmt (§ 16 ZPO.). Wenn es sich also z. B. um die Konkurseröffnung über das Vermögen eines Schuldners handelt, der eine gewerbliche Niederlassung nicht besitzt, flüchtig geworden ist und dadurch seinen Wohnsitz aufgegeben hat, so kommt es zunächst darauf an, ob sein Aufenthaltsort ermittelt ist oder nicht. Ersterenfalls kommt weiter in Betracht, ob der Schuldner sich im Inlande oder im Auslande aufhält. Hält er sich im Inlande auf, so ist das Gericht des Aufenthaltsortes für den Konkurs ausschließlich zuständig. Hält er sich dagegen im Auslande auf, so ist eine Konkurseröffnung über sein ganzes Vermögen in Deutschland nur zulässig, wenn er seinen letzten Wohnsitz im Deutschen Reiche gehabt hat. Wo nicht, so kann nur vielleicht ein Sonderkonkurs gemäß § 238 KO. in Deutschland stattfinden. Das Gleiche gilt, wenn der Aufenthalt des Schuldners überhaupt nicht bekannt ist.

---

[1]) S. hierzu auch § 14 ZPO.

β) Von juristischen Personen, Gesellschaften und Vereinen.

Der allgemeine Gerichtsstand der juristischen Personen wird durch ihren Sitz bestimmt. Als Sitz gilt, wenn nichts anderes erhellt, der Ort, wo die Verwaltung geführt wird (§ 17 Abs. 1 ZPO.).

Offene Handelsgesellschaften, Kommanditgesellschaften, Kommanditgesellschaften auf Aktien, Aktiengesellschaften, Gesellschaften mit beschränkter Haftung, eingetragene Genossenschaften und Vereine haben ihren Gerichtsstand ebenfalls an ihrem Sitze (§ 17 Abs. 1 ZPO.). Die Handels- bzw. Genossenschaftsregister geben über den Sitz der darin eingetragenen Gesellschaften bzw. Genossenschaften stets Auskunft. Die offenen Handelsgesellschaften und die Kommanditgesellschaften sind freilich nicht sämtlich in die Handelsregister eingetragen, wenn auch ihre Eintragung vorgeschrieben ist. Nach Auflösung einer Handelsgesellschaft oder eingetragenen Genossenschaft bleibt deren bisheriger allgemeiner Gerichtsstand so lange bestehen, bis die Liquidation beendigt ist.

Für Gewerkschaften ist der allgemeine Gerichtsstand bei dem Gerichte begründet, in dessen Bezirk das Bergwerk liegt (§ 17 Abs. 2 ZPO.).

c) Zuständigkeit für den Konkurs über einen Nachlaß.

Für das Konkursverfahren über einen Nachlaß ist das Amtsgericht zuständig, bei dem der Erblasser zur Zeit seines Todes seinen allgemeinen Gerichtsstand gehabt hat (§ 214 KO.). Auch für Nachlaßkonkurse ist die vom Gesetze bestimmte Zuständigkeit eine ausschließliche. Es kommt nicht darauf an, ob sich der Nachlaß im Bezirke des im § 214 KO. bezeichneten Gerichts befindet[1]. Hat der Erblasser in Deutschland keinen allgemeinen Gerichtsstand gehabt, so kann über sein inländisches Vermögen nur unter den Voraussetzungen des § 238 Abs. 1, 2 KO. Konkurs eröffnet werden[2].

d) Zuständigkeit in den Fällen, in denen es an einer gewerblichen Niederlassung und einem allgemeinen Gerichtsstande des Schuldners im Deutschen Reiche mangelt.

Hat jemand im Deutschen Reiche weder eine gewerbliche Niederlassung noch einen allgemeinen Gerichtsstand, so kann selbst über sein in Deutschland befindliches Vermögen in der Regel ein Konkurs nicht eröffnet werden. Diese Regel erleidet jedoch nach § 238 Abs. 2 KO. eine Ausnahme:

---

[1]) Das gleiche wie für den Konkurs über einen Nachlaß gilt für den Konkurs, der im Falle der fortgesetzten Gütergemeinschaft über das überschuldete Gesamtgut eröffnet werden kann (§ 236 KO.).

[2]) Wenn es an diesen Voraussetzungen fehlt, so kann die Anordnung der Nachlaßverwaltung beantragt werden (§ 1981 BGB.) oder nur eine Einzelvollstreckung in die inländischen Nachlaßgegenstände erfolgen (Bleyer A. 1 b zu § 214).

Wenn ein Schuldner im Deutschen Reiche ein Gut bewirtschaftet, so kann über sein in Deutschland befindliches Vermögen von dem Gericht, in dessen Bezirk das Gut liegt, Konkurs eröffnet werden, sofern

a) das Gut mit Wohn- und Wirtschaftsgebäuden versehen ist,
b) darauf ein land- oder forstwirtschaftlicher Betrieb geführt wird und
c) die Bewirtschaftung entweder durch den Schuldner selbst oder doch für seine Rechnung geschieht.

Danach ist die Eröffnung des Konkurses gegen einen im Auslande Wohnenden in Deutschland nicht zulässig, wenn sein in Deutschland liegendes Gut nur mit Wohngebäuden oder nur mit Wirtschaftsgebäuden besetzt ist, oder wenn die Bewirtschaftung des Guts eingestellt ist, oder wenn der Schuldner es verpachtet hat.

Dagegen ist nicht erforderlich, daß dem Schuldner das Gut eigentümlich gehört; es genügt, wenn er Nutznießer oder Pächter ist.

e) Einfluß der Nationalität des Schuldners.

Die Nationalität des Schuldners begründet für die Zuständigkeit keinen Unterschied. Auch gegen einen ausländischen Schuldner kann von einem deutschen Gerichte der Konkurs eröffnet werden, sofern er entweder bei dem Gerichte seinen allgemeinen Gerichtsstand oder im Bezirke des Gerichts eine gewerbliche Niederlassung oder ein Gut der im § 238 KO. bezeichneten Art hat[1]). Auf der anderen Seite kann gegen einen Reichsangehörigen, der im Auslande seinen Wohnsitz hat oder domizillos sich aufhält, in Deutschland Konkurs nur eröffnet werden, wenn er hier eine gewerbliche Niederlassung hat oder der Fall des § 238 Abs. 2 KO. vorliegt. Die Konkurseröffnung wird aber, wenn dies der Fall ist, dadurch nicht ausgeschlossen, daß der im Auslande befindliche Deutsche der Konsulargerichtsbarkeit untersteht. Die §§ 2 und 7 des Reichsgesetzes vom 7. April 1900 stehen der Anwendung der Zuständigkeitsbestimmungen der KO. nicht entgegen.

B. Regelung der Zuständigkeit in besonderen Fällen.

a) Beim Vorhandensein mehrerer zuständiger Gerichte.

Wenn ein Schuldner mehrere voneinander unabhängige gewerbliche Niederlassungen oder mehrere Wohnsitze in verschiedenen Gerichtsbezirken hat und deshalb mehrere Gerichte zur Konkurseröffnung an und für sich zuständig sind, so hat der Antragsteller die Wahl, bei welchem der mehreren Gerichte er die Konkurseröffnung

[1]) A. M. von Völdernborff II, 14; er erachtet die Verhängung des Konkurses in Deutschland über einen Ausländer nur dann für zulässig, wenn der Ausländer in Deutschland seinen Wohnsitz hat oder wenn § 238 KO. anwendbar ist.

beantragen will. Werden gegen einen und denselben Schuldner bei verschiedenen zuständigen Gerichten Anträge auf Konkurseröffnung gestellt, so schließt das Gericht, bei dem zuerst ein solcher Antrag eingegangen ist, die übrigen aus[1]) (§ 71 Abs. 2 KO.), — vorausgesetzt natürlich, daß der Antrag, der die Ausschließung begründen soll, auch wirklich zur Konkurseröffnung führt.

Dasselbe gilt dann, wenn ein Schuldner, der keine gewerbliche Niederlassung und keinen allgemeinen Gerichtsstand in Deutschland hat, in verschiedenen Gerichtsbezirken des Deutschen Reiches Güter besitzt, auf die die Voraussetzungen des § 238 Abs. 2 KO. zutreffen.

b) Bei Streitigkeiten über die Zuständigkeit.

Sollte es vorkommen,

daß mehrere Gerichte gegen dieselbe Person Konkurs eröffnet haben und ihre Eröffnungsbeschlüsse rechtskräftig geworden sind, oder

daß verschiedene Gerichte, von denen eines zuständig ist, für die Konkurseröffnung sich rechtskräftig für unzuständig erklärt haben, oder

daß es mit Rücksicht auf die Grenzen verschiedener Gerichtsbezirke zweifelhaft ist, welches Gericht für den Konkurs als zuständig anzusehen,

so erfolgt die Bestimmung des zuständigen Gerichts durch dasjenige Gericht, welches für sämtliche in Betracht kommenden Amtsgerichte das im Instanzenzuge zunächst höhere ist. Die Entscheidung dieses Gerichts ist unanfechtbar (§§ 72 KO., § 36 Nr. 2, 5, 6, § 37 ZPO.).

c) Bei Verhinderung des zuständigen Gerichts.

Wenn das an sich zuständige Amtsgericht in einem einzelnen Falle rechtlich oder tatsächlich behindert ist (§§ 41, 42, 245 ZPO.), so bestimmt das vorgesetzte Landgericht, welches Gericht den Konkurs bearbeiten soll. Dieser Fall kann aber nur dann eintreten, wenn bei dem zuständigen Amtsgericht gar kein nicht behinderter Richter übrig bleibt (§ 72 KO., § 36 Nr. 1 ZPO.). Die Entscheidung des Landgerichts kann in den Fällen der §§ 41, 42 ZPO. von dem Amtsgerichte von Amts wegen herbeigeführt werden.

II. Verfahren. Entscheidungen. Rechtsmittel.

Im allgemeinen sind im Konkursverfahren, soweit für dieses nicht in der Konkursordnung etwas anderes bestimmt ist, die Vorschriften der Zivilprozeßordnung entsprechend anwendbar (§ 72 KO.). Das gilt insbesondere von den Vorschriften der §§ 41 bis

[1]) OLG. 19, 218 (Köln).

49 ZPO. über die Ausschließung und Ablehnung der Gerichtspersonen. Bei der entsprechenden Anwendung dieser Vorschriften ist als „Partei" der Gemeinschuldner jedenfalls anzusehen und auch die Konkursgläubiger sind es wohl[1]). Nur dürfte die Anwendung des § 41 zur Voraussetzung haben, daß der Richter über bestimmte Anträge zu entscheiden hat, und daß er in einer unter die Bestimmungen des Paragraphen fallenden Beziehung zu dem Antragsteller oder dessen etwaigem Gegner steht.

Das Konkursverfahren ist aber kein Prozeßverfahren im engeren Sinne; es wird darin nicht über streitige Rechte materiell unter bestimmten Parteien entschieden. Nur in seltenen Fällen steht dem Konkursgerichte überhaupt eine Entscheidung von Streitigkeiten zu, und in diesen wenigen Fällen handelt es sich nur um Teilnahmerechte im Konkurse (§§ 95 Abs. 2, 96 Abs. 1, 158 Abs. 2, 162 Abs. 2 KO.). In diesem Unterschiede des Konkursverfahrens vom Prozeßverfahren hat es seinen Grund, daß die Vorschriften der Zivilprozeßordnung über das Verfahren sowie über die Art und die Wirkungen der Entscheidungen nur mit erheblichen Abweichungen im Konkurse Anwendung finden.

A. Verfahren.

Die Grundsätze der Zivilprozeßordnung bezüglich der Mündlichkeit des Verfahrens haben im Konkurse nur eine sehr beschränkte Geltung. Die Mündlichkeit bildet hier nicht die Regel, sondern die Ausnahme. Vorgeschrieben ist die mündliche Verhandlung nur im Falle des § 184 Abs. 2 KO. und auch hier nicht in dem Sinne der Zivilprozeßordnung. In allen anderen Fällen können die Entscheidungen ohne vorgängige mündliche Verhandlung erfolgen, so daß es dem Konkursgericht überlassen bleibt, darüber zu befinden, ob in einem gegebenen Falle eine mündliche Verhandlung stattfinden soll oder nicht (§ 73 Abs. 1 KO.). Sehr häufig wird das Gericht sich verneinend entscheiden.

In der Regel kann die Entscheidung des Konkursgerichts schon auf einseitigen Antrag, ohne Gehör anderer Beteiligter, getroffen werden. Die Anhörung anderer ist nur in gewissen Fällen, namentlich vor der Entscheidung über die Konkurseröffnung, vorgeschrieben. Sollen oder müssen Beteiligte „gehört" werden, so kann dies nach dem Ermessen des Gerichts auf mündlichem oder auf schriftlichem Wege geschehen[2]). —

Eine fernere Abweichung des Verfahrens im Konkurse vom Prozeßverfahren besteht darin, daß das Konkursgericht in vielen

---

[1]) So Jaeger A. 3 zu § 72.

[2]) Petersen und Kleinfeller A. 3 zu § 73, v. Wilmowski A. 2 a. E., Jaeger A. 2, 3, Bleyer A. 1, Sydow-Busch A. 1.

Fällen von Amts wegen Anordnungen zu treffen hat oder doch treffen kann (s. z. B. §§ 73 Abs. 2, 81, 84, 93, 101, 106 KO.).

Setzt eine Entscheidung des Konkursgerichts einen Antrag voraus, so kann dieser mündlich oder zu Protokoll der Geschäftsstelle gestellt werden. Anwaltszwang findet nicht statt, da § 78 ZPO. nur für das Verfahren vor den Landgerichten Bestimmung trifft.

B. Entscheidungen.

Die Entscheidungen des Konkursgerichts ergehen niemals in der Form von Urteilen. Ihre regelmäßige Form ist die des Beschlusses. Ob und inwieweit die Entscheidungen mit Gründen zu versehen, bleibt überall dem Ermessen des Gerichts überlassen. Die Rücksicht auf die Beteiligten und das dienstliche Interesse werden jedoch meistens eine Begründung der Entscheidungen erheischen. In jedem Falle scheint es geboten, daß die Entscheidungen schriftlich niedergelegt werden, sei es nun mittels Aufnahme in ein Protokoll oder mittels besonderer Niederschrift.

Ausfertigungen gerichtlicher Entscheidungen unterzeichnet und untersiegelt die Geschäftsstelle des Gerichts (§§ 329 Abs. 2, 317 ZPO., § 72 KO.).

Zu einer Änderung seiner Entscheidungen ist das Konkursgericht insoweit nicht befugt, als gegen sie die sofortige Beschwerde zulässig ist (§ 72 KO., § 577 Abs. 3 ZPO.).

C. Rechtsmittel.

Das Rechtsmittel gegen Entscheidungen im Konkursverfahren ist in der Regel die sofortige Beschwerde (§ 73 Abs. 3 KO.)[1]). Für die Behandlung der sofortigen Beschwerde sind die §§ 577, 568 ff. ZPO. maßgebend. Die Beschwerde hat also keine aufschiebende Wirkung; das Beschwerdegericht sowohl als das Konkursgericht können aber anordnen, daß die Vollziehung der angefochtenen Entscheidungen einstweilen ausgesetzt werde (§ 572 ZPO.). Die Beschwerdefrist beträgt in der Regel 2 Wochen, ist aber auf eine Woche beschränkt, wenn die Beschwerde sich gegen eine Entscheidung richtet, die im Anschluß an einen Versuch um Erledigung der Sache durch ein gerichtliches Vergleichsverfahren handelt (§ 14 Abs. 2 VerglOrdn.). Die Beschwerdefrist ist eine Notfrist[2]). Wegen Berechnung der Frist s. Abschnitt IV S. 17. Die Entscheidung des Beschwerdegerichts wird erst mit der Rechtskraft wirksam. Das Beschwerdegericht kann jedoch die sofortige Wirksamkeit anordnen (§ 74 KO.).

---

[1]) Streitig, ob sie das einzige Rechtsmittel oder ob, wenn eine Anhörung vorher nicht stattgefunden hatte, § 766 ZPO. entsprechend anwendbar ist. In letzterem Sinne Wolff A. 1 zu § 73, dagegen Jaeger A. 6, Bleyer A. 4.

[2]) Gegen ihre Versäumung findet daher Wiedereinsetzung in den vorigen Stand nach Maßgabe der §§ 233 ff. ZPO. statt. S. S. 17.

Unter welchen Voraussetzungen gegen die Entscheidung des Beschwerdegerichts weitere Beschwerde stattfindet, bestimmt § 568 Abs. 2 ZPO. Ausnahmsweise ist die weitere Beschwerde gänzlich ausgeschlossen, wenn die Entscheidung des Beschwerdegerichts die Bestätigung oder die Verwerfung eines Zwangsvergleichs betrifft (§ 189 Abs. 3 KO.).

Die sofortige Beschwerde ist gegen Entscheidungen über Gegenstände, die dem Konkursverfahren eigentümlich sind, das einzige zulässige Rechtsmittel. Die gewöhnliche Beschwerde ist jedoch im Konkurse nicht völlig ausgeschlossen. Sie findet z. B. gegen Festsetzung von Strafen wegen Ungebühr oder wegen Zeugnisverweigerung, gegen die Berechnung der Gebühren von Zeugen und Sachverständigen, die auf Grund des § 75 KO. vernommen sind, wegen Verzögerungen, wegen verweigerter Auskunft u. dgl. statt. Die einfache Beschwerde hat aufschiebende Wirkung, wenn sie gegen die Festsetzung von Strafen gegen Zeugen oder Sachverständige gerichtet ist (§ 572 Abs. 1 ZPO.).

In einzelnen Fällen ist eine Anfechtung der Entscheidung des Konkursgerichts überhaupt unstatthaft. Unanfechtbar sind

1. die Entscheidungen über streitige Stimmrechte (§§ 95, 96 KO.),
2. der Beschluß, wodurch die Aufhebung des Konkurses nach Vollziehung der Schlußverteilung oder nach rechtskräftiger Bestätigung des Zwangsvergleichs ausgesprochen wird (§§ 163 Abs. 1, 190 Abs. 1 KO.).

Wegen der Kosten der Beschwerde s. § 47 Abs. 1 GKG. Es wird die volle Gebühr erhoben, aber, abgesehen von der Beschwerde gegen den Eröffnungsbeschluß, nur, wenn die Beschwerde als unzulässig verworfen oder zurückgewiesen wird.

III. Zustellungen. Öffentliche Bekanntmachungen.

A. Zustellungen.

a) Allgemeines.

Die Entscheidungen in Konkurssachen bedürfen in der Regel der Zustellung. Die Zustellung ist stets erforderlich, wenn die Entscheidung der sofortigen Beschwerde unterliegt, denn die für die Einlegung des Rechtsmittels bestimmte Notfrist läuft erst von der Zustellung der Entscheidung ab. Eine förmliche Zustellung erscheint nur dann entbehrlich, wenn die Entscheidung einem Antrage vollständig stattgibt und ein anderer als der Antragsteller bei dem Gegenstande der Entscheidung nicht beteiligt ist oder wenn ausnahmsweise das Gesetz die sofortige Beschwerde ausschließt[1]), ferner wenn es sich um Verfügungen handelt, die keine eigentliche Entscheidung enthalten, z. B. wenn der Verwalter zur Berichterstattung

---

[1]) So auch Wolff A. 4. Jaeger A. 4 erachtet auch in diesem Fall Zustellung für erforderlich, ebenso Bleyer A. 3.

über die Lage der Sache aufgefordert, oder wenn einem Antragsteller die Erledigung eines Anstands durch eine Zwischenverfügung aufgegeben wird.

Sofern eine Zustellung der Entscheidungen erforderlich ist, erfolgt sie von Amts wegen (§ 73 Abs. 2 KO.). Ob und an wen zuzustellen, darüber hat der Richter Anordnung zu treffen. Die Zustellungen selbst hat die Geschäftsstelle nach Maßgabe der §§ 208 ff. ZPO. bzw. §§ 76 f. KO. zu veranlassen.

b) An wen zuzustellen.

Die Beantwortung dieser Frage, mit der die Beantwortung der ferneren Frage, in welcher Art die Zustellung zu bewirken, im Zusammenhange steht, ist vielfach schwierig, weil es in vielen Fällen zweifelhaft und streitig ist, welchen Personen ein Recht zur sofortigen Beschwerde zusteht.

Im allgemeinen ist als Grundsatz aufzustellen: Beschwerdeberechtigt sind diejenigen, in deren Rechtslage die Entscheidung dergestalt eingreift, daß sie sich beschwert fühlen können. Diesen Personen also muß die Entscheidung zugestellt werden.

Im einzelnen wird die Zustellung zu erfolgen haben

an den Antragsteller, wenn sein Antrag ganz oder zum Teil abgelehnt wird,

an den Konkursverwalter, wenn die Entscheidung ihn persönlich oder die Konkursmasse beschweren kann,

an den Gemeinschuldner, wenn die Entscheidung ihm persönlich eine Auflage macht oder die ihm verbliebenen Vermögensrechte berührt, nicht aber auch, wenn die Entscheidung lediglich die Rechte seiner Gläubiger an der Konkursmasse zum Gegenstande hat,

an die Konkursgläubiger, wenn ihre durch die Konkursordnung bestimmte Rechte von der Entscheidung betroffen werden.

Hier fragt es sich aber: Welches sind die Rechte der Konkursgläubiger? Jede Entscheidung, die sich auf die Herbeischaffung, Ermittelung, Sicherstellung, Aufzeichnung, Verwaltung, Verwertung, Verwendung oder Verteilung der Konkursmasse bezieht, berührt das Interesse der Konkursgläubiger insofern, als sie auf das schließliche Ergebnis, das der Konkurs für die Gläubiger hat, entweder sicher von Einfluß ist oder doch möglicherweise von Einfluß sein kann. Wollte man nun diese Erwägung für ausreichend erachten, um anzunehmen, daß alle Entscheidungen der gedachten Art wirkliche Rechte der Konkursgläubiger berühren, so würde man die Zustellung an die Konkursgläubiger fast stets für erforderlich erachten müssen. Diese Auffassung führt aber nicht nur zu praktisch schwer annehmbaren Ergebnissen — insofern sie zahlreiche öffentliche Bekanntmachungen erforderlich machen würde —, sondern erscheint auch theoretisch anfechtbar. Die Konkursordnung überträgt die Vertretung der Gesamtinteressen der Gläubiger an der Konkursmasse dem Verwalter. Er hat die Verwaltungs- und Verfügungsbefugnis über die Konkursmasse (§ 6 KO.). Ihm liegt es ob, das Interesse der Masse nach allen Richtungen hin wahrzunehmen. Er ist dabei an die Weisungen oder an die Zustimmung der einzelnen Konkursgläubiger in keiner Weise gebunden und selbst von der Versammlung der Gläubiger nur in einer Anzahl besonders wichtiger Fälle und auch in diesen meist nur in gewissem Umfang abhängig. Den einzelnen Konkursgläubigern steht in der Regel kein Mittel zu Gebote, um Verfügungen des Verwalters über die Masse, mögen sie auch noch so nachteilig sein, zu hindern, oder um Unterlassungen des Verwalters in der Ausübung von Rechten, die zur Konkursmasse gehören, ihrerseits gut zu machen. In Erwägung dessen dürfte es als der Absicht des Gesetzes entsprechend anzusehen sein, daß auch gegenüber den Entscheidungen des Konkursgerichts der Verwalter allein das Interesse der Konkursmasse wahrzunehmen hat, und daß demnach die Entscheidungen, insoweit sie die Interessen der Konkursmasse berühren, nur dem Verwalter zuzustellen sind. Zustellungen an die Konkursgläubiger erscheinen bei dieser Auffassung nur dann erforderlich, wenn die Entscheidungen entweder Sonderrechte der Gläubiger oder solche Interessen der Gläubigergesamtheit betreffen, deren Wahrnehmung dem Konkursverwalter nicht zugewiesen oder aus besonderen Gründen nicht möglich ist[1]).

c) In welcher Weise die Zustellungen zu bewirken sind.

Die Zustellungen erfolgen, sofern nur einzelnen bestimmten Personen zuzustellen ist, nach Maßgabe der Vorschriften der Zivilprozeßordnung. Wenn jedoch neben öffentlicher Bekanntmachung eine besondere Zustellung stattzufinden hat, so genügt Zustellung durch Aufgabe zur Post. In diesen Fällen (es sind die der §§ 111 Abs. 3 und 179 KO.) ist es also hinreichend, daß die Geschäftsstelle gemäß den §§ 211, 213 ZPO. verfährt. Der besonderen Beurkundung der Zustellung (§ 212 ZPO.) bedarf es nicht. Auch braucht weder die Sendung eingeschrieben zur Post gegeben, noch die Abschrift des zuzustellenden Schriftstücks beglaubigt zu werden[2]) (§ 77 Abs. 1 KO.).

Ist eine Zustellung an sämtliche beim Konkurse Beteiligte oder an sämtliche Konkursgläubiger nötig, so erfolgt sie, da die vorhandenen Konkursgläubiger niemals sämtlich dem Konkursgericht mit voller Sicherheit bekannt sein können, vielmehr stets die Mög-

[1]) Vgl. hierzu, z. T. abweichend, Petersen und Kleinfeller A. 5, Jaeger A. 5 u. 9, v. Wilmowski A. 4 u. 6, Wolff A. 4, Bleyer A. 4a.

[2]) S. hierzu Jaeger A. 1 zu § 77, Petersen und Kleinfeller A. 4 zu §§ 76, 77, Mentzel A. 1 zu § 77.

lichkeit besteht, daß Gläubiger vorhanden sind, von denen das Gericht nichts weiß, durch öffentliche Bekanntmachung. Die öffentliche Bekanntmachung (vgl. unter B) muß namentlich stattfinden

1. bei Berufung von Gläubigerversammlungen,
2. bei Entscheidungen über Beschlüsse oder Anträge von Gläubigerversammlungen[1]),
3. bei Entscheidungen, die die Konkursmasse betreffen, hinsichtlich deren aber der Verwalter wegen eines widerstreitenden Interesses oder aus anderen Gründen die Interessen der Konkursmasse nicht vertreten kann.

Die öffentliche Bekanntmachung gilt stets als Zustellung an alle Beteiligten (also insbesondere auch als Zustellung an den Verwalter), und zwar selbst dann, wenn neben ihr eine besondere Zustellung von der Konkursordnung vorgeschrieben ist (§ 76 Abs. 3 KO.).

Die Verkündung der Entscheidung vermag die besondere Zustellung nicht zu ersetzen[2]).

Ausnahmen finden nur folgende statt:

I. Die Verkündung in einem Termin genügt,
wenn in einer Gläubigerversammlung eine Vertagung der Verhandlung angeordnet wird (§ 93 Abs. 2 KO.) und
wenn die Entscheidung über die Bestätigung oder die Verwerfung eines Zwangsvergleichs ergeht (§ 185 KO.).

II. An Stelle öffentlicher Bekanntmachung ist die Niederlegung der Entscheidung auf der Geschäftsstelle vorgeschrieben, wenn die Entscheidung die Abänderung des Verzeichnisses der bei einer Verteilung zu berücksichtigenden Forderungen anordnet (§ 158 Abs. 2, § 162 Abs. 2 KO.)[3]).

B. Öffentliche Bekanntmachungen.

Öffentliche Bekanntmachungen erfolgen im Konkurse teils zum Zwecke der Zustellung von Entscheidungen, teils zur Benachrichtigung der Konkursinteressenten von besonders wichtigen Maßregeln. Vgl. die Bemerkungen unter A c. In den §§ 81, 93, 98, 111, 116, 163, 179, 190, 198, 203, 205 KO. ist die öffentliche Bekanntmachung vorgeschrieben, in § 106 zugelassen.

a) Form.

Die Bekanntmachungen haben die Konkurssache, in der sie ergehen, das Gericht, das sie erläßt, sowie den Gegenstand zu be-

[1]) So Petersen und Kleinfeller A. II, 5 zu § 73 und v. Wilmowski A. 4, Bleyer A. 3 zu § 76.

[2]) So Petersen und Kleinfeller A II, 4 zu § 73, Jaeger A. 4, v. Wilmowski A. 3, Mentzel A. 2, Bleyer A. 3.

[3]) Nicht unbestritten. Vgl. dazu Jaeger A. 5 ff., Wolff A. 3, Mentzel A. 4, Bleyer A. 2a, Sydow-Busch A. 3.

zeichnen und sind von der Geschäftsstelle unter Angabe des Datums zu unterzeichnen[1]).

b) Art der Bekanntmachung.

Zur Rechtswirksamkeit der Bekanntmachungen ist erforderlich, daß sie in das zur Veröffentlichung amtlicher Bekanntmachungen des Gerichts bestimmte Blatt — dieses Blatt wird der Kürze halber im folgenden bisweilen als „Amtsblatt" bezeichnet — eingerückt werden. Die Bestimmung des Blattes kann durch die Landesjustizverwaltung für sämtliche Gerichte des betreffenden Landes oder auch durch die einzelnen Gerichte erfolgen.

Es genügt stets einmalige Einrückung, auch kann die Einrückung auszugsweise geschehen[2]) (§ 76 Abs. 1 KO.). Die Anheftung der Bekanntmachung an die Gerichtstafel ist in keinem Falle erforderlich. Die Einrückung in den Deutschen Reichsanzeiger ist nur für die Bekanntmachungen über die Eröffnung, die Beendigung und die Wiederaufnahme des Konkurses vorgeschrieben[3]). Aber auch sie ist nicht so wesentlich, daß davon die Wirksamkeit der Bekanntmachung abhinge.

Das Gericht kann anordnen, daß einzelne oder alle Bekanntmachungen in einem Konkurse auch noch durch andere Blätter als das Amtsblatt, oder durch mehrmalige Einrückung oder noch auf andere Art (z. B. Anheftung an die Gerichtstafel, Aushang an der Börse) veröffentlicht werden sollen. Bei solchen Anordnungen wird das Interesse an möglichster Ersparung von Kosten gegen das andere sehr erhebliche Interesse abzuwägen sein, welches darin besteht, daß wichtige Anordnungen und Mitteilungen des Gerichts den Beteiligten auch wirklich zur Kenntnis gelangen. In der Auswahl der Blätter ist das Gericht nicht beschränkt. Die für die Bekanntmachung der Konkurseröffnung gewählten Blätter werden meistens auch für die wichtigeren späteren Bekanntmachungen beizubehalten sein[4]).

c) Zeitpunkt der Wirksamkeit der Bekanntmachungen.

Als bewirkt gilt eine Bekanntmachung erst mit dem Ablaufe des zweiten Tages nach der Ausgabe der die Einrückung oder die erste Einrückung enthaltenden Nummer des Blattes, durch welches

[1]) S. dazu § 34 der Preuß. Geschäftsordnung für die Geschäftsstellen der Amtsgerichte.

[2]) Natürlich muß der Auszug den wesentlichen Inhalt der bekanntzumachenden Anordnung oder Mitteilung enthalten. § 205 ZPO. findet entsprechende Anwendung. Die auszugsweise Einrückung ist auch landesrechtlich nicht selten nur auf Anordnung des Richters für statthaft erklärt.

[3]) Die Vorschrift war eine Zeitlang aufgehoben, ist jedoch durch die Verordnung vom 20. Juni 1925 (RGBl. S. 88) wieder in Kraft gesetzt.

[4]) Dies wird schon in der Preußischen Instruktion vom 5. Aug. 1855 empfohlen.

die Bekanntmachung erfolgen muß (§ 76 Abs. 1 KO.). Die Berechnung der Frist geschieht in der Weise, daß für ihren Beginn nicht das Datum der betreffenden Nummer des Amtsblattes, sondern der Tag der wirklichen Ausgabe dieses Blattes am Orte seines Erscheinens maßgebend ist und daß dieser Tag nicht mitgezählt wird. Ob einer der in Betracht kommenden Tage ein Sonn- oder Feiertag ist, ist einerlei[1]).

In allen Fällen sind Belagsblätter über die Bekanntmachungen zu den Akten zu bringen.

IV. Ladungen. Termine. Fristen.

A. Ladungen.

Die Ladungen zu den Terminen geschehen im Konkurse, wie alle Zustellungen, von Amts wegen, und zwar je nach der Lage der Sache durch öffentliche Bekanntmachung oder durch besondere Zustellung. Die Vorschriften der Zivilprozeßordnung finden dabei entsprechende Anwendung (§ 72 KO.). Es ist also nicht erforderlich, daß die gesetzlichen Folgen der Versäumung der Termine in der Ladung angedroht werden (§ 231 ZPO.). Dagegen ist die Ladung so zeitig zu bewirken, daß zwischen dem Tage der Zustellung und dem Terminstage mindestens drei volle Tage liegen (§ 217 ZPO.). Die Nichtbeobachtung der Ladungsfrist macht zwar die Ladung an sich nicht wirkungslos, hat aber zur Folge, daß die Beteiligten Verlegung des Termins oder Vertagung der Verhandlung verlangen können. Bei Berufung von Gläubigerversammlungen ist zu beachten, daß die Ladungsfrist erst von dem Ablaufe des Tages ab berechnet werden kann, wo nach dem oben unter B c Gesagten die Bekanntmachung des Termins als bewirkt gilt. Gerade bei der Berufung von Gläubigerversammlungen ist es von erheblicher Bedeutung, die Ladungsfrist innezuhalten, da die Gläubiger Zeit behalten müssen, vor dem Termine über die auf der Tagesordnung stehenden Gegenstände Erkundigungen einzuziehen und Vorbereitungen für ihr Erscheinen im Termine zu treffen oder für ihre Vertretung zu sorgen.

B. Termine.

a) Ort und Zeit der Termine.

Die Termine in Konkurssachen werden in der Regel an Gerichtsstelle abgehalten. Es ist jedoch nicht ausgeschlossen, daß sie anderswo stattfinden. Dies kann unter Umständen im Interesse aller Beteiligten liegen. Wenn z. B. eine Gläubigerversammlung zur Beschlußfassung über den freihändigen Verkauf eines bedeutenden Gutes oder einer großen Fabrik berufen wird, so kann es

[1]) So auch Jaeger A. 4, Bleyer A. 4. — A. M. Wolff A. 2, Mentzel A. 3.

zweckmäßig oder sogar erforderlich sein, die Versammlung auf dem Gute oder der Fabrik oder in möglichster Nähe abzuhalten.

Die Termine können auch in den Gerichtsferien abgehalten werden (§ 202 GVG.).

b) Leitung der Termine.

Die Leitung der Termine steht dem Konkursrichter zu. Dieser hat den Gang der Verhandlungen zu bestimmen und für Aufrechterhaltung der Ordnung zu sorgen. Gegen sämtliche im Termine anwesende Personen stehen ihm die in den §§ 176 ff. des Gerichtsverfassungsgesetzes bestimmten Disziplinarbefugnisse zu. Auch die in den §§ 157, 158 ZPO. dem Prozeßrichter übertragenen Befugnisse kann der Konkursrichter ausüben. Er kann also Beteiligten, Bevollmächtigten und Beiständen, denen die Fähigkeit zum geeigneten Vortrage mangelt, den weiteren Vortrag untersagen und Bevollmächtigte und Beistände, die das Verhandeln vor Gericht ohne Erlaubnis der Justizverwaltung geschäftsmäßig betreiben, zurückweisen[1]) (§ 72 KO.).

In betreff der Gerichtssprache gelten die §§ 184 ff. GVG.

c) Teilnahme an den Terminen.

Vom Konkursverwalter und vom Gemeinschuldner kann der Richter verlangen, daß sie in den Terminen erscheinen. In der ersten Gläubigerversammlung und im Prüfungstermine ist es sogar durchaus notwendig, daß der Konkursverwalter erscheint oder wenigstens sich durch eine geeignete Person vertreten läßt. Als Zwangsmittel stehen dem Konkursrichter gegen den Verwalter Ordnungsstrafen (§ 84 KO.), gegen den Gemeinschuldner die zwangsweise Vorführung und die Haft (§ 101 Abs. 2 KO.) zu Gebote.

Öffentlich sind die Termine in Konkurssachen nicht. Der § 169 GVG. spricht nur von Verhandlungen vor dem erkennenden Gericht, und ein solches ist das Konkursgericht nicht. Personen, die nicht zu den Beteiligten gehören, haben also kein Recht auf Zulassung zu den Terminen. Indessen können sie vom Richter zugelassen werden, da die Öffentlichkeit auch nicht ausgeschlossen ist[2]) (§ 175 Abs. 2 GVG.).

d) Terminsverlegungen. Vertagungen. Fortgesetzte Verhandlungen.

Die Verlegung eines Termins, die Vertagung einer Verhandlung, die Anberaumung eines Termins zur Fortsetzung der Ver-

---

[1]) v. Wilmowski A. 2 zu § 73, Jaeger A. 3 zu § 72. — A. M. Petersen und Kleinfeller A. 4 zu § 72. — Vgl. dazu insbes. noch Jaeger in ZZP. 50, 163 und Bleyer A. 3 a. E. zu § 72.

[2]) v. Wilmowski A. 3 zu § 72, Petersen und Kleinfeller A. 7 zu § 72, Jaeger A. 2.

handlung kann — von Amts wegen oder auf Antrag, vor oder in dem Termine — vom Gericht angeordnet werden (§ 72 KO., § 228 ZPO.). Alsdann ist aber, ausgenommen die Fälle der §§ 93 Abs. 2 und 184 Abs. 2 KO., in denen Verkündung des neuen Termins genügt, eine neue Zustellung erforderlich.

C. Fristen.

Bei Berechnung der Fristen kommen die §§ 187, 188, 193 BGB. zur Anwendung. Bei einer Frist, die nach Tagen bestimmt ist, wird also der Tag nicht mitgerechnet, auf den der Zeitpunkt oder das Ereignis fällt, nach dem der Anfang der Frist sich richten soll. Eine Frist, die nach Wochen oder Monaten bestimmt ist, endigt mit dem Ablauf desjenigen Tages der letzten Woche oder des letzten Monats, der durch seine Benennung oder Zahl dem Tage entspricht, an welchem die Frist begonnen hat. Fällt das Ende der Frist auf einen Sonntag oder einen staatlich anerkannten allgemeinen Feiertag, so endigt die Frist erst mit dem Ablaufe des nächstfolgenden Werktages. Die Gerichtsferien sind nach § 204 GVG. auf den Lauf der Fristen ohne Einfluß.

Die Frist für die sofortige Beschwerde beginnt

im Falle des § 158 Abs. 2 KO. mit der Niederlegung der die Berichtigung des Verteilungsverzeichnisses anordnenden Entscheidung auf der Geschäftsstelle,

im Falle des § 189 KO. mit der Verkündung der Entscheidung,

in allen übrigen Fällen mit der Zustellung.

Ist die Zustellung durch öffentliche Bekanntmachung erfolgt, so beginnt die Beschwerdefrist erst dann, wenn die Bekanntmachung nach der Vorschrift des § 76 Abs. 1 KO. als bewirkt gilt. Siehe hierüber S. 14 unter Bc. Von wann ab die Beschwerdefrist zu berechnen, wenn neben der öffentlichen Bekanntmachung noch eine besondere Zustellung an den Beschwerdeführer erfolgt ist, ist streitig. Es dürfte anzunehmen sein, daß stets der Zeitpunkt entscheidend ist, in dem die öffentliche Bekanntmachung als bewirkt gilt[1]).

Gegen die Versäumung der Frist zur sofortigen Beschwerde kann Wiedereinsetzung in den vorigen Stand unter den in den §§ 233—235 ZPO. bestimmten Voraussetzungen nachgesucht werden. Das Verfahren über ein solches Gesuch ist in den §§ 236 bis 238 ZPO. geregelt.

[1]) So Jaeger A. 9 zu § 73, A. 5 zu § 76, Petersen und Kleinfeller A. 3 zu § 76, Mentzel A. 4, Bleyer A. 4, OLG. Dresden (LZ. 1911, 160[3]). — A. M. v. Wilmowski A. 4, Wolff A. 4 zu § 76.

V. Ermittelungen.

Nicht selten liegen die Verhätnisse eines Konkurses so unklar oder so verwickelt, daß es dem Verwalter schwer, vielleicht sogar unmöglich ist, aus dem ihm zu Gebote stehenden Material eine Übersicht darüber und eine zuverlässige tatsächliche Unterlage für die zu ergreifenden Maßregeln zu gewinnen. Dieser Fall tritt namentlich dann ein, wenn die Bücher des Gemeinschuldners in Unordnung sind, wenn der Gemeinschuldner flüchtig ist, oder wenn er in dem begründeten Verdachte steht, mit der Wahrheit zurückzuhalten. Auch die dem Konkursgericht obliegenden Maßnahmen, die konkursleitenden sowohl wie andere, z. B. die Ausübung der Aufsicht über den Verwalter, können Ermittelungen erforderlich machen[1]). Im öffentlichen Interesse und im Interesse aller Beteiligten ist deswegen dem Gerichte die Befugnis erteilt, von Amts wegen zur Aufklärung aller das Verfahren betreffenden Verhältnisse die erforderlichen Ermittelungen anzuordnen (§ 75 KO.). Diese Bestimmung ist nicht nur auf das Verfahren im engeren Sinne, sondern auf alle Angelegenheiten zu beziehen, die für den Konkurs von Bedeutung sind[2]). Es ist sehr wünschenswert, daß die Konkursrichter von der ihnen eingeräumten Befugnis den rechten Gebrauch machen. Dadurch können zahlreiche Prozesse verhütet, mancherlei Verluste von der Konkursmasse abgewendet und vielfach Gegenstände, die zur Masse gehören, aber bis dahin unbekannt geblieben waren, ermittelt werden. Von besonderer Wichtigkeit ist die Prüfung der Vorgänge vor Ausbruch des Konkurses. Bei solcher Prüfung wird sich insbesondere nicht selten herausstellen, daß Rechtsgeschäfte, die der Gemeinschuldner geschlossen hat, und Pfändungen, die gegen den Gemeinschuldner stattgefunden haben, auf Grund der §§ 30 ff. KO. anfechtbar sind.

Ob und in welcher Richtung das Konkursgericht Ermittelungen anstellen will, bleibt in allen Fällen seinem pflichtmäßigen Ermessen überlassen. An Anträge ist es dabei nicht gebunden. Auch über die Art der anzustellenden Ermittelungen hat das Gericht frei zu befinden. Insbesondere kann es den Gemeinschuldner zur Erteilung von Auskünften anhalten, sich auch aller durch die Zivilprozeßordnung zugelassenen Beweismittel bedienen. Es ist also befugt, über alle den Konkurs betreffenden Verhältnisse Zeugen und Sachverständige zu vernehmen und erforderlichenfalls wegen der Vernehmung gemäß dem § 375 ZPO. die Rechtshilfe anderer Amtsgerichte in Anspruch zu nehmen.

---

[1]) S. Jaeger A. 2.

[2]) So hat das OLG. Frankfurt (LZ. 1908, 555[3]) mit Recht Ermittelungen für zulässig erachtet, durch die der Verwalter in den Stand gesetzt werden sollte, sich darüber schlüssig zu machen, ob er es wegen einer angemeldeten Forderung zum Prozeß kommen lassen solle.

Bei den Vernehmungen von Zeugen und Sachverständigen sind die Vorschriften der Zivilprozeßordnung entsprechend anwendbar [1]). Gegen Personen, die ihre Aussage oder deren Beeidigung ohne gesetzlichen Grund [2]) verweigern, sind daher die in den §§ 390, 409 ZPO. vorgesehenen Zwangsmittel zulässig; Zeugen und Sachverständige, die in dem anberaumten Termine trotz gehöriger Ladung unentschuldigt ausbleiben, können in die durch ihr Ausbleiben verursachten Kosten, sowie zu einer Geldstrafe bis zu 1000 RM. und für den Fall, daß diese Strafe nicht beigetrieben werden kann, zu einer Haftstrafe bis zu 6 Wochen verurteilt werden (§§ 380, 409 ZPO. [3]). Die Beeidigung der als Zeugen oder Sachverständige vernommenen Personen ist zwar nach Maßgabe der Zivilprozeßordnung zulässig, erscheint aber nicht notwendig. Da das Konkursgericht überhaupt nicht verpflichtet ist, Beweisaufnahmen zu veranstalten, und da die Art der zu veranstaltenden Erhebungen seinem Ermessen unterliegt, so ist es wohl auch nicht verpflichtet, die vernommenen Zeugen und Sachverständigen zu beeidigen; es kann sich mit uneidlichen Aussagen begnügen [4]) oder sogar von einer förmlichen Vernehmung ganz absehen und sich darauf beschränken, eine eidesstattliche Versicherung [5]) oder auch eine einfache schriftliche Auskunft zu erfordern.

Die vernommenen Zeugen und Sachverständigen haben Anspruch auf Gebühren nach Maßgabe der Gebührenordnung. Die zu zahlenden Gebühren gehören zu den Massekosten.

Die Vorlegung von Urkunden, die sich nicht in den Händen des Gemeinschuldners befinden, kann das Konkursgericht nicht fordern. Die §§ 422, 426 ZPO. erscheinen nicht anwendbar, da bei den Ermittelungen im Konkurse ein Prozeßgegner nicht vorhanden ist. Eine Ausnahme findet auch nicht statt in Ansehung der Tagebücher der Handelsmäkler und der Handelsbücher der Kaufleute [6]) (vgl. §§ 45 ff., 100 ff. des Handelsgesetzbuchs). Zur Einsicht von Akten ist das Konkursgericht befugt. Es kann andere Behörden um Übersendung von Akten und um abschriftliche Mitteilungen aus Akten ersuchen [7]). Inwieweit die ersuchten Behörden verpflichtet sind, dem Ersuchen zu genügen, bestimmt sich nach den

---

1) Der Gemeinschuldner hat also Anspruch darauf, bei den Vernehmungen zugezogen zu werden. OLG. 19, 222 (Nürnberg), Jaeger A. 3.

2) Bezüglich solcher Personen, die bei der Sache ein persönliches, dem Interesse der Konkursmasse widerstreitendes Interesse haben, ist § 384 ZPO. zu beachten. — Angehörige des Gemeinschuldners haben kein Zeugnisverweigerungsrecht. So mit Recht Bleyer A. 2 (bestr.).

3) Beschwerden gegen verurteilende Entscheidungen haben aufschiebende Wirkung (§ 572 Abs. 1 ZPO.).

4) So auch Mentzel und Wolff zu § 75. A. M. v. Wilmowski A. 1 zu § 75, Jaeger A. 3, Petersen und Kleinfeller A. 3, Bleyer A. 2.

5) LZ. 1915, 359 [19].

6) S. Jaeger A. 4. Abw. Petersen und Kleinfeller A. 3 a. E.

7) Jaeger A. 5. A. M. OLG. 9, 147 (Augsburg).

für sie bestehenden dienstlichen Vorschriften. Dasselbe gilt für die Notare.

VI. Konkursakten und Konkursregister.

A. Konkursakten.

Die in einem Konkurse entstehenden und eingehenden Schriftstücke sind fast stets so zahlreich, daß für jeden einzelnen Konkurs nicht nur die Anlegung von Aktenstücken überhaupt, sondern zur Erleichterung der Übersicht auch die Anlegung mehrerer gesonderter Aktenhefte geboten erscheint. Für gewöhnlich empfiehlt sich die Anlegung von drei Aktenheften, in der Weise, daß

zu dem ersten die auf die Konkurseröffnung und auf allgemeine Angelegenheiten des Konkurses bezüglichen Schriftstücke,

zu dem zweiten die Schriftstücke betreffend die Schuldenmasse, und

zu dem dritten die Schriftstücke, welche die Teilungsmasse, die Verteilungen und die Beendigung des Konkurses durch Schlußverteilung betreffen,

genommen werden. Für ein Zwangsvergleichsverfahren und andere größere Angelegenheiten sind daneben nach Bedarf noch besondere Aktenhefte anzulegen.

In umfangreicheren Konkursen ist es zur Erhöhung der Übersichtlichkeit der Akten zweckmäßig, für Zustellungsurkunden und Belagsblätter über öffentliche Bekanntmachungen ein besonderes Aktenheft anzulegen. Wenn dies geschieht, so ist nur durch entsprechende Vermerke dafür Sorge zu tragen, daß die zusammengehörigen Schriftstücke in den verschiedenen Aktenheften leicht aufgefunden werden können.

Urkunden über angemeldete Forderungen sind nicht in die Akten einzuheften, sondern gesondert zu verwahren.

Für Preußen bestimmt § 32 der Geschäftsordnung für die Geschäftsstellen der Amtsgerichte vom 18. Febr. 1914 unter 3 bis 7:

3. Es werden über

a) das Verfahren,
b) die Teilungsmasse,
c) die Schuldenmasse,

im Falle des Bedürfnisses auch über

d) Verteilungen,
e) Zwangsvergleichsvorschläge

besondere Aktenbände angelegt. Dem Aktenzeichen kann der Unterscheidungsbuchstabe für die einzelnen Bände beigefügt werden.

4. Zu dem Bande a gehören alle Schriften, welche allgemeine Angelegenheiten betreffen, z. B. die Bestellung des Verwalters, die Bestellung oder die Wahl des Gläubigerausschusses, die Aufhebung oder Einstellung des Verfahrens. Die Namen des Konkursverwalters und der Mitglieder des Gläubigerausschusses sind auf dem Aktendeckel zu vermerken.

Der Band b ist zur Aufnahme der Schriften bestimmt, die sich auf die Ermittelung und Veräußerung der die Konkursmasse bildenden Vermögensstücke (KO. §§ 117 ff.) sowie auf die Ansprüche der Aussonderungsberechtigten, der Absonderungsberechtigten und der Massegläubiger beziehen (KO. §§ 43 bis 52, 57 bis 68).

Der Band c soll über die beteiligten Konkursgläubiger und über ihre Ansprüche Aufschluß geben (KO. §§ 61—70, 138 ff.).

5. Der Richter bestimmt, ob noch andere Aktenbände anzulegen sind.

6. Nach der Konkursordnung sind auf der Geschäftsstelle niederzulegen

a) der Antrag auf Einstellung des Konkursverfahrens und die zustimmenden Erklärungen der Konkursgläubiger (§ 203 KO.);

b) die Abschrift des Inventars und der Bilanz und die Protokolle über die Siegelung und die Entsiegelung (§ 124 KO.);

c) die Anmeldungen und die Tabelle der angemeldeten Forderungen (§ 140 KO.)

d) die Verzeichnisse der bei einer Abschlags-, Schluß- oder Nachtragsverteilung zu berücksichtigenden Gläubiger, die dazu vom Verwalter eingereichten Änderungen, die gerichtlichen Entscheidungen, durch welche eine Berichtigung dieser Verzeichnisse angeordnet worden, sowie die Schlußrechnung (§§ 86, 151, 157, 158, 162, 166, 172 KO.);

e) die Vergleichsvorschläge mit den Erklärungen des Gläubigerausschusses (§ 178 KO.).

7. Die im Abs. 6 genannten Schriftstücke gehen sogleich zu den im Abs. 3 durch die Buchstaben a bis e bezeichneten Akten. Sie sind den Beteiligten auf Verlangen vorzulegen. Die Tabelle wird erst bei der Beendigung des Verfahrens dem Aktenbande c vorgeheftet.

Die Konkursbeteiligten sind nach § 72 KO. in Verbindung mit § 299 ZPO. für berechtigt zu erachten, von den Konkursakten Einsicht zu nehmen und sich Auszüge und Abschriften daraus erteilen zu lassen[1]). Zu den Beteiligten sind außer dem Verwalter, dem Gläubigerausschuß und dem Gemeinschuldner sämtliche Konkursgläubiger zu rechnen. Auf andere Personen, namentlich Massegläubiger, Aussonderungs- und Absonderungsberechtigte, dürfte der Abs. 2 des § 299 ZPO. entsprechend anzuwenden sein. Wie lange nach Beendigung eines Konkurses die Konkursakten aufzubewahren sind, bestimmt die Landesjustizverwaltung[2]).

B. Konkursregister.

Neben der Anlegung der Konkursakten ist meistens die Anlegung von Konkursregistern vorgeschrieben, in denen die bei dem Konkursgerichte vorkommenden Konkurse der Zeitfolge nach unter Vermerkung der wichtigsten Daten eingetragen werden. Vgl. für Preußen § 32 Nr. 1 und 2 der Geschäftsordnung für die Geschäftsstellen der Amtsgerichte sowie die beigefügten Formulare.

---

[1]) So Jaeger A. 3 zu § 72, A. 4 zu § 124, v. Wilmowski A. 2 zu § 72, A. 2 zu § 124, Bleyer A. 3, Sydow-Busch A. 1. Schwankend das Kammergericht OLG. 32, 406, 407. Aushändigung der Akten oder einzelner Aktenstücke an Beteiligte erscheint jedenfalls nicht statthaft.

[2]) Für Preußen s. die AV. vom 31. Dez. 1927 (JMBl. 1928 S. 2).

Zweiter Teil.

Die im Konkurse in Betracht kommenden Faktoren.

I. Das Konkursgericht.

Die Deutsche Konkursordnung hat drei Grundsätze zur Durchführung gebracht, die für das gesamte Verfahren von entscheidender Bedeutung sind. Diese Grundsätze sind:

1. Die Verwaltung, Verwertung und Verteilung der Konkursmasse erfolgt weder durch das Konkursgericht, noch unter dessen Leitung und Aufsicht, sondern durch den Konkursverwalter, unter Mitwirkung der Gläubiger bzw. des zur Vertretung der Interessen der Gläubiger berufenen Gläubigerausschusses.

2. Die Geltendmachung und Befriedigung derjenigen Ansprüche, die auf Herausgabe von Gegenständen der Konkursmasse oder auf vorzugsweise Befriedigung aus solchen Gegenständen gerichtet sind (der Aussonderungs- und Absonderungsrechte), geschieht außerhalb des Konkursverfahrens.

3. Streitigkeiten über die Gültigkeit, die Rangordnung und die Teilnahmeberechtigung von Konkursforderungen sind gleichfalls außerhalb des Konkursverfahrens, in der Regel im Wege des ordentlichen Prozesses, auszutragen.

Das auf diesen Grundsätzen aufgebaute Konkursverfahren hat für die Tätigkeit des Konkursgerichts nur einen verhältnismäßig geringen Raum übrig gelassen.

Auf die Verwaltung, Verwertung und Verteilung der Konkursmasse steht dem Gericht ein unmittelbarer Einfluß fast nur in der ersten Zeit nach der Konkurseröffnung, und auch da nur in beschränktem Maße zu. Nur zum Schutze der Interessen überstimmter Minderheiten von Gläubigern sowie der Interessen des Gemeinschuldners sind für die ganze Dauer des Konkurses dem Gericht gewisse diskretionäre Befugnisse (§§ 99, 135, 160), die aber von nicht sonderlich großer Bedeutung sind, eingeräumt. Mittelbar hat allerdings das Gericht einen erheblichen Einfluß dadurch behalten, daß es den Konkursverwalter zu ernennen und dauernd zu beaufsichtigen hat.

Die Entscheidung von Streitigkeiten liegt dem Konkursgericht nur in einigen wenigen Fällen ob, in denen es durch die Rücksicht auf Erleichterung und Beschleunigung des Verfahrens und durch den engen Zusammenhang der Streitigkeiten mit dem Konkurse geboten erschien, ausnahmsweise dem Konkursgericht eine solche Entscheidung zu übertragen.

Als Haupttätigkeit sind demnach dem Gerichte verblieben:

die Entscheidung über die Eröffnung und die Beendigung des Konkurses und die damit im Zusammenhang stehenden Anordnungen, sowie

die formelle Ordnung und Leitung des Verfahrens und die Wahrnehmung der Interessen der Gläubiger in der ersten Zeit nach Eröffnung des Konkurses, so lange, bis die Gläubiger in den Stand gesetzt sind, ihre Interessen selbst zu wahren.

Wie sich die Stellung und die Obliegenheiten des Konkursgerichts im einzelnen gestalten, wird in den folgenden Abschnitten und besonders im dritten Teil dieses Buches dargelegt werden.

II. Der Konkursverwalter [1]).

A. Ernennung.

Die Ernennung des Verwalters steht dem Konkursgericht zu. Die Konkursgläubiger haben nur das Recht, in der auf die Ernennung folgenden Gläubigerversammlung eine andere Person anstatt des Ernannten zu wählen. Dieses Wahlrecht ist in Wirklichkeit ein bloßes Vorschlagsrecht, da das Gericht befugt ist, die Ernennung des Gewählten, selbst ohne Angabe von Gründen, zu versagen, und da der Gewählte, wenn er dem Gerichte genehm ist, nicht schon durch die Wahl, sondern erst durch seine gerichtliche Ernennung Konkursverwalter wird (§§ 78, 80 KO.). Vgl. im dritten Teil Abschnitt II unter C c β.

Für Fälle, in denen sich das Interesse des Verwalters mit dem der Konkursmasse in Widerstreit befindet, ein Grund zur Entlassung des Verwalters aber nicht vorliegt, wird das Gericht auch der Konkursmasse einen besonderen Vertreter ad hoc bestellen können [2]).

Im Falle vorübergehender Verhinderung kann der Verwalter sich für einzelne Geschäfte Vertreter bestellen. Im Falle dauernder Verhinderung muß er entlassen werden [3]).

B. Sicherheitsleistung.

Das Gericht kann dem Verwalter jederzeit die Leistung einer Sicherheit auferlegen (§ 78 Abs. 2 KO.). Hierüber, sowie über die Art und Weise der Sicherheitsleistung s. im dritten Teil Abschnitt I unter F I 11.

---

[1]) über dessen rechtliche Stellung s. Petersen und Kleinfeller A. III, 11 zu § 6 KO., v. Wilmowski Vorbem. 3 vor § 1, Jaeger A. 1—3 zu § 78, Wolff A. 6 zu § 6 (Vertretertheorie), dagegen das RG. seit der grundlegenden Entscheidung Z. 29, 29 in ständiger Rechtsprechung, ferner Stein-Jonas vor § 50 ZPO., Mentzel A. 6, Bleyer A. 2 zu § 6 (Amtstheorie).

[2]) Petersen und Kleinfeller A. I, 4 a. E. u. A. I, 5, Jaeger A. 6 zu § 78.

[3]) v. Wilmowski A. 2 zu § 79. Zum Teil abweichend Jaeger A. 6 zu § 78.

Ist eine Sicherheit vom Verwalter bestellt, so haftet sie, falls er nichts Entgegenstehendes erklärt hat, für alle Verbindlichkeiten, die für ihn aus seiner Geschäftsführung den Konkursgläubigern und dem Gemeinschuldner gegenüber entstehen. Daraus wird jedoch nicht, wie in den früheren Auflagen geschehen, gefolgert werden dürfen, daß es zur Aufgabe oder Minderung einer bestellten Sicherheit der Zustimmung der Konkursgläubiger und des Gemeinschuldners bedürfe, es ist vielmehr anzunehmen, daß auch solche Maßregeln, wenigstens während der Dauer des Konkurses, in das Ermessen des Konkursgerichts gestellt sind[1]). Sobald dem Verwalter wegen seiner Geschäftsführung Entlastung erteilt ist, hat er Anspruch auf Rückgabe der Sicherheit.

Die durch eine Sicherheitsleistung entstehenden Kosten sind Massekosten gemäß § 58 Nr. 1 KO.

C. Aufsicht über den Verwalter.

a) Umfang des Aufsichtsrechts des Gerichts im allgemeinen.

Der Verwalter steht unter der Aufsicht des Konkursgerichts. (§ 83 KO.). Zur Ausübung der Aufsicht ist das Gericht nicht nur berechtigt, sondern auch verpflichtet[2]). Die Befugnisse, die kraft des Aufsichtsrechts dem Gericht zustehen, hat das Gesetz nicht genauer bestimmt. Sie lassen sich auch nicht in allen Einzelheiten feststellen; es muß dem pflichtmäßigen Ermessen des Gerichts ein erheblicher Spielraum bleiben. Im folgenden soll jedoch versucht werden, wenigstens gewisse allgemeine Gesichtspunkte zu gewinnen, von denen aus der Umfang der gerichtlichen Aufsichtsbefugnisse bestimmt werden kann.

In erster Linie sind die Ausführungen in Betracht zu ziehen, die sich in der „Begründung des Entwurfs einer Konkursordnung" Seite 306 finden. Diese Ausführungen lauten:

„Keineswegs ist beabsichtigt, das Gericht durch Bei-
„legung von Disziplinarbefugnissen indirekt zu einer
„oberen Instanz in Verwaltungssachen zu machen. Der
„bezeichnende Unterschied liegt darin, daß dasselbe nie-
„mals die Zweckmäßigkeit, sondern nur die Pflicht-
„widrigkeit der Handlungen oder Unterlassungen des Ver-

---

[1]) v. Wilmowski A. 6, Jaeger A. 12b, Petersen und Kleinfeller A. II 11.

[2]) Wegen Verletzung der Aufsichtspflicht ist der Konkursrichter den dadurch Geschädigten gemäß § 839 BGB. persönlich haftbar, jedoch haftet in Preußen jetzt an seiner Stelle der Staat nach Maßgabe des Gesetzes vom 1. Aug. 1909, soweit es dem in erster Linie maßgebenden Art. 131 der Reichsverfassung nicht widerspricht (RGZ. 102, 166). Der Staat kann dann von dem Richter Schadensersatz verlangen (§ 3 des Gesetzes). Ist der Verwalter neben dem Richter für den entstandenen Schaden verantwortlich, so kann der Richter gegen den Verwalter Regreß nehmen (§ 841 BGB.). S. hierzu insbes. Mentzel zu § 83.

„walters zu prüfen hat. Direkte Verstöße gegen die ge„setzlichen Vorschriften, grobe Vernachlässigung der Amts„pflichten können von dem Gerichte ohne Einmischung in „die eigentliche Verwaltung sehr wohl geahndet werden. „In der Regel wird dasselbe nicht von Amts wegen, „sondern nur auf Antrag vorgehen."

Demnach ist das Gericht jedenfalls berechtigt und verpflichtet, darüber zu wachen, daß der Verwalter die ihm durch bestimmte Vorschriften der Konkursordnung auferlegten Verpflichtungen gehörig erfüllt, daß er also namentlich: die Konkursmasse mit tunlichster Beschleunigung in Besitz nimmt und aufzeichnet; Inventar und Bilanz aufstellt und abschriftlich auf der Geschäftsstelle niederlegt; die Verwertung der Masse nicht ungebührlich verzögert; Verteilungen vornimmt, sobald und so oft hinreichende Masse vorhanden ist; bei den Verteilungen die gesetzlichen Vorschriften beobachtet; endlich bei Beendigung seines Amtes Schlußrechnung legt.

Dagegen wird das Gericht sich der Einmischung in die Art und Weise der Verwaltung und Verwertung der Masse tunlichst zu enthalten haben. Zwar können auch hier Fälle vorkommen, in denen es geboten erscheint, daß das Gericht kraft seines Aufsichtsrechts einschreitet. So z. B. wenn der Verwalter in augenfälliger Weise die Masse verschleudert oder einem berechtigten Verlangen des Gläubigerausschusses oder der Gläubigerversammlung sich widersetzt. In der Regel aber wird das Gericht es dem pflichtmäßigen Ermessen des Verwalters überlassen, wie er bezüglich der Konkursmasse verfahren, was er als zur Masse gehörig in Anspruch nehmen, welche Maßregeln er zur Herbeischaffung und Sicherstellung der Masse ergreifen, wann und wie er die Masse verwerten, in welcher Weise er schwebende Rechtsangelegenheiten abwickeln, ob und wie weit er Aussonderungs-, Absonderungs-, Masseansprüche oder Konkursforderungen anerkennen oder bestreiten, ob und welche Rechte er endlich für die Masse in Anspruch nehmen und wie er sie verfolgen will. Zumal wenn ein Gläubigerausschuß bestellt ist, wird das Gericht nur ganz ausnahmsweise in solchen Angelegenheiten im Aufsichtswege einschreiten. In keinem Falle ist das Gericht befugt, den Verwalter zur *Vornahme* bestimmter Verwaltungshandlungen, also etwa zur Erhebung von Anfechtungsklagen, anzuhalten; es kann nur mit Verboten vorgehen und nötigenfalls Maßregeln der im § 84 KO. bezeichneten Art ergreifen[1]).

Durch diese Ausführungen soll aber natürlich nicht ausgeschlossen werden, daß das Gericht sich überhaupt um die Herbeischaffung, Sicherstellung, Verwaltung und Verwertung der Kon-

[1]) Vgl. hierzu Petersen und Kleinfeller A. 1, v. Wilmowski A. 1, Jaeger A. 1, RGZ. 29, 83, Bleyer A. 1, Wolff A. 1 u. Mentzel zu § 83.

kursmasse und um Streitigkeiten, die sie angehen, bekümmert. Ganz im Gegenteil. Nicht selten wird das Gericht durch genaue Feststellung der Sachlage und durch Ratschläge, die es dem Verwalter in schwierigen Fällen erteilt, bedeutenden Nutzen stiften können und es erscheint deshalb nur wünschenswert, daß es, namentlich in den wichtigeren Angelegenheiten, den Verwalter mit Rat und Tat unterstützt.

b) Aufsicht über den Geldverkehr des Verwalters insbesondere.

In Beziehung auf den Geldverkehr ist der Verwalter im wesentlichen vom Gericht unabhängig. Wenn ein Bedürfnis nach Überwachung des Geldverkehrs des Verwalters vorliegt — dies wird allerdings meistens der Fall sein —, kann es durch Bestellung eines Gläubigerausschusses befriedigt werden (vgl. § 88 KO.). Nur darüber hat das Gericht zu bestimmen, wo die Gelder der Konkursmasse hinterlegt werden sollen. Aber auch diese Anordnung steht ihm nur zu, wenn ein Gläubigerausschuß nicht bestellt ist, und außerdem bleibt eine hierüber getroffene Anordnung nur so lange in Kraft, bis eine Gläubigerversammlung ein anderes beschließt (§§ 129 Abs. 2, 132 KO.). Die Erhebung von Geldern bei der Hinterlegungsstelle und die Erteilung von Anweisungen auf die Hinterlegungsstelle hat das Gericht weder zu genehmigen, noch zu überwachen. Das Gericht dürfte jedoch befugt sein, den Bestand der Kasse des Verwalters zu prüfen und die von ihm geführten Bücher und Belege über Einnahmen und Ausgaben einzusehen.[1]) Es wird ihn auch anhalten dürfen, den baren Massebestand von seinem eigenen Gelde getrennt zu halten und die Barmasse, soweit sie nicht zur Bestreitung laufender Ausgaben benötigt wird, zu hinterlegen. Das alles kann namentlich beim Fehlen eines Gläubigerausschusses erforderlich werden.

c) Maßregeln zum Schutze der Konkursmasse gegen nachteilige Verfügungen des Verwalters.

Es fragt sich, was das Gericht zur Abwendung von Verlusten der Konkursmasse tun kann, wenn der Verwalter im Verdachte der Unredlichkeit steht. Daß das Konkursgericht als solches einstweilige Verfügungen zum Schutze der Masse erlassen oder auch nur beim Prozeßrichter beantragen kann, ist nach den Grundsätzen der Konkursordnung und der Zivilprozeßordnung nicht anzunehmen. Den Verdächtigen sofort zu entlassen und einen anderen Verwalter zu ernennen, ist bedenklich, auch nicht immer zulässig. Die Entlassung des ernannten Verwalters kann von Amts wegen nur bis zu der auf seine Ernennung folgenden Gläubigerversammlung verfügt werden, während später dazu ein

[1]) So auch Bleyer A. 1.

Antrag des Gläubigerausschusses oder der Gläubigerversammlung erforderlich ist (§ 84 Abs. 1 KO.). Außerdem soll vor der Entscheidung über die Entlassung der Verwalter gehört werden. (§ 84 Abs. 2 KO.). Es erscheint auch nicht statthaft, vor der Entscheidung über die Entlassung des Verdächtigen einen einstweiligen Vertreter für die Masse zu bestellen und diesen zur Ergreifung von Sicherungsmaßregeln zu ermächtigen. Hiernach wird in Fällen, in denen die sofortige Entlassung des Verwalters nicht ausführbar ist, schleunige Sicherungsmaßregeln aber notwendig sind, nichts anderes übrig bleiben, als daß das Gericht entweder durch Mitteilungen an die Staatsanwaltschaft deren Einschreiten herbeizuführen sucht, oder den Gemeinschuldner oder einen Gläubiger zur Stellung von Anträgen beim Prozeßrichter veranlaßt[1]).

d) Inhalt des Aufsichtsrechtes des Gerichts.

Eine Disziplinargewalt gegenüber der Person des Verwalters steht dem Konkursgericht nicht zu. Dagegen kann das Gericht kraft seiner Aufsichtsbefugnisse jederzeit vom Verwalter Auskunft und Rechenschaft über alle den Konkurs betreffenden Angelegenheiten verlangen. Wenn ein Gläubigerausschuß nicht bestellt ist, wird das Gericht stets von Zeit zu Zeit Bericht über die Lage der Sache vom Verwalter zu erfordern haben. Auch beim Vorhandensein eines Gläubigerausschusses aber sind solche Berichte selten ganz entbehrlich. Wegen Beaufsichtigung des Geldverkehrs s. oben unter b.

Das Gericht kann ferner gegen den Verwalter Ordnungsstrafen festsetzen (§ 84 Abs. 1 Satz 1 KO.). Die Verhängung einer Ordnungsstrafe setzt eine Pflichtwidrigkeit des Verwalters voraus; sie darf auch erst erfolgen, nachdem der Verwalter deswegen — schriftlich oder mündlich — gehört ist. Worin die Pflichtwidrigkeit besteht, ob in der Nichtbefolgung einer vom Gesetz ausdrücklich dem Verwalter auferlegten Verpflichtung, oder in der Nichtbefolgung gerichtlicher Anordnungen, oder in irgendeiner anderen Vernachlässigung der ihm obliegenden Sorgfalt bei der Verwaltung seiner Geschäfte, ist gleichviel. Eine Androhung der Ordnungsstrafe braucht der Festsetzung nicht vorherzugehen[2]). Die Festsetzung erfolgt von Amts wegen, eines Antrags bedarf es dazu nicht[3]).

Der Höchstbetrag einer Ordnungsstrafe war bisher 200 Mark für jeden einzelnen Fall einer Pflichtwidrigkeit. Jetzt hat nach

[1]) Abweichend Petersen und Kleinfeller A. 7, v. Wilmowski A. 2, Bleyer A. 4a.

[2]) v. Wilmowski A. 1, Petersen und Kleinfeller A. II, 4 a. E., Bleyer A. 3, a. M. Jaeger A. 2a, Wolff A. 1, wohl auch Mentzel A. 3.

[3]) Wer die Festsetzung einer Ordnungsstrafe beantragt hat, hat im Falle der Ablehnung seines Antrags kein Beschwerderecht. OLG. 4, 172 (Königsberg), 15, 244 (Dresden), 19, 219 (Kassel).

der allgemeinen Bestimmung der Art. II Abs. 1, 2 und Art. XIV Abs. 2 Ziffer 3 der VO. vom 6. Februar 1924 (RGBl. S. 44) die Ordnungsstrafe sich innerhalb der Grenze von 1—1000 Goldmark, an deren Stelle nach der VO. vom 12. Dezember 1924 Reichsmark treten, zu halten. Wegen einer und derselben Pflichtwidrigkeit kann wohl nur einmal eine Ordnungsstrafe verhängt werden. Jedoch enthält die Nichtbefolgung einer wiederholten Anordnung des Gerichts eine neue Pflichtverletzung, wegen deren von neuem eine Ordnungsstrafe verhängt werden kann[1]).

Die Umwandlung einer nicht einziehbaren Geldstrafe in eine Freiheitsstrafe ist unzulässig. Wenn Geldstrafen keinen Erfolg haben, bleibt nur die Entlassung des Verwalters übrig.

Zur Änderung oder Aufhebung einer ausgesprochenen Ordnungsstrafe ist das Konkursgericht nicht befugt[2]).

D. Beendigung des Amtes des Verwalters während des Konkurses.

a) Entlassung des Verwalters.

Wie die Ernennung, so kann auch die Entlassung des Verwalters nur durch das Konkursgericht erfolgen. Die Entlassung von Amts wegen ist jedoch nur bis zu der auf die Ernennung des Verwalters folgenden Gläubigerversammlung zulässig; von der Eröffnung dieser Versammlung ab kann die Entlassung nur auf Antrag der Gläubigerversammlung oder des Gläubigerausschusses ausgesprochen werden (§ 84 Abs. 1 Satz 2 KO.). Treten nach Abhaltung der auf die Ernennung des Verwalters folgenden Gläubigerversammlung Umstände ein, die die Entlassung des Verwalters geboten erscheinen lassen, und ist ein Gläubigerausschuß nicht vorhanden, so wird das Gericht alsbald eine Gläubigerversammlung zu berufen haben, damit diese den Antrag auf Entlassung stelle. Bei der Berufung ist aber § 98 KO. zu beachten. Vor der Entscheidung über die Entlassung ist in jedem Falle, sofern es tunlich ist, der Verwalter — mündlich oder schriftlich — zu hören (§ 84 Abs. 2 KO.). Einzelnen Konkursgläubigern steht nicht die Befugnis zu, die Entlassung des Verwalters zu beantragen.

Aus welchen Gründen die Entlassung erfolgen kann, ist im Gesetz nicht näher bestimmt. Die Entlassung ist daher aus Gründen der verschiedensten Art, namentlich wegen Krankheit, Gebrechlichkeit, Untüchtigkeit, Pflichtverletzung, Begehung ehrloser Handlungen, zulässig[3]). Jedenfalls müssen aber die Gründe er-

[1]) S. Jäger A. 1, v. Wilmowski A. 1, Bleyer A. 3. Abweichend Petersen und Kleinfeller A. II, 3.

[2]) JW. 1926, 2586⁴ (OLG. München).

[3]) Auch die Weigerung des Verwalters, eine vom Gericht verlangte Sicherheit zu leisten, kann seine Entlassung rechtfertigen. Eine Bestrafung des Verwalters hat seine Entlassung zur Folge, wenn damit der Verlust der

heblich genug sein, um eine so schwerwiegende, häufig den Ruf des Entlassenen stark beeinträchtigende Maßregel zu rechtfertigen. Der Fall muß also derart liegen, daß von dem Verwalter eine dem Interesse des Konkurses entsprechende Fortführung der Geschäfte nicht mehr erwartet werden kann[1]).

Die Entscheidung, durch die ein Antrag auf Entlassung des Verwalters abgelehnt wird, ist dem Antragsteller zuzustellen. Ist der Antrag von der Gläubigerversammlung gestellt, so wird die öffentliche Bekanntmachung des ablehnenden Beschlusses erforderlich sein, da sie allen Gläubigern zugestellt werden muß und die Verkündung des ablehnenden Beschlusses in der Gläubigerversammlung nicht genügt.

Der die Entlassung aussprechende Beschluß braucht die Gründe der Entlassung nicht zu enthalten. Der Beschluß ist dem Verwalter zuzustellen. Die Entlassung wird auch, in entsprechender Anwendung des § 81 Abs. 1 KO., öffentlich bekannt gemacht werden, doch wird diese Bekanntmachung zweckmäßig mit der Bekanntmachung des Namens des neu ernannten Verwalters verbunden. Siehe hierüber sowie über die Maßregeln nach der Entlassung des Verwalters das unter d Gesagte.

b) Niederlegung des Amts.

Ob der Verwalter auch aus eigener Entschließung sein Amt niederlegen kann, ist streitig. Die Konkursordnung spricht sich über diese Frage nicht aus. Die Frage dürfte indessen zu bejahen sein. Der Verwalter wird ähnlich einem Bevollmächtigten anzusehen sein. Demnach kann er grundsätzlich sein Amt jederzeit niederlegen; er darf dies nur nicht plötzlich und zur Unzeit tun, muß beim Gericht seine Enthebung beantragen und hat die Geschäfte noch so lange fortzuführen, bis das Gericht an seiner Stelle einen anderen Verwalter hat ernennen können[2]) (vgl. BGB. § 671). Für die hier entwickelte Ansicht sprechen auch praktische Erwägungen, nämlich die, daß eine erzwungene Fortführung der Geschäfte durch den Verwalter schwerlich dem Interesse der Konkursmasse entsprechen würde, ferner daß unmittelbare Zwangsmittel dem Gericht gar nicht zu Gebote stehen, und höchstens ver-

---

bürgerlichen Ehrenrechte verbunden ist, sie wird aber auch sonst häufig ein genügender Grund zu seiner Entlassung sein. Der Verlust der bürgerlichen Ehrenrechte zieht die Unfähigkeit des Konkursverwalters zur Fortführung seines Amtes nach sich (§ 34 Nr. 6 StGB., Art. 34 I EG. z. BGB.) hat aber doch wohl nicht von selbst den Verlust des Amtes zur Folge. S. v. Wilmowski A. 4 Abs. 2 zu § 78, Jaeger A. 4 zu § 84. A. M. Petersen und Kleinfeller A. II, 7 zu §§ 78—81.

[1]) Vgl. Petersen und Kleinfeller A. III, 5.

[2]) S. Petersen u. Kleinfeller A. II, 9 zu §§ 78—81, Mentzel A. 2, Wolff A. 3 zu § 78. — v. Wilmowski A. 4, Bleyer A. 1d zu § 78, Jaeger A. 8 zu § 78, A. 6 zu § 84 erachten den Verwalter zur Niederlegung des Amtes nicht für befugt.

sucht werden könnte, durch Ordnungsstrafen den Verwalter zur Fortführung seiner Geschäfte anzuhalten. Wenn in einem bestimmten Falle dem Konkursrichter besonders daran gelegen ist, daß der bestellte Verwalter sein Amt beibehält, so wird er im wesentlichen auf die Geltendmachung seines persönlichen Einflusses angewiesen sein. Legt übrigens der Verwalter ohne zwingende Gründe sein Amt nieder, so kann dies unbedenklich bei Bemessung seines Honorars in Betracht gezogen werden. Es erscheint nicht unbillig, daß er in solchem Falle nicht mehr erhält, als die Summe, die übrig bleibt, wenn von dem schätzungsweise zu ermittelnden Honorar für die Verwaltung des ganzen Konkurses das zu veranschlagende Honorar des neuen Verwalters abgerechnet wird.

c) Geschäftsunfähigkeit, Tod des Verwalters.

Wird der Verwalter geistig unfähig, Rechtsangelegenheiten zu besorgen, so bedarf es seiner Entlassung ebenso, wie wenn er dazu körperlich unfähig geworden ist[1]).

Im Falle des Todes des Verwalters haben dessen Erben dem Gericht Anzeige zu machen, damit sofort ein neuer Verwalter bestellt werden kann.

d) Anordnungen des Gerichts im Falle des Ausscheidens des Verwalters während der Dauer des Konkurses.

Wenn der Verwalter seines Amts enthoben oder aus irgendeinem Grunde entlassen oder gestorben ist, so hat das Gericht alsbald

1. die Bestallung der Ausgeschiedenen zurückzufordern (§ 81 Abs. 2 KO.),
2. von ihm oder seinen Vertretern oder Erben Schlußrechnung zu erfordern,
3. zur Abnahme der Schlußrechnung einen Termin anzuberaumen und diesen öffentlich bekannt zu machen,
4. auf Verlangen das Honorar des Ausgeschiedenen und die ihm zu erstattenden baren Auslagen festzusetzen,
5. einen neuen Verwalter zu ernennen,
6. diesem Bestallung zu erteilen,
7. das Ausscheiden des früheren Verwalters und die Ernennung des neuen öffentlich bekannt zu machen (§ 81 Abs. 1 KO.),
8. in Erwägung zu nehmen, ob und welche Sicherheitsleistung von dem neuen Verwalter zu fordern,

[1]) So v. Wilmowski A. 4 Abs. 2 zu § 78 und Petersen und Kleinfeller A. III, 5. — Jaeger A. 10 zu § 78 erachtet im Falle der Entmündigung die Entlassung des Verwalters nicht für erforderlich.

9. zur Beschlußfassung über die Wahl eines anderen Verwalters geeignetenfalls eine Gläubigerversammlung einzuberufen.

Zu 2. und 3. vgl. unter E, zu 4. unten S. 33, zu 8. S. 88.

Zu 7. wird in der Regel der Grund des Ausscheidens des früheren Verwalters in der Bekanntmachung kurz anzugeben sein, unbedingt nötig ist es aber nicht.

Zu 9. ist zu bemerken: Auch in dem Falle, wenn während der Dauer des Konkurses die Ernennung eines neuen Verwalters nötig geworden ist, steht den Gläubigern das Recht zu, in der auf die Ernennung folgenden Gläubigerversammlung eine andere Person anstatt des Ernannten zum Verwalter zu wählen (§ 80 KO.). Das ist jedoch nicht dahin zu verstehen, daß allemal nach der Ernennung eines neuen Verwalters das Gericht alsbald von Amts wegen behufs der Wahl eine Gläubigerversammlung berufen müßte. Das Gericht ist hierzu zwar befugt, aber nicht verpflichtet. Meistens wird die alsbaldige Berufung einer besonderen Gläubigerversammlung zur Beschlußfassung über die Wahl eines anderen Verwalters entbehrlich sein und gewartet werden können, bis aus anderen Gründen eine Gläubigerversammlung zu berufen ist. Sobald sich aber die Berufung einer Gläubigerversammlung als erforderlich herausstellt, hat das Gericht von Amts wegen auf die Tagesordnung dieser Versammlung auch die Beschlußfassung über die Wahl eines anderen Verwalters zu setzen[1]). Aus diesem Grunde ist, falls nicht sofort wegen der Wahl eine Gläubigerversammlung berufen wird, eine Anordnung dahin zu empfehlen, daß die Akten von Zeit zu Zeit wieder vorgelegt werden.

E. Rechnungslegung, insbesondere die Schlußrechnung.

Während der Dauer des Konkurses findet eine Rechnungslegung des Verwalters über die Verwaltung und Verwertung der Masse nur insoweit statt, als die Gläubigerversammlung dies beschließt (§ 132 Abs. 2 KO.). Beschließt sie nichts anderes, so hat der Verwalter nur bei Beendigung seines Amtes Schlußrechnung zu legen (§ 86 KO.). Schlußrechnung ist stets erforderlich. Ist der Verwalter geschäftsunfähig geworden, so ist sie von seinem gesetzlichen Vertreter, ist er verstorben, so ist sie von seinen Erben zu legen. In diesen Fällen wird freilich der Verpflichtete oft tatsächlich außerstande sein, eine genügende Rechnung zu legen. Alsdann wird nichts weiter übrig bleiben, als daß der neue Verwalter auf Grund des ihm zugänglichen Materials die Rechnung, so gut es geht, aufstellt. *Verpflichtet* ist er aber

[1]) S. Petersen und Kleinfeller A. I, 3 zu §§ 78—81.

hierzu nicht, zumal er selbst zu den Personen gehört, denen die Schlußrechnung zu legen ist[1]).

Die Rechnung ist den „Beteiligten" zu legen und von ihnen abzunehmen. Beteiligt ist in jedem Falle der Gemeinschuldner. Die Konkursgläubiger sind es gleichfalls, ausgenommen dann, wenn der Konkurs mit ihrer Zustimmung eingestellt ist. Außerdem gehört zu den Beteiligten der neue Verwalter, wenn die Schlußrechnung vor Beendigung des Konkurses von einem ausgeschiedenen oder für einen ausgeschiedenen Verwalter gelegt wird. Zur Abnahme der Schlußrechnung hat das Gericht einen Termin anzuberaumen, sofern nicht lediglich der Gemeinschuldner Beteiligter ist. Der Termin ist gemäß § 76 Abs. 1 KO. öffentlich bekannt zu machen.

Über Form, Inhalt, Prüfung und Abnahme der Rechnung vgl. im dritten Teil Abschn. VI unter D c γ und δ[2]). Wegen der Rückgabe der von dem ausgeschiedenen Verwalter bestellten Sicherheit s. oben S. 24.

F. Auslagen und Honorar.

Der Verwalter hat Anspruch auf Erstattung angemessener barer Auslagen und auf Vergütung für seine Geschäftsführung. Die Festsetzung der Auslagen und des Honorars erfolgt durch das Gericht unter Ausschluß jeder Vereinbarung zwischen dem Verwalter und den übrigen Konkursbeteiligten[3]) (§ 85 KO.).

a) Auslagen.

Unter den Auslagen sind nur solche zu verstehen, die dem Verwalter persönlich in Ausübung seines Amtes entstanden sind. Also namentlich Reise- und Zehrungskosten, Porti, Auslagen für Schreibbedarf; ferner Mietzins für Räumlichkeiten, die er behufs der Geschäftsführung gemietet hat, Gehalt von Gehilfen, die er zur Bewältigung der ihm obliegenden Geschäfte angenommen hat, sofern die Mieten und Gehälter grade für den betreffenden Konkurs aufgewendet worden sind. Dagegen gehören zu den Auslagen nicht die Ausgaben, die der Verwalter aus der Masse zur Bestreitung von Massekosten oder Masseschulden gemacht hat, z. B. Prozeßkosten, Inventurkosten, Kosten der Haft des Gemeinschuldners, Aufwendungen zur Erfüllung oder Lösung von Verträgen. Dergleichen Ausgaben gehen stets zu Lasten der Konkursmasse, wenn sie auch unzweckmäßig oder unnütz gewesen oder sogar durch ein Verschulden des Verwalters verursacht sind. Der Verwalter

[1]) Vgl. v. Wilmowski A. 2, Petersen und Kleinfeller A. 8, Jaeger A. 1.

[2]) Der Verwalter ist auch zur Leistung des Offenbarungseides nach Maßgabe des § 260 BGB. verpflichtet. OLG. Colmar LZ. 1909, 164 [6]; Jaeger A. 4 zu § 86.

[3]) Gruch. 50, 1126; OLG. Colmar LZ. 1911, 401 [3].

kann sie daher ohne weiteres aus der Masse entnehmen und braucht nicht ihre Festsetzung behufs Erstattung aus der Masse nachzusuchen. Hat er durch seine Schuld Ausgaben verursacht, die vermeidlich waren, so kann das allerdings bei Bemessung des Honorars in Betracht gezogen werden, auch zu Regreßklagen Anlaß geben.

Die Auslagen sind dem Verwalter nur insoweit aus der Masse zu erstatten, als ihre Aufwendung angemessen war. Inwieweit dies anzunehmen, ist der Beurteilung des Konkursgerichts anheimgegeben.

b) Honorar.

Für die Bemessung der Vergütung, welche dem Verwalter für seine Geschäftsführung zusteht (des Honorars), hat die Konkursordnung bestimmte Grundsätze nicht aufgestellt. Sie läßt aber zu, daß die Landesjustizverwaltung darüber allgemeine Anordnungen trifft[1]) (§ 85 Abs. 2 KO.).

Bei der Bemessung der Vergütung werden hauptsächlich in Betracht zu ziehen sein: der Betrag der Teilungsmasse, die vom Verwalter bewiesene Tätigkeit und Tüchtigkeit, der Umfang der Geschäfte (namentlich die Zahl der geführten Prozesse, die Mühewaltungen, die die Herbeischaffung, Verwaltung und Verwertung der vorhandenen Massebestandteile erfordert hat, die Zahl und der Umfang der stattgehabten Verteilungen, auch die Zahl der Konkursgläubiger, deren Forderungen zu prüfen gewesen sind), endlich die Dauer und das Ergebnis des Konkurses[2]).

Ist ein Rechtsanwalt Konkursverwalter, so stehen diesem die gesetzlichen Gebühren für die Führung von Prozessen ohne weiteres neben dem Honorar zu, wogegen bei Festsetzung des Honorars natürlich die durch die Prozesse entstandenen Mühewaltungen außer Betracht zu lassen sind. Eine Gebühr für Erhebung und Ablieferung von Geldern (§ 87 der Gebührenordnung für Rechtsanwälte) kann der Rechtsanwalt neben dem Verwalterhonorar nicht beanspruchen[3]).

c) Verfahren bei Festsetzung der zu erstattenden Auslagen und des Honorars.

Behufs der Festsetzung der zu erstattenden Auslagen hat der Verwalter ein Verzeichnis davon nebst den Belegen und den er-

---

[1]) S. des Verfassers „Verwaltung von Konkursen", Allgemeiner Teil, Abschn. I unter 6. In Preußen besteht eine solche allgemeine Anordnung nicht. Für Württemberg s. die a. a. O. mitgeteilte Verfügung des Justizministers vom 24. Okt. 1900. Für Baden ist durch Erlaß vom 17. März 1905 Anlehnung an die württembergischen Bestimmungen empfohlen.

[2]) S. hierzu OLG. 42, 75 (Kammergericht) und Saeger in der LZ. 1908, 141 ff., Bley A. 1b.

[3]) v. Wilmowski A. 2, Petersen und Kleinfeller A. 5, Jaeger A. 3, Mentzel A. 1, Bley A. 2, Wolff A. 1.

forderlichen Erläuterungen dem Gericht einzureichen. Über die Höhe des zu bewilligenden Honorars wird das Gericht erst Beschluß fassen, nachdem es sich durch Einforderung eines Berichts des Verwalters sowie Einsicht seiner Akten und Bücher eine Unterlage für den Beschluß beschafft hat[1]). Außerdem kann es den Gläubigerausschuß gutachtlich hören und dem Gemeinschuldner zu einer Erklärung Gelegenheit geben[2]). Für notwendig hat die Konkursordnung die Anhörung des Gläubigerausschusses nicht erklärt, und dies mit Recht, da bisweilen in der Frage des Honorars des Verwalters die Mitglieder des Gläubigerausschusses wegen ihres eignen Honoraranspruchs oder aus anderen Gründen zur Abgabe eines unbefangenen Gutachtens nicht geeignet sind. Die Anhörung der Gläubigerversammlung ist nicht erforderlich.

Die Festsetzung des Honorars und des erstattungsfähigen Betrags der Auslagen des Verwalters erfolgt auf seinen Antrag bei oder nach Beendigung seiner Tätigkeit[3]). Der Angabe bestimmter Summen bedarf es in dem Antrage nicht. Der Betrag der Auslagen ist von dem des Honorars getrennt festzusetzen[4]). Die zu erstattenden Auslagen können auf Antrag stets schon während des Konkurses von Zeit zu Zeit festgesetzt werden. In länger dauernden Konkursen dürften dem Verwalter auch auf seine Honorarforderung schon vor Beendigung seiner Tätigkeit Abschlagszahlungen, die seinen bisherigen Leistungen entsprechen, auf Antrag bewilligt werden können.

Der Beschluß über die Festsetzung des Honorars und der Auslagen bedarf der Zustellung, da er der sofortigen Beschwerde unterliegt[5]) (§ 73 Abs. 3 KO.). Zu den Beteiligten, die beschwerdeberechtigt sind, und an die deshalb die Zustellung erfolgen muß, sind zweifellos die Konkursgläubiger zu rechnen[6]). Mit Rücksicht hierauf wird die Zustellung durch öffentliche Bekanntmachung erfolgen müssen, wenn auch eine andersartige Regelung der Zustellung vielleicht wünschenswert wäre. Die Bekanntmachung des Festsetzungsbeschlusses kann übrigens zusammen mit der Bekanntmachung des Schlußtermins oder mit einer anderen bei Beendigung des Konkurses zu erlassenden Bekanntmachung erfolgen. Neben

[1]) Die beste Unterlage gewährt die Schlußrechnung. Diese wird deshalb tunlichst vor Festsetzung des Honorars dem Gericht vorzulegen sein.

[2]) Dessen Erklärungen binden es aber nie.

[3]) Sie ist aber wohl nach Beendigung des Konkurses nicht mehr zulässig. LZ. 1924, 202, OLG. 32, 394 (Stuttgart).

[4]) OLG. Kassel (LZ. 1908, 322).

[5]) Die Beschwerde wird nicht dadurch unzulässig, daß der Verwalter das Honorar in die Schlußrechnung eingestellt und der Beschwerdeführer gegen diese eine Einwendung nicht erhoben hat. OLG. 32, 393 (Kammergericht), Jaeger A. 2 zu § 86, Bleyer A. 4c. Abw. v. Wilmowski A. 5, Petersen und Kleinfeller A. 4.

[6]) v Wilmowski A. 5, Petersen und Kleinfeller A. 8, Jaeger A. 5, OLG. Colmar (LZ. 1909, 331[5]). — A. M. Wolff A. 5.

der öffentlichen Bekanntmachung ist mit Rücksicht auf § 76 Abs. 3 KO. eine weitere Zustellung des Beschlusses nicht gerade notwendig, doch erscheint es sachgemäß, dem Verwalter und dem Gemeinschuldner besonders zuzustellen.[1])

d) Befriedigung des Verwalters wegen Honorar und Auslagen.

Wegen der festgesetzten Beträge kann sich der Verwalter aus der vorhandenen baren Masse bezahlt machen (s. § 181 BGB.). Seine Ansprüche gehören aber nicht zu den Masseschulden, sondern zu den Massekosten. Sämtliche Masseschulden sind daher vor ihnen zu berichtigen, und bezüglich der Massekosten (§ 58 KO.) ist es so zu halten, daß zunächst alle baren Auslagen, dann die übrigen Gerichts- und Verwaltungskosten gedeckt werden, wobei die Auslagen und die übrigen Kosten untereinander gleichanteilig zu befriedigen sind. Nur die dem Gemeinschuldner und seiner Familie bewilligte Unterstützung steht den Ansprüchen des Verwalters nach (§ 60 KO.). Reicht die vorhandene Masse zur Befriedigung seiner Ansprüche nicht hin, so kann er sich wegen des Ausfalls weder an den Staat[2]), noch an die Konkursgläubiger noch auch an den, der den Konkurs beantragt hat, sondern nur an den Gemeinschuldner halten[3]).

Vor der Festsetzung darf er überhaupt zu seiner Befriedigung wegen Honorar oder Auslagen aus der Masse nichts entnehmen. Er hat auch, solange die Festsetzung nicht erfolgt ist, wegen seiner Ansprüche kein Zurückbehaltungsrecht an der Masse. Selbst dann nicht, wenn es ihm von dem nachfolgenden Verwalter vertragsmäßig eingeräumt ist, denn dazu ist der Verwalter gesetzlich nicht berechtigt[4]).

III. Der Gläubigerausschuß.

A. Stellung und Befugnisse des Gläubigerausschusses im allgemeinen.

Der Gläubigerausschuß ist dazu berufen, die Interessen der Konkursgläubiger dauernd im Konkurse wahrzunehmen. Er ist diesen verantwortlich, vertritt sie aber nicht, sondern bildet ein selbständiges Organ für die Verwaltung der Konkursangelegenheiten, das seine Befugnisse unmittelbar aus dem Gesetz herleitet.

---

[1]) LZ. 1913, 330[9] (Colmar). Sie mag auch der Kostenersparnis halber auf das Amtsblatt beschränkt werden.

[2]) RGZ. 43, 62 (JW. 1899, 96[30]).

[3]) v. Wilmowski A. 4, Petersen und Kleinfeller A. 2, Bleyer A. 1, Levy in ZZP. 49, 212. — Jaeger A. 4 zu § 85 und A. 5 zu § 57 und ebenso ZZP. 50, 168 ist der Ansicht, daß auch der Gemeinschuldner nur mit dem haftet, was er etwa von der Konkursmasse zurückerhält. Ebenso OLG. Hamburg (LZ. 1912, 867 und 1914, 1406[10]) und Mentzel A. 2.

[4]) RGZ. 53, 190 (JW. 1903, 51[23]). — A. M. Wolff A. 2.

Seine Mitglieder stehen also zu den Konkursgläubigern nicht in dem Verhältnis von Bevollmächtigten zu ihren Machtgebern[1]). Der Gläubigerausschuß hat den Verwalter in dessen verantwortlicher Tätigkeit einerseits zu unterstützen, andererseits zu überwachen. Im einzelnen sind seine Obliegenheiten die folgenden: Er ist berechtigt, vom Verwalter Berichterstattung über die Lage der Sache und die Geschäftsführung zu verlangen. Die Mitglieder des Ausschusses können sich auch selbst von dem Gange der Geschäfte unterrichten, die Bücher und Schriften des Verwalters einsehen und den Bestand seiner Kasse untersuchen. Eine Untersuchung der Kasse des Verwalters muß sogar wenigstens einmal in jedem Monat durch ein Mitglied des Gläubigerausschusses vorgenommen werden (§ 88 KO.). Quittungen des Verwalters über den Empfang von Geldern, Wertpapieren oder Kostbarkeiten von der Hinterlegungsstelle, sowie seine Anweisungen auf die Hinterlegungsstelle bedürfen in der Regel zu ihrer Gültigkeit der Mitzeichnung eines Mitgliedes des Ausschusses (§ 137 KO.). Der Verwalter hat auch dem Gläubigerausschusse Rechnung zu legen, wenn und soweit dies die Gläubigerversammlung beschlossen hat (§ 132 Abs. 2 KO.). Die Schlußrechnung des Verwalters hat der Gläubigerausschuß zu prüfen und mit seinen Bemerkungen zu versehen. Ferner steht dem Gläubigerausschuß eine erhebliche Mitwirkung bei der Verwaltung, Verwertung und Verteilung der Masse zu. Zu zahlreichen wichtigeren Geschäften bedarf der Verwalter seiner Genehmigung (§§ 133, 134, 123 Abs. 2 KO.). Verteilungen können nur mit Zustimmung des Ausschusses stattfinden (§ 150 KO.); auch bestimmt dieser bei Abschlagsverteilungen den zu verteilenden Prozentsatz (§ 159 Abs. 1 KO.). Dagegen ist er nicht befugt, Verwaltungshandlungen an Stelle des Verwalters vorzunehmen oder sonstwie in der Tätigkeit des Verwalters einzugreifen. So z. B. kann er diesen nicht hindern, Forderungen der Ausschußmitglieder gegen die Konkursmasse zu bestreiten[2]).

Der Gläubigerausschuß ist weiter befugt, Anträge auf Entlassung des Verwalters zu stellen (§ 84 Abs. 1 KO.), vom Gemeinschuldner Auskunft über alle den Konkurs betreffenden Verhältnisse zu fordern (§ 100 KO.), und die Berufung von Gläubigerversammlungen zu beantragen (§ 93 KO.). Auch im Zwangsvergleichsverfahren ist ihm ein erheblicher Einfluß eingeräumt (vgl. §§ 176, 177, 179, 184 KO.). Schließlich hat bis zur Beschlußfassung durch eine Gläubigerversammlung der Gläubigerausschuß auch zur Bewilligung einer Unterstützung des Gemeinschuldners aus der Konkursmasse seine Genehmigung zu erteilen und darüber zu befinden, ob das Geschäft des Gemeinschuldners zu schließen

[1]) RGZ. 20, 109; 31, 122; 36, 367; Gruch. 43, 509. v. Wilmowski A. 1 zu § 87, Petersen und Kleinfeller A. 1, Jaeger A. 1, Bleyer A. 1.

[2]) OLG. Düsseldorf (LZ. 1913, 570[6]). S. im übrigen unter C Abs. 2.

oder fortzuführen und wie und wo Gelder, Wertpapiere und Kostbarkeiten zu hinterlegen (§ 129 KO.).

B. Stellung des Gläubigerausschusses zum Konkursgericht.

Dem Konkursgerichte gegenüber ist der Gläubigerausschuß durchaus unabhängig. Das Gericht ist nicht befugt, ihm Anweisungen zu erteilen[1]) oder gar Beschlüsse, die er gefaßt hat, umzustoßen. Er kann insbesondere eine vom Gläubigerausschuß erteilte Genehmigung nicht rückgängig machen, eine vom Ausschusse versagte Genehmigung nicht an dessen Stelle erteilen. Weder gegen den Gläubigerausschuß als solchen, noch gegen dessen einzelne Mitglieder kann das Gericht Strafen festsetzen oder irgendwelche Aufsichtsbefugnisse ausüben. Auch zur Entscheidung von Streitigkeiten unter den Mitgliedern des Gläubigerausschusses oder zwischen diesem und dem Verwalter über die Gültigkeit von Beschlüssen des Ausschusses ist das Konkursgericht nicht berufen.

Im Falle eines pflichtwidrigen Verhaltens des Gläubigerausschusses kann das Gericht auf dessen Entschließungen einen Einfluß, abgesehen von seinen Befugnissen in Beziehung auf die Festsetzung des Honorars und der erstattungsfähigen Auslagen der Ausschußmitglieder, nur dadurch ausüben, daß es die Mitglieder des Ausschusses auf die ihnen nach § 89 KO. obliegende Verantwortlichkeit hinweist. Sollte dies vergeblich sein, so kann es, wenigstens dem von der Gläubigerversammlung bestellten Ausschusse gegenüber, nichts weiter tun, als daß es eine Gläubigerversammlung beruft[2]) und dieser die Entlassung der ungeeigneten oder pflichtwidrig handelnden Ausschußmitglieder, sowie eine etwaige Neuwahl anderer Mitglieder anheimgibt. Vgl. unter D.

Seine Geschäftsordnung hat sich der Gläubigerausschuß selbst zu geben. Der Konkursrichter hat nicht das Recht, den Gläubigerausschuß zu berufen oder an dessen Beratungen und Beschlußfassungen teilzunehmen. Das ist aber auch nicht untersagt.

Andererseits steht ein Beschwerderecht gegen Anordnungen des Konkursgerichts dem Gläubigerausschuß als solchem nicht zu[3]). Auch die einzelnen Ausschußmitglieder sind als solche nicht beschwerdeberechtigt[4]).

C. Die Beschlüsse des Gläubigerausschusses.

Ein Beschluß des Gläubigerausschusses ist gültig, wenn die Mehrheit seiner Mitglieder an der Beschlußfassung teilgenommen hat und der Beschluß mit absoluter Mehrheit der abgegebenen Stimmen gefaßt ist (§ 90 KO.). Vorauszusetzen ist hierbei, daß

[1]) Belehrung aber vielfach durch Anordnung der Landesjustizverwaltungen vorgeschrieben, vgl. Bleyer A. 1 c zu § 89.

[2]) Soll das geschehen, so ist § 98 KO. zu beachten.

[3]) JW. 1895, 329 [20]. A. M., soweit der Gläubigerausschuß Anträge stellen kann, OLG. 15, 246 (Hamburg).

[4]) JW. 1900, 132 [10].

sämtliche Ausschußmitglieder Gelegenheit gehabt haben, sich an der Beschlußfassung zu beteiligen, und daß sie von dem Gegenstande der Beschlußfassung Kenntnis gehabt haben. Bei Stimmengleichheit ist ein Beschluß nicht zustande gekommen; weder die Stimme des Vorsitzenden noch das Los können in solchem Falle den Ausschlag geben. Die Abstimmung braucht nicht notwendig in einer Versammlung der Ausschußmitglieder zu erfolgen; auch schriftliche Abstimmung ist zulässig.

Ein Beschluß des Gläubigerausschusses ist nicht deshalb ungültig, weil er nur durch die Stimmen von Mitgliedern zustande gekommen ist, die mit dem Gemeinschuldner verwandt oder verschwägert sind oder die bei dem Gegenstande der Beschlußfassung ein dem gemeinschaftlichen Interesse der Konkursgläubiger widerstreitendes Interesse haben. Handelt es sich um eine Klage gegen ein Ausschußmitglied, zu deren Erhebung der Verwalter der Genehmigung des Ausschusses bedarf, und wird diese Genehmigung pflichtwidrig verweigert, oder hemmt sonst der Gläubigerausschuß durch seine Beschlüsse die pflichtmäßige Tätigkeit des Verwalters, so wird dieser nur dadurch Abhilfe schaffen können, daß er die Berufung einer Gläubigerversammlung veranlaßt und deren Entscheidung anruft oder, wenn nötig, eine Änderung der Zusammensetzung des Gläubigerausschusses herbeizuführen sucht. Der Verwalter ist jedoch in solchen Fällen, wenn er sich über das Fehlen der Genehmigung des Gläubigerausschusses aus dringenden Gründen hinwegsetzt, für verantwortlich gemäß § 82 KO. wohl nicht zu erachten, auch ist ein Rechtsgeschäft, das er ohne die vorgeschriebene Genehmigung vornimmt, Dritten gegenüber trotzdem gültig[1]) (§ 136 KO.).

D. Dauer der Tätigkeit des Gläubigerausschusses und seiner einzelnen Mitglieder.

Über die Bestellung des Gläubigerausschusses siehe im dritten Teil Abschnitt I S. 87 unter 10 und Abschnitt II S. 102 unter γ.

Die Tätigkeit des Gläubigerausschusses dauert in der Regel bis zur Beendigung des Konkurses. Die Bestellung der einzelnen Mitglieder ist jedoch jederzeit widerruflich, und daher kann der Gläubigerausschuß überhaupt jederzeit beseitigt werden. Der Widerruf der Bestellung steht demjenigen zu, durch den sie erfolgt ist (§ 92 KO.). Demnach kann das Gericht die Mitglieder des von der Gläubigerversammlung bestellten Ausschusses nicht absetzen. Gründe für den Widerruf brauchen nicht angegeben zu werden. Dem von der Gläubigerversammlung entlassenen Mitgliede des Gläubigerausschusses steht gegen den Widerruf seiner Bestellung ein Widerspruchsrecht oder ein Beschwerderecht nicht zu[2]).

---

[1]) S. dazu v. Wilmowski A. 2, Jaeger A. 3 zu § 90.

[2]) Auch dem Gericht kein Veto nach § 99 KO. LG. Köln (LZ. 1910, 798[2]).

Die Tätigkeit des vom Gerichte bestellten Gläubigerausschusses als solchen nimmt in jedem Falle mit der ersten Gläubigerversammlung ihr Ende [1]). Beschließt diese die Bestellung eines Gläubigerausschusses nicht, so gibt sie damit zu erkennen, daß sie einen solchen nicht für erforderlich erachtet und tritt darum der vom Gericht bestellte Ausschuß außer Tätigkeit. Beschließt sie die Bestellung eines Gläubigerausschusses, so bleiben die Mitglieder des vom Gericht bestellten nur insoweit in Tätigkeit, als sie von der Gläubigerversammlung als Ausschußmitglieder beibehalten bzw. gewählt werden. Geschieht dies aber, so gehören sie fortan nur kraft ihrer Bestellung durch die Gläubigerversammlung dem Gläubigerausschusse an.

Die freiwillige Niederlegung des Amtes steht jedem Mitgliede des Gläubigerausschusses zu. Wer jedoch zur Unzeit sein Amt niederlegt, kann sich dadurch schadensersatzpflichtig machen [2]) (vgl. § 627 BGB. und § 89 KO.).

E. Ergänzung der Zahl der Mitglieder des Gläubigerausschusses.

Etwaige Lücken in dem Bestande des Gläubigerausschusses kann, wenn dieser vom Gericht bestellt ist, bis zur ersten Gläubigerversammlung das Gericht durch Neuernennung von Mitgliedern ausfüllen.

Wenn dagegen der von der Gläubigerversammlung bestellte Ausschuß entweder durch Ablehnung seitens einzelner Gewählter nicht zustande kommt oder später durch Ausscheiden von Mitgliedern beschlußunfähig wird, so kann die Ergänzung des Gläubigerausschusses nur durch eine neu zu berufende Gläubigerversammlung geschehen, sofern nicht etwa die frühere schon für Ersatzmänner gesorgt hat [3]). Es fragt sich nun, ob das Gericht von Amts wegen zur Ergänzung des Ausschusses eine Gläubigerversammlung zu berufen hat. Die Frage dürfte zu bejahen sein in dem Falle, wenn der von der früheren Gläubigerversammlung gefaßte Beschluß mit Sicherheit ergibt, daß es deren Wille gewesen ist, es solle ein Gläubigerausschuß nicht nur bestellt werden, sondern auch dauernd in Wirksamkeit bleiben, und wenn der bestellte Ausschuß beschlußunfähig geworden ist. Wann die Beschlußunfähigkeit eintritt, ob

[1]) Petersen und Kleinfeller A. 3 zu § 87, v. Wilmowski A. 3 und 6 zu § 87, Jaeger A. 4. Für die Konkurse über eingetragene Genossenschaften enthält § 103 des Gesetzes vom 1. Mai 1889 (Fassung vom 20. Mai 1898) eine abweichende Bestimmung.

[2]) v. Wilmowski A. 2 Abs. 2 zu § 92, Jaeger A. 2, Petersen und Kleinfeller A. 2, Bleyer A. 1 a.

[3]) Ersatzmänner können wohl auch mit der Bestimmung gewählt werden, daß sie in allen Fällen eintreten sollen, wo ein Ausschußmitglied in eigener Sache entscheiden müßte. So Jaeger A. 3 a. E. zu § 90. Eine solche Maßregel ist oft empfehlenswert.

schon dann, wenn nicht mehr als zwei, oder erst, wenn nur noch ein Ausschußmitglied vorhanden ist, ist streitig[1]).

F. Haftbarkeit der Ausschußmitglieder.

Die Mitglieder des Gläubigerausschusses haften nach § 89 KO. für Erfüllung ihrer Pflichten[2]), wenn sie auch zu einer besonderen Rechnungslegung nicht verpflichtet sind. Die Haftung besteht nicht nur den Konkursgläubigern, sondern auch dem Gemeinschuldner und anderen Beteiligten gegenüber[3]). Von den Mitgliedern haftet ein jedes für die ihm zur Last fallenden schuldhaften Pflichtverletzungen, mehrere für eine Pflichtverletzung haftbare als Gesamtschuldner[4]) (§ 421 BGB.).

G. Honorar und Auslagen der Mitglieder des Gläubigerausschusses.

Die Mitglieder des Gläubigerausschusses haben Anspruch auf Erstattung angemessener barer Auslagen und auf Vergütung für ihre Geschäftsführung. Die Festsetzung der zu erstattenden Auslagen und des Honorars erfolgte früher nicht, wie beim Verwalter, stets durch das Gericht, sondern in erster Linie durch Vereinbarung der Ausschußmitglieder mit der Gläubigerversammlung, und erst in Ermangelung solcher Vereinbarung durch Gerichtsbeschluß. Durch die Novelle zur KO. ist das aber dahin geändert worden, daß jetzt stets das Gericht die zu erstattenden Auslagen und das Honorar festzusetzen hat. Dabei ist es bezüglich des Honorars an die etwa von der Landesjustizverwaltung getroffenen allgemeinen Anordnungen gebunden[5]) (§ 91 KO.). Vor der Beschlußfassung hat es die Gläubigerversammlung zu hören, was am einfachsten im Schlußtermin geschieht. Außerdem kann es den Verwalter gutachtlich hören. Bezüglich des Festsetzungsverfahrens gilt im übrigen entsprechend, was S. 33 bezüglich des Verfahrens bei Festsetzung des Honorars des Verwalters gesagt ist.

Es ist zulässig, das Honorar für die Mitglieder des Gläubigerausschusses ungleichmäßig zu bemessen, so daß der eine mehr, der andere weniger erhält. Die Leistungen der einzelnen Mitglieder können ja sehr wohl von verschiedenem Umfange und verschiedener Erheblichkeit sein[6]). Die Ausschußmitglieder können, ein jeder für sich, auch ganz auf Honorar und Erstattung von Auslagen ver-

---

1) Petersen und Kleinfeller A. 4 zu § 87 sind der Ansicht, daß der Ausschuß aus mindestens 3 Mitgliedern bestehen müsse. v. Wilmowski A. 2 zu § 87 hält dagegen 2 Mitglieder für ausreichend, ebenso Jaeger A. 2, Bleyer A. 2b, Wolff A. 2.

2) Über die Pflichten der Ausschußmitglieder s. RGZ. 63, 133.

3) RGZ. 31, 119, LZ. 1910, 159, JW. 1895, 329[20].

4) S. Jaeger A. 2, 3, ebenso für das frühere Recht RGZ. 20, 110.

5) Solche bestehen, soviel bekannt, derzeit nicht.

6) Ist ein Rechtsanwalt Mitglied des Gläubigerausschusses, so darf er die ihm als Rechtsanwalt zustehenden Gebühren dann beanspruchen, wenn er als solcher tätig geworden ist. OLG. 23, 306 (Hamburg).

zichten, und nach dem Wortlaute des § 91 KO. ist überhaupt anzunehmen, daß eine richterliche Festsetzung nur dann erfolgt, wenn sie etwas beanspruchen.

IV. Die einzelnen Konkursgläubiger und die Gläubigerversammlung.

A. Die einzelnen Konkursgläubiger.

Die einzelnen Konkursgläubiger können ihre Teilnahmerechte an der Konkursmasse unabhängig voneinander geltend machen. Demnach ist jeder einzelne Gläubiger befugt, der Forderung und dem Vorrechtsanspruch jedes anderen Gläubigers in Prüfungstermine zu widersprechen, gegen die Zulassung der überhaupt noch nicht oder noch nicht unbedingt festgestellten Konkursforderungen zur Teilnahme an den Abstimmungen Widerspruch zu erheben, sowie gegen die Verzeichnisse der bei den Verteilungen zu berücksichtigenden Forderungen Einwendungen vorzubringen (§§ 144 Abs. 1, 95, 96, 158 Abs. 1, 162 KO.). Ferner kann jeder einzelne Gläubiger Ansprüche gegen den Verwalter und die Mitglieder des Gläubigerausschusses aus ihrer Geschäftsführung erheben und folgeweise die Schlußrechnung des Verwalters bemängeln (§§ 86, 89 KO.). Dagegen steht den Konkursgläubigern als einzelnen auf die Verwaltung und Verwertung der Konkursmasse nur mittelbar und nur in sehr beschränktem Maße ein Einfluß zu (s. § 99 KO.). Bei der Verwaltung und Verwertung der Masse ist nur die Versammlung der Konkursgläubiger zu unmittelbarer Mitwirkung berufen.

B. Die Gläubigerversammlung.

a) Ihre Stellung und ihre Befugnisse.

Die Gläubigerversammlung ist zuständig

1. für die in den §§ 110 und 132 KO. bezeichneten Angelegenheiten (hierüber s. das nähere im dritten Teil Abschnitt II);
2. zu Anträgen an das Gericht auf Entlassung des Verwalters (§ 84 KO.);
3. zur Bestellung und zur Beseitigung eines Gläubigerausschusses sowie zur Wahl und zur Absetzung einzelner Ausschußmitglieder (§§ 87, 92 KO.);
4. zur Beschlußfassung über die Vornahme einer vom Verwalter beabsichtigten Rechtshandlung, die auf Anrufen des Gemeinschuldners das Gericht dem Verwalter vorläufig untersagt hat (§§ 129, 130, 135 Abs. 1 KO.);
5. zur Beschlußfassung darüber, ob und inwieweit Quittungen des Verwalters über den Empfang von Geldern, Wertpapieren oder Kostbarkeiten von der Hinterlegungsstelle oder Anweisungen des Verwalters auf die Hinterlegungsstelle zu ihrer Gültigkeit der Mitzeichnung eines Mitgliedes des Gläubigerausschusses etwa nicht bedürfen sollen (§ 137 KO.);

6. zur Beschlußfassung darüber, was mit den nicht verwertbaren Vermögensstücken geschehen soll (§ 162 KO.);

7. zur Beschlußfassung über einen vom Gemeinschuldner gemachten Zwangsvergleichsvorschlag (§ 182 KO.).

Die Genehmigung der Gläubigerversammlung zu Rechtshandlungen des Verwalters ist, wenn ein Gläubigerausschuß besteht, in keinem Falle erforderlich. Wenn dagegen ein Gläubigerausschuß nicht vorhanden ist, so bedarf der Verwalter nach § 134 KO. der Genehmigung der Gläubigerversammlung

1. wenn er einen zur Konkursmasse gehörigen unbeweglichen Gegenstand aus freier Hand veräußern will,

2. wenn er das Geschäft oder das Warenlager des Gemeinschuldners im ganzen veräußern will,

3. wenn er einen Anspruch des Gemeinschuldners auf den Bezug wiederkehrender Einkünfte veräußern will,

4. wenn er Darlehen aufnehmen will,

5. wenn er fremde Verbindlichkeiten übernehmen will,

6. wenn er Gegenstände, die zur Konkursmasse gehören, verpfänden will,

7. wenn er Grundstücke erstehen will.

Der Gemeinschuldner ist verpflichtet, auf Anordnung des Gerichts der Gläubigerversammlung über alle den Konkurs betreffenden Verhältnisse Auskunft zu erteilen (§ 100 KO.).

Dem Gläubigerausschuß ist die Gläubigerversammlung innerhalb der Grenzen ihrer Zuständigkeit übergeordnet, an ihre Beschlüsse ist er gebunden[1]).

Die Zuständigkeit der Gläubigerversammlung beschränkt sich aber auf die ihr durch die KO. zugewiesenen Angelegenheiten; in die Rechte der einzelnen Gläubiger kann sie nicht eingreifen; sie kann sich auch nicht an die Stelle des Verwalters setzen.

Die Gläubigerversammlung stellt kein selbständiges Rechtssubjekt dar und ist daher zu Beschwerden und zur Führung von Prozessen nicht befugt[2]).

b) Beschlüsse der Gläubigerversammlungen.

Über die Berufung der Gläubigerversammlungen sowie über den Hergang in ihnen s. die Abschnitte II und III des dritten Teils.

Die Beschlüsse der Gläubigerversammlung werden in der Regel mit absoluter Mehrheit der in der Versammlung abgegebenen Stimmen gefaßt; die Mehrheit wird nach den Forderungsbeträgen berechnet (§ 94 Abs. 1, 3 KO.). Die absolute Stimmenmehrheit

---

[1]) Er ist z. B. nicht befugt, die Schließung des Geschäftes des Gemeinschuldners anzuordnen, wenn die Gläubigerversammlung die Fortführung des Geschäfts beschlossen hat. S. Becher in der LZ. 1914, 246.

[2]) Vgl. v. Wilmowski A. 1 zu § 93, Jaeger A. 1, Petersen und Kleinfeller A. 2 zu §§ 93—98, Bleyer A. 1.

ist nur in zwei Fällen nicht entscheidend: einmal bei der Wahl der Mitglieder des Gläubigerausschusses, wo relative Stimmenmehrheit genügt, sodann im Zwangsvergleichsverfahren, wenn es sich um die Annahme eines vom Gemeinschuldner vorgeschlagenen Zwangsvergleichs handelt, in welchem Falle die absolute Stimmenmehrheit nicht ausreicht (§ 94 Abs. 2, § 182 KO.).

Außer der gesetzlichen Stimmenmehrheit ist zur Gültigkeit der Beschlüsse der Gläubigerversammlung erforderlich, daß die Versammlung gehörig berufen und daß in der öffentlichen Bekanntmachung der Versammlung der Gegenstand der Beschlußfassung als auf der Tagesordnung stehend angegeben war (§§ 93 Abs. 1, 2, 98 KO.). Sind diese Voraussetzungen erfüllt, so sind sowohl die überstimmten Gläubiger, als diejenigen, die an der Beschlußfassung nicht teilgenommen haben, an die Beschlüsse der Gläubigerversammlung gebunden (§ 97 KO.). Dies gilt selbst dann, wenn die Beschlüsse nur mit Hilfe der Stimmen von Personen zustande gekommen sind, die mit dem Gemeinschuldner verwandt oder verschwägert sind, oder die bei der Beschlußfassung Sonderinteressen verfolgt haben[1]). Inwieweit gegen die aus diesen Grundsätzen möglicherweise sich ergebenden Mißstände Abhilfe geschafft werden kann, wird im folgenden erörtert.

Beschlüsse, bei denen die Anforderungen der §§ 93—98 KO. nicht erfüllt sind, sind nichtig und vom Konkursrichter, auch ohne Antrag eines Beteiligten, aufzuheben. Die Ausführung solcher Beschlüsse ist dem Verwalter, erforderlichenfalls bei Ordnungsstrafe, zu untersagen[2]).

c) Anfechtung von Beschlüssen der Gläubigerversammlung.

Dem Konkursgericht ist im Interesse der Gesamtheit der Gläubiger die Befugnis erteilt, unter gewissen Umständen gegen Beschlüsse der Gläubigerversammlung, die an sich gültig zustande gekommen sind, sein Veto einzulegen. Dieses Veto steht dem Gericht zu, wenn

1. der Konkursverwalter oder ein überstimmter Gläubiger den Antrag stellt, die Ausführung eines Beschlusses der Gläubigerversammlung zu untersagen, und
2. der Beschluß dem gemeinsamen Interesse der Konkursgläubiger widerspricht (§ 99 KO.).

Der Antrag zu 1. ist in der Gläubigerversammlung selbst zu stellen; ein vor oder nach Abhaltung der Versammlung gestellter Antrag kann nicht berücksichtigt werden[3]). Ob der Be-

[1]) Jaeger A. 6 zu § 95. OLG. Colmar in der LZ. 1911, 796[8]. Die einzige Ausnahme hiervon macht der § 183 KO.

[2]) Jaeger A. 7 zu § 94, A. 1 zu § 99, Mentzel A. 1 zu § 99, OLG. 35, 255 (Rostock), Becher in der LZ. 1914, 253.

[3]) Petersen und Kleinfeller A. 1, v. Wilmowski A. 1, Mentzel A. 2, Wolff A. 2.

schluß dem gemeinsamen Interesse der Konkursgläubiger widerspricht, hat der Konkursrichter unter Berücksichtigung aller Umstände des einzelnen Falles zu prüfen. Dabei wird er in der Regel annehmen dürfen, daß die von der Gläubigerversammlung gefaßten Beschlüsse dem wohlerwogenen Interesse der Gesamtheit entsprechen. Nur in besonderen Fällen, wenn etwa die Gläubigerversammlung sehr schwach besucht gewesen ist, oder wenn der angefochtene Beschluß mit sehr geringer Mehrheit oder durch die Stimmen einer Minderzahl von Gläubigern oder durch das Mitstimmen solcher Gläubiger, die Sonderinteressen verfolgen, zustande gekommen ist, wird das Gericht Anlaß haben, von seinem Veto Gebrauch zu machen.

Vor der Entscheidung wird das Gericht die Beteiligten hören und die zur Klarstellung der Sache etwa erforderlichen Ermittelungen anstellen. Die Entscheidung kann auch erst nach der Gläubigerversammlung, schriftlich oder in einem neuen Termine, erfolgen.

Der Beschluß des Gerichts, der einen Antrag auf Einlegung des Veto ablehnt, ist dem Antragsteller zuzustellen. Der Beschluß, durch den die Ausführung eines Beschlusses der Gläubigerversammlung untersagt wird, ist wohl öffentlich bekannt zu machen und zweckmäßig dem Verwalter noch besonders zuzustellen[1]) (s. S. 12).

Hervorzuheben ist, daß dem Gericht nur ein Untersagungsrecht zusteht, und daß § 99 KO. nur auf Beschlüsse anwendbar ist, die einer Ausführung bedürfen. Gegen Beschlüsse der Gläubigerversammlung, die nur bestimmen, daß etwas nicht geschehen solle, gibt es keinen Schutz. Das Gericht kann niemals anordnen, daß Rechtshandlungen, über deren Vornahme die Gläubigerversammlung zu beschließen oder deren Vornahme sie zu genehmigen hat, ungeachtet eines entgegenstehenden Beschlusses der Gläubigerversammlung dennoch vorgenommen werden sollen[2]). Auch gegen die Wahlen der Mitglieder des Gläubigerausschusses steht dem Gericht ein Einspruchsrecht nicht zu.

V. Der Gemeinschuldner[3]).

A. Die Rechtsstellung des Gemeinschuldners im allgemeinen.

Der Gemeinschuldner wird durch die Konkurseröffnung nicht unfähig zum Abschlusse von Rechtsgeschäften. Er behält die freie Verfügung über das Vermögen, das nicht zur Konkursmasse gehört, also namentlich über das nach der Konkurseröffnung erworbene, und auch an der Konkursmasse wird ihm das Eigen-

[1]) Vgl. v. Wilmowski A. 2, Jaeger A. 5.

[2]) Bleyer A. 1 c, Wolff A. 1. Abw. Jaeger A. 4.

[3]) Im Nachlaßkonkurse nimmt, wenn eine Nachlaßpflegschaft besteht, der Nachlaßpfleger die Stellung des Gemeinschuldners ein. OLG. 5, 436 (Hamburg), Jaeger A. 19 zu § 214. Nicht dagegen der Nachlaßverwalter, dessen Amt endet, sobald der Konkurs über den Nachlaß eröffnet wird. Im Konkurse der offenen Handelsgesellschaft sind sämtliche Gesellschafter Gemeinschuldner. OLG. 30, 82 (Kammergericht).

tum nicht entzogen. Dagegen verliert er mit der Konkurseröffnung das Recht, sein zur Konkursmasse gehöriges Vermögen zu verwalten und darüber zu verfügen (§ 6 Abs. 1 KO.). Dieses Recht wird durch den Konkursverwalter ausgeübt, der die Masse zu verwerten und den Erlös unter die Konkursgläubiger zu verteilen hat (§ 6 Abs. 2 KO.). Der Gemeinschuldner darf den Verwalter in den die Masse betreffenden Maßnahmen nicht behindern und hat kein Recht zur Mitwirkung dabei. Das Interesse, das der Gemeinschuldner an der ordnungsmäßigen Verwaltung und Verwertung der Masse und möglicherweise an der Verhütung einer allzu schleunigen Verwertung hat, wird vom Gesetze nur insoweit berücksichtigt, als es den Verwalter verpflichtet, von den wichtigeren Geschäften, die in den §§ 133, 134 KO. im einzelnen bezeichnet sind, vor deren Vornahme dem Gemeinschuldner, sofern er ohne Aufschub zu erlangen ist, Mitteilung zu machen, und als dem Gericht das Recht eingeräumt ist, auf Anrufen des Gemeinschuldners die Vornahme eines Geschäfts der bezeichneten Art vorläufig zu untersagen (§ 135 KO.). Der § 130 KO. gewährt dem Gemeinschuldner auch einen gewissen Schutz gegen eine vorzeitige und ihm unerwünschte Schließung seines Geschäfts, indem er bestimmt, daß der Verwalter, wenn er vor der Beschlußfassung der Gläubigerversammlung das Geschäft des Gemeinschuldners schließen will, von dieser seiner Absicht dem Gemeinschuldner Mitteilung zu machen hat, und daß das Gericht die Schließung des Geschäfts auf Antrag des Gemeinschuldners einstweilen untersagen kann, wenn dieser einen Zwangsvergleichsvorschlag eingereicht hat.

Auf die Verteilungen steht dem Gemeinschuldner in der Regel kein Einfluß zu. Die einzige Ausnahme enthält § 160 KO.

Was die Schuldenmasse betrifft, so hat ein Widerspruch des Gemeinschuldners gegen angemeldete Forderungen nur für seine Haftung nach Beendigung des Konkurses Bedeutung. Die Feststellung der bestrittenen Forderungen im Konkurse und deren Teilnahme an den stattfindenden Verteilungen kann durch den Widerspruch des Gemeinschuldners nicht gehindert werden (§§ 144, 152, 164 KO.).

B. Unterhalt und Unterstützung des Gemeinschuldners[1]).

Das Recht, welches dem mit seiner Ehefrau in dem Güterstande der Verwaltung und Nutznießung lebenden Gemeinschuldner an dem eingebrachten Vermögen seiner Ehefrau zusteht[2]), sowie das Recht des Gemeinschuldners, das für ihn an dem Vermögen seiner Kinder kraft der elterlichen Nutznießung begründet

[1]) S. hierzu den Aufsatz von Hörle, LZ. 1910, 348.

[2]) Bezüglich der Nutzungen des eingebrachten Guts bei der Errungenschafts- und Fahrnisgemeinschaft s. Jaeger A. 45 zu § 1.

ist, gehören, weil unpfändbar, nicht zur Konkursmasse (§ 1 Abs. 1 KO., §§ 861 und 862 ZPO.). Das Nutznießungsrecht des Ehemannes erlischt jedoch mit der Rechtskraft des Beschlusses, durch den der Konkurs eröffnet wird (§ 1419 BGB.). Das Nutznießungsrecht der Eltern am Vermögen der Kinder bleibt dagegen durch die Konkurseröffnung im wesentlichen unberührt (§§ 1647, 1656, 1686 BGB.). Von den Früchten des der Nutznießung unterworfenen Vermögens bleiben dem Gemeinschuldner alle nach der Konkurseröffnung erworbenen, aber auch die vorher erworbenen wenigstens insoweit, als sie zur Erfüllung der in den §§ 1384 bis 1387 BGB. bestimmten Verpflichtungen oder zur Erfüllung seiner gesetzlichen Unterhaltspflicht gegenüber seiner Ehefrau, seiner früheren Ehefrau oder seinen Verwandten oder endlich zur Bestreitung seines standesgemäßen Unterhalts erforderlich sind (§§ 861 Abs. 1 Satz 2, 862 Abs. 2 ZPO.). Alles dies findet auch Anwendung auf die Nutznießungsrechte, die schon vor dem Inkrafttreten des Bürgerlichen Gesetzbuchs für den Gemeinschuldner an dem Vermögen seiner Kinder begründet worden sind (Art. 203 Einf.-Ges. zum BGB.). Anders verhält es sich freilich mit den Nutznießungsrechten an dem Vermögen der Ehefrau in den am 1. Januar 1900 schon bestehenden Ehen. Nach Art. 200 des Einf.-Ges. zum BGB. in Verbindung mit Art. VI des Einf.-Ges. zur Novelle zur Konkursordnung vom 17. Mai 1898 bleibt es für jene Ehen bei der Bestimmung des im übrigen aufgehobenen § 1 Abs. 2 der früheren Konkursordnung, wonach der ehemännliche Nießbrauch an sich zur Konkursmasse gehört, dem Gemeinschuldner aber aus den Nutzungen im gewissen Maße Unterhalt gewährt werden muß. Für Preußen ist jedoch diese Bestimmung durch die Art. 45, 46, 49 und 50 des Ausführungsgesetzes zum BGB. vom 20. September 1899 bedeutungslos geworden.

Abgesehen hiervon steht dem Gemeinschuldner ein Recht auf Unterhalt oder Unterstützung aus dem zur Konkursmasse gehörigen Vermögen nicht zu. Das Gesetz *gestattet* nur, ihm eine Unterstützung aus der Konkursmasse zu bewilligen.

Die Bewilligung steht nach Eröffnung des Konkurses zunächst dem Verwalter zu, der jedoch dazu der Genehmigung des Gläubigerausschusses und, wenn ein solcher nicht bestellt ist, der Genehmigung des Gerichts bedarf (§ 129 Abs. 1 KO.). Der Verwalter darf als Unterstützung nicht mehr gewähren, als zum *notdürftigen Unterhalt* für den Gemeinschuldner und dessen Familie erforderlich ist. Demnach kann auch nur in dieser Beschränkung das Gericht die etwa erforderliche Genehmigung zu der vom Verwalter beabsichtigten Bewilligung erteilen. Bei Bemessung des Betrages des zum notdürftigen Unterhalte Erforderlichen ist zu berücksichtigen, daß unter der „Familie" des Gemeinschuldners zu verstehen sind

1. die Personen, zu deren Unterhaltung der Gemeinschuldner gesetzlich verpflichtet ist,
2. andere Verwandte des Gemeinschuldners, die zu seinem Hausstande gehören und in seinem Haushalte leben[1]).

Zum notdürftigen Unterhalt kann natürlich auch eine Wohnung, nicht bloß bares Geld oder Naturalien, gewährt werden.

Der Beschluß des Gerichts über die Genehmigung der Unterstützung des Gemeinschuldners ist dem Verwalter und dem Gemeinschuldner zuzustellen.

Der notdürftige Unterhalt kann dem Gemeinschuldner aus der Masse so lange bewilligt bzw. fortgewährt werden, bis eine Gläubigerversammlung ein anderes beschließt[2]). Gleich die erste Gläubigerversammlung ist zur Beschlußfassung über eine dem Gemeinschuldner und dessen Familie zu bewilligende Unterstützung berufen (§ 132 Abs. 1 KO.). Siehe dritten Teil, Abschnitt II, Seite 104. Aber auch spätere Gläubigerversammlungen können, sofern § 98 KO. beobachtet ist, dem Gemeinschuldner eine Unterstützung bewilligen.

Stirbt der Gemeinschuldner während des Konkurses oder ist der Konkurs über den Nachlaß eines Schuldners eröffnet, so kann den Hinterbliebenen eine Unterstützung aus der Masse nach denselben Grundsätzen wie dem Gemeinschuldner, gewährt werden[3]).

Das Konkursgericht ist in keinem Falle befugt, dem Gemeinschuldner eine Unterstützung aus der Masse zu bewilligen. Es kann auch nicht den Verwalter oder gar die Gläubigerversammlung zur Bewilligung einer Unterstützung anweisen.

Die Entziehung einer bewilligten Unterstützung steht dem Verwalter, wenn die Bewilligung von seiner Seite erfolgt ist, in jedem Falle aber der Gläubigerversammlung zu allen Zeiten zu.

Die bewilligte Unterstützung gehört zu den Massekosten, rangiert unter diesen aber an der letzten Stelle (§ 58 Nr. 3, § 60 KO.).

C. Wirkungen des Konkurses in bezug auf die Person des Gemeinschuldners.

a) Pflicht des Gemeinschuldners zur Auskunfterteilung.

Der Gemeinschuldner ist verpflichtet, dem Gericht, dem Verwalter, dem Gläubigerausschusse und — auf Anordnung des Gerichts — auch der Gläubigerversammlung über alle den Konkurs betreffenden Verhältnisse nach bestem Wissen und mit der gehörigen Sorgfalt Auskunft zu erteilen (§ 100 KO.). Er kann die

---

1) Petersen und Kleinfeller A. 1 zu §§ 129, 130, v. Wilmowski A. 3, Bleyer A. 2a. — A. M. Jaeger A. 8, Wolff A. 1.

2) So v. Wilmowski A. 1 zu § 129, Petersen und Kleinfeller A. II. 5 zu §§ 131, 132, Jaeger A. 1.

3) v. Wilmowski Vorbem. 3 vor § 214 KO., Jaeger A. 11 zu § 214, A. 8 zu § 129.

Auskunft nicht deshalb verweigern, weil deren Erteilung ihm Mühewaltungen und Zeitversäumnisse verursacht. Dagegen ist er nicht verpflichtet, behufs Erteilung einer Auskunft aus seinen Mitteln Aufwendungen zu machen. Die Verpflichtung des Gemeinschuldners beschränkt sich überhaupt auf die Erteilung von Auskunft. Zu Dienstleistungen im Interesse der Konkursmasse ist er nicht verpflichtet.

b) Beschränkung des Gemeinschuldners bezüglich der Veränderung seines Wohnsitzes.

Während der Dauer des Konkurses ist der Gemeinschuldner insofern in seiner Bewegungsfreiheit beschränkt, als er sich von seinem Wohnorte, auch vorübergehend, nur mit Erlaubnis des Konkursgerichts entfernen darf (§ 101 Abs. 1 KO.). Wenn das Gericht um die Erteilung dieser Erlaubnis angegangen wird, so hat es bei seiner Entschließung das Interesse, das etwa für die Konkursgläubiger an der Nichtentfernung des Gemeinschuldners von seinem Wohnorte besteht, gegen das Interesse, das der Gemeinschuldner im gegebenen Falle an der beabsichtigten Reise oder der gänzlichen Verlegung seines Wohnsitzes hat, abzuwägen. Im allgemeinen wird es davon auszugehen haben, daß der Gemeinschuldner in der Freiheit seiner Bewegung nur so lange und so weit zu beschränken ist, als es der Konkurszweck durchaus erheischt.

Vor der Entscheidung wird das Gericht in der Regel den Verwalter hören, wenn auch eine Verpflichtung dazu nicht besteht.

Die Entscheidung, wodurch dem Gemeinschuldner die Erlaubnis zum Verlassen seines Wohnsitzes erteilt wird, ist dem Verwalter zuzustellen, dem Gemeinschuldner durch einfache Mitteilung bekannt zu machen. Die Entscheidung, die dem Gemeinschuldner die erbetene Erlaubnis zur Entfernung von seinem Wohnsitze versagt, ist nur dem Gemeinschuldner zuzustellen.

Eine erteilte Erlaubnis kann das Gericht jederzeit widerrufen oder einschränken.

c) Zwangsmaßregeln gegen den Gemeinschuldner.

α) Welche Zwangsmaßregeln und unter welchen Voraussetzungen sie zulässig sind.

Wenn der Gemeinschuldner die ihm vom Gesetze auferlegten Verpflichtungen nicht erfüllt, so kann das Gericht seine zwangsweise Vorführung oder seine Verhaftung anordnen. Die Haft ist als Zwangsmittel, um den Gemeinschuldner zur Erfüllung seiner Verpflichtungen anzuhalten, aber nicht als Strafmittel wegen Verletzung seiner Pflichten statthaft[1]). Sie findet außerdem statt,

---

[1]) v. Wilmowski A. 3, Jaeger A. 3, Bleyer A. 2, Wolff A. 2. — A. M. Petersen und Kleinfeller A. III, 7 zu §§ 100, 101.

wenn es zur Sicherung der Masse gegen nachteilige Handlungen des Gemeinschuldners notwendig erscheint (§ 101 Abs. 2 KO.). An Stelle der Haft sind auch mildere Maßregeln, entsprechend dem § 933 ZPO., für zulässig zu erachten.

β) Verfahren.

Die Anordnung von Zwangsmaßregeln kann auf Antrag oder von Amts wegen erfolgen. Vor Anordnung der Haft muß der Gemeinschuldner gehört werden.

Der Befehl, der die zwangsweise Vorführung des Gemeinschuldners anordnet, ist in derselben Art, wie in Strafsachen, auszufertigen.

Der gegen den Gemeinschuldner erlassene Haftbefehl hat die Sache, in der er erlassen ist, und den Grund der Verhaftung zu bezeichnen (§ 72 KO., § 908 ZPO.). Der Haftbefehl ist dem Gemeinschuldner — aber in der Regel wohl erst bei seiner Verhaftung — von Amts wegen zuzustellen. Gegen den Haftbefehl steht dem Gemeinschuldner das Recht der Beschwerde zu (§ 73 Abs. 2, 3 KO.). Die Beschwerde hat jedoch keine aufschiebende Wirkung.

Mit der Vollziehung der Vorführungsbefehle und der Haftbefehle kann das Konkursgericht Gerichtsvollzieher beauftragen. Die Vollziehung der Haft kann, weil sie nur im gemeinsamen Interesse der Gläubigerschaft zu verhängen ist, nicht davon abhängig gemacht werden, daß die Haftkosten auf mindestens einen Monat, oder überhaupt, vorschußweise gezahlt werden[1]). Im übrigen finden bezüglich der Art der Vollstreckung der Haft, sowie bezüglich ihrer Zulässigkeit, Unterbrechung und Dauer die §§ 904—907, 910, 912, 913 ZPO. entsprechende Anwendung. Hervorzuheben ist, daß die Dauer der Haft 6 Monate nicht übersteigen darf, so daß nach Ablauf dieser Zeit der Gemeinschuldner von Amts wegen entlassen werden muß.[2])

Die Kosten der Haft gehören zu den Massekosten (§ 58 Nr. 1 KO.).

Die verhängte Haft kann jederzeit von Amts wegen wieder aufgehoben werden. Ergeben sich aber in der Folge neue Gründe zur Anordnung der Haft, so ist von neuem Haftbefehl zulässig, mit der Maßgabe, daß der Gemeinschuldner nie länger als im ganzen 6 Monate in Haft gehalten werden darf.

d) Offenbarungseid.

Der Gemeinschuldner ist auch zur Leistung des Offenbarungseides verpflichtet. Das Verfahren hierüber und dasjenige zur

[1]) v. Wilmowski A. 3 zu § 101, Jaeger A. 3, Petersen und Kleinfeller A. III. 10 zu §§ 100, 101. Mit obiger Ansicht stimmt die Bayerische Verordnung vom 3. Juni 1879 (JustMinBl. f. 1879 S. 238) überein.

[2]) So auch Bleyer A. 2. A. M. Wolff A. 2.

Erzwingung des Offenbarungseides ist jedoch nicht ein Teil des Konkursverfahrens. Es findet wohl bei dem Amtsgericht statt, bei dem der Konkurs schwebt, aber das Amtsgericht ist dabei als Vollstreckungsgericht nach den Grundsätzen der Zivilprozeßordnung tätig[1]). Zur Leistung des Offenbarungseides kann nach der Anfertigung des Inventars der Gemeinschuldner nicht nur vom Verwalter, sondern auch von jedem Konkursgläubiger[2]) vor das Vollstreckungsgericht geladen werden[3]) (§ 125 KO.). Das Verfahren richtet sich nach den §§ 900 ff. ZPO.[4]). Der Gemeinschuldner braucht aber nicht ein Verzeichnis seines Vermögens aufzustellen, sondern, weil er nur das zur Konkursmasse gehörige Vermögen zu offenbaren hat, nur die Richtigkeit und Vollständigkeit des vom Verwalter aufgestellten Inventars, soweit dies die Aktivmasse betrifft, zu beeiden[5]). Im Konkurse über einen Nachlaß sind die Erben bzw. die Nachlaßvertreter zur Leistung des Offenbarungseides für verpflichtet zu erachten. Der Eid wird hier ebenso zu fassen sein, wie in § 2006 BGB. vorgeschrieben ist. Gerichtskosten kommen für das Verfahren nicht in Ansatz (§ 46 GKG.). Wohl aber Auslagen, namentlich etwaige Haftkosten. Ist der Gemeinschuldner prozeßunfähig, so hat sein gesetzlicher Vertreter den Offenbarungseid zu leisten. Ein minderjähriger Gemeinschuldner dürfte dazu nicht verpflichtet sein, auch wenn er eidesfähig ist[6]).

e) Anwendung der Vorschriften der §§ 100, 101 KO., wenn der Konkurs nicht über das Vermögen einer physischen Person schwebt.

Ist der Gemeinschuldner nicht eine physische Person, sondern ein anderes Rechtssubjekt, so sind die §§ 100, 101 KO. entsprechend anwendbar. Die Verpflichtung, Auskunft zu erteilen, besteht auch für Vorstände und Liquidatoren von Aktiengesellschaften, Korporationen und Genossenschaften, für die persönlich

---

[1]) Petersen und Kleinfeller A. 2, Jaeger A. 3, v. Wilmowski A. 3, Bleyer A. 1 b.

[2]) Die Frage, wer als Konkursgläubiger für legitimiert zu erachten, ist streitig. S. darüber in der LZ. von 1909: Wach S. 589, OLG. Dresden S. 870, Jaeger S. 871 ff.

[3]) Daß das nach § 125 KO. zuständige Gericht um Abnahme des Eides ein anderes Gericht ersucht, in dessen Bezirk der Gemeinschuldner sich aufhält, dürfte nicht zulässig sein. So OLG. 9, 147 (Augsburg). A. M. Jaeger A. 3, Bleyer A. 1 b, Mentzel A. 4.

[4]) Näheres darüber s. Jaeger A. 4—7.

[5]) v. Wilmowski A. 1, Wolff A. 2, Mentzel A. 4, OLG. Dresden LZ. 1908, 90[10]. — Abw. Jaeger A. 1, Petersen und Kleinfeller A. 5.

[6]) Jaeger A. 9. Hat während des Konkurses die Person des gesetzlichen Vertreters vor der Leistung des Eides gewechselt, so kann der ausgeschiedene Vertreter nicht mehr zu der Eidesleistung angehalten, sondern nur gemäß § 75 KO. als Zeuge über den Bestand der Masse vernommen werden. Jaeger in der LZ. 1914, 1651.

haftenden Teilhaber und die Liquidatoren von offenen Handelsgesellschaften, Kommanditgesellschaften und Kommanditgesellschaften auf Aktien. Die genannten Personen sind daher auch wohl den im § 101 Abs. 1 KO. vorgesehenen Beschränkungen bezüglich der Veränderung ihres Wohnsitzes unterworfen. Ferner unterliegen sie den im § 101 Abs. 2 KO. bezeichneten Zwangsmaßregeln, wenn sie den ihnen durch die Konkursordnung auferlegten Verpflichtungen nicht genügen, z. B. den Verwalter in seiner Geschäftsführung behindern, Gegenstände der Konkursmasse verheimlichen oder beiseite schaffen, oder über solche Gegenstände unbefugt Verfügungen treffen[1]). Nur für die Frage, ob es im einzelnen Falle gerechtfertigt ist, Zwangsmaßregeln gegen sie anzuwenden oder ihnen die Erlaubnis zur Entfernung von ihrem Wohnorte zu verweigern, wird der Umstand, daß sie sich nicht selbst in Konkurs befinden, zu beachten sein.

Im Nachlaßkonkurse ist gegen die Erben und den Nachlaßpfleger der § 100 KO. anwendbar. Aber auch die Anwendung des § 101 KO. erscheint ihnen gegenüber in gleicher Weise wie gegenüber den vorher genannten Personen zulässig[2]).

f) Einfluß des Todes des Gemeinschuldners auf das Verfahren.

Durch den Tod des Gemeinschuldners nach Eröffnung des Konkurses wird der Fortgang des Verfahrens nicht gehemmt. An dem Umfang der Teilungs- und der Schuldenmasse wird dadurch nichts geändert. Die Rechte und Pflichten des Gemeinschuldners in Ansehung der Teilungsmasse und der Schuldenmasse werden durch seine Erben bzw. die seinem Nachlasse bestellten Vertreter wahrgenommen. Bezüglich der Anwendbarkeit der §§ 100 und 101 KO. auf die Erben und Nachlaßvertreter gilt das unter e Erörterte[3]).

---

[1]) Vgl. Petersen und Kleinfeller A. 4 zu den §§ 207, 208 KO., v. Wilmowski A. 1 zu § 100, A. 1 zu § 101, Jaeger A. 4 zu § 100, A. 5 zu § 101, Wolff A. 5.

[2]) So v. Wilmowski Vorbem. 3 vor § 214 und Jaeger A. 13, 14 zu § 214, Mentzel A. 1 b.

[3]) Vgl. v. Wilmowski Vorbem. 16 vor § 214, Wolff A. 4 zu § 214. Jaeger A. 21 ff. zu § 214 ist der Ansicht, daß mit dem Tode des Gemeinschuldners das Verfahren in einen Nachlaßkonkurs übergeht, macht jedoch erhebliche Einschränkungen. Übergang in den Nachlaßkonkurs nehmen auch an Petersen und Kleinfeller A. 12 zu §§ 214, 215. Näheres s. in dem Aufsatz der Zeitschr. f. deutschen Zivilprozeß Bd. 28 S. 1.

Dritter Teil.

Das Konkursverfahren.

Vorbemerkung.

Das Konkursverfahren umfaßt die gesamte Tätigkeit, die bis zur Beendigung des Konkurses aufgewendet wird, um den Zweck des Konkurses — die gemeinsame Befriedigung der Gläubiger des Gemeinschuldners aus dessen pfändbarem und verwertbarem Vermögen — zu verwirklichen, einschließlich der bei der Eröffnung und der Beendigung des Verfahrens erforderlichen Maßnahmen. Dem Gericht fällt von den Geschäften des Konkursverfahrens nur ein verhältnismäßig unbedeutender Teil zu. Die folgende Darstellung nun ist nicht dazu bestimmt, das gesamte Verfahren in gleicher Ausführlichkeit zu behandeln, sondern soll sich in eingehender Weise nur mit denjenigen Teilen des Konkursverfahrens beschäftigen, bei denen die Tätigkeit des Konkursgerichts in Anspruch genommen wird.

I. Die Eröffnung des Konkurses.

A. Voraussetzungen der Konkurseröffnung.

Ein jeder Konkurs hat zur Voraussetzung:

1. ein Rechtssubjekt, welches selbständig Rechte erwerben und Verbindlichkeiten eingehen kann,
2. Vermögen dieses Rechtssubjekts, welches zur Befriedigung der Gläubiger dienen kann,
3. eine den Konkurs rechtfertigende Belastung des Rechtssubjekts mit Schuldverbindlichkeiten,
4. einen Eröffnungsantrag.

1. Voraussetzungen in Ansehung der Rechtspersönlichkeit des Gemeinschuldners.

Gemeinschuldner kann nicht nur eine physische Person, sondern auch jede juristische Person, sowie jede Vereinigung von Personen sein, die ein eigenes Rechtsleben führt, im eigenen Namen Rechte erwerben und Verbindlichkeiten eingehen, klagen und verklagt werden kann, und die demgemäß ein für sich bestehendes Vermögen hat[1]). Sofern Personenvereinigungen ein selbständiges Rechtssubjekt nicht darstellen, wie das z. B. bei den Gesellschaften des BGB. § 705 der Fall ist, kann nicht über ihr Vermögen,

---

[1]) LZ. 1910, 329[3] (Jena).

sondern nur über das Vermögen der einzelnen Mitglieder Konkurs eröffnet werden[1]). Eine Ausnahme besteht nur für nicht rechtsfähige Vereine (§ 213 KO., § 50 ZPO.). Es ist auch nicht zulässig, über das Vermögen mehrerer Personen ein gemeinschaftliches Konkursverfahren zu eröffnen. Dies gilt namentlich für das Vermögen mehrerer Teilhaber einer Handelsgesellschaft oder einer anderen Gesellschaft, sowie für das Vermögen von Eheleuten. Jeder der Gesellschafter und jeder von beiden Eheleuten ist ein selbständiges Rechtssubjekt; für die Frage, ob über sein Vermögen der Konkurs zu eröffnen, kommen nur seine Verhältnisse, nicht die des anderen Gesellschafters oder Ehegatten in Betracht, und wenn auch bei einem jeden von ihnen die Voraussetzungen der Konkurseröffnung vorliegen sollten, so muß doch über jeden ein besonderer Konkurs darum eröffnet werden, weil ein jeder in besonderen, von denjenigen des anderen verschiedenen, rechtlichen Beziehungen steht und unter ihnen selbst Beziehungen bestehen, bei denen widerstreitende Interessen obwalten. Eine Ausnahme von diesem Grundsatze ist selbst für den Fall der ehelichen Gütergemeinschaft nicht zuzulassen. Das Gesamtgut gehört in diesem Falle ausschließlich zur Konkursmasse des Mannes (§ 2 KO.).

Aktiengesellschaften, Gesellschaften mit beschränkter Haftung, eingetragene Genossenschaften, die solchen Genossenschaften gleichstehenden Vereine der in dem Bayerischen Gesetze vom 29. April 1869 bezeichneten Art, offene Handelsgesellschaften, Kommanditgesellschaften und Kommanditgesellschaften auf Aktien unterliegen der Konkurseröffnung auch dann, wenn sie bereits aufgelöst sind, und zwar so lange, als die Verteilung ihres Vermögens nicht vollzogen ist (§§ 207 Abs. 2, 209 Abs. 2 KO., § 63 Abs. 2 des Gesetzes betr. die Gesellschaften mit beschränkter Haftung, § 6 des Einführungsgesetzes zur KO., § 98 Abs. 2 des Genossenschaftsgesetzes). Wann die Verteilung des Vermögens als vollzogen zu erachten, ist Tatfrage[2]). Der Verteilung des Vermögens steht dessen Übergang auf einen anderen gleich[3]). Hinsichtlich der Vereinigung zweier Aktiengesellschaften vgl. die Vorschriften § 306 des Handelsgesetzbuches.

Bei der stillen Gesellschaft des Handelsgesetzbuchs findet wegen der Gesellschaftsschulden der Konkurs nur über das Vermögen des Geschäftsinhabers statt (§ 335 Abs. 2 HGB.).

Über einen Nachlaß kann der Konkurs eröffnet werden, auch wenn der Erbe noch unbekannt ist oder die Erbschaft noch

---

[1]) Hinsichtlich der Auseinandersetzung über das gemeinschaftliche Vermögen vgl. § 16 KO. [2]) S. dazu OLG. Jena in der LZ. 1910, 329[8].

[3]) Die Verteilung des Vermögens einer offenen Handelsgesellschaft oder einer Kommanditgesellschaft ist auch dann für vollzogen zu erachten, wenn nicht ein Dritter sondern einer der Gesellschafter das Gesellschaftsvermögen übernommen hat. JW. 1897, 307[20], Jaeger A. 2 zu §§ 209, 210.

nicht angenommen hat [1]). Die Konkurseröffnung wird dadurch nicht gehindert, daß der Erbe für die Nachlaßverbindlichekiten unbeschränkt haftet oder daß die mehreren Erben den Nachlaß schon unter sich geteilt haben (§ 216 KO.). Über einen Erbteil wird Konkurs nicht eröffnet (§ 235 KO.). Soll außer über den Nachlaß auch über das Vermögen des Erben Konkurs eröffnet werden, so handelt es sich um zwei gesonderte Konkurse, die ganz verschiedenen Grundsätzen unterliegen [2]).

Ob der Gemeinschuldner Kaufmann oder Nichtkaufmann, ob er Inländer oder Ausländer ist, begründet für die Zulässigkeit des Konkurses und für die Gestaltung des Verfahrens keinen Unterschied.

2. Voraussetzungen hinsichtlich der Teilungsmasse.

Daß der Schuldner, wenn gegen ihn der Konkurs eröffnet werden soll, nicht völlig vermögenslos sein darf, ist in der Konkursordnung nicht ausdrücklich hervorgehoben, versteht sich jedoch bei dem Zwecke des Konkurses von selbst. Aber auch bei Vorhandensein von Teilungsmasse braucht nicht unter allen Umständen Konkurs eröffnet zu werden. Wenn das Vermögen des Schuldners so geringfügig, oder wenn seine Verwertbarkeit so zweifelhaft ist, daß es den durch das Konkursverfahren entstehenden Kosten nicht entsprechend erscheint, so ist das Konkursgericht befugt, die Eröffnung des Konkurses zu versagen [3]) (§ 107 KO.). Die Eröffnung des Konkurses muß jedoch auch in diesem Falle erfolgen, wenn von dem Antragsteller oder sonst jemandem ein zur Deckung der im § 58 Nr. 1, 2 KO. bezeichneten Massekosten ausreichender Geldbetrag vorgeschossen wird. Der Betrag ist vom Gericht nach Anhörung des Verwalters schätzungsweise festzustellen [4]).

Das Gericht hat demnach in jedem Verfahren über einen Eröffnungsantrag seine Prüfung auch darauf zu erstrecken, ob hinreichende Masse da ist. Dabei ist folgendes zu beachten:

a) Umfang der Konkursmasse.

Die Konkursmasse umfaßt das gesamte einer Zwangsvollstreckung unterliegende Vermögen des Gemeinschuldners, welches

---

[1]) v. Wilmowski A. 2 zu § 216, Jaeger A. 4. Ist der Erbe unbekannt, so kann die Konkurseröffnung nicht davon abhängig gemacht werden, daß ein Nachlaßpfleger bestellt wird. Kurlbaum LZ. 1907, 638.

[2]) Petersen und Kleinfeller A. 13—15 zu §§ 214, 215, Bleyer Vorbem. 6 vor § 214.

[3]) Das Nähere siehe unten unter D. Eine Ausnahme gilt für Konkurse über eingetragene Genossenschaften (§ 100 Abs. 3 des Genossenschaftsgesetzes). Über diese muß, auch wenn sie gar kein eigenes Vermögen haben, der Konkurs eröffnet werden, weil die persönliche Haftpflicht der Genossen im Konkurse und nur im Konkurse verwirklicht wird. Vgl. Anhang II.

[4]) Solchem Vorschuß kann sich der Antragsteller durch ein Gesuch um Bewilligung des Armenrechts nicht entziehen. So auch Wolff A. 4.

ihm zur Zeit der Konkurseröffnung gehört (§ 1 Abs. 1 KO.). Sie ist also keineswegs identisch mit dem Vermögen, das der Gemeinschuldner überhaupt besitzt. Es müssen vielmehr bei der Prüfung, ob und wieviel Masse vorhanden ist, außer Betracht gelassen werden:

1. diejenigen Vermögensbestandteile, die einer Zwangsvollstreckung wegen ihrer Untrennbarkeit von der Person des Gemeinschuldners oder kraft besonderer gesetzlicher Vorschrift nicht unterliegen,
2. alles, was der Gemeinschuldner zur Zeit der Konkurseröffnung noch nicht erworben hat.

Nach § 1 Abs. 1 KO. in Verbindung mit der Zivilprozeßordnung bleiben außer Betracht: die Gegenstände, die nach den §§ 811, 812 ZPO. nicht gepfändet werden dürfen oder nicht gepfändet werden sollen; die in § 850 ZPO. bezeichneten Forderungen; alle nicht übertragbaren Forderungen, sofern nicht der Fall des § 851 Abs. 2 vorliegt; Pflichtteilsansprüche und Ansprüche auf Herausgabe von Geschenken, falls sie nicht schon anerkannt oder rechtshängig geworden sind — s. § 852 ZPO.; endlich die in § 857 Abs. 3, §§ 860—863 ZPO. bezeichneten Rechte. Erbschaften und Vermächtnisse sind der Masse nicht zuzurechnen, falls sie der Gemeinschuldner noch ausschlagen kann (§§ 1922, 1942 ff., 2176, 2180 BGB.; § 9 KO.; § 778 ZPO.).

Das Gesamtgut bei ehelicher Gütergemeinschaft gehört, wie schon erwähnt, ganz zur Konkursmasse des Mannes. Durch den Konkurs über das Vermögen der Frau wird es nicht berührt (§ 2 KO.). Entsprechendes gilt bei der fortgesetzten Gütergemeinschaft. Hier fällt das Gesamtgut in die Konkursmasse des überlebenden Ehegatten (§ 2 Abs. 3 KO.).

Zur Konkursmasse zu rechnen sind z. B. Ansprüche auf fortlaufende Hebungen (Renten-, Altenteils-, Pensionsforderungen), sofern der Rechtsgrund, auf dem sie beruhen, schon vor der Konkurseröffnung entstanden ist, sowie Nießbrauchsrechte und Forderungen aus einer Lebensversicherung, falls letztere nicht etwa dritten Personen zustehen. Hervorzuheben ist, daß zur Konkursmasse auch die auf den §§ 29 ff. KO. beruhenden Anfechtungsrechte gehören. Diese Rechte bilden nicht selten sogar einen wesentlichen Bestandteil der vorhandenen Masse, der freilich sehr oft nur im Prozeßwege realisierbar ist.

Handelt es sich um den Konkurs über das im Inlande befindliche Vermögen eines Schuldners, der im Deutschen Reiche keinen allgemeinen Gerichtsstand hat, so ergreift dieser Konkurs nicht nur die zu der Niederlassung, dem Gute, gehörigen, sondern *alle in Deutschland befindlichen* Vermögensstücke des Schuldners (§ 238 KO.).

Im Nachlaßkonkurse gehören zur Konkursmasse auch Sachen und Rechte, die nach dem Tode des Erblassers vom Erben für den Nachlaß erworben sind[1]). Für die Frage, wie weit die Zugehörigkeit zur Masse durch die Vorschriften der §§ 811, 812 ZPO. ausgeschlossen wird, werden nicht die Bedürfnisse, die der Erblasser hatte, sondern die Bedürfnisse der Erben in Betracht kommen[2]).

b) Berechnung des Betrages der Konkursmasse.

Bei Berechnung des Betrags der Konkursmasse kommen Gegenstände, die der Aussonderung unterliegen, nur dann und nur insoweit in Betracht, wenn und soweit daran der Masse geldwerte Rechte zustehen. Gegenstände, die einzelnen Gläubigern zur abgesonderten Befriedigung dienen, sind nur mit dem Betrage in Anschlag zu bringen, der von ihrem Erlöse nach der Befriedigung der Absonderungsberechtigten voraussichtlich übrig bleibt. Gegenstände von zweifelhaftem oder schwankendem Wert sowie zweifelhafte ausstehende Forderungen sind zu dem Wert anzunehmen, zu dem sie wahrscheinlich sich werden verwerten lassen. Manche Vermögensbestandteile lassen sich nicht ohne Aufwendung von Kosten verwerten, wie z. B. streitige Forderungen und die meisten Anfechtungsansprüche. Bei Veranschlagung des Wertes solcher Vermögensbestandteile sind die Kosten zu berücksichtigen, die vermutlich behufs ihrer Verwertung werden aufgewendet werden müssen. Sie dürfen aber nicht schon deswegen, weil ihre Rechtsbeständigkeit nicht völlig klar liegt, unberücksichtigt gelassen werden[3]). Bei Vermögensstücken, die sich im Auslande befinden, ist die größere oder geringere Wahrscheinlichkeit und Kostspieligkeit ihrer Herbeischaffung in Rechnung zu ziehen.

3. Voraussetzungen hinsichtlich des Standes der Schulden des Gemeinschuldners.

Daß eine Mehrzahl von Gläubigern vorhanden ist, wird zur Eröffnung des Konkurses nicht erfordert, Voraussetzung ist nur ein gewisser Vermögenszustand, der die Konkurseröffnung rechtfertigt[4]).

a) Zahlungsunfähigkeit.

Die Konkursordnung verlangt, abgesehen von einigen unter b zu erwähnenden Ausnahmefällen, zur Eröffnung des Konkurses über das Vermögen eines Schuldners die Feststellung, daß er zahlungsunfähig ist (§ 102 KO.). Dieses Erfordernis ist an die Stelle der gemeinrechtlich verlangten Feststellung der Ver-

---

[1]) Näheres bei Jaeger A. 25, 26 zu § 214, v. Wilmowski Vorbem. 10 vor § 214.

[2]) S. Jaeger A. 27 zu § 214, v. Wilmowski Vorbem. 9 vor § 214, Mentzel A. 1[a] zu § 214. A. M. Petersen und Kleinfeller A. 5 zu § 216, Wolff A. 6 zu § 214, Bleyer Vorbem. 4 vor § 214.

[3]) JW. 1898, 74[27].

[4]) Jaeger A. 1 zu § 102, Bleyer A. 1[b], RGZ. 11, 42, LZ. 1918, 660[12] (Königsberg). A. M. Wolff A. 4.

mögensunzulänglichkeit getreten. In der „Begründung des Entwurfs einer Konkursordnung" heißt es darüber auf S. 320 u. a.:

„Der Konkurs hat es nur mit den persönlichen Gläubigern „zu tun. Diese aber haben einen direkten Anspruch nicht „auf die Vermögensstücke, sondern nur an die Person ihres „Schuldners. Was sie zu fordern haben, ist Befriedigung; ob „sie diese aus den eigenen Mitteln des Gemeinschuldners er„langen oder vermöge des demselben noch zustehenden Kredits, „ist für sie unerheblich. Kredit ist im Verkehrsleben Vermögen. „Hieraus ergibt sich zweierlei. Einmal für den Gemeinschuldner: „so lange derselbe seinen Verbindlichkeiten nachkommt, hat „niemand das Recht, in seine Verhältnisse sich einzudrängen, „ihn aus dem Besitz zu setzen und seine produktive Tätigkeit „zu unterbrechen, möchte auch bei gleichzeitigem Andrängen „aller Gläubiger sein Vermögen zur vollständigen Befrie„gung derselben nicht ausreichen. Ein solches Vorgehen würde „ein Unrecht gegen den Schuldner enthalten, der verlangen „kann, daß vor eingetretenem Zahlungsverzuge ihm nicht die „Möglichkeit genommen werde, seine Lage zu verbessern und „das materiell vorhandene Defizit auszugleichen. Bei der „großen Empfindlichkeit des Kredits und dem engen Ineinan„dergreifen der heutigen Verkehrsbeziehungen würden dadurch „nicht nur der Gemeinschuldner, sondern in den meisten Fällen „auch andere ohne Grund und Nutzen der Gefahr finanziellen „Ruins ausgesetzt werden. Umgekehrt aber und zweitens „kann den andringenden Gläubigern nicht damit gedient sein, „daß ihr Schuldner ein selbst wohlhabender Mann ist, wenn „derselbe nicht die Mittel zur Zahlung seiner fälligen Schulden „herbeizuschaffen vermag; sie brauchen sich nicht mit dem Ein„wande der Vermögenssuffizienz abfinden zu lassen, wo sie „Zahlung zu fordern berechtigt sind. Diese Erwägungen führen „mit Notwendigkeit auf das Requisit der Zahlungsunfähigkeit."

Es ist also zur Konkurseröffnung einerseits nicht genügend, andererseits nicht erforderlich, daß das Vermögen des Schuldners zur Begleichung seiner Verbindlichkeiten nicht hinreicht; die Konkurseröffnung ist vielmehr (in der Regel) nur dann, aber auch dann immer, zulässig, wenn der Schuldner zahlungsunfähig, d. h. selbst mit Zuhilfenahme seines Kredits außerstande ist, seine fälligen Verbindlichkeiten zu erfüllen. Die Zahlungsunfähigkeit kommt hierbei nicht als ein verborgener Zustand, sondern nur dann in Betracht, wenn sie, sei es durch eine Erklärung oder Handlung des Schuldners, sei es durch die Handlung eines Gläubigers oder sonst durch eine Tatsache, in die äußere Erscheinung getreten ist[1]).

[1]) Vgl. Petersen und Kleinfeller A. II. 5, v. Wilmowski Vorbem. zu § 102, Jaeger A. 2 zu § 102, Wolff A. 2, Mentzel A. 2, Bleyer A. 2. S. auch Goldmann in der LZ. 1910, 452.

Die Tatsachen, aus denen die Zahlungsunfähigkeit eines Schuldners sich ergibt, können der verschiedensten Art sein. Eine erschöpfende Aufzählung ist von der Konkursordnung für unmöglich erachtet worden. Als häufiger vorkommend sind zu nennen: eigne Insolvenzerklärung des Schuldners, Schließung des Geschäfts, heimliche Entfernung ohne Zurücklassung eines Vertreters[1]). Diese und andere Tatsachen unterliegen der freien Würdigung des Konkursrichters. Mit einer Tatsache ist jedoch die gesetzliche Vermutung des Vorhandenseins der Zahlungsunfähigkeit verbunden, nämlich mit der Zahlungseinstellung (§ 102 Abs. 2 KO.). Zahlungseinstellung liegt vor, wenn ein Schuldner seine fälligen Zahlungsverbindlichkeiten im allgemeinen nicht mehr erfüllt, und wenn diese Nichterfüllung in einem nicht bloß vorübergehenden Mangel an bereiten Mitteln ihren Grund hat. Die Annahme der Zahlungseinstellung wird einerseits nicht ausgeschlossen durch den Umstand, daß der Schuldner fortfährt, einzelne, etwa kleinere oder besonders dringende Zahlungen zu leisten, andererseits nicht gerechtfertigt, wenn die Zahlungseinstellung zwar eine vollständige, aber nur eine vorübergehende, eine bloße Zahlungsstockung, ist[2]). Zahlungseinstellung kann auch bei Nichtkaufleuten vorkommen. Nur ist bei diesen zu berücksichtigen, daß im nichtkaufmännischen Verkehr auf die pünktliche Erfüllung von Zahlungsverbindlichkeiten weniger Gewicht gelegt zu werden pflegt, als im kaufmännischen, und daß deshalb in jenem Verkehr weniger sicher als in diesem aus der Unterlassung fälliger Zahlungen auf eine Zahlungseinstellung geschlossen werden kann. Das Reichsgericht hat sich über den Begriff der Zahlungseinstellung in zahlreichen Entscheidungen ausgesprochen[3]).

Soll über das inländische Vermögen eines Schuldners, der keinen allgemeinen Gerichtsstand in Deutschland hat, auf Grund des § 238 KO. Konkurs eröffnet werden, so kommt es für die Feststellung der Zahlungsunfähigkeit bzw. der Zahlungseinstellung nicht lediglich auf die Verhältnisse der in Deutschland belegenen Niederlassung, sondern auf die Verhältnisse des Schuldners im ganzen an[4]). Ist im Auslande ein Konkursverfahren eröffnet, so bedarf es zur Eröffnung des inländischen Verfahrens des Nachweises der Zahlungsunfähigkeit nicht (§ 238 Abs. 3 KO.).

Bei der Prüfung der Frage der Zahlungsunfähigkeit des persönlich haftenden Teilhabers einer Handelsgesellschaft kommen, wenn

---

[1]) S. hierüber Warneyer, Rechtsprechung Bd. 16 Nr. 24 S. 28, Bd. 11 Nr. 96 S. 138.

[2]) v. Wilmowski A. 3 zu § 102, Petersen und Kleinfeller A. 5 u. 6 zu § 30, Jaeger A. 2 zu § 102.

[3]) Näheres darüber s. in des Verfassers „Verwaltung von Konkursen" unter „Anfechtung".

[4]) RGZ. 21, 21.

über deren Vermögen Konkurs eröffnet ist, die Gesellschaftsschulden nur insoweit in Betracht, als das Gesellschaftsvermögen zu deren Berichtigung nicht ausreichen wird (s. § 212 KO.).

b) Überschuldung.

In einzelnen besonders gearteten Fällen ist Voraussetzung für die Konkurseröffnung die Überschuldung, teils neben der Zahlungsunfähigkeit, teils ausschließlich an deren Stelle.

Über das Vermögen von Aktiengesellschaften, Gesellschaften mit beschränkter Haftung, Kommanditgesellschaften auf Aktien, juristischen Personen und Vereinen findet Konkurseröffnung statt sowohl im Falle der Zahlungsunfähigkeit als im Falle der Überschuldung (§§ 208 Abs. 1, 209 Abs. 1, 213 KO., § 63 des Gesetzes betr. die Gesellschaften mit beschränkter Haftung).

Dasselbe gilt hinsichtlich aufgelöster Genossenschaften (§ 98 Abs. 1 des Genossenschaftsgesetzes). Über das Vermögen nicht aufgelöster Genossenschaften kann in der Regel nur im Falle der Zahlungsunfähigkeit Konkurs eröffnet werden[1]). Nur bei Genossenschaften mit beschränkter Haftpflicht findet Konkurseröffnung auch dann statt, wenn eine Überschuldung in Höhe von mehr als einem Viertel des Betrages der Haftsummen aller Genossen vorhanden ist (§ 140 des Gesetzes vom 1. Mai 1889, Fassung vom 20. Mai 1898).

Über einen Nachlaß endlich ist nur im Falle der Überschuldung Konkurseröffnung zulässig[2]) (§ 215 KO.). Die Zahlungseinstellung der Erben, des Nachlaßvertreters, ja des Erblassers selbst vermag das Erfordernis der Überschuldung des Nachlasses nicht zu ersetzen, und kann nur als Beweismittel für die Überschuldung dienen[3]). Für die Frage, ob Überschuldung vorliegt, kommen nicht bloß die Nachlaßschulden im engeren Sinne, sondern sämtliche Nachlaßverbindlichkeiten, auch die in § 226 Abs. 2 und 4 KO. bezeichneten, in Betracht[4]).

Offene Handelsgesellschaften und Kommanditgesellschaften unterliegen dem Konkurse nur im Falle ihrer Zahlungsunfähigkeit (§ 209 KO.).

4. Eröffnungsantrag.

Die Konkurseröffnung findet stets nur auf Antrag statt (§ 103 Abs. 1 KO.). Antragsberechtigt ist der Gemeinschuldner und jeder

---

[1]) Sobald aber die Bilanz eine Überschuldung ergibt, hat der Vorstand eine Generalversammlung zu berufen, die darüber zu beschließen hat, ob die Genossenschaft aufgelöst werden oder was zur Vermeidung der Auflösung etwa geschehen soll (§§ 121, 126 Gen.Ges.).

[2]) Ebenso über das Gesamtgut im Falle der fortgesetzten Gütergemeinschaft (§ 236 KO.).

[3]) Vgl. hierzu Jaeger A. 1, Petersen und Kleinfeller A. 10 v. Wilmowski A. 1 zu § 215.

[4]) Jaeger A. 2, Petersen und Kleinfeller A. 11, Wolff A. 2, Mentzel, Bleyer A. 1b.

Konkursgläubiger (§ 103 Abs. 2 KO.). Eine Ausnahme besteht bei Versicherungsgesellschaften auf Aktien und Versicherungsvereinen auf Gegenseitigkeit, bei denen der Antrag auf Konkurseröffnung ausschließlich in den Händen der Aufsichtsbehörde liegt (Ges. vom 12. Mai 1901 § 68 Abs. 1)[1]). Auf deren Antrag muß der Konkurs eröffnet werden, es sei denn, daß die vorhandene Masse zur Deckung der Kosten des Verfahrens nicht hinreicht und ein hinreichender Vorschuß nicht geleistet wird.

a) Der Antrag des Gemeinschuldners. Legitimation zu dem Antrage.

Bei offenen Handelsgesellschaften, Kommanditgesellschaften und Kommanditgesellschaften auf Aktien ist jeder persönlich haftende Gesellschafter und jeder Liquidator, bei Aktiengesellschaften, juristischen Personen und eingetragenen Genossenschaften jedes Vorstandsmitglied und jeder Liquidator, bei Gesellschaften mit beschränkter Haftung jeder Geschäftsführer und Liquidator, bei Nachlässen jeder Erbe, der Erbschaftskäufer und jeder Nachlaßvertreter zu dem Antrage auf Konkurseröffnung berechtigt (§§ 208 Abs. 1, 210 Abs. 1, 213, 217 Abs. 1, 232 KO., § 63 Abs. 2 des Gesetzes betr. die G. m. b. H., §§ 100 Abs. 1, 118 Gen.-Ges.)[2]). Mehrere Nachlaßverwalter, Nachlaßpfleger oder Testamentsvollstrecker können

---

[1]) Wegen der Pflichten des Vorstands solcher Gesellschaften s. die §§ 68 Abs. 2, 109.

[2]) Eine Verpflichtung, bei eintretendem Vermögensverfall Konkurseröffnung zu beantragen, besteht im allgemeinen für den Schuldner nicht. Die frühere Verpflichtung der Vorstände und Liquidatoren von Aktiengesellschaften, Kommanditgesellschaften auf Aktien, Gesellschaften mit beschränkter Haftung und eingetragenen Genossenschaften (§§ 240 Abs. 2, 298 Abs. 2, 315, 325 Nr. 8 und 9 HGB., §§ 64, 71 Abs. 1, 84 des Gesetzes betr. die GmbH., §§ 99 Abs. 1, 118, 140, 148 GenGes.) ist jetzt wesentlich eingeschränkt. Sie besteht seit der Verordn. v. 8. Aug. 1914 (RGBl. S. 365) nicht mehr für den Fall, daß die Gesellschaft oder Genossenschaft zahlungsunfähig wird, und auch für den Fall der Überschuldung ist sie bei den genannten Gesellschaften durch § 14 Abs. 2 der Verordn. über die Goldbilanzen vom 28. Dez. 1923 (RGBl. S. 1253) auf so lange beseitigt, bis die Frist zur Umstellung der Bilanz der betr. Gesellschaft auf Goldwährung abgelaufen ist. Ganz aufgehoben ist außerdem auch für den Fall der Überschuldung die Pflicht der Gesellschaftsvertreter, die Konkurseröffnung zu beantragen, bis auf weiteres insoweit, als die Überschuldung darauf beruht, daß infolge Veränderung des Umrechnungskurses der in Reichsmark ausgedrückte Wert einer auf ausländische Währung lautenden Schuld sich gegenüber dem Werte bei Eingehung der Verbindlichkeit erhöht hat, oder darauf, daß die Gesellschaft sich zur Zahlung in Gold verpflichtet hat (Verordn. v. 28. April 1920 (RGBl. S. 696) und Ges. v. 24. Dez. 1922 (RGBl. 1923 S. 21).

Die Verpflichtung, bei Überschuldung die Eröffnung des Konkurses zu beantragen, besteht auch für die Vorstände und Liquidatoren von rechtsfähigen Vereinen, von Stiftungen und von juristischen Personen des öffentlichen Rechts, soweit bei diesen die Konkurseröffnung zulässig ist (§§ 42 Abs. 2, 48 Abs. 2, 53, 86, 89 Abs. 2 BGB.). Aber auch hier besteht die Verpflichtung nur mit den aus der Verordn. v. 20. April 1920 und dem Gesetz v. 24. Dez. 1922 sich ergebenden Einschränkungen.

aber wohl den Antrag nur gemeinschaftlich stellen[1]) (§§ 1915, 1797, 2224 BGB.). Die in § 220 KO. festgesetzte zeitliche Beschränkung des Antragsrechts der Nachlaßgläubiger gilt für den Erben und den Nachlaßverwalter nicht.

Nicht antragsberechtigt sind dagegen: Kommanditisten,[2]) Aufsichtsräte, Aktionäre, Genossenschafter und deren Generalversammlungen, ferner Gesellschafts- oder Genossenschaftsbeamte, die nicht dem Vorstande angehören und auch nicht Liquidatoren sind.

Ist eine Ehefrau die Erbin des Nachlasses, über den Konkurs eröffnet werden soll, und gehört der Nachlaß zu ihrem eingebrachten Gute oder zum Gesamtgute, so kann sowohl die Ehefrau als ihr Ehemann den Antrag stellen (§ 218 KO.).

b) Welche Gläubiger des Gemeinschuldners antragsberechtigt sind.

Neben dem Gemeinschuldner ist zu dem Antrage auf Konkurseröffnung jeder Konkursgläubiger berechtigt. Konkursgläubiger sind alle persönlichen Gläubiger des Gemeinschuldners, die an ihn zur Zeit der Konkurseröffnung einen begründeten vermögensrechtlichen Anspruch haben[3]) (§ 3 KO.). Es ist nicht nötig, daß der Anspruch zur genannten Zeit schon fällig ist, oder daß er unbedingt ist oder doch seinem Betrage nach schon feststeht. Der Anspruch braucht auch nicht auf Geld gerichtet zu sein. Nur das ist erforderlich, daß die Begründung der Forderung schon vor der Konkurseröffnung erfolgt ist. Das ist z. B. bei den auf dem Gesetze beruhenden Unterhaltsansprüchen für die Zeit nach der Konkurseröffnung, soweit nicht etwa der Gemeinschuldner als Erbe des ur-

---

Die gleiche Verpflichtung besteht für den Erben und den Nachlaßverwalter eines überschuldeten Nachlasses, es sei denn, daß die Überschuldung nur durch Verbindlichkeiten aus Vermächtnissen oder Auflagen begründet wird, sowie für den überlebenden Ehegatten im Falle der Überschuldung des Gesamtguts der von ihm fortgesetzten Gütergemeinschaft, soweit er für die gütergemeinschaftlichen Schulden nur infolge des Eintritts der fortgesetzten Gütergemeinschaft persönlich haftet (§§ 1980, 1985, 1489 BGB.).

Bei Nichterfüllung der Verpflichtungen machen sich die Verpflichteten zivilrechtlich und, soweit die §§ 315 HGB., 84 des Gesetzes betr. die GmbH., 148 GenGes. noch in Geltung sind, auch strafrechtlich verantwortlich.

Der Verpflichtung, die Eröffnung des Konkurses zu beantragen, kann jetzt dadurch genügt werden, daß die Eröffnung eines gerichtlichen Vergleichsverfahrens beantragt wird, denn ein solcher Antrag hat nach der Vergleichsordnung vom 5. Juli 1927 zur Folge, daß, wenn er nicht zum Ziele führt oder das Vergleichsverfahren scheitert, ohne weiteres über die Eröffnung des Konkursverfahrens zu entscheiden ist.

[1]) S. Jaeger A. 11 u. 12 zu den §§ 217—220. Soll im Falle der fortgesetzten Gütergemeinschaft über das Gesamtgut der Konkurs eröffnet werden, so steht das Antragsrecht dem überlebenden Ehegatten, nicht aber den anteilsberechtigten Abkömmlingen zu (§ 236 Satz 4 KO.).

[2]) Jaeger A. 5 u. 10 zu §§ 209, 210, v. Wilmowski A. 2 zu § 209, A. 1 zu § 210, Bleyer A. 2 zu § 210.

[3]) Auch solche, die im Konkurs ein Vorrecht haben. Vgl. Jaeger A. 1 zu § 103, v. Wilmowski A. 3, Petersen und Kleinfeller A. 1 zu § 105.

sprünglich Verpflichteten haftet, nicht der Fall (§ 3 Abs. 2 KO.). Dagegen wohl bei den nach der Konkurseröffnung fällig werdenden Ansprüchen auf Entrichtung einer Schadensersatzrente, sofern der die Ersatzpflicht begründende Unfall sich vor der Konkurseröffnung ereignet hat. Von der Begründung der Forderung ist deren Entstehung zu unterscheiden. Wenn eine Forderung noch nicht vollständig entstanden ist, so ist ihre Geltendmachung als Konkursforderung dennoch zulässig, wenn nur zur Zeit der Konkurseröffnung von seiten des Gemeinschuldners alles geschehen ist, was seinerseits nötig ist, um die Forderung zur Entstehung zu bringen.

Antragsberechtigt sind hiernach keineswegs nur die Gläubiger, die einen vollstreckbaren Titel für ihre Forderung erlangt haben, oder deren Forderung wenigstens schon fällig ist. Auch die Gläubiger betagter oder bedingter Forderungen können den Eröffnungsantrag stellen. Dasselbe gilt von solchen, deren Forderungen nicht auf Geld gerichtet sind, ferner von Absonderungsberechtigten, welche persönliche Gläubiger des Gemeinschaftsschuldners sind. Gläubiger einer Handelsgesellschaft sind antragsberechtigt auch in Ansehung des Privatvermögens der persönlich haftenden Gesellschafter[1]). — Ob die Forderung des Gläubigers hoch oder gering ist, macht keinen Unterschied.

Erforderlich ist aber, daß der Gläubiger im Konkurse Befriedigung zu beanspruchen hat. Ausgeschlossen sind daher diejenigen, denen nur eine von den im § 63 KO. bezeichneten Forderungen zusteht; ferner wegen § 14 KO. die Gläubiger, die etwa in einem noch schwebenden Konkurse desselben Schuldners beteiligt sind, während der Dauer dieses Konkurses.

Die Konkurseröffnung über einen Nachlaß kann von Vermächtnisnehmern[2]), von denen, die die Erfüllung einer Auflage zu fordern berechtigt sind, und von Nachlaßgläubigern, die im Aufgebotsverfahren (§§ 1970 ff. BGB.) ausgeschlossen sind oder nach § 1974 BGB. einem ausgeschlossenen Gläubiger gleichstehen, nur beantragt werden, wenn über das Vermögen des Erben Konkurs eröffnet ist (§ 219 Abs. 1 KO.). Eine weitere Einschränkung des Antragsrechts der genannten Gläubiger enthält Abs. 2 des § 219[3]). Das Antragsrecht aller Nachlaßgläubiger erlischt, sobald seit der Annahme der Erbschaft zwei Jahre verstrichen sind (§ 220 KO.).

---

[1]) Hierbei ist zu bemerken, daß der Konkurs über das Gesellschaftsvermögen den Konkurs über das Sondervermögen der persönlich haftenden Gesellschafter durchaus nicht von selbst nach sich zieht.

[2]) Diesen stehen gleich die Familienangehörigen des Erblassers bezüglich des ihnen nach § 1969 BGB. zustehenden Unterhaltsanspruchs.

[3]) Über das Antragsrecht dessen, der die Erbschaft verkauft hat, siehe die §§ 232 und 233 KO.

B. Verfahren auf den Eröffnungsantrag.

Wenn ein Antrag auf Konkurseröffnung eingeht, hat das Gericht zunächst zu prüfen:

ob seine Zuständigkeit begründet ist (s. Ersten Teil, Abschnitt 1),
ob der Antragsteller zu dem Antrage berechtigt und gehörig legitimiert ist (vgl. vorstehend unter A 4), und
ob der Antrag in Form und Inhalt den gesetzlichen Anforderungen genügt.

Bezüglich der Form des Antrags stellt die Konkursordnung keine besonderen Anforderungen. Er kann entweder schriftlich oder zu Protokoll der Geschäftsstelle gestellt werden. Anwaltszwang findet nicht statt. Als notwendiger Inhalt des Antrags ergeben sich von selbst: Name, Stand und Wohnort des Antragstellers und desjenigen, über dessen Vermögen der Konkurs eröffnet werden soll; der bestimmte Antrag[1]) auf Konkurseröffnung; endlich die Begründung dieses Antrags[2]).

Finden sich nun bei der Prüfung des Antrags keine Anstände, so hat das Gericht festzustellen, ob die materiellen Voraussetzungen der Konkurseröffnung vorhanden sind. Es ist nicht erforderlich, daß die materiellen Voraussetzungen gleich in oder mit dem Eröffnungsantrage vollständig nachgewiesen werden. Fehlt solcher Nachweis, so findet meist ein Vorverfahren statt, in welchem von Amts wegen Ermittelungen veranstaltet werden können[3]). Die Konkurseröffnung kann aber nur erfolgen, wenn ihre gesetzliche Voraussetzung — Zahlungsunfähigkeit oder Überschuldung — gemäß § 286 ZPO. zur Überzeugung des Konkursgerichts festgestellt wird[4]); die bloße Glaubhaftmachung ist zur Eröffnung des Konkurses nicht ausreichend, auch eine Vereinbarung der Beteiligten für die Entscheidung nicht maßgeblich. Die vom Gericht zu veranstaltenden Ermittelungen erfolgen auf Grund des § 75 KO.; vgl. Ersten Teil Abschnitt V. Soll auf Grund der Über-

---

[1]) Ist der Antrag nur bedingt oder unter Vorbehalt gestellt, so ist darauf bis zur Erledigung der Bedingung oder des Vorbehalts nichts zu veranlassen. Jaeger A. 4 zu § 103.

[2]) Nach Eingang des Antrags ist vom Antragsteller eine Gebühr in Höhe von $^{5}/_{10}$ der vollen Gebühr zu erheben (§§ 41, 74 GKG. v. 5. Juli 1927). Berechnung nach Maßgabe des § 43 GKG. Außerdem wird ein Auslagenvorschuß gemäß § 84 GKG. erhoben. Mehrere Antragsteller haften gemäß § 82 GKG. Der Antragsteller hat aber Anspruch auf Bewilligung des Armenrechts, wenn die Voraussetzungen des § 114 ZPO. vorliegen. Der Antrag darf also nicht aussichtslos sein. Das ist er auch dann, wenn es an hinreichender Masse fehlt. S. 57.

[3]) Auf die Berücksichtigung der vom Antragsteller vorgebrachten Gründe für die Konkurseröffnung ist das Gericht nicht beschränkt. Jaeger A. 1, LZ. 1918, 660[12] (Königsberg). — Die Ermittlungen haben sich auch auf die Feststellung der Persönlichkeit des Gemeinschuldners zu erstrecken (Einzelkaufmann oder Gesellschaft, richtige Firma). LG. Hamburg und Jaeger in ZZP. 52, 109.

[4]) v. Wilmowski Vorbem. vor § 102, A. 2 zu § 104, Jaeger A. 1 zu § 104 und A. 1 zu § 105.

schuldung der Konkurs eröffnet werden, so kann insbesondere die Vernehmung Sachverständiger zur Feststellung des Wertes der Teilungsmasse erforderlich werden. Das Vorverfahren ist, wenn es überhaupt stattfinden muß, jedenfalls möglichst zu beschleunigen.

Abgesehen von dem eben Erörterten gestaltet sich das Verfahren auf den Eröffnungsantrag verschieden, je nachdem der Gemeinschuldner oder ein Konkursgläubiger den Antrag gestellt hat.

Die Entscheidung über einen Eröffnungsantrag ist allemal auszusetzen, wenn der Schuldner die Eröffnung eines Vergleichsverfahrens beantragt. Die Entscheidung kann alsdann erst erfolgen, wenn der Vergleichsantrag rechtskräftig erledigt ist (§ 31 VO.).

a) Verfahren auf den Antrag des Gemeinschuldners.

α) Wenn der Gemeinschuldner eine physische Person ist.

Der Antrag des Gemeinschuldners wird in der Regel genügen, um dem Gericht die Überzeugung von seiner Zahlungsunfähigkeit zu verschaffen. Das Gericht wird daher auf einen solchen Antrag, wenn darin die Zahlungsunfähigkeit des Gemeinschuldners hinreichend dargelegt ist, meistens ohne weitere Ermittelungen den Konkurs eröffnen, jedenfalls ist es nicht verpflichtet, noch weitere Ermittelungen anzustellen. Immerhin ist es aber zu empfehlen, den Antrag des Gemeinschuldners daraufhin zu prüfen, ob nicht etwa damit unlautere Zwecke verfolgt werden[1]) oder der Antrag aus Unkenntnis oder in Übereilung gestellt ist. Hegt das Gericht Zweifel, ob die vom Schuldner behauptete Zahlungsunfähigkeit wirklich vorliegt, so kann es entweder den Antrag ohne weiteres zurückweisen oder vor seiner Entscheidung Ermittelungen (durch Vernehmung des Gemeinschuldners oder seiner Vertreter, durch Abhörung von Zeugen oder Sachverständigen, durch Einsicht der Bücher des Gemeinschuldners u. dgl.) anstellen[2]).

In jedem Falle hat der Gemeinschuldner ein Verzeichnis seiner Gläubiger und Schuldner und eine Übersicht der Vermögensmasse entweder mit seinem Antrage einzureichen oder, wenn dies nicht tunlich, ohne Verzug nachzuliefern (§ 104 KO.). Hierdurch soll dem Gericht ein Einblick in die Vermögenslage des Schuldners gewährt und zugleich ihm und den Konkursinteressenten eine erste Grundlage für das Verfahren beschafft werden. In dem Verzeichnis sind die Namen der Gläubiger und der Schuldner, die Beträge der Forderungen und der Schulden, bei den Schulden tunlichst auch der Schuldgrund anzugeben. Dabei sind die Adressen der Gläubiger und Schuldner möglichst genau zu bezeichnen, damit das Verzeichnis gleich als Grundlage für die nach der Konkurseröffnung den Gläubigern und Schuldnern zu erteilen-

---

[1]) Vgl. die Bemerkungen unter b S. 67.

[2]) So v. Wilmowski A. 2 zu § 104, Jaeger A. 1, Bleyer A. 1ᵃ. Abw. Petersen und Kleinfeller A. 4.

den Benachrichtigungen (§ 111 KO.) benutzt werden kann. Die Vermögensübersicht hat sämtliche Aktiva und Passiva summarisch aufzuführen. Sie ist so einzurichten, daß sich daraus ein Bild des Vermögensstandes des Schuldners gewinnen und auch erkennen läßt, ob eine den Kosten des Konkursverfahrens entsprechende Masse vorhanden ist. Es sind also darin namentlich die Aktiva nur nach ihrem wirklichen Wert und unter Berücksichtigung der darauf haftenden Absonderungsrechte einzustellen.

Wird die Einreichung des Verzeichnisses und der Vermögensübersicht vom Schuldner unterlassen und die Zahlungsunfähigkeit auch nicht in anderer Weise nachgewiesen, so kann das Gericht den Eröffnungsantrag sofort ablehnen, oder die Entscheidung aussetzen und dem Schuldner noch eine Frist zur Nachbringung der Schriftstücke gewähren. Es kann aber auch, sofern es schon so die Überzeugung von der Zahlungsunfähigkeit gewonnen haben sollte, alsbald den Konkurs eröffnen, ohne die Beibringung der Schriftstücke abzuwarten. Diese Schriftstücke werden zwar meistens dem Gericht zur Gewinnung der Überzeugung von der Zahlungsunfähigkeit des Schuldners nicht entbehrlich sein, sind aber nicht so wesentlich, daß vor ihrer Beibringung der Konkurs gar nicht eröffnet werden dürfte[1]).

β) In anderen Fällen.

Handelt es sich um die Eröffnung des Konkurses über eine juristische Person, einen Verein, eine Erwerbsgesellschaft (Aktiengesellschaft, Kommanditgesellschaft auf Aktien, offene Handelsgesellschaft, Kommanditgesellschaft, Gesellschaft mit beschränkter Haftung, eingetragene Genossenschaft)[2]) oder über einen Nachlaß, so ist zu unterscheiden:

1. Wird der Eröffnungsantrag von sämtlichen Vorstandsmitgliedern, Liquidatoren, persönlich haftenden Gesellschaftern, Erben oder Nachlaßvertretern gestellt, so gilt dasselbe wie im Falle zu α. Vorausgesetzt ist aber hierbei, daß nicht bloß sämtliche vertretungsberechtigte, sondern überhaupt sämtliche vorhandene Vorstandsmitglieder oder persönlich haftende Gesellschafter die Konkurseröffnung beantragen[3]).

2. Wird der Eröffnungsantrag nicht von sämtlichen oder sogar nur von einem der vorhandenen Vorstandsmitglieder, Liqui-

[1]) Petersen und Kleinfeller A. 5, Jaeger A. 2, v. Wilmowski A. 4 zu § 104, Bleyer A. 1a, Wolff A. 2, OLG. 1910, 329³ (Jena).

[2]) Bei Genossenschaften empfiehlt es sich, nach Möglichkeit auf Vermeidung der Konkurseröffnung hinzuwirken, weil der Konkurs die Haftpflicht der Genossen auslöst und, einmal eröffnet, selbst mit Zustimmung sämtlicher Gläubiger nicht vor Beginn des Vollzugs der Schlußverteilung eingestellt werden kann, während seine Beendigung durch Zwangsvergleich überhaupt unzulässig ist. Einen Weg zur Vermeidung des Konkurses weist § 104 GenGes. Vgl. ferner § 91 VerglO.

[3]) Jaeger A. 5 zu §§ 207, 208, A. 5 u. 6 zu §§ 209, 210.

datoren, persönlich haftenden Gesellschafter oder Erben gestellt, so ist er nur zulässig, wenn zugleich die gesetzliche Voraussetzung der Konkurseröffnung (Zahlungsunfähigkeit oder Überschuldung) wenigstens glaubhaft gemacht wird (§§ 208 Abs. 2, 210 Abs. 2, 213, 217 Abs. 2, 3 KG.; § 63 Abs. 2 des Gesetzes betr. die G. m. b. H.; § 100 Abs. 2 des Genossenschaftsgesetzes). Unter dieser Voraussetzung ist aber jedes einzelne Vorstandsmitglied usw. antragsberechtigt. Für die Glaubhaftmachung stehen die in § 294 ZPO. aufgeführten Beweismittel zu Gebote. Ist die Zahlungsunfähigkeit bzw. die Überschuldung glaubhaft gemacht, so ist der Antrag zunächst nur zuzulassen. Die Zulassung braucht nicht durch einen besonderen Beschluß ausgesprochen zu werden. Sie geschieht dadurch, daß das Gericht weiter in der Sache verfährt. Das Gericht hat im Falle der Zulassung des Eröffnungsantrags die übrigen Vorstandsmitglieder usw. über den Antrag zu hören, sofern deren Anhörung nicht eine Zustellung im Auslande oder eine öffentliche Zustellung (§ 203 ZPO.) erfordert. Sollte dies der Fall sein, so ist, soweit tunlich, ein Angehöriger oder Vertreter zu hören. Handelt es sich um einen Nachlaß, so brauchen Miterben des Antragstellers nur, soweit tunlich, gehört zu werden (§ 217 Abs. 2 KO.). Für das Verfahren bei der Anhörung und die Wirkung der Erklärungen der angehörten Personen gilt entsprechend, was unter b) ausgeführt ist.

In jedem der unter β erörterten Fälle haben der oder die Antragsteller ein Verzeichnis der Gläubiger und Schuldner und eine Übersicht der Vermögensmasse entweder dem Antrage beizufügen, oder, wenn das nicht tunlich, ohne Verzug nachzuliefern. Unterlassen sie dies, so treten die unter α für den gleichen Fall dargelegten Wirkungen ein.

Über den besonderen Fall, daß Konkurs über einen Nachlaß eröffnet werden soll, dessen Erbin eine Ehefrau ist, s. § 218 KO.

Handelt es sich um die Konkurseröffnung über das Gesamtgut bei einer fortgesetzten Gütergemeinschaft, so ist, so lange diese besteht, nur der überlebende Ehegatte antragsberechtigt, während die anteilsberechtigten Abkömmlinge lediglich über den Antrag des Ehegatten zu hören sind, soweit das tunlich ist (§ 236 KO.). Ist aber die fortgesetzte Gütergemeinschaft beendigt oder aufgehoben, so treten die Abkömmlinge als antragsberechtigt neben den Ehegatten, das Verfahren ist deshalb dann das gleiche, wie wenn beim Vorhandensein mehrerer Miterben die Konkurseröffnung über einen Nachlaß beantragt wird.

b) Verfahren auf den Antrag eines Konkursgläubigers.

Beantragt ein Konkursgläubiger die Konkurseröffnung, so hat er nicht nur die Zahlungsunfähigkeit des Schuldners, sondern auch seine Forderung nach Grund und Betrag darzulegen und mit den in § 294 ZPO. bezeichneten Mitteln glaubhaft zu machen[1]) (§ 105 Abs. 1 KO.). Erachtet das Gericht die Forderung des Antragstellers und die Zahlungsunfähigkeit des Schuldners für glaubhaft, so hat es den Antrag zuzulassen und den Schuldner zu hören (§ 103 Abs. 2 KO.). Abschriftliche Mitteilung des Antrags an den Schuldner ist unter Umständen zweckmäßig, aber nicht notwendig. Eines besonderen Zulassungsbeschlusses bedarf es auch hier nicht. Die Anhörung des Schuldners kann schriftlich erfolgen, geschieht aber besser mündlich, mit oder ohne Zuziehung des Antragstellers. Sie hat sich darauf zu erstrecken, ob der Schuldner die vom Antragsteller geltend gemachte Konkursforderung und seine Zahlungsunfähigkeit einräumt oder bestreitet. Zweckmäßig wird der Schuldner zugleich zur Erklärung über andere wichtige Verhältnisse veranlaßt, namentlich darüber, ob und welche Grundstücke oder eingetragene Rechte er besitzt, ob er eine im Handelsregister eingetragene Firma, oder ob er Vormundschaften, Pflegschaften u. dgl. führt, ob er einer Berufsgenossenschaft angehört und ob hinreichende Masse vorhanden ist. In letzterer Beziehung ist insonderheit die Belastung der vorhandenen Gegenstände mit Absonderungsrechten, z. B. die Belastung der Grundstücke mit Hypotheken, des Warenlagers mit Mietzinsforderungen, von Wichtigkeit.

Zur Abwendung des Konkurses kann der Schuldner jetzt die Eröffnung eines gerichtlichen Vergleichsverfahrens beantragen (§ 1 Abs. 3 VerglOrdn.). Ein solcher Antrag hat zur Folge, daß über die Eröffnung des Konkurses erst entschieden werden kann, wenn der Vergleichsantrag abgelehnt ist oder wenn das eröffnete Vergleichsverfahren nicht zum Ziele geführt hat (§§ 24, 71, 80 Vergl.-Ordn.).

Erkennt der Schuldner seine Zahlungsunfähigkeit an, so wird das in der Regel genügen, um dem Gericht die Überzeugung zu verschaffen, daß er wirklich zahlungsunfähig ist. Doch hat das Gericht die Erklärungen des Schuldners unter Berücksichtigung aller Umstände frei zu würdigen, und es kann deshalb die Ansicht nicht für zutreffend erachtet werden, daß das Gericht im gesetzten Falle stets von weiteren Ermittelungen absehen und den Konkurs eröffnen müsse[2]). Es ist sehr wohl der Fall denkbar, daß ein Schuldner, obwohl er gar nicht zahlungsunfähig ist, den Konkurs über sein Vermögen mit Hilfe eines Gläubigers aus unlauteren Gründen, etwa um einen ihm vorteilhaften Zwangsvergleich zu ermöglichen,

[1]) Glaubhaft zu machen sind die tatsächlichen Angaben; über das rechtliche Bestehen der Forderung hat sich das Konkursgericht schlüssig zu machen, auch dann, wenn etwa über die Forderung ein Prozeß schwebt.

[2]) S. v. Wilmowski A. 6 zu § 105, Jaeger A. 2, Mentzel A. 2, Bleyer A. 1, Wolff A. 5. — A. M. Petersen und Kleinfeller A. 4, welche der Ansicht sind, daß im Falle des Zugeständnisses des Schuldners das Gericht ohne weiteres den Konkurs eröffnen müsse.

oder um durch vorgeschobene Personen das vorhandene Warenlager sich billig zu erhalten, herbeizuführen versucht.

Widerspricht der Gemeinschuldner dem Antrag des Gläubigers, so kann er seinen Widerspruch nur damit begründen, daß eine der Voraussetzungen der Konkurseröffnung fehle. Er kann aber jeden Mangel an diesen Voraussetzungen geltend machen, z. B. auch den, daß das Gericht unzuständig, oder den, daß der Antragsteller prozeßunfähig oder nicht gehörig legitimiert sei. Einwendungen gegen die Forderung des Antragstellers sind nur insoweit zu berücksichtigen, als sie deren Bestehen betreffen, also z. B. der Einwand der Zahlung, nicht aber auch der Einwand der Stundung[1]). Aber auch ein an sich zu berücksichtigender Einwand hindert die Konkurseröffnung nur dann, wenn der Schuldner die Glaubhaftigkeit der Forderung des Antragstellers mit den durch § 294 ZPO. gebotenen Mitteln zu beseitigen vermag[2]). Bestreitet der Schuldner seine Zahlungsunfähigkeit, so kann das Gericht gleichwohl die Konkurseröffnung sofort beschließen, wenn es schon die Zahlungsunfähigkeit für feststehend erachtet[3]). Ist dies aber nicht der Fall, so hat es die ihm geeignet erscheinenden Ermittelungen anzuordnen, um zu einer Überzeugung über das Vorhandensein oder Nichtvorhandensein der Zahlungsunfähigkeit zu gelangen (§ 105 Abs. 2 KO.). In allen Fällen des Widerspruchs des Gemeinschuldners wird nur von schleunig ausführbaren Erhebungen die Rede sein dürfen; weit aussehende Beweisaufnahmen sind mit der gesetzlichen Konstruktion des Verfahrens nicht wohl vereinbar[4]).

Erklärt sich der Schuldner auf die an ihn ergehende Aufforderung gar nicht, so kann er durch zwangsweise Vorführung oder durch Haft zur Abgabe der Erklärung angehalten werden (§ 106 KO.). In betreff der Haft gilt das im zweiten Teil, Abschnitt V Seite 49 Gesagte. Das Gericht braucht aber die Erklärung des Schuldners nicht unbedingt, sondern kann auch ohne sie über die Konkurseröffnung beschließen. Nur werden in solchem Falle der Beschlußfassung meistens Ermittelungen vorausgehen müssen. Die §§ 138 und 288 ZPO. sind nicht entsprechend anwendbar[5]).

Daß der Schuldner zur Erklärung über den Eröffnungsantrag wenigstens aufgefordert, daß ihm zu der Erklärung

---

[1]) Ob auch der Einwand zulässig ist, daß der Gläubiger sich vertragsmäßig verpflichtet habe, die Konkurseröffnung nicht zu beantragen, darüber herrscht Streit. Bejahend v. Wilmowski A. 5 und Jaeger A. 3 zu § 103, Wolff A. 3 zu § 105, ferner OLG. 19, 225 (Darmstadt). Abw. Petersen und Kleinfeller A. 7, Bleyer A. 3 zu § 103 und OLG. Colmar (LZ. 1910, 572[5], 1912, 410[5]).

[2]) v. Wilmowski A. 4 zu § 105.

[3]) v. Wilmowski A. 6, Jaeger A. 2.

[4]) S. die Entsch. des Kammergerichts LZ. 1907, 298[8].

[5]) v. Wilmowski A. 3 zu § 105, Petersen und Kleinfeller A. 5.

Gelegenheit gegeben wird, ist in der Regel unerläßlich[1]). Die Aufforderung zu der Erklärung darf nur unterbleiben, wenn sie eine öffentliche Zustellung oder eine Zustellung im Auslande erfordern würde, wenn also der Aufenthaltsort des Schuldners unbekannt oder im Auslande belegen ist. In diesem Falle ist, soweit es tunlich erscheint, ein Vertreter oder Angehöriger des Schuldners zu hören (§ 105 Abs. 3 KO.). „Vertreter" ist hier nicht gleichbedeutend mit „Bevollmächtigter". Als Vertreter ist jeder anzusehen, der Auskunft über die Vermögensverhältnisse des Schuldners zu erteilen imstande ist.

Ein Verzeichnis der Gläubiger und Schuldner und eine Vermögensübersicht braucht im Falle des § 105 KO. weder vom Antragsteller noch vom Schuldner erfordert zu werden. Das Gericht kann aber in Ausübung der ihm durch § 105 Abs. 2 KO. eingeräumten Befugnisse die Beibringung dieser Schriftstücke vom Schuldner (der Antragsteller wird zu deren Anfertigung außerstande sein) verlangen, wenn es dieselben zur Bildung seiner Überzeugung für erforderlich erachtet. —

Im Vorstehenden ist der Fall angenommen, daß der Schuldner eine physische Person ist. Handelt es sich um juristische Personen, Erwerbsgesellschaften, Genossenschaften, Vereine oder Nachlässe, so sind die gesetzlichen Vertreter, die Gesellschaftsvorstände, die persönlich haftenden Gesellschafter, die Liquidatoren, die Erben, die Nachlaßvertreter zu hören. Deren Anhörung ist in demselben Maße obligatorisch, wie die des Schuldners selbst. Sie müssen **sämtlich** gehört werden, wenn ihre Anhörung ohne öffentliche Zustellung und ohne Zustellung im Auslande ausführbar ist[2]). An die Stelle der Feststellung der Zahlungsunfähigkeit **kann**, wenn es sich um Aktiengesellschaften, Kommanditgesellschaften auf Aktien, Gesellschaften mit beschränkter Haftung, eingetragene Genossenschaften, juristische Personen oder Vereine handelt, und **muß**, wenn es sich um einen Nachlaß handelt, die Feststellung der Überschuldung treten. Ein Zugeständnis der Zahlungsunfähigkeit oder der Überschuldung liegt nur bei übereinstimmender Erklärung aller zu hörenden Personen vor.

c) Einstweilige Sicherungsmaßregeln vor der Konkurseröffnung.

α) Voraussetzungen und Arten der Sicherungsmaßregeln.

In den Fällen, in denen auf einen gehörig gestellten[3]) und begründeten Eröffnungsantrag die Entscheidung über Eröffnung oder Nichteröffnung des Konkurses nicht sofort erfolgen kann, ist das

[1]) Mußvorschrift. S. dazu LG. Hamburg und Jaeger in LZP. 49, 280.

[2]) Besondere Bestimmungen für gewisse seltene Fälle s. in den §§ 218 und 236 KO. Bezüglich dieses letzten Falles s. S. 66.

[3]) Ein **bedingter** Konkursantrag genügt nicht zur Anordnung von Sicherungsmaßregeln. JW. 1926, 2114 (OLG. Frankfurt).

Gericht befugt, von Amts wegen oder auf Antrag einstweilige Anordnungen zur Sicherung der Masse zu treffen (§ 106 KO.). Ob solche Anordnungen erforderlich und welche Anordnungen zur Erreichung des Zweckes dienlich erscheinen, hat das Gericht nach der Lage des einzelnen Falles zu ermessen. Als Sicherungsmaßregeln werden namentlich in betracht kommen: Siegelungen, Anhaltung von Postsendungen und Depeschen, Beschlagnahme von Geschäftsbüchern, Eintragung von Veräußerungsverboten bei den Grundstücken und eingetragenen Rechten des Schuldners[1]), auch die Zwangsverwaltung seiner Grundstücke. Außerdem kann die Haft des Schuldners[2]), jedoch nur als Zwangs- oder Sicherungs-, nicht als Strafmaßregel, angeordnet werden[3]). Der vorgängigen Anhörung des Schuldners bedarf es dazu nicht. Das Gesetz hebt von den zulässigen Sicherungsmaßregeln den Erlaß eines allgemeinen Veräußerungsverbots an den Schuldner hervor. Das Verbot ist dem Schuldner zuzustellen. Es hat die Wirkung, daß von dem Zeitpunkte seiner Zustellung ab rechtsgeschäftliche Verfügungen des Gemeinschuldners über Gegenstände der Masse den Gläubigern gegenüber unwirksam sind, sofern nicht der, zu dessen Gunsten sie erfolgen, sich in gutem Glauben befindet, und daß Rechte an Gegenständen der Konkursmasse im Wege der Zwangsvollstreckung oder des Arrests, abgesehen von der Bestimmung des § 898 ZPO., überhaupt nicht mehr mit verbindlicher Kraft gegenüber den Konkursgläubigern erworben werden können[4]). Die früher wesentliche öffentliche Bekanntmachung des Veräußerungsverbots hat nach dem Inkrafttreten des Bürgerlichen Gesetzbuchs nur noch insofern Bedeutung, als sie durch die Verbreitung des Veräußerungsverbots dessen Wirksamkeit gegenüber Dritten zu fördern vermag.

Stets ist im Auge zu behalten, daß nur *einstweilige* Anordnungen getroffen werden dürfen. Unzulässig sind Maßregeln, die einen nicht rückgängig zu machenden Eingriff in die Vermögens- und Erwerbsverhältnisse des Schuldners enthalten würden, wie z. B. die Schließung des Geschäfts, die Einstellung des Fabrikbetriebs[5]). Tunlichst werden auch Maßregeln zu vermeiden sein, die die Vernichtung oder eine wesentliche Schädigung des Kredits des Schuldner zur Folge haben müßten. Endlich darf durch die Maßregeln nicht in die Rechte Dritter eingegriffen werden, weshalb es z. B. unstatthaft ist, die Einstellung von Zwangsvollstreckungen, die gegen den Schuldner im Gange sind, anzuordnen[6]).

---

[1]) Vgl. hierzu die Deutsche Grundbuchordnung § 39, § 113 KO.

[2]) Oder eine Freiheitsbeschränkung milderer Art, wie Hausarrest, Stubenarrest.

[3]) Die Kosten der Haft vorzuschießen ist der antragstellende Gläubiger nicht verpflichtet; § 911 ZPO. findet keine Anwendung.

[4]) Näheres hierzu s. bei Jaeger A. 3—10.

[5]) Bestritten. — A. M. Mentzel A. 3, Bleyer 1 c, Wolff A. 4.

[6]) v. Wilmowski A. 3, Petersen und Kleinfeller A. 1, Bleyer A. 1 c. — Abweichend Jaeger A. 1.

β) Abwendung von Sicherungsmaßregeln durch Sicherheitsleistung.

Der Schuldner hat kein Recht, zu verlangen, daß das Gericht angeordnete Sicherungsmaßregeln gegen Sicherheitsleistung aufhebe, oder gegen Leistung einer Sicherheit von der Anordnung oder Vollziehung von Sicherungsmaßregeln abstehe. Das Gericht kann jedoch dergleichen Maßregeln unterlassen oder, wenn sie schon ausgeführt sind, wieder aufheben, falls es durch eine vom Schuldner oder von Dritten geleistete Sicherheit die Konkursmasse für hinreichend gesichert erachtet[1]).

γ) Änderung und Aufhebung von Sicherungsmaßregeln.

Die zur Sicherung der Masse getroffenen Anordnungen können jederzeit geändert oder aufgehoben werden, wenn sich herausstellt, daß sie ungerechtfertigt oder zwecklos oder nicht mehr nötig sind. Sie müssen von Amts wegen aufgehoben werden, wenn die Zurücknahme oder die Abweisung des Eröffnungsantrags erfolgt (§ 106 Abs. 2 KO.). Ob bei Abweisung des Eröffnungsantrags die Sicherungsmaßregeln sofort oder erst nach Ablauf der Frist zur Einlegung der sofortigen Beschwerde aufgehoben werden müssen, ist streitig[2]). Praktisch ist aber dieser Streit von geringem Interesse. Denn da außer Zweifel steht, daß die Aufhebung der Maßregeln jedenfalls sofort erfolgen kann, und da bei Abweisung des Eröffnungsantrags das Gericht schwerlich sich veranlaßt finden wird, die angeordneten Sicherungsmaßregeln bloß wegen der Möglichkeit einer sofortigen Beschwerde gegen seinen Beschluß aufrecht zu erhalten, so werden tatsächlich fast stets die getroffenen Anordnungen gleich bei der Abweisung des Eröffnungsantrags aufgehoben werden.

Nach der Eröffnung des Konkurses bleiben die angeordneten einstweiligen Sicherungsmaßregeln an und für sich in Wirksamkeit, sie können dann aber ihre Bedeutung verlieren, da von der Konkurseröffnung ab gesetzliche Vorschriften zur Anwendung kommen, die jene Maßregeln zum großen Teil überflüssig machen.

δ) Kosten der Sicherungsmaßregeln.

Die durch die Sicherungsmaßregeln entstehenden Kosten gehören zu den Kosten des Eröffnungsverfahrens. Sie fallen daher im Falle der Abweisung oder der Zurücknahme des Eröffnungsantrags dem Antragsteller zur Last, während sie, wenn der Konkurs eröffnet wird, Massekosten sind.

C. Zurücknahme des Eröffnungsantrags.

Die Zurücknahme des Eröffnungsantrags ist bis zur Eröffnung des Konkurses zulässig[3]). Nachher nicht mehr, selbst wenn

---

[1]) v. Wilmowski A. 3. — Abw. Petersen und Kleinfeller A. 8.

[2]) Vgl. v. Wilmowski A. 7, Petersen und Kleinfeller A. 10, Jaeger A. 12, Mentzel A. 6, Bleyer A. 3, Wolff A. 9.

[3]) Petersen und Kleinfeller A. 2 zu § 103, v. Wilmowski A. 5 zu § 104 und A. 9 zu § 105, OLG. Frankfurt (LZ. 1908, 175), OLG. 4, 172 (Hamburg).

eine Zustellung des Eröffnungsbeschlusses noch nicht erfolgt oder gegen den Beschluß sofortige Beschwerde erhoben ist[1]). Wird aber der Konkurs erst auf Beschwerde eröffnet, so kann der Antrag noch bis zur Rechtskraft des Beschwerdebeschlusses zurückgenommen werden, wenn nicht das Beschwerdegericht angeordnet hat, daß sein Beschluß sofort wirksam sein soll[2]). Die Zurücknahme kann schriftlich oder zu Protokoll der Geschäftsstelle erklärt werden. Sie hat zur Folge, daß etwa getroffene Sicherungsmaßregeln sofort aufzuheben sind und daß der Antragsteller die entstandenen Kosten endgültig zu tragen hat[3]). Durch die Zurücknahme wird der Antragsteller nicht gehindert, demnächst von neuem die Konkurseröffnung zu beantragen.

Hat ein Schuldner die Eröffnung des gerichtlichen Vergleichsverfahrens beantragt, so wird ein solcher Antrag zugleich als bedingter Antrag auf Konkurseröffnung behandelt, der nicht zurückgenommen werden kann. Hat der Vergleichsantrag einen Vergleich nicht zur Folge, so ist also stets darüber zu entscheiden, ob der Konkurs zu eröffnen ist (§§ 24, 71, 80 VerglOrdn.).

D. Abweisung des Eröffnungsantrags.

Das Gericht hat in den unter B a β und b (S. 65 und 67) besprochenen Fällen dem Eröffnungsantrage gegebenenfalls schon die Zulassung zu versagen. Die Abweisung des Antrags erfolgt, wenn es ihn — nach der Zulassung oder ohne voraufgegangene Zulassung — für unbegründet erachtet[4]).

Die Zulassung darf nur in den eingangs erwähnten Fällen und nur dann versagt werden, wenn entweder die materiellen Voraussetzungen der Konkurseröffnung (Zahlungsunfähigkeit bzw. Überschuldung) oder im Falle des § 105 KO. die Forderung des Antragstellers nicht glaubhaft gemacht sind.

Die Abweisung des Eröffnungsantrags findet statt:

wenn das Gericht sich für unzuständig erachtet,

wenn die Legitimation des Antragstellers nicht geführt werden kann,

wenn der Antragsteller nicht zu den antragsberechtigten Personen gehört, insbesondere wenn im Falle des § 105 KO. der Antragsteller nicht glaubhaft macht, daß ihm eine Konkursforderung gegen den Schuldner zusteht,

wenn das Gericht nicht die Überzeugung von der Zahlungsunfähigkeit des Schuldners (bzw. von der Überschuldung,

---

[1]) v. Wilmowski A. 3 § 109 und Jaeger A. 3, Mentzel A. 1, Bleyer A. 3, Wolff A. 1, sämtlich zu § 103.

[2]) Jaeger A. 1 zu § 74, A. 3 zu § 103 KO. OLG. 5, 215 (Colmar), 25, 336 (Naumburg).

[3]) Gebühr: $^5/_{10}$ der vollen Gebühr. § 41 GKG. vom 5. Juli 1927.

[4]) Berechnung der vollen Gebühr nach Maßgabe des § 43 GKG. Gebühr jetzt $^5/_{10}$ der vollen Gebühr (§ 41 GKG. vom 5. Juli 1927, RGBl. S. 152).

wo diese als Grund zur Konkurseröffnung in Betracht kommt) gewonnen hat,

endlich, wenn der Schuldner nicht ein selbständiges Rechtssubjekt darstellt; vgl. oben S. 52ff.

Ferner kann das Gericht den Eröffnungsantrag abweisen, wenn nach seinem Ermessen eine den Kosten des Verfahrens entsprechende Konkursmasse nicht vorhanden ist, es sei denn, daß von irgendeiner Seite ein zur Deckung der im § 58 Nr. 1 und 2 KO. bezeichneten Massekosten ausreichender Geldbetrag vorgeschossen wird (§ 107 KO.)[1]. Wegen des Umfangs und der Berechnung des Betrags der Konkursmasse vgl. S. 55, 56. Von der durch § 107 KO. erteilten Ermächtigung sollte nur mit Vorsicht Gebrauch gemacht werden[2]. Die Versagung der Konkurseröffnung wegen Mangels an Masse ist nicht nur darum bedenklich, weil sie zur Folge hat, daß der Schuldner die freie Verfügung über sein Vermögen behält, sondern namentlich auch darum, weil in zahlreichen Fällen das Vermögen des Schuldners durch Rechtshandlungen vermindert worden ist, die den Anspruch der Gläubiger auf gemeinsame und gleichmäßige Befriedigung verletzen und deshalb anfechtbar sind, deren Anfechtung aber nur im Konkurse stattfinden kann (siehe § 30 KO.). Andererseits ist freilich zu erwägen, daß ein Konkurs, bei dem die Gläubiger doch nichts erhalten, den Gemeinschuldner nur unnütz in seiner Erwerbstätigkeit hindert und auch den Gläubigern wegen der Vorschrift des § 14 KO. nachteilig ist. Ist die flüssige Masse so gering, daß sie nicht zur Bestreitung der unumgänglichen Aufwendungen hinreicht, besteht aber Aussicht, im Konkurse Befriedigungsobjekte für die Gläubiger herbeizuschaffen, so wird es sich empfehlen, die Konkurseröffnung davon abhängig zu machen, daß der Antragsteller oder ein anderer dem Konkursverwalter einen ausreichenden Vorschuß zur Verfügung stellt. Dieser Vorschuß ist demnächst als Masseschuld aus der Konkursmasse zu erstatten. Wird ein ausreichender Vorschuß gezahlt, so muß trotz Massemangels der Konkurs eröffnet werden[3].

---

[1] Die Abweisung mangels Masse ist überhaupt unstatthaft, wenn über eine eingetragene Genossenschaft Konkurs eröffnet werden soll. S. S. 54 A. 3.

[2] Eine beachtenswerte Verfügung des Präsidenten des Kammergerichts (mitgeteilt LZ. 1910, 920) verlangt, daß die Abweisung mangels Masse nicht ohne vorgängige sorgfältige Prüfung des Massebestandes, namentlich auch bezüglich der Richtigkeit der vorliegenden Taxen erfolgt und daß, wenn ein Gläubiger den Konkursantrag gestellt hat, der Antragsteller bei der Prüfung zugezogen wird. Der Verwalter ist jedenfalls zuvor zu hören und er darf sich bei seiner Äußerung nicht lediglich auf Auskünfte des Gemeinschuldners stützen, sondern muß selbst den Massebestand prüfen.

[3] Vgl. hierzu Petersen und Kleinfeller A. 2ff., Jaeger A. 2 bis 4, v. Wilmowski A. 2. Über die Natur dieses Vorschusses s. LZ. 1907, 495. Der Gemeinschuldner kann sich nicht um deswillen beschweren, weil der Vorschuß zu niedrig bemessen sei. OLG. Hamm in der JW. 1926, 2115[12].

Der abweisende Beschluß hat sachgemäß die Gründe der Abweisung anzugeben. Er ist dem Antragsteller zuzustellen; eine weitere Zustellung ist nicht erforderlich. Waren Sicherungsmaßregeln (KO.) getroffen, so sind diese aufzuheben (siehe S. 71)[1]).

Die durch das Verfahren über den abgewiesenen Eröffnungsantrag entstandenen Kosten hat der Antragsteller zu tragen[2]).

Gegen den abweisenden Beschluß[3]) steht dem Antragsteller, aber auch nur diesem, das Rechtsmittel der sofortigen Beschwerde zu (§ 109 KO.). Im Falle der Einlegung der Beschwerde kann das Konkursgericht anordnen, daß die Ausführung seines Beschlusses, namentlich die Aufhebung getroffener Sicherungsmaßregeln, einstweilen ausgesetzt werde[4]). Auch das Beschwerdegericht kann einstweilige Anordnungen erlassen (§ 72 KO., § 572 ZPO.).

Durch die rechtskräftige Abweisung eines Eröffnungsantrags werden weder andere Beteiligte noch der Abgewiesene selbst gehindert, anderweit gegen denselben Schuldner den Antrag auf Konkurseröffnung zu stellen.

Hat die Beschwerde gegen den abweisenden Beschluß Erfolg, so kann das Beschwerdegericht entweder die Konkurseröffnung dem Konkursgericht übertragen oder, was allein empfehlenswert erscheint, gemäß § 74 S. 2 KO. gleich selbst den Konkurs eröffnen und nur die weiteren Anordnungen dem Konkursgericht überweisen[5]).

Gegen einen Beschluß, der nur über eine Voraussetzung der Konkurseröffnung entscheidet,, aber weder die Eröffnung ausspricht noch den Antrag auf Konkurseröffnung abweist oder diese von Bedingungen abhängig macht, findet Beschwerde nicht statt[6]).

---

[1]) Ist die Abweisung des Eröffnungsantrags wegen Mangel an Masse erfolgt, so ist sie in das nach § 107 Abs. 2 KO. zu führende Schuldnerverzeichnis einzutragen. Dessen Einsicht ist jedem gestattet, eine Veröffentlichung der Eintragungen, die im Interesse des soliden Geschäftsverkehrs sehr wünschenswert wäre, erfolgt jedoch nicht. Nach Ablauf von 5 Jahren werden sie wieder gelöscht, indem der Name des Schuldners unkenntlich gemacht wird. S. hierzu § 35 der Preuß. Geschäftsordnung für die Amtsgerichte. — In dem genannten Fall empfiehlt sich auch Benachrichtigung des Vormundschaftsgerichts, wenn der Gemeinschuldner Vermögen von Kindern oder Pflegebefohlenen verwaltet (§§ 1686, 1670, 1886 BGB.).

[2]) War ein Gläubiger der Antragsteller, so dürfte er auch die etwa dem Gemeinschuldner erwachsenen Kosten, soweit dieser sie zur zweckentsprechenden Wahrnehmung seiner Rechte aufwenden mußte, zu tragen haben. So Jaeger in der LZ. 1914, 843. A. M. OLG. Jena daselbst S. 842.

[3]) Und wohl auch gegen einen Bescheid, durch den zur Vermeidung der Abweisung ein Vorschuß verlangt wird. OLG. 19, 220 (Hamburg), Jaeger A. 5 zu § 107, Mentzel A. 2. A. M. OLG. Hamburg LZ. 1908, 627[5], Bleyer A. 2.

[4]) Petersen und Kleinfeller A. 10 zu § 106. A. M. Jaeger A. 12.

[5]) S. dazu v. Wilmowski A. 4 zu § 109, Jaeger A. 7, Bleyer A. 3.

[6]) LZ. 1922, 268[3] (OLG. Nürnberg). — Wegen des Verhältnisses der Beschwerde, die nach der KO. über den Beschluß zugelassen ist, zu derjenigen, die durch die VerglO. eingeführt ist, s. Weil in der ZZP. 53, 257.

E. Der Eröffnungsbeschluß.

Erachtet das Gericht seine Zuständigkeit für begründet und die Voraussetzungen der Konkurseröffnung sämtlich für vorhanden, so spricht es die Konkurseröffnung durch Beschluß aus. Bei der Wichtigkeit des Beschlusses ist es empfehlenswert, zu seiner Begründung anzugeben, auf wessen Antrag er ergeht, und welche den Konkurs rechtfertigenden Tatsachen das Gericht als feststehend ansieht. Notwendig ist jedoch die Angabe von Gründen nicht gerade[1]). Dagegen ist mit Rücksicht auf die einschneidenden Rechtswirkungen, die an die Erlassung des Eröffnungsbeschlusses geknüpft sind, vorgeschrieben, daß in dem Beschlusse die Stunde der Konkurseröffnung angegeben werden soll. Ist dies versäumt, so gilt als Zeitpunkt der Konkurseröffnung die Mittagsstunde des Tages, an dem der Beschluß erlassen ist (§ 108 KO.). Hiernach kommt stets in Frage, mit welchem Zeitpunkte der Eröffnungsbeschluß als „erlassen" anzusehen ist. Das Gesetz spricht sich darüber nicht aus und die Ansichten der Bearbeiter der Konkursordnung gehen erheblich auseinander. Überwiegend wird jedoch, und wohl mit Recht, angenommen, daß der Zeitpunkt maßgebend ist, in dem der Eröffnungsbeschluß nicht bloß gefaßt, sondern auch formuliert, unterschrieben und behufs der Ausführung zu den Akten gebracht ist[2]).

Wird der Beschluß auf Grund des § 238 KO. gefaßt, so ist darin zum Ausdruck zu bringen, daß über das im Inlande befindliche Vermögen des Gemeinschuldners der Konkurs eröffnet wird.

Es kann vorkommen, daß in einem und demselben Antrage gegen mehrere Schuldner der Konkurs beantragt wird. In diesem Falle liegen in Wahrheit mehrere Anträge vor, über die je ein besonderes Verfahren stattfinden und durch besondere Beschlüsse entschieden werden muß. Gegen mehrere Personen in einem Verfahren den Konkurs zu eröffnen, erscheint, wie unter A 1 (S. 53 f.) ausgeführt, nur dann zulässig, wenn deren Gemeinschaft sich als eine besondere Rechtspersönlichkeit darstellt.

Führt der Gemeinschuldner eine Firma, so ist er mit seinem persönlichen Namen, nicht bloß mit der Firma, zu bezeichnen, denn die bloße Angabe der Firma macht die Person des Gemeinschuldners nicht genügend sicher erkennbar. Wenn aber der Name von der Firma abweicht, empfiehlt es sich, ihm die Angabe der Firma beizufügen. Ebenso empfiehlt sich die Angabe des Geschäftszweigs.

Der Zeitpunkt der Zahlungseinstellung des Gemeinschuldners ist jetzt nicht mehr, wie dies in der preußischen

---

[1]) Petersen und Kleinfeller A. 2, Jaeger A. 5, v. Wilmoski A. 2, Bleyer A. 2.

[2]) Vgl. v. Wilmowski A. 3 zu § 108. Schon mit der Unterzeichnung durch den Konkursrichter halten den Eröffnungsbeschluß für erlassen Jaeger A. 1, Petersen und Kleinfeller A. 1, Bleyer A. 1a, Wolff A. 2.

und französischen Konkursgesetzgebung vorgeschrieben war, im Eröffnungsbeschlusse festzustellen. In Streitfällen liegt diese Feststellung dem Prozeßrichter ob.

Die Zurücknahme oder Änderung des Eröffnungsbeschlusses ist wohl so lange zulässig, bis er nach außenhin durch Zustellung oder sonstwie kund gemacht ist [1]). Die Wirkungen der Konkurseröffnung treten aber schon mit der Erlassung des Beschlusses ein (§§ 6, 117 KO.).

Der Eröffnungsbeschluß wirkt für und wider alle am Konkurse Beteiligten. Dem Gemeinschuldner gegenüber hat er die Wirkung eines vollstreckbaren Titels entsprechend dem § 794 Nr. 3 ZPO.

Mangelt es an einer gesetzlichen Voraussetzung der Konkurseröffnung, so wird dieser Mangel durch die Rechtskraft des Eröffnungsbeschlusses geheilt [2]).

Eine Berichtigung des Eröffnungsbeschlusses ist nach Maßgabe des § 319 ZPO. für zulässig zu erachten, auch dann noch, wenn der Beschluß rechtskräftig geworden ist. Die Berichtigung ist aber, wenn sie einen in der öffentlichen Bekanntmachung enthaltenen Punkt betrifft, öffentlich bekannt zu machen [3]).

F. Maßregeln zur Ausführung des Eröffnungsbeschlusses.

Um den Konkurs wirksam zu machen und das Verfahren in Gang zu bringen, ist eine Reihe von Maßnahmen teils erforderlich, teils statthaft, die gleich bei der Konkurseröffnung der Konkursrichter und der Beamte der Geschäftsstelle zu treffen haben [4]).

Der Eröffnungsbeschluß wird auch dann sofort wirksam, wenn ein Antrag auf Eröffnung eines gerichtlichen Vergleichsverfahrens gestellt war, aber abgelehnt wird. Ist dagegen der Konkurs im Anschluß an die Verwerfung eines Vergleichs oder an eine Einstellung des Vergleichsverfahrens eröffnet, so wird die Entscheidung über die Eröffnung erst mit der Rechtskraft wirksam (§ 71 Abs. 2, § 80 Abs. 2 VerglOrdn.). Bis dahin sind also in den genannten beiden Fällen alle Maßnahmen auszusetzen, durch die eine die Konkurseröffnung anordnende Entscheidung ausgeführt werden soll.

---

[1]) Vgl. hierzu Jaeger A. 1, v. Wilmowski A. 3 a. E., Petersen und Kleinfeller A. 1, Bleyer A. 1 a.

[2]) OLG. Jena LZ. 1910, 329 [3], Jaeger Anm. 10, Mentzel A. 2 zu § 109.

[3]) Jaeger A. 2, 3 und in der LZ. 1912, 202, ZZP. 50, 162. A. M. für den Fall, daß in dem Eröffnungsbeschluß eine unrichtige Person als der Gemeinschuldner bezeichnet ist, LZ. 1915, 80 [29] (Kammergericht).

[4]) Die im folgenden besprochenen Maßregeln sind dem Konkursgericht auch dann zu überlassen, wenn die Konkurseröffnung durch Beschluß des Beschwerdegerichts erfolgt ist.

I. Die dem Konkursrichter obliegenden Anordnungen[1].)

Der Konkursrichter muß bei der Konkurseröffnung

1. den Konkursverwalter ernennen (siehe Seite 79),
2. eine Gläubigerversammlung berufen (siehe Seite 81),
3. den offenen Arrest erlassen und die Anzeigefrist festsetzen (siehe S. 81),
4. die Anmeldefrist und den allgemeinen Prüfungstermin bestimmen (siehe Seite 82, 83),
5. die Eintragung der Konkurseröffnung in das Grundbuch veranlassen (siehe Seite 84),
6. sofern er einen Gläubigerausschuß nicht bestellt, Anordnungen darüber zu treffen, wo der Verwalter einstweilen Gelder, Wertpapiere und Kostbarkeiten hinterlegen soll (siehe Seite 85),
7. dem Verwalter eine urkundliche Bescheinigung seiner Ernennung erteilen (siehe Seite 86).
8. die Zustellung des Eröffnungsbeschlusses an den Gemeinschuldner anordnen,
9. das Vormundschaftsgericht benachrichtigen, falls die Anordnung einer Vormundschaft oder Pflegschaft erforderlich wird (siehe Seite 86), endlich
10. in besonderen Fällen Maßregeln zu treffen, um gewissen Arten von Konkursgläubigern, deren Interessen gemeinsame sind, zur Wahrnehmung dieser Interessen im Bedarfsfalle einen Vertreter zu bestellen[2]).

---

[1]) Ein Beispiel hierzu Beilage A. Berücksichtigt sind dabei nur die Anordnungen, die gesetzlich Sache des Konkursrichters sind. Im Interesse der Berufsgenossenschaften ist daneben in Preußen den Konkursrichtern durch eine Allgemeine Verfügung des Justizministers vom 23. Nov. 1901 (JMBl. S. 267), in Erinnerung gebracht durch Allg. Verf. vom 26. Jan. 1906 (JMBl. S. 31), empfohlen, den Verwalter zur Prüfung der Frage zu veranlassen, ob der Gemeinschuldner einer Berufsgenossenschaft angehört, und zutreffendenfalls darauf hinzuwirken, daß die Berufsgenossenschaft in das Gläubigerverzeichnis aufgenommen wird.

[2]) Die Fälle sind folgende:

a) Im dem Konkurse einer privaten Lebensversicherungsgesellschaft (Aktiengesellschaft oder Verein auf Gegenseitigkeit) hat der Konkursrichter den Versicherten einen Pfleger zu bestellen, der dazu berufen ist, die den Versicherten bezüglich des Prämienreservefonds nach § 61 des Gesetzes vom 12. Mai 1901 zustehenden Rechte zu wahren, und dessen Geschäftsführung das Konkursgericht zu beaufsichtigen hat. Vor der Bestellung des Pflegers ist die Aufsichtsbehörde zu hören (§ 62 G. vom 12. Mai 1901).

b) Im Konkurse eines Kommissionärs, der für mehrere Kommittenten Wertpapiere eingekauft, aber das Eigentum an den Papieren keinem der Auftraggeber durch Übersendung eines Stückeverzeichnisses (Depotgesetz vom 5. Juli 1896) oder auf andere Weise übertragen hat, hat das Konkursgericht den betreffenden Kommittenten zur Wahrung ihrer Rechte, wenn erforderlich, einen Pfleger zu bestellen. Die Kommittenten haben bezüglich der eingekauften Papiere in dem Konkurse Vorrechte, ähnlich den Absonderungsrechten, und sind untereinander gleichberechtigt (§ 7a des Depotgesetzes, eingeschaltet durch Art. III der Verordnung vom 21. Nov. 1923, RGBl. S. 1119).

Gleichzeitig hat der Richter darüber zu befinden,

11. ob ein Gläubigerausschuß zu bestellen — bejahendenfalls sind die Mitglieder des Ausschusses zu ernennen und zur Erklärung über die Annahme des Amtes zu veranlassen — (siehe S. 87),
12. ob und welche Sicherheitsleistung vom Verwalter zu fordern (siehe S. 88),
13. ob und durch welche weiteren öffentlichen Blätter, als die gesetzlich bestimmten, und wie etwa sonst noch die Konkurseröffnung bekannt zu machen (siehe S. 88),
14. ob die für den Gemeinschuldner eingehenden Postsendungen und Depeschen anzuhalten und deren Aushändigung an den Verwalter zu veranlassen (siehe S. 89),
15. ob und welche sonstigen Maßregeln etwa gegen den Gemeinschuldner zu ergreifen (siehe S. 91).

Schließlich wird der Richter

16. anordnen, daß ihm die Akten nach Ablauf einer bestimmten Frist wieder vorgelegt werden.

Ein allgemeines Veräußerungsverbot wird an den Gemeinschuldner nicht erlassen. Ein solches ist nur im Vorverfahren von Wert[1]). Die Konkurseröffnung hat kraft Gesetzes zur Folge, daß Rechtshandlungen, die der Gemeinschuldner später in Ansehung der Konkursmasse vornimmt, den Konkursgläubigern gegenüber — abgesehen von den Ausnahmefällen des § 8 KO. und der §§ 892, 893 BGB. — unwirksam sind, daß Rechte an Gegenständen der Konkursmasse, abgesehen von den Bestimmungen der

———

c) Ist Konkurs über eine Unternehmung eröffnet, die Schuldverschreibungen im Nennwerte von 300000 Mk. oder mehr ausgegeben hat, so hat das Konkursgericht unverzüglich eine Versammlung der Schuldverschreibungsgläubiger zu berufen zum Zwecke der Beratung und Beschlußfassung darüber, ob ein gemeinsamer Vertreter dieser Gläubiger für den Konkurs bestellt werden soll. Ist ein solcher Vertreter schon bestellt, so kann die Berufung der Versammlung unterbleiben. Während des Konkurses hat der Konkursrichter eine Versammlung auch dann zu berufen, wenn das von dem Verwalter, dem Gläubigerausschuß, der Aufsichtsbehörde, dem Gläubigervertreter oder von Gläubigern, deren Schuldverschreibungen den zwanzigsten Teil der in Umlauf befindlichen Schuldverschreibungen darstellen, beantragt wird. Bei der Berufung ist die Stelle zu bestimmen, wo die Gläubiger, die an der Versammlung teilnehmen wollen, ihre Schuldverschreibungen zu hinterlegen haben. Der Konkursrichter hat die Versammlungen zu leiten (§§ 18, 3, 6, 7, 8 9 Ges. vom 4. Dez. 1899, RGBl. S. 691). Näheres s. in den Aufsätzen von Seuffert in der ZZP. 27, 112 und Könige ebenda 28, 414.

1) Nach der Vergleichsordnung vom 5. Juli 1927 aber auch im Konkurse, wenn es in einem voraufgegangenen gerichtlichen Vergleichsverfahren gegen den Schuldner erlassen ist. Ein solches Verbot gilt in einem sich anschließenden Konkurse als zugunsten aller Konkursgläubiger erlassen. Ebenso ein Verbot, das dem Vergleichsschuldner die Verfügung über einzelne Vermögensgegenstände untersagt (§§ 83, 51 VerglO.).

§§ 878, 892, 983 und 1260 Abs. 1 BGB., überhaupt nicht mehr mit Wirksamkeit gegenüber den Konkursgläubigern erworben werden können und daß Arreste und Zwangsvollstreckungen zugunsten einzelner Konkursgläubiger nicht mehr zulässig sind (§§ 7, 15, 14 KO.).

Im einzelnen ist über die dem Konkursrichter obliegenden Anordnungen folgendes zu bemerken:

1. Die Ernennung des Verwalters.

Die Ernennung des Verwalters ist lediglich Sache des Gerichts. Das Gericht ist an Anträge oder Vorschläge Beteiligter in keiner Weise gebunden; die Konkursgläubiger haben nur ein Vorschlagsrecht (§§ 78 Abs. 1, 110 KO.). In der Auswahl des Verwalters ist das Gericht gesetzlich nicht beschränkt. Die Auswahl einer geeigneten Person ist wegen der Stellung, die dem Verwalter durch die Konkursordnung zugewiesen ist, für den Erfolg des Konkurses von höchster Bedeutung. Sie bietet dabei nicht selten praktische Schwierigkeiten, da bei kleineren Gerichten geeignete Personen nicht immer oder doch oft nur in sehr beschränkter Zahl zu haben sind. Der Verwalter muß zuverlässig und tätig sein, er muß Umsicht und Geschäftskunde besitzen, und dabei muß er imstande sein, die gesetzlichen Vorschriften bei der Verwaltung seines Amtes wenigstens im wesentlichen richtig zu handhaben. Auf welche von diesen Eigenschaften bei der Auswahl des Verwalters, falls überhaupt eine Auswahl bleibt, das Hauptgewicht zu legen, wird nach den besonderen Anforderungen des einzelnen Falles zu ermessen sein[1]).

Fähig zur Führung des Amtes eines Konkursverwalters ist an sich jede geschäftsfähige Person[2]), die sich im Besitze der bürgerlichen Ehrenrechte befindet. Auch Verwandte und Gläubiger des Gemeinschuldners sind gesetzlich nicht ausgeschlossen[3]). Beamte sind insoweit ausgeschlossen, als die Übernahme von Nebenämtern ihnen durch die bestehenden Dienstvorschriften untersagt ist. Wenn die Übernahme von Nebenämtern nicht gänzlich untersagt,

---

[1]) Eine grundsätzliche Bevorzugung der Juristen dürfte nicht am Platze sein. (A. M. allerdings Pollak LZ. 1908, 660.) Der Preuß. Justizminister hat durch zwei allgemeine Verfügungen vom 12. Nov. 1897 (JMBl. S. 288) bzw. 27. März 1901 (JMBl. S. 83) den Konkursgerichten empfohlen, für ländliche Konkurse die Landwirtschaftskammern oder sonstigen landwirtschaftlichen Vertretungen und für andere Konkurse die Handelskammern oder andere kaufmännische Korporationen im voraus um Vorschlag geeigneter Personen zu ersuchen und die gemachten Vorschläge tunlichst zu berücksichtigen. (Vgl. dazu auch die A. V. vom 17. Nov. 1917 — JMBl. S. 367 —). Über die Praxis der Gerichte s. Jaeger in der LZ. 1909, 1.

[2]) Aber nur eine natürliche Person, nicht auch eine juristische OLG. Köln (LZ. 1908, 245).

[3]) Vgl. Jaeger A. 7, v. Wilmowski A. 2 zu § 78, Petersen und Kleinfeller A. 5. Bei der Beratung der Novelle zur Konkursordnung ist ein auf Ausschluß der näheren Verwandten gerichteter Antrag abgelehnt worden. Kommissionsbericht S. 19.

aber von der Genehmigung der Vorgesetzten abhängig gemacht ist, so ist diese Genehmigung von dem Beamten beizubringen [1]).

Daß der Verwalter am Sitze des Konkursgerichts wohnt, ist zwar in vielen Beziehungen wünschenswert, aber nicht gerade nötig. Wie viel Gewicht darauf zu legen, wird sich nach Lage des einzelnen Falles richten.

Eine Verpflichtung zur Annahme des Amtes des Verwalters besteht fast nirgends [2]). Da es aber durchaus geboten ist, daß der Verwalter sofort nach der Konkurseröffnung in Tätigkeit tritt, so wird das Gericht sich darüber, ob der zum Verwalter Ausersehene auch zur Annahme des Amtes bereit ist, vor der Ernennung vergewissern müssen. Wenn dies nicht geschieht, so dürfte für die aus einer Ablehnung des Ernannten der Konkursmasse entstehenden Verluste unter Umständen der Konkursrichter verantwortlich gemacht werden können.

Wenn die Verwaltung verschiedene Geschäftszweige umfaßt, so kann das Gericht mehrere Verwalter ernennen (§ 79 KO.). Macht das Gericht von dieser Befugnis Gebrauch, so hat es die Geschäftskreise der mehreren Verwalter zur möglichsten Vermeidung von Streitigkeiten und anderen Unzuträglichkeiten genau abzugrenzen. Die Ernennung mehrerer Verwalter wird aber im allgemeinen, selbst bei sehr umfangreicher Verwaltung, nicht empfehlenswert und auch nicht erforderlich sein. Die Einheitlichkeit der Verwaltung ist für den Konkurs von hohem Werte und kann selbst dann, wenn ein einzelner nicht imstande ist, alle Verwaltungsangelegenheiten selbst zu besorgen, meistens dadurch gewahrt werden, daß der Verwalter Gehilfen annimmt, die unter seiner Leitung und nach seinen Weisungen einzelnen Verwaltungszweigen vorstehen. Nur dann wird die Ernennung mehrerer Verwalter unvermeidlich sein, wenn keine der zur Verfügung stehenden Persönlichkeiten ihrer Befähigung oder dem Umfange der Geschäfte nach der Übernahme der gesamten Verwaltung gewachsen ist. Werden mehrere Verwalter ernannt, so ist ein jeder von ihnen in seiner Geschäftsführung selbständig (§ 79 Satz 2 KO.). Streitigkeiten, die unter ihnen wegen der Zuständigkeit entstehen, entscheidet das Konkursgericht.

---

[1]) In Preußen sollen nach einer Verf. des Justizministers vom 26. Juli 1893 Justizbeamte und Gerichtsvollzieher nur bei völligem Mangel anderer geeigneter Personen und nur mit Genehmigung des Oberlandesgerichts-Präsidenten zu Verwaltern bestellt werden. Für Sachsen s. die Geschäftsordnung vom 3. Nov. 1902 §§ 134, 139, für Württemberg die Ministerialverfügungen vom 3. Dez. 1884 und 27. Febr. 1888, für Bayern Bleyer A. 1 c.

[2]) v. Wilmowski A. 3 zu § 78. Der Art. 1 des Württembergischen Ausführungsgesetzes zur Konkursordnung vom 18. Aug. 1879 verpflichtet unter gewissen Voraussetzungen die Gerichts- und Amtsnotare zur Annahme des Amtes.

Mehrere Verwalter zur gemeinschaftlichen Verwaltung zu bestellen, ist durch § 79 KO. nicht gestattet.

Falls ein Gläubiger des Gemeinschuldners zum Verwalter ernannt wird, ist zur Vertretung der Masse gegenüber seinen Ansprüchen ein besonderer Verwalter zu bestellen.

Die Ernennung des Verwalters tritt, die Annahme des Amtes vorausgesetzt, sofort in Wirksamkeit; der förmlichen Zustellung des die Ernennung aussprechenden Beschlusses bedarf es nicht. Auch eine besondere Verpflichtung oder gar eine Beeidigung des Verwalters findet nicht statt.

Die Ernennung des Verwalters kann vom Gemeinschuldner und von jedem Konkursgläubiger mit der sofortigen Beschwerde angefochten werden.

2. Die Berufung der ersten Gläubigerversammlung.

Gleich bei der Konkurseröffnung ist eine Gläubigerversammlung zu berufen zur Beschlußfassung über die Wahl eines anderen Verwalters, über die Bestellung eines Gläubigerausschusses und eintretendenfalls über die im § 132 KO. bezeichneten Angelegenheiten (Bewilligung einer Unterstützung für den Gemeinschuldner und dessen Familie, Schließung oder Fortführung des Geschäfts des Gemeinschuldners, Hinterlegung und Anlegung von Geldern, Wertpapieren und Kostbarkeiten, Art und Zeit der Berichterstattung und Rechnungslegung des Verwalters) (§ 110 Abs. 1 KO.). Auch andere Gegenstände können von Amts wegen oder auf Antrag auf die Tagesordnung der Versammlung gesetzt werden, sind dann aber jedenfalls rechtzeitig vor der Versammlung öffentlich bekannt zu machen.

Der Termin ist so anzuberaumen, daß nach dem Tage, mit dem die Bekanntmachung als bewirkt gilt (§ 76 Abs. 1 KO.), den Beteiligten Zeit bleibt, sich auf den Termin vorzubereiten und zu ihm zu erscheinen. Spätestens hat der Termin einen Kalendermonat nach dem Tage der Konkurseröffnung stattzufinden. Rechtsfolgen für den Fall der Nichtinnehaltung dieser Frist sind jedoch im Gesetze nicht angedroht.

3. Der offene Arrest.

Der offene Arrest hat den Zweck, diejenigen Sachen, die sich nicht im Besitze des Gemeinschuldners befinden, aber zur Konkursmasse gehören, zu ermitteln und für die Masse zu sichern, sowie Zahlungen und andere Leistungen an den Gemeinschuldner zu verhindern. Durch den offenen Arrest wird demgemäß

a) allen Personen, die eine zur Konkursmasse gehörige Sache in Besitz haben oder zur Konkursmasse etwas schuldig sind, aufgegeben, nichts an den Gemeinschuldner zu verabfolgen oder zu leisten, β) denen, die zur Konkursmasse gehörige Sachen in Besitz haben, die Verpflichtung auferlegt, von diesem Besitze und von den Forderungen, für die sie etwa abgesonderte Befriedigung aus dem Erlöse der Sachen in Anspruch nehmen, innerhalb einer bestimmten Frist dem Verwalter Anzeige zu machen (§ 118 KO.).

Die Auflage zu α hat keine rechtliche, sondern nur die Bedeutung, daß Leistungen an den Gemeinschuldner tatsächlich möglichst verhindert werden sollen. Die Wirksamkeit von Leistungen, die nach der Konkurseröffnung an den Gemeinschuldner erfolgen, ist in § 8 KO. ohne Berücksichtigung des offenen Arrestes geregelt[1]).

Die Auflage zu β hat dagegen auch eine rechtliche Bedeutung. Wer es unterläßt, dem Verwalter innerhalb der bestimmten Frist über den Besitz von Sachen des Gemeinschuldners Anzeige zu machen, haftet für allen aus der Unterlassung oder der Verzögerung der Anzeige entstehenden Schaden[2]) (§ 119 KO.).

Bei Bemessung der Anzeigefrist wird zu berücksichtigen sein einerseits, daß es im Interesse des Konkurses liegt, daß der Verwalter möglichst bald einen Überblick über die gesamte vorhandene Masse erhalte, andererseits, daß den Besitzern von Massegegenständen hinreichende Zeit gewährt werden muß, um nach erlangter Kenntnis von dem offenen Arrest die vorgeschriebene Anzeige zu erstatten. Eine Frist von etwa 14 Tagen bis 3 Wochen, von der Konkurseröffnung ab gerechnet, dürfte in der Regel angemessen und ausreichend sein.

4. Bestimmung der Anmeldefrist und des Prüfungstermins.

a) Die Anmeldefrist.

Zur Anmeldung der Konkursforderungen wird gleich bei der Konkurseröffnung eine Frist bestimmt[3]) Diese beträgt jetzt 2 Wochen[4]) bis 3 Monate (§ 138 KO.). Innerhalb dieser Grenzen steht dem Konkursgericht das freie Ermessen zu. Bei Bemessung der Frist ist auf die Umstände des einzelnen Falles Rücksicht zu nehmen. In gewöhnlichen Konkursen wird eine mäßig lange Anmeldefrist genügen. Eine weite Erstreckung der Frist wird nur

---

[1]) Petersen und Kleinfeller A. 1 zu §§ 118, 119, Jaeger A. 1, v. Wilmowski A. 1, Bleyer A. 2, Mentzel A. 1. — Wegen der Anwendung der Vorschrift auf ausländische Schuldner des Gemeinschuldners vgl. RGZ. 90, 127.

[2]) Ob nur der Beweis der Unkenntnis des offenen Arrests die Schadensersatzpflicht ausschließt, oder der Verwalter die Kenntnis beweisen muß, ist streitig. v. Wilmowski A. 1 zu § 119, Petersen und Kleinfeller A. 6, Wolff A. 1 nehmen ersteres an, Jaeger A. 1 und Bleyer A. 1a letzteres. — Über den Kreis der zur Anzeige Verpflichteten vgl. insbes. Wolff A. 2 u. 3.

[3]) Nach der Konkursordnung wird nur eine Anmeldefrist bestimmt. Eine Wiedereinsetzung gegen die Versäumung der Anmeldefrist findet nicht statt.

[4]) Früher 3 Wochen. Die Herabsetzung der Mindestfrist auf 2 Wochen ist erfolgt, um die in § 110 Abs. 2 KO. zugelassene Verbindung des allgemeinen Prüfungstermins mit der ersten Gläubigerversammlung zu erleichtern.

in sehr umfangreichen und verwickelten Konkursen sowie dann erforderlich sein, wenn der Gemeinschuldner in weit entfernten Ländern Geschäfte betrieben hat.

Die Bestimmung der Anmeldefrist kann (wie auch die der Anzeigefrist) in doppelter Weise geschehen: entweder so, daß ein bestimmter Zeitraum, dessen Beginn und Ende dann gemäß § 76 Abs. 1 KO. zu berechnen ist, zur Anmeldung der Konkursforderungen festgesetzt wird, oder so, daß der Endtermin bestimmt wird, bis zu dem spätestens die Anmeldungen zu erfolgen haben. Letztere Art ist ganz überwiegend gebräuchlich; sie hat den Vorzug, daß die Gläubiger das Ende der Anmeldefrist gleich genau kennen und nicht erst zu berechnen brauchen. Wird ein bestimmter Endtermin für die Anmeldungen festgesetzt, so ist darauf zu achten, daß zwischen diesem Termin und dem Tage, *an dem die Bekanntmachung der Anmeldefrist als bewirkt gilt*, ein Zeitraum von mindestens 2 Wochen liegen muß. Den 2 Wochen ist also der Zeitraum hinzuzurechnen, der von dem Tage der Terminsbestimmung bis dahin, wo die Bekanntmachung als bewirkt gilt, voraussichtlich verstreichen wird[1]).

Die Nichtbeachtung der gesetzlichen Fristbestimmung hat zwar nicht die Nichtigkeit des Verfahrens zur Folge, berechtigt aber jeden Beteiligten zur Erhebung der sofortigen Beschwerde[2]).

b) *Der allgemeine Prüfungstermin.*

Der allgemeine Prüfungstermin ist so anzuberaumen, daß zwischen dem Zeitpunkt des Ablaufs der Anmeldefrist und dem Termin ein Zeitraum von mindestens einer Woche und höchstens 2 Monaten liegt[3]) (§ 138 KO.). Bei der Anberaumung des Termins ist darauf Rücksicht zu nehmen, daß die Geschäftsstelle in der Lage sein muß, innerhalb des ersten Dritteils des genannten Zeitraums die Tabelle fertig zu stellen und Abschrift davon dem Verwalter mitzuteilen (§ 140 Abs. 2 KO.), und daß dem Verwalter und den Gläubigern noch hinreichende Zeit verbleiben muß, um über die in die Tabelle aufgenommenen Forderungen vor dem Prüfungstermin Erkundigungen einzuziehen. In Anbetracht dessen wird es ratsam sein, in Konkursen, in denen eine einigermaßen erhebliche Zahl von Gläubigern vorhanden ist, den Prüfungstermin nicht zu rasch auf den Zeitpunkt des Ablaufs der Anmeldefrist folgen zu lassen.

Der Prüfungstermin kann mit dem Termine zur Abhaltung der ersten Gläubigerversammlung verbunden werden, wenn die

---

[1]) Petersen und Kleinfeller A. 2, v. Wilmowski A. 2, Jaeger A. 3, Bleyer A. 1 b zu § 138.

[2]) Vgl. Petersen und Kleinfeller A. 3, v. Wilmowski A. 5, Jaeger A. 6, Wolff A. 4, Mentzel A. 3, Bleyer A. 1 b.

[3]) Bei Nichtbeachtung der Fristbestimmung gilt das unter a am Ende Bemerkte.

Konkursmasse von geringerem Betrage oder der Kreis der Konkursgläubiger von geringerem Umfange ist, oder wenn der Gemeinschuldner einen Zwangsvergleichsvorschlag eingereicht hat (§ 110 Abs. 2 KO.).

5. Sperrvermerke im Grundbuch.

Bei den Grundstücken, als deren Eigentümer der Gemeinschuldner im Grundbuch eingetragen ist, ist die Konkurseröffnung zu vermerken (§ 113 Abs. 1 Nr. 1 KO.). Den Grundstücken stehen das Erbbaurecht (§ 1017 BGB.) sowie die landesgesetzlich anerkannten Immobiliarrechte gleich.

Die Konkurseröffnung ist ferner einzutragen bei den für den Gemeinschuldner eingetragenen Rechten an Grundstücken oder an eingetragenen Rechten, hier jedoch nur, wenn nach der Art des Rechts und nach den obwaltenden Umständen bei Unterlassung der Eintragung eine Benachteiligung der Konkursgläubiger zu besorgen ist (§ 113 Abs. 1 Nr. 2 KO.). Eine solche Besorgnis besteht hauptsächlich bei Hypotheken-, Grundschuld- und Rentenschuldforderungen sowie bei eingetragenen Rechten an dergleichen Forderungen (vgl. §§ 7, 15 KO., §§ 892, 893 BGB.). Wegen der Bestimmungen der §§ 1117, 1154, 1160, 1192, 1200 BGB. besteht sie jedoch dann nicht, wenn der Verwalter sich in den Besitz des über die Post ausgefertigten Briefs gesetzt hat[1]).

Um die hiernach erforderlichen Eintragungen hat das Konkursgericht den Grundbuchrichter zu ersuchen. Dem Ersuchen braucht Ausfertigung des Eröffnungsbeschlusses nicht beigefügt zu werden (§ 113 Abs. 2 KO., § 39 der Deutschen Grundbuchordnung). Ob die Beibringung des Hypothekenbriefs erforderlich ist, wenn bei einer Briefhypothek des Gemeinschuldners der Sperrvermerk eingetragen werden soll, darüber herrscht Streit. Die Frage ist wohl zu verneinen[2]). Besondere Ermittelungen über das Vorhandensein von Grundstücken des Gemeinschuldners oder Rechten der bezeichneten Art anzustellen hat der Konkursrichter keine Veranlassung. Er hat nur bei den ihm bekannt gewordenen Grundstücken und Rechten die Eintragung der Konkurseröffnung herbeizuführen und kann es dem Verwalter überlassen, bei den etwa sonst noch vorhandenen Grundstücken und Rechten seinerseits die Eintragung zu betreiben, die nach § 113 Abs. 3 KO. auch auf Antrag des Verwalters zu erfolgen hat. Diesem wird dazu auf sein Verlangen Ausfertigung der Formel des Eröffnungsbeschlusses zu erteilen sein.

Die Eintragung der Konkurseröffnung erfolgt in allen erörterten Fällen gebührenfrei (§ 115 KO.).

---

[1]) A. M. Wolff A. 2 a. E.

[2]) S. Jaeger A. 5 zu § 113, Wolff A. 7, Mentzel A. 3, Bleyer A. 1 b und OLG. Hamburg (OLG. 3, 194). A. M. Kretschmar LZ. 1907, 118.

Den eingetragenen Sperrvermerken ist die Wirkung beizulegen, daß Dritte, die auf Grund rechtsgeschäftlicher Verfügungen des Gemeinschuldners die für ihn eingetragenen Rechte oder Rechte an solchen Rechten für sich in Anspruch nehmen, sich nicht darauf berufen können, zur Zeit ihres Rechtserwerbs von der erfolgten Konkurseröffnung nichts gewußt zu haben[1]).

Werden im Laufe des Konkurses Grundstücke oder Rechte, bei denen auf Ersuchen des Konkursgerichts die Konkurseröffnung eingetragen worden ist, vom Verwalter freigegeben oder veräußert, so daß sie aus der Konkursmasse ausscheiden, so kann das Gericht auf Antrag das Grundbuchamt um Löschung der Eintragung ersuchen (§ 114 KO.). Zu dieser Löschung genügt aber auch die Einwilligung des Verwalters[2]). Die Löschung erfolgt gebührenfrei.

6. Anordnungen wegen Hinterlegung der Gelder, Wertpapiere und Kostbarkeiten.

Die Entscheidung darüber, wo und zu welchen Bedingungen flüssige Gelder hinterlegt bzw. angelegt werden sollen, ist dem Verwalter entzogen. Diese Entscheidung steht der Gläubigerversammlung zu. Da indessen wohl meistens Gelder entweder gleich bei der Eröffnung des Konkurses vorgefunden oder alsbald flüssig werden, so erscheint eine einstweilige Bestimmung hierüber gleich bei der Konkurseröffnung erforderlich. Soweit es sich nun um die Stelle handelt, wo die Gelder einstweilen hinterlegt werden sollen, ist die Bestimmung dem vom Gericht bestellten Gläubigerausschusse und in dessen Ermangelung dem Gericht selbst übertragen (§ 129 Abs. 2 KO.). Liegt hiernach dem Gericht eine Anordnung ob, so ist diese sofort von Amts wegen zu treffen. Eine Anfrage oder einen Antrag des Verwalters abzuwarten, wäre nicht richtig, da die in Rede stehende Gesetzesvorschrift gerade zur Sicherung der Gelder gegen unredliche oder leichtfertige Verfügungen des Verwalters bestimmt ist. Es empfiehlt sich auch, dafür zu sorgen, daß die Anordnung der bestimmten Hinterlegungsstelle mitgeteilt wird[3]).

Als Hinterlegungsstelle kann jede Stelle, bei der die Gelder als sicher hinterlegt anzusehen sind, bestimmt werden. Zur Erleichterung der Einzahlung und Abhebung von Geldern wird es

---

[1]) Anträge auf Eintragungen aus vollstreckbaren Titeln oder auf Grund rechtsgeschäftlicher Verfügungen des Gemeinschuldners hat das Grundbuchamt überhaupt zurückzuweisen, sobald ihm die Konkurseröffnung amtlich bekannt geworden ist. So RGZ. 71, 38 (ausführlicher in der LZ. 1909, 938 Nr. 3), Jaeger A. 7 und 8 zu § 113, wo auch näheres über Rechtsprechung und Literatur, ferner Predari, LZ. 1907, 454ff. — A. M. Kammergericht in mehreren Entscheidungen, v. Wilmowski A. 4 zu § 15.

[2]) So BayObLG., LZ. 1907, 441.

[3]) Über die Voraussetzungen, unter denen die Hinterlegungsstelle haftet, wenn sie hinterlegte Gelder an den Verwalter auf eine von ihm allein erteilte Quittung auszahlt, s. RGZ. 80, 37 (JW. 1912, 918[17]) u. Jaeger A. 2.

sich in vielen Fällen empfehlen, anstatt der amtlichen Hinterlegungsstelle eine Sparkasse, die Reichsbank oder auch ein unzweifelhaft sicheres Privat-Bankhaus als Hinterlegungsstelle zu wählen. Unbedenklich kann auch der Verwalter ermächtigt werden, Gelder bis zu einem gewissen, nicht zu hoch zu bemessenden Betrage selbst in Verwahrung zu behalten.

Was hier von den zur Konkursmasse gehörigen Geldern gesagt ist, gilt entsprechend auch bezüglich der Wertpapiere und Kostbarkeiten.

7. Die Bestallung des Verwalters.

Dem ernannten Verwalter ist sofort zu seiner Legitimation eine urkundliche Bescheinigung seiner Ernennung zu erteilen (§ 81 Abs. 2 KO.). Der Behändigung gegen Zustellungsurkunde bedarf es nicht, da der Bescheinigung eine unmittelbare rechtliche Bedeutung nicht innewohnt. Im Falle des Verlustes der Bestallung kann eine neue ausgefertigt werden.

Die Bestallung ist vom Verwalter bei Beendigung seines Amtes dem Gericht zurückzureichen (§ 81 Abs. 2 Satz 2 KO.). Der Verwalter kann hierzu wohl durch Ordnungsstrafe angehalten werden[1]).

8. Zustellung des Eröffnungsbeschlusses.

Der Eröffnungsbeschluß ist dem Gemeinschuldner als dem Beschwerdeberechtigten zuzustellen. Der Zustellung des Beschlusses an den Verwalter bedarf es nicht[2]). Dagegen werden die anberaumten Termine dem Verwalter sowohl als dem Gemeinschuldner zweckmäßig mitgeteilt werden.

9. Benachrichtigung des Vormundschaftsgerichts.

Führt der Gemeinschuldner eine Vormundschaft oder eine Pflegschaft, so hat das Vormundschaftsgericht ihn zu entlassen und an seiner Stelle einen anderen Vormund oder Pfleger zu bestellen (§§ 1886, 1781 Nr. 3, 1915 BGB.). Ferner hat das Vormundschaftsgericht eine Pflegschaft anzuordnen, wenn der Gemeinschuldner Kinder hat, die in seiner elterlichen Gewalt stehen, und Vermögen besitzen (§§ 1647, 1686 BGB.). Liegt einer dieser Fälle vor, so ist das Konkursgericht verpflichtet, das zuständige Vormundschaftsgericht von der Konkurseröffnung und den Verhältnissen, die das Eingreifen des Vormundschaftsgerichts erfordern, zu benachrichtigen (§ 50 Ges. über die freiw. Gerichtsbarkeit). Ob ein Fall vorliegt, der das Eingreifen des Vormundschafts-

---

[1]) Jaeger A. 3, Wolff A. 1, Mentzel A. 3, Bleyer A. 1.

[2]) Petersen und Kleinfeller A. 1 zu § 108, v. Wilmowski A. 4 zu § 111, Jaeger A. 3 zu § 111, Bleyer A. 3 zu § 111. — Mentzel A. 3 zu § 111 hält auch Zustellung an den Verwalter für erforderlich.

gerichts erforderlich macht, danach wird sich der Konkursrichter bei der Eröffnung des Verfahrens zu erkundigen haben.

10. Bestellung eines Gläubigerausschusses.

Abgesehen von Konkursen über eingetragene Genossenschaften, in denen ein Gläubigerausschuß vom Gericht stets sofort bei der Konkurseröffnung bestellt werden muß (§ 103 des Genossenschaftsgesetzes), bleibt es der Erwägung des Gerichts überlassen, ob schon vor der ersten Gläubigerversammlung, die in jedem Falle über die Bestellung eines Gläubigerausschusses zu beschließen hat (§ 110 KO.), ein Gläubigerausschuß bestellt werden soll. In bedeutenderen Konkursen empfiehlt es sich, dies gleich bei der Konkurseröffnung zu tun, damit der Verwalter bei den oft sehr wichtigen Maßregeln, die gerade in der ersten Zeit nach der Konkurseröffnung zu treffen sind, von einer Vertretung der Gläubiger sowohl unterstützt als überwacht werden und in den Fällen des § 133 KO. nicht lediglich nach seinem eigenen Ermessen Verfügungen treffen kann.

Sind für verschiedene Geschäftszweige mehrere Verwalter ernannt, so kann auch jedem Verwalter ein besonderer Gläubigerausschuß beigegeben werden.

Zu Mitgliedern des Gläubigerausschusses kann das Gericht nur Gläubiger (d. h. Personen, deren Eigenschaft als Konkursgläubiger es für glaubhaft erachtet) oder Vertreter von Gläubigern ernennen (§ 87 Abs. 1 KO.). Unter den Gläubigern und Gläubigervertretern steht aber dem Gericht die völlig freie Auswahl zu. Verwandte des Gemeinschuldners sind nicht ausgeschlossen. Daß die zu Ernennenden am Sitze des Gerichts wohnen, ist zwar wünschenswert, aber nicht erforderlich. Fähig zur Führung des Amtes ist jede prozeßfähige Person[1]).

Die Ernannten sind alsbald von der Ernennung in Kenntnis zu setzen und zur Erklärung über die Annahme des Amtes aufzufordern. Verpflichtet zur Annahme ist niemand.

Eine Beeidigung oder sonstige Verpflichtung der Mitglieder des Gläubigerausschusses erfolgt nicht. Diese erhalten auch von Amts wegen keine urkundliche Bescheinigung ihrer Ernennung. Auf Antrag wird ihnen jedoch eine solche zu erteilen sein.

Die seitens des Gerichts erfolgte Bestellung zum Mitgliede des Gläubigerausschusses kann vom Gericht jederzeit widerrufen werden (§ 92 KO.). Der gerichtliche Widerruf kann aber nur bis zu der ersten Gläubigerversammlung vorkommen, denn mit dieser Gläubigerversammlung tritt der vom Gericht bestellte Gläubiger-

---

[1]) In der auf S. 79 Anm. 1 erwähnten Allgemeinen Verfügung vom 27. März 1901 hat der Preuß. Justizminister den Konkursgerichten empfohlen, in ländlichen Konkursen auf die landwirtschaftliche Sachkenntnis der in den Ausschuß zu berufenden Personen tunlichst Rücksicht zu nehmen.

ausschuß als solcher allemal außer Tätigkeit. Vgl. Zweiten Teil S. 38 unter D.

11. Sicherheitsleistung des Verwalters.

Das Gericht kann dem Verwalter gleich bei der Konkurseröffnung die Leistung einer Sicherheit auferlegen[1]) (§ 78 Abs. 2 KO.). Der Verwalter kann jedoch nicht durch Zwangsmittel zur Sicherheitsleistung angehalten, sondern im Weigerungsfalle höchstens entlassen werden. Das Gericht wird deshalb eine Sicherheitsbestellung nur dann fordern, wenn es eine solche mit Rücksicht auf die Persönlichkeit und die Vermögensverhältnisse des Verwalters für angezeigt erachtet, und wenn außerdem der Verwalter zu der Sicherheitsleistung bereit und imstande, oder für den Fall seiner Weigerung ein geeigneter Ersatzmann vorhanden ist.

Die Sicherheit braucht nicht gerade in der durch § 108 ZPO. oder § 232 BGB. bestimmten Art geleistet zu werden. Auch jede andere Art der Sicherheitsleistung, namentlich die durch Pfand oder Bürgschaft, ist zulässig. Es kommt nur darauf an, daß die Sicherheit im Verhältnisse zu den Verpflichtungen des Verwalters als genügend erscheint.

Die Bestellung der Sicherheit muß in rechtsverbindlicher Form und derart geschehen, daß das Gericht über die gestellte Sicherheit verfügen kann. Letzteres ist insbesondere dazu nötig, damit das Gericht die spätere Rückgabe der Sicherheit veranlassen kann. Über die Rückgabe dürfte es ohne Zuziehung der Konkursbeteiligten zu entscheiden haben, obschon diesen die Sicherheit wegen ihrer etwaigen Regreßforderungen gemäß § 233 BGB. haftet[2]).

12. Anordnungen wegen der Bekanntmachung der Konkurseröffnung.

Die Konkurseröffnung ist in jedem Falle ohne besondere richterliche Anordnung von der Geschäftsstelle durch Einrückung in den Deutschen Reichsanzeiger und in das zur Veröffentlichung amtlicher Bekanntmachungen des Konkursgerichts bestimmte Blatt bekannt zu machen (§§ 111 Abs. 2, 76 Abs. 1 KO.). Wenn die Bekanntmachung noch durch andere Blätter oder noch auf andere Art erfolgen soll, so bedarf es dazu einer Verfügung des Richters. Bei der Wichtigkeit der Konkurseröffnung werden die Anordnungen wegen der Bekanntmachung so zu treffen sein, daß tunlichst die Beteiligten wirklich von der Konkurseröffnung Kenntnis erhalten. Die Bekanntmachung wird daher insbesondere auch durch die Lokalblätter und durch solche Zeitungen zu erfolgen haben, die in den Gegenden, in denen der Gemeinschuldner seine Geschäftsver-

---

[1]) Die Gläubiger haben nicht die Befugnis, vom Verwalter Sicherheitsleistung zu fordern, wohl aber das Recht zur Antragstellung und zur Beschwerde, Wolff A. 8, Jaeger A. 12c.

[2]) S. S. 24 unter B. A. M. Wolff A. 8.

bindungen gehabt hat, besonders verbreitet sind. Neben der Einrückung in öffentliche Blätter kann die Anheftung an die Gerichtstafel, Aushang an der Börse u. dgl. zur Bekanntmachung der Konkurseröffnung dienen.

Das Gericht kann auch darüber Bestimmung treffen, wie oft in den einzelnen Blättern die Bekanntmachung der Konkurseröffnung, und ob sie vollständig oder nur auszugsweise geschehen soll. Mangels besonderer Anordnungen braucht die Geschäftsstelle nur eine einmalige und, wenn die Landesjustizverwaltung nichts anderes vorgeschrieben hat, nur eine auszugsweise Einrückung zu veranlassen[1]). Die auszugsweise Einrückung dürfte unzureichend sein, wenn durch die Bekanntmachung dem offenen Arrest tatsächliche Wirksamkeit verschafft werden soll. Die bloßen Worte „Offener Arrest" werden zumeist nicht genügen, um die Leser von Leistungen an den Gemeinschuldner abzuhalten.

Zulässig und zweckmäßig ist es, ein für allemal, für alle vorkommenden Konkurse, gewisse zu den Bekanntmachungen zu benutzende Blätter zu bestimmen oder über gewisse Arten von Bekanntmachungen Anordnungen zu treffen.

13. Anhaltung von Postsendungen und Depeschen.

Durch die Konkurseröffnung wird der Gemeinschuldner in seinem Rechte auf Aushändigung der für ihn mit der Post oder durch das Telegraphenamt eingehenden Sendungen, Briefe und Depeschen an und für sich nicht beschränkt (§ 5 des Postgesetzes vom 28. Oktober 1871, § 3 der Telegraphenordnung vom 21. Juni 1872). Das Konkursgericht ist jedoch durch § 121 KO. ermächtigt, anzuordnen, daß die Postsendungen und Depeschen nicht dem Gemeinschuldner, sondern dem Verwalter auszuhändigen sind[2]). Diese Anordnung wird meistens gleich bei der Konkurseröffnung zu treffen sein. Sie kann aber, wenn sie nach der Persönlichkeit des Gemeinschuldners und den sonstigen Verhältnissen entbehrlich ist, unterbleiben. Die Anordnung ist in Konkursen jeder Art statthaft. In Konkursen von offenen Handelsgesellschaften oder Kommanditgesellschaften ist sie jedoch nur bezüglich der an die Gesellschaft adressierten Sendungen zulässig und in Konkursen über das Vermögen von juristischen Personen, von Vereinen, von Aktiengesellschaften, Gesellschaften mit beschränkter Haftung oder Genossenschaften darf sie sich nur auf die Sendungen an die juristische Person, den Verein, die Gesellschaft oder Genossenschaft oder an den Vorstand als solchen, nicht auf die an die Vorstandsmitglieder persönlich gerichteten Sendungen erstrecken. In

---

[1]) Für Preußen s. § 34 Nr. 2 der Geschäftsordnung für die Amtsgerichte, für Bayern §§ 178 f. der Geschäftsanweisung.

[2]) Auf den Fernsprechverkehr des Gemeinschuldners erstreckt sich diese Ermächtigung nicht. S. Schultz in der LZ. 1910, 280, Jaeger A. 8, Wolff A. 3, Bleyer A. 1.

Nachlaßkonkursen ist sie nicht für zulässig zu erachten, soweit es sich nicht um Postsendungen und Depeschen handelt, die noch an den Erblasser oder die an den Erben oder den Nachlaßvertreter als solchen gerichtet sind[1]).

Die Postsperre braucht nicht auf die am Wohnorte des Gemeinschuldners eingehenden Sendungen beschränkt, sondern kann — und muß unter Umständen — auf die an anderen Orten für ihn anlangenden Sendungen ausgedehnt werden. Dies wird z. B. geschehen, wenn der Gemeinschuldner außerhalb seines Wohnorts eine geschäftliche Niederlassung besitzt oder wenn er Vorkehrungen getroffen hat, daß die Sendungen nach einem von seinem Wohnorte verschiedenen Orte adressiert werden. Ob die Anordnung nur bezüglich der an den Gemeinschuldner adressierten Sendungen zulässig ist, oder unter Umständen auch in Ansehung von Sendungen unter fremder Adresse, ist streitig. Es ist aber wohl anzunehmen, daß Sendungen unter einer fremden Adresse der Beschlagnahme nur unterliegen, wenn das Gericht genügende Beweise dafür hat, daß die fremde Adresse eine fingierte ist und daß in Wahrheit der Gemeinschuldner unter dieser Adresse Sendungen empfängt oder erwartet[2]).

Die Sperre kann von Amts wegen oder auf Antrag, sofort oder auch erst im Laufe des Konkurses, bezüglich aller oder nur bezüglich gewisser Arten von Sendungen, angeordnet werden. Sie gilt, falls nicht etwas anderes ausdrücklich bestimmt ist, für die ganze Dauer des Konkurses bzw. bis zu ihrer früheren Aufhebung durch das Konkursgericht. Der vorherigen Anhörung des Gemeinschuldners bedarf es nicht. Die Anordnung ist dem Verwalter und dem Gemeinschuldner von Amts wegen zuzustellen. Zur Ausführung der Anordnung hat das Gericht die betreffenden Post- und Telegraphenämter unter Mitteilung ihres genauen Inhalts zu ersuchen, der Anordnung gemäß zu verfahren. Die Post- und Telegraphenämter sind verpflichtet, dem Ersuchen Folge zu geben[3]).

Auf Grund der Anordnung des Konkursgerichts ist der Konkursverwalter befugt, die dadurch betroffenen Sendungen ohne Zuziehung des Gemeinschuldners in Empfang zu nehmen und zu eröffnen. Der Gemeinschuldner kann die Herausgabe der eröffneten Sendungen nur insoweit verlangen, als deren Inhalt die Masse nicht betrifft. Im übrigen steht ihm nur das Recht zu, von

[1]) Jaeger A. 3, Wolff A. 1, Bleyer A. 5.

[2]) Vgl. hierzu v. Wilmowski A. 2, Jaeger A. 2 u. 3, Petersen und Kleinfeller A. 2, Wolff A. 1, Bleyer A. 2b.

[3]) Jedoch werden Briefe mit Zustellungsurkunde von der Post als unbestellbar behandelt. S. Pr. JMBl. 1914 S. 458, Bayr. JMBl. 1914 S. 39. — Zustellungen an den Gemeinschuldner muß daher der Gerichtsvollzieher persönlich ausführen.

dem Inhalt der Sendungen Einsicht zu nehmen. Streitigkeiten, die zwischen dem Verwalter und dem Gemeinschuldner wegen der Sendungen entstehen, dürfte das Konkursgericht zu entscheiden haben[1]).

Auf Antrag des Gemeinschuldners kann das Gericht die verfügte Beschlagnahme jederzeit aufheben oder beschränken, es muß aber zuvor den Verwalter hören (§ 121 Abs. 2 KO.). Der Beschluß, der den Antrag des Gemeinschuldners ablehnt, ist diesem, der Beschluß, der dem Antrage stattgibt, ist dem Verwalter zuzustellen. Die Aufhebung oder Beschränkung der getroffenen Anordnung von Amts wegen ist unstatthaft[2]).

14. Vorführung und Haft des Gemeinschuldners.

Das Gericht kann auch im Interesse der Masse die zwangsweise Vorführung oder die Haft des Gemeinschuldners anordnen. Die Vorführung genügt, wenn der Gemeinschuldner sich seiner Pflicht zur Auskunfterteilung entzieht. Die Haft ist namentlich zur Sicherung der Masse gegen unberechtigte Verfügungen des Gemeinschuldners, Verdunkelungen, Behinderung der Geschäftsführung des Verwalters u. dgl. bestimmt, kann aber auch als Zwangsmittel angewendet werden. Vor der Anordnung der Haft ist der Gemeinschuldner zu hören (§ 101 Abs. 2 KO.). Das Nähere siehe im Zweiten Teil S. 48, 49.

15. Wiedervorlegung der Akten.

Das Gericht hat die Tätigkeit des Verwalters gemäß den Ausführungen S. 24 ff. zu überwachen. Zunächst nach der Konkurseröffnung liegt dem Verwalter die Anfertigung des Inventars und der Bilanz ob. Abschriften davon, die von ihm zu zeichnen sind, hat er auf der Geschäftsstelle des Amtsgerichts nebst den etwaigen Siegelungs- und Entsiegelungsprotokollen niederzulegen (§ 124 KO.). Daß er dieser Verpflichtung wirklich genügt, dazu ist er erforderlichenfalls vom Gericht anzuhalten. Deshalb hat der Richter bei der Konkurseröffnung anzuordnen, daß ihm binnen einer angemessenen Frist die Akten wieder vorgelegt werden (vgl. Abschnitt IV unter B und C).

II. Die Obliegenheiten des Beamten der Geschäftsstelle.

Der Beamte der Geschäftsstelle hat die vom Konkursrichter erlassenen Anordnungen auszuführen.

Ferner hat er ohne besondere richterliche Anordnung

1. die Formel des Eröffnungsbeschlusses, den offenen Arrest, die

---

[1]) Petersen und Kleinfeller A. 6, Wolff A. 2, Mentzel A. 4. — A. M. Jaeger A. 4 und v. Wilmowski A. 3, sowie Bleyer A. 3.

[2]) Jaeger A. 1, Wolff. A. 1. — A. M. Mentzel A. 5, Bleyer A. 2a.

Anmeldefrist, die anberaumten Termine und deren Tagesordnung, endlich den Namen des Verwalters sofort öffentlich bekannt zu machen (§§ 111, 81 KO.[1]),

2. den ihrem Wohnorte nach bekannten Gläubigern und Schuldnern den Inhalt der öffentlichen Bekanntmachung (also nicht bloß die Konkurseröffnung) besonders mitzuteilen (§ 111 Abs. 3 KO.),
3. die im § 112 KO. vorgesehenen Mitteilungen den Registerbehörden und der etwaigen Dienstbehörde des Gemeinschuldners zu machen,
4. die Geschäftsbücher des Gemeinschuldners zu schließen (§ 122 Abs. 2 KO.),
5. der Staatsanwaltschaft bei dem Landgerichte, in dessen Bezirk das Konkursgericht liegt, eine Abschrift des Eröffnungsbeschlusses mitzuteilen, soweit dies landesgesetzlich (wie in Preußen) vorgeschrieben ist[2]).

Ein Kostenvorschuß wird von der Konkursmasse nicht erhoben. Dagegen ist ein Vorschuß in Höhe von $^5/_{10}$ der vollen Gebühr gleich nach Eingang des Eröffnungsantrags vom Antragsteller zu erheben[3]) (§§ 41, 74 GKG. vom 5. Juli 1927 [RGBl. 1927 S. 152]).

Bezüglich der unter 1—5 bezeichneten Obliegenheiten des Beamten der Geschäftsstelle ist im einzelnen folgendes zu bemerken:

1. Die öffentliche Bekanntmachung.

Die Bekanntmachung wird, wenn richterliche Anordnungen (allgemeine oder besondere) nicht getroffen sein sollten, je einmal

a) in das zur Veröffentlichung amtlicher Bekanntmachungen des Konkursgerichts bestimmte Blatt (siehe S. 14),
b) in den Deutschen Reichsanzeiger

eingerückt. Die Einrückung zu a ist so wesentlich, daß von ihr die Rechtswirksamkeit der Bekanntmachung abhängt. Die Einrückung in den Deutschen Reichsanzeiger hat eine entscheidende Bedeutung nicht. Sie kann stets auszugsweise erfolgen. Die Veröffentlichungen im Amtsblatt und in den sonstigen vom Gericht bestimmten Blättern können gleichfalls auszugsweise ge-

---

[1]) Daß der Eröffnungsbeschluß dem Gemeinschuldner von Amts wegen zuzustellen ist, ist schon unter I[a] gesagt.

[2]) In Preußen hat nach neuerer Verf. des Justizministers eine Mitteilung auch an das zuständige Finanzamt zu erfolgen.

[3]) S. A. 2 Seite 63. Dieser Vorschuß ist dem Zahlenden demnächst aus der Konkursmasse zu erstatten (§ 58 Nr. 1 KO.). Das Gleiche gilt von einem etwa vom Antragsteller gezahlten Auslagenvorschuß, soweit er zur Deckung von Auslagen dient, die wirklich entstanden sind und zu den Massekosten gehören. Der Erstattungsanspruch besteht aber nur, wenn ein Gläubiger, nicht auch, wenn der Gemeinschuldner der Antragsteller war, denn der Gemeinschuldner ist ja selbst Eigentümer der Konkursmasse.

schehen, soweit nicht landesrechtlich etwas anderes bestimmt ist. Wenn nur ein Auszug veröffentlicht wird, so muß er jedenfalls alle wesentlichen Punkte enthalten.

Von dem Eröffnungsbeschlusse wird bloß die Formel, nicht die Begründung, veröffentlicht. Außer den im § 111 Abs. 1 KO. bezeichneten Gegenständen ist in die Bekanntmachung nichts weiter aufzunehmen[1]).

Die Bekanntmachungen hat der Beamte der Geschäftsstelle zu entwerfen und zu unterzeichnen. Er hat auch die erforderliche Korrespondenz wegen der Einrückung der Bekanntmachungen zu führen, darüber zu wachen, daß die Einrückungen gehörig geschehen, und Belagsblätter über die erfolgten Einrückungen zu den Akten zu bringen.

2. Die besonderen Mitteilungen an die Gläubiger und Schuldner.

Die Mitteilungen an die Gläubiger und Schuldner des Gemeinschuldners erfolgen am besten auf der Grundlage eines vom Verwalter mit tunlichster Beschleunigung einzureichenden Verzeichnisses dieser Personen. Wenn ein Verzeichnis bereits vom Gemeinschuldner eingereicht ist, so kann auch dieses, sofern es zuverlässig erscheint, den Mitteilungen zugrunde gelegt werden. Besondere Ermittelungen wegen der Adressen brauchen nicht angestellt zu werden. Die Zustellung der Mitteilungen kann durch Aufgabe zur Post geschehen, wobei es der Beglaubigung der zuzustellenden Schriftstücke nicht bedarf (§ 77 Abs. 1 KO.). Die Unterlassung der Zustellung hat auf die Wirksamkeit der öffentlichen Bekanntmachung zu 1. keinen Einfluß (§ 76 Abs. 3 KO.).

3. Mitteilungen an die Registerbehörde, die Dienstbehörde usw.

Ist der Gemeinschuldner im Handels- oder Genossenschaftsregister eingetragen, so hat der Beamte der Geschäftsstelle zu diesem Register eine beglaubigte Abschrift der Formel des Eröffnungsbeschlusses unter Bezeichnung des Konkursverwalters mitzuteilen (§ 112 KO.). Die Mitteilung bedarf keiner besonderen Form und kann ohne Beurkundung der Zustellung geschehen. Für die Form der mitzuteilenden beglaubigten Abschrift gelten die allgemeinen Dienstvorschriften. Auf Grund der Mitteilung der Geschäftsstelle ist im Handels- bzw. Genossenschaftsregister die Konkurseröffnung zu vermerken[2]) (§ 32 HGB., § 102 des Genossenschaftsgesetzes). Entsprechendes gilt, wenn über einen im Vereinsregister eingetragenen Verein Konkurs eröffnet ist (§ 75 BGB.).

---

[1]) Erfolgt die Konkurseröffnung im Anschluß an die Verwerfung eines Vergleichs in einem gerichtlichen Vergleichsverfahren oder an die Einstellung eines solchen Verfahrens, so bedarf es der Bekanntmachung dieser Entscheidungen nicht; die Bekanntmachung der Konkurseröffnung genügt (§§ 71, 80 VerglOrdn.).

[2]) Die Vermerke erfolgen gebührenfrei.

Auch zu den anderen öffentlichen Registern hat die Geschäftsstelle gemäß § 112 KO. von der Konkurseröffnung Mitteilung zu machen, sofern in ihnen die Konkurseröffnung einzutragen ist. Das ist jedoch bei dem Güterrechtsregister und dem Schiffsregister nicht der Fall, und deshalb dürfte zu diesen Registern Abschrift des Eröffnungsbeschlusses nicht erteilt zu werden brauchen[1]).

Endlich ist Abschrift der Formel des Eröffnungsbeschlusses der Dienstbehörde des Gemeinschuldners zu übersenden, wenn dieser ein öffentliches Amt bekleidet. Auch hierbei ist der Konkursverwalter namhaft zu machen[2]).

4. Schließung der Geschäftsbücher des Gemeinschuldners.

Die Geschäftsbücher des Gemeinschuldners sind alsbald nach der Konkurseröffnung durch den Beamten der Geschäftsstelle zu schließen (§ 122 Abs. 2 KO.). Sie werden zu diesem Behufe meistens vom Konkursverwalter, der sie sofort nach der Konkurseröffnung in Besitz zu nehmen hat (§ 1 Abs. 3, § 117 KO.), dem Beamten vorgelegt werden. Der Verwalter ist hierzu auf dessen Verlangen verpflichtet. Der Beamte kann aber die Bücher sich auch anderweit verschaffen; er kann sich insbesondere nach dem Lokale, wo die Bücher aufbewahrt werden, hinbegeben, was bei großer Zahl und großem Umfange der Bücher zweckmäßig ist[3]). Daß der Beamte behufs Erlangung der Geschäftsbücher Reisen nach auswärts unternimmt, wird aber nur in ganz besonderen Ausnahmefällen sich rechtfertigen lassen und nicht ohne Gutheißung des Konkursrichters geschehen dürfen.

Die Schließung der Bücher soll dazu dienen, Nachtragungen nach der Konkurseröffnung als solche kenntlich zu machen. Sie erfolgt durch kurze Vermerke unter den letzten Einträgen[4]). Die Vermerke sind vom Beamten der Geschäftsstelle zu datieren und zu unterzeichnen. Die Schließung erstreckt sich nicht nur auf eigentliche Handlungsbücher, sondern auf alle Bücher, die der Gemeinschuldner mit Rücksicht auf ein Erwerbsgeschäft geführt hat.

Über die geschehene Schließung ist ein Protokoll aufzunehmen, worin der Tag der Schließung und die einzelnen geschlossenen Bücher anzugeben sind. Zweckmäßig wird in dem Protokolle auch bemerkt, in welchem Zustande die Bücher gefunden worden sind.

---

[1]) So Jaeger A. 3, Mentzel. A. M. Petersen und Kleinfeller A. 4, v. Wilmowski A. 2. — Wolff A. 2 und Bleyer A. 2d halten Mitteilung an das Schiffsregister, nicht an das Güterrechtsregister für erforderlich.

[2]) Wegen weiterer landesrechtlich vorgeschriebener Mitteilungen s. Jaeger A. 7 u. 8

[3]) Behufs der Schließung der Bücher kann das Konkursgericht auch die Rechtshilfe anderer Gerichte in Anspruch nehmen Jaeger A. 3, OLG. 8, 1 (Hamburg)

[4]) Dabei sind auch etwaige Unregelmäßigkeiten (z. B. Fehlen einzelner Blätter) zu erwähnen, die dem Beamten aufgefallen sind. Bleyer A. 2.

5. Mitteilungen an die Staatsanwaltschaft.

Eine Benachrichtigung der Staatsanwaltschaft von der Konkurseröffnung ist reichsgesetzlich nicht angeordnet.

Die Mitteilungen an die Staatsanwaltschaft, die in Preußen vorgeschrieben sind, haben einen etwas anderen Inhalt, als die Mitteilungen auf Grund des § 112 KO. Die Staatsanwaltschaft soll eine (einfache) Abschrift des Eröffnungsbeschlusses, also nicht nur der Formel, sondern auch der Gründe erhalten. In Preußen ist außerdem der Name des Konkursverwalters mitzuteilen (§ 12 des Preuß. Ausf.-Ges. zur KO.).

Die Mitteilung des Eröffnungsbeschlusses an die Staatsanwaltschaft ist dazu bestimmt, eine Untersuchung der strafrechtlichen Seite des Konkurses zu veranlassen. Erlangt das Konkursgericht zuverlässige Kenntnis von einer Zuwiderhandlung gegen die Strafvorschriften der §§ 239 ff. KO., so wird es davon die Staatsanwaltschaft alsbald von Amts wegen benachrichtigen.

G. Anfechtung des Eröffnungsbeschlusses.

Gegen den Beschluß, durch den der Konkurs eröffnet wird, steht nur dem Gemeinschuldner das Rechtsmittel der sofortigen Beschwerde zu (§ 109 KO.). Den Konkursgläubigern ist das Beschwerderecht versagt, obschon sie sehr wohl beschwert sein können. Ob dem Gemeinschuldner die Beschwerde immer oder nur dann zuzugestehen ist, wenn er nicht selbst die Konkurseröffnung beantragt hatte, erscheint, entgegen der in den früheren Auflagen vertretenen Ansicht, nicht unzweifelhaft. Bei der Eigenart des Eröffnungsbeschlusses dürfte es kaum in Abrede zu stellen sein, daß es Fälle geben kann, wo der Gemeinschuldner durch die Konkurseröffnung beschwert ist, trotzdem er selbst darauf angetragen hatte, und in solchen Fällen dürfte er beschwerdeberechtigt sein[1]).

Mit der Beschwerde über einen Eröffnungsbeschluß, der im Anschluß an ein gerichtliches Vergleichsverfahren oder an einen abgelehnten Vergleichsantrag ergangen ist, kann auch geltend gemacht werden, daß zu Unrecht das Vergleichsverfahren abgelehnt, der abgeschlossene Vergleich verworfen oder das Verfahren eingestellt sei (§ 24 Abs. 2, § 71 Abs. 1, § 80 Abs. 1 VerglOrdn.). Die Beschwerdefrist beträgt in diesen Fällen nur eine Woche (§ 14 Abs. 2 VO.) und eine weitere Beschwerde ist unzulässig.

Im Falle der Einlegung der sofortigen Beschwerde können sowohl vom Konkursgericht als vom Beschwerdegericht einstweilige Anordnungen getroffen werden (§ 72 KO., § 572 ZPO.). An

[1]) S. dazu LZ. 1910, 831 und jetzt Jaeger A. 1 a. E., Wolff A. 1, Mentzel A. 1. Fast allgemein wird jedoch das Beschwerderecht des Gemeinschuldners, wenn er selbst Antragsteller war, verneint, entweder schlechthin oder mit nur scheinbaren Ausnahmen. v. Wilmowski A. 2, Petersen und Kleinfeller A. 1, Bleyer A. 2a, Sydow-Busch A. 2.

und für sich hat aber die Einlegung der Beschwerde keine aufschiebende Wirkung; die im § 110 Abs. 1 KO. bezeichneten Anordnungen und die im § 111 vorgeschriebenen öffentlichen Bekanntmachungen müssen in jedem Falle, auch wenn sofortige Beschwerde erhoben ist, unverweilt erfolgen[1]).

Beschließt das Beschwerdegericht die Aufhebung des Eröffnungsbeschlusses, so wird diese seine Entscheidung erst mit der Rechtskraft wirksam, falls es nicht deren früheres Inkrafttreten anordnen sollte (§ 74 KO.).

Die weitere Beschwerde steht nur dem zu, auf dessen Antrag die Konkurseröffnung vom Amtsgericht beschlossen war[2]).

Als Gerichtsgebühr für das Verfahren über die Beschwerde wird die volle Gebühr erhoben (§ 47 Abs. 1 GKG.).

H. Maßnahmen nach Aufhebung des Eröffnungsbeschlusses.

Hebt das Beschwerdegericht den angefochtenen Eröffnungsbeschluß auf, und ist der Aufhebungsbeschluß rechtskräftig geworden, so hat das Konkursgericht sämtliche zur Ausführung des Eröffnungsbeschlusses schon getroffenen Maßregeln rückgängig zu machen und alles sonst zur Beendigung der Sache Erforderliche anzuordnen. Es hat namentlich

1. die Aufhebung des Konkursverfahrens durch dieselben Blätter, durch die der Eröffnungsbeschluß bekannt gemacht ist, zu veröffentlichen (§ 116 KO.),
2. der Registerbehörde, der Dienstbehörde, sowie anderen Behörden, denen der Eröffnungsbeschluß mitgeteilt worden, beglaubigte Abschrift der Formel des Aufhebungsbeschlusses mitzuteilen (§ 116 KO.),
3. wegen der Löschung der Sperrvermerke in den Grundbüchern die erforderlichen Maßregeln zu treffen (§§ 116, 113 KO.),
4. die Bestallung des Verwalters zurückzufordern,
5. Honorar und Auslagen für den Verwalter und die Mitglieder des bestellten Gläubigerausschusses auf Verlangen festzusetzen.

Ein Termin zur Abnahme der Rechnung des Verwalters ist nicht anzuberaumen. Es ist Sache des Gemeinschuldners, Rechnungslegung vom Verwalter zu fordern.

Der Verwalter hat vor der Rückgabe der Konkursmasse an den Gemeinschuldner die entstandenen Massekosten und Masseschulden zu berichtigen oder sicherzustellen (§§ 116, 191 KO.).

---

[1]) Siehe Petersen und Kleinfeller A. 4, v. Wilmowski A. 3, Jaeger A. 3 zu § 109.

[2]) OLG. 32, 396 (Kammergericht), Jaeger A. 1 zu § 109, v. Wilmowski A. 2, Mentzel A. 1, Bleyer A. 3.

II. Die erste Gläubigerversammlung. (Der Wahltermin.)

A. Die Tagesordnung.

Die erste Gläubigerversammlung ist dazu bestimmt, den Gläubigern zur Ausübung der ihnen bezüglich der Auswahl der Verwaltungsorgane zustehenden Rechte und zur Beschlußfassung über die durch § 132 KO. der Entscheidung der Gläubigerversammlung vorbehaltenen Gegenstände Gelegenheit zu geben. Damit die Gläubiger einen zuverlässigen Anhalt für ihre Entschließungen gewinnen, hat zunächst der Verwalter gemäß § 131 KO. Bericht zu erstatten. Hiernach bilden die Tagesordnung der ersten Gläubigerversammlung folgende Gegenstände:

1. Berichterstattung des Verwalters über die Entstehung der Zahlungsunfähigkeit des Gemeinschuldners, über die Lage der Sache und über die bisher ergriffenen Maßregeln;
2. Wahl eines anderen Verwalters;
3. Bestellung eines Gläubigerausschusses und Wahl der Mitglieder;
4. Unterstützung des Gemeinschuldners aus der Konkursmasse;
5. Schließung oder Fortführung des Geschäfts des Gemeinschuldners;
6. Hinterlegung und Anlegung der Gelder, Wertpapiere und Kostbarkeiten;
7. Art und Zeit der Berichterstattung und Rechnungslegung des Verwalters.

Außerdem können natürlich auch noch andere Gegenstände auf die Tagesordnung gesetzt werden.

B. Beteiligung an der Versammlung.

Der Verwalter muß in der ersten Gläubigerversammlung wegen der ihm obliegenden Berichterstattung und behufs Erteilung sonstiger Aufklärungen in der Regel persönlich erscheinen. Jedenfalls kann das Gericht sein persönliches Erscheinen verlangen. Nur ausnahmsweise wird an seiner Stelle ein Vertreter zugelassen werden können.

Der Gemeinschuldner hat ebenfalls in der Regel zu erscheinen, um seiner Verpflichtung zur Auskunfterteilung (§ 100 KO.) zu genügen. Er kann vom Gericht von Amts wegen oder auf Antrag des Verwalters, des Gläubigerausschusses oder der Gläubigerversammlung, nötigenfalls durch zwangsweise Vorführung, zum Erscheinen in der Gläubigerversammlung angehalten werden (§ 101 Abs. 2 KO.). Seine Haft kann das Gericht — nachdem es ihn gehört hat — anordnen, wenn er eine Auskunft, zu deren Erteilung er verpflichtet ist, verweigert.

Berechtigt zum Erscheinen in der Versammlung ist jeder Konkursgläubiger und jedes Mitglied des etwa vom Gericht bestellten

Gläubigerausschusses. Außerdem kann das Gericht auch anderen Personen den Zutritt gestatten[1]), z. B. Massegläubigern, Aussonderungsberechtigten, Absonderungsberechtigten, aber wohl auch ganz Unbeteiligten (§ 175 Abs. 2 GVG.).

C. Der Hergang in der Versammlung.

a) Feststellung der Persönlichkeit und der Legitimation der Erschienenen.

Im Termine wird zunächst festgestellt, wer von den Beteiligten erschienen ist. Gesetzliche Vertreter, Mitinhaber von Handelsgesellschaften sowie Bevollmächtigte haben ihre Vertretungsbefugnis nachzuweisen. Bevollmächtigte können ohne Vollmacht zwar einstweilen zugelassen werden, die Teilnahme an den Beschlußfassungen wird ihnen aber nur dann zu gestatten sein, wenn sie bis zur Beendigung der Abstimmung ihre Vollmacht nachbringen[2]) (vgl. § 89 ZPO.). Übrigens kann als Bevollmächtigter jede prozeßfähige Person auftreten. Einer Beglaubigung der Vollmachten bedarf es nicht[3]).

b) Feststellung der Stimmrechte.

Sodann ist über das Stimmrecht der erschienenen oder vertretenen Gläubiger zu verhandeln.

Stimmberechtigt ist jeder Konkursgläubiger, dem nicht durch § 63 KO. die Teilnahme an der Konkursmasse versagt ist. Wegen des Begriffs „Konkursgläubiger" s. Abschnitt I S. 61. Die bevorrechtigten und die nichtbevorrechtigten Konkursgläubiger stehen hinsichtlich des Stimmrechts einander gleich[4]). Aussonderungsberechtigte und Massegläubiger sind zur Teilnahme an den Abstimmungen nicht befugt. Absonderungsberechtigte haben nur insoweit ein Stimmrecht, als sie zugleich persönliche Gläubiger des Gemeinschuldners sind, und wegen ihrer persönlichen Forderungen an ihn aus dem Gegenstande des Absonderungsrechts Befriedigung weder bisher erlangt, noch zu erlangen Aussicht haben. Ebenso sind die Gläubiger einer offenen Handelsgesellschaft, einer Kommanditgesellschaft oder einer Kommanditgesellschaft auf Aktien in dem Konkurse über das Privatvermögen eines persönlich haftenden Gesellschafters, wenn auch der Gesellschaftskonkurs eröffnet

---

[1]) S. Petersen und Kleinfeller A. III. 7 zu §§ 93—98, v. Wilmowski A. 1 § 95, Jaeger A. 2, Wolff A. 1, Mentzel A. 1, Bleyer A. 2 zu § 94.

[2]) Siehe Jaeger A. 2, v. Wilmowski A. zu § 97, Petersen und Kleinfeller A. IV. 10 zu §§ 93—98, Bleyer A. 1 zu § 97.

[3]) Auch nicht, wenn sie von einem anderen Konkursgläubiger oder vom Verwalter verlangt wird. Der § 80 Abs. 2 ZPO. ist nicht anwendbar. LZ. 1916, 1391 [14] (Kammergericht).

[4]) Petersen und Kleinfeller A. IV. 11, v. Wilmowski A. 2 zu § 95, Jaeger A. 1, Mentzel A. 1.

ist, nur auf Höhe des Ausfalls stimmberechtigt, den sie voraussichtlich an ihrer Forderung in dem über das Gesellschaftsvermögen schwebenden Konkurse erleiden (§ 212 KO.).

Nun sind aber zur Zeit der ersten Gläubigerversammlung die Konkursforderungen sämtlich noch nicht in der durch die Konkursordnung vorgeschriebenen Weise festgestellt, ja sie brauchen in sehr vielen Fällen — weil die Anmeldefrist noch läuft — noch gar nicht angemeldet zu sein. Mit Rücksicht hierauf gelten hinsichtlich der Teilnahme an den in der Versammlung stattfindenden Abstimmungen folgende Grundsätze:

Das Konkursgericht hat von Amts wegen nicht zu prüfen, ob und zu welchem Betrage einem angeblichen Gläubiger eine Konkursforderung wirklich zusteht. Es hat zunächst jeden zum Mitstimmen zuzulassen, der erklärt, daß und welche Konkursforderung ihm zustehe[1]). Dementsprechend sind Absonderungsberechtigte und im Konkurse über das Privatvermögen eines persönlich haftenden Gesellschafters die Gesellschaftsgläubiger[2]) zu dem Betrage zur Teilnahme an den Abstimmungen zu verstatten, den sie als ausgefallen oder als mutmaßlich ausfallend angeben, ohne daß es von vornherein einer Glaubhaftmachung des Ausfalls bedarf[3]).

Erst wenn gegen die Stimmberechtigung einer der genannten Personen von einem Konkursgläubiger[4]) oder vom Verwalter Widerspruch erhoben und dieser Widerspruch nicht gütlich erledigt wird, wird eine Entscheidung des Gerichts über das Stimmrecht erforderlich[5]) (§ 95 Abs. 2, § 96 Abs. 1 KO.). Das Konkursgericht wird vor der Entscheidung die streitenden Teile, den Verwalter und geeignetenfalls auch den Gemeinschuldner summarisch hören. Alsdann hat es sofort zu entscheiden, ob und zu welchem Betrage der durch den Widerspruch Betroffene an den Abstimmungen in der Versammlung teilzunehmen befugt sein soll. Absonderungsberechtigte und Gesellschaftsgläubiger sind natürlich zu dem Betrage, bezüglich dessen sie ihren Verzicht auf die abgesonderte Befriedigung oder ihren Ausfall nachweisen, un-

[1]) Das dürfte auch dann zu geschehen haben, wenn die Forderung noch nicht angemeldet ist. So v. Wilmowski A. 4 zu § 95. A. M. jedoch Jaeger A. 5 zu § 95, Petersen und Kleinfeller A. 12 zu §§ 93—98, Mentzel A. 3, Bleyer A. 1 und 4 zu § 95.

[2]) Desgleichen die Nachlaßgläubiger im Falle des § 234 KO.

[3]) So Jaeger A. 1 zu § 96, Petersen und Kleinfeller A. IV. 12. 17. Noch etwas weitergehend RGZ. 37, 16. A. M. v. Wilmowski A. 1 zu § 96.

[4]) Als Konkursgläubiger werden hier diejenigen anzusehen sein, deren Stimmrecht unstreitig oder durch richterliche Entscheidung festgestellt ist. Haben zwei angebliche Gläubiger wechselseitig ihrer Stimmberechtigung widersprochen, so wird nichts anderes übrig bleiben, als zunächst beide Widersprüche zu berücksichtigen, und über den einen Widerspruch jedenfalls zu entscheiden.

[5]) Jaeger A. 4 zu § 95, v. Wilmowski A. 4.

bedingt zuzulassen. Im übrigen hat aber das Gericht seine Entscheidung unter Würdigung der ermittelten Umstände nach freiem Ermessen zu treffen.

Gläubiger, denen eine aufschiebend bedingte Forderung zusteht, sind an und für sich gleich den unbedingt berechtigten Konkursgläubigern zum Mitstimmen befugt. Ihrer Beteiligung an den Abstimmungen kann jedoch, wenn auch ihre Forderung unstreitig ist, lediglich aus dem Grunde widersprochen werden, weil die Forderung aufschiebend bedingt ist. Widerspruchsberechtigt ist auch hier der Verwalter und jeder Konkursgläubiger. Ist Widerspruch erhoben, so hat sich die Erörterung hauptsächlich auf die größere oder geringere Wahrscheinlichkeit des Eintritts der aufschiebenden Bedingung zu erstrecken, und je nach dem Ergebnisse kann das Gericht für die Forderung gar nicht oder nur zu einem Teilbetrage oder auch zu dem vollen Betrage ein Stimmrecht bewilligen (§ 96 Abs. 1 KO.).

Gläubiger auflösend bedingter Forderungen sind, so lange die Bedingung nicht eingetreten ist, so stimmberechtigt, wie wenn ihre Forderung nicht bedingt wäre.

Widersprüche gegen Stimmrechte können auch erst im Laufe der Verhandlungen erhoben werden. Geschieht dies, so haben die Widersprüche nur auf die Abstimmungen Einfluß, die *nach* deren Erhebung stattfinden.

Die Entscheidung des Gerichts über streitige Stimmrechte in den angeführten Fällen ist unanfechtbar (§§ 95 Abs. 3, 96 Abs. 2 KO.), aber nur für die erste Gläubigerversammlung wirksam. Sie sind im Termine zu verkünden. Eine besondere Zustellung der Entscheidungen an die Beteiligten wird, soviel bekannt, von der Praxis nicht für erforderlich erachtet[1]). Lehnt das Gericht es ab, eine Entscheidung zu treffen, so findet dagegen sofortige Beschwerde statt[2]).

Steht eine Forderung mehreren Personen gemeinschaftlich zu, so können diese das Stimmrecht nur gemeinschaftlich ausüben. Entsprechendes gilt, wenn eine Forderung einem andern verpfändet oder wenn sie gepfändet ist. In diesen Fällen wird der Pfandgläubiger das Stimmrecht nur dann ausüben dürfen, wenn er zur Einziehung der Forderung berechtigt ist[3]).

c) Erledigung der Tagesordnung.

Nach Feststellung der Stimmrechte der einzelnen Gläubiger wird zur Erledigung der Tagesordnung geschritten. Nachdem der

[1]) Dagegen halten v. Wilmowski A. 6 zu § 95, Jaeger A. 2, und Petersen und Kleinfeller A. IV. 14 die Zustellung für erforderlich.

[2]) v. Wilmowski A. 5 zu § 95.

[3]) S. dazu Jaeger A. 4 zu § 96, v. Wilmowski A. 2, Petersen und Kleinfeller A. IV. 15, Wolff A. 2 zu § 94.

Verwalter den im § 131 KO. vorgeschriebenen Bericht erstattet hat, sind die unter A $^{2-7}$ bezeichneten Gegenstände, soweit dies nach Lage der Sache erforderlich, vom Konkursrichter zur Beratung und Beschlußfassung zu stellen[1]). In betreff der einzelnen Punkte der Tagesordnung ist Folgendes zu bemerken:

α) Der Bericht des Verwalters.

Den Bericht hat der Verwalter mündlich zu erstatten. Schriftliche Berichterstattung genügt nicht. Jedoch kann der Verwalter seinem mündlichen Vortrage einen schriftlich ausgearbeiteten Bericht zugrundelegen. Inventar und Bilanz müssen in der Versammlung vorliegen. Der Richter hat darauf hinzuwirken, daß der Bericht möglichst klar und vollständig erstattet wird. Er kann auch den Gemeinschuldner zur Erteilung weiterer Auskünfte veranlassen. Den erschienenen Gläubigern und Gläubigervertretern ist Gelegenheit zur Äußerung über den Bericht und zur Stellung von Fragen an den Verwalter und den Gemeinschuldner zu geben.

β) Wahl eines anderen Verwalters.

Es ist natürlich nicht erforderlich, daß die Gläubiger einen anderen Verwalter wählen; es genügt, daß ihnen hierzu Gelegenheit gegeben wird. Erfolgt von seiten der Erschienenen keine Anregung zur Wahl eines anderen Verwalters, oder erscheint überhaupt kein Konkursgläubiger in dem Termine, so verbleibt einfach der vom Gericht ernannte Verwalter im Amte.[2])

Die Wahl kann nur mit absoluter Stimmenmehrheit erfolgen.

Wird ein anderer Verwalter gewählt, so ist dieser zur Vermeidung eines weiteren Wahltermins, wenn irgend möglich, noch vor Schluß der Gläubigerversammlung zur Erklärung über die Annahme der Wahl zu veranlassen.

Das Gericht ist übrigens an die erfolgte Wahl nicht gebunden, sondern berechtigt, die Ernennung des Gewählten zu versagen. Jedenfalls wird der Gewählte nicht schon durch die Wahl, sondern erst durch die daraufhin erfolgende gerichtliche Ernennung Konkursverwalter (§ 80, § 78 Abs. 1 KO.).

Eine Entscheidung des Gerichts über die von der Gläubigerversammlung getroffene Wahl ist stets erforderlich. Ernennt es den Gewählten zum Verwalter, so setzt es davon den bisherigen Verwalter, dessen Tätigkeit mit jener Ernennung von selbst beendigt ist, in Kenntnis, fordert die ihm erteilte Bestallung zurück,

[1]) Erscheint gar kein Konkursgläubiger, — ein in der Praxis nicht gerade seltener Fall — so können natürlich auch keine Beschlüsse gefaßt werden. Die Tagesordnung ist dann mit dem Berichte des Verwalters erschöpft, und, sofern eine Beschlußfassung der Gläubiger erforderlich ist, bleibt nur die Berufung einer neuen Gläubigerversammlung übrig.

[2]) Nur die erste Gläubigerversammlung kann den Verwalter wählen, spätere sind auf den Entlassungsantrag beschränkt (§ 84 KO.).

erteilt dem neuen Verwalter Bestallung, und veranlaßt das Erforderliche wegen der Legung und Abnahme der Schlußrechnung des früheren Verwalters und der Festsetzung seines Honorars und seiner erstattungsfähigen Auslagen[1]). Vgl. S. 33 unter c. Versagt das Gericht die Ernennung des Gewählten, — was es aber nur aus sehr gewichtigen Gründen tun wird[2]) — so bleibt der bisherige Verwalter im Amte, ohne daß es seiner Bestätigung oder nochmaligen Ernennung bedarf. Die die Ernennung des Gewählten versagende Entscheidung ist öffentlich bekannt zu machen, weil die besondere Zustellung an alle Beschwerdeberechtigten nicht möglich ist[3]). Neben der öffentlichen Bekanntmachung ist eine besondere Zustellung nicht erforderlich. Dem Gewählten, dessen Ernennung das Gericht versagt, steht ein Beschwerderecht nicht zu. Dasselbe gilt für den bisherigen Verwalter, wenn der Gewählte ernannt ist. Daß der Beschluß, der die Versagung ausspricht, mit Gründen versehen wird, ist nicht unbedingt nötig. Bisweilen, wenn die Gründe der Versagung in den intellektuellen oder moralischen Eigenschaften des Gewählten liegen, wird ihre Angabe besser zunächst unterbleiben, und nur im Beschwerdefalle dem Beschwerdegericht gegenüber erfolgen.

Die Entscheidung des Gerichts braucht nicht sofort in der Gläubigerversammlung, überhaupt nicht in einem Termine, getroffen zu werden.

γ) Bestellung eines Gläubigerausschusses. Wahl der Mitglieder.

Die erste Gläubigerversammlung[4]) hat darüber zu beschließen, ob ein Gläubigerausschuß bestellt werden und aus wieviel Mitgliedern er bestehen soll (§ 87 KO.). Diese Beschlüsse werden, wie gewöhnlich, mit einfacher Stimmenmehrheit gefaßt. Bei der dann folgenden Wahl der Mitglieder des Gläubigerausschusses genügt dagegen relative Stimmenmehrheit, so daß diejenigen als gewählt gelten, für die die meisten Stimmen, wenn auch weniger als die Hälfte der Stimmen, abgegeben sind.

Aus wieviel Mitgliedern der Gläubigerausschuß bestehen soll, ist lediglich der Bestimmung der Gläubigerversammlung überlassen. Es dürfen aber wohl nicht weniger als drei sein[5]). Empfehlenswert zur möglichsten Erleichterung des Geschäftsganges und zur Vermeidung ergebnisloser Abstimmungen des Gläubigerausschusses ist eine ungerade, nicht zu große Zahl der Mitglieder. Ausschüsse von

[1]) Gleichzeitig hat die Geschäftsstelle den Namen des neuen Verwalters öffentlich bekannt zu machen (§ 81 Abs. 1 KO.). Vgl. auch S. 88 unter 12.

[2]) S. dazu Jaeger in ZZP. 50, 227.

[3]) v. Wilmowski A. 2 zu § 80, A. 4 zu § 73, Jaeger A. 5 zu § 73, auch Petersen und Kleinfeller A. I. 2 §§ 78—81.

[4]) Auch spätere Gläubigerversammlungen sind, gehörige Berufung vorausgesetzt, zur Beschlußfassung hierüber zuständig. v. Wilmowski A. 4, Jaeger A. 5, Petersen und Kleinfeller A. 2 zu § 87, Bleyer A. 2b.

[5]) Vgl. Seite 40 A. 1.

3 oder 5 Mitgliedern dürften sich am besten bewähren und auch in der Praxis überwiegend vorkommen.

In der Auswahl der Mitglieder des Gläubigerausschusses ist die Gläubigerversammlung unbeschränkt. Wählbar sind alle prozeßfähigen Personen, auch Ehefrauen, wohl auch juristische Personen, gleichviel, ob sie zu den Konkursgläubigern gehören oder nicht. Auch solche Personen sind wählbar, die mit dem Gemeinschuldner verwandt sind, oder in gewissen Angelegenheiten ein dem Interesse der Konkursmasse widerstreitendes Interesse haben[1]). Ein Gläubiger kann auch sich selbst wählen. Die erfolgten Wahlen können nicht auf Grund des § 99 KO. angefochten werden[2]).

Die Gläubigerversammlung kann ferner gleich Ersatzmänner wählen für den Fall, daß einzelne Gewählte die Annahme der Wahl ablehnen oder später ausscheiden. Unter Umständen wird es zweckmäßig sein, wenn der Richter die Wahl solcher Ersatzmänner in Anregung bringt. Kooptation ist dem Gläubigerausschuß nicht gestattet. Ebensowenig Substitution, soweit nicht die Ausschußmitglieder hierzu von der Gläubigerversammlung ermächtigt worden sind[3]).

Wenn mehrere Verwalter bestellt sind, so ist es zulässig, einem jeden von ihnen einen besonderen Gläubigerausschuß beizuordnen. —

Der vom Gericht etwa bestellte Gläubigerausschuß tritt als solcher mit der ersten Gläubigerversammlung allemal außer Tätigkeit. Es bedarf daher eines besonderen Beschlusses der Gläubigerversammlung, wenn er beibehalten werden soll[4]).

Die Mitglieder des von der Gläubigerversammlung bestellten Gläubigerausschusses bedürfen keiner gerichtlichen Ernennung oder Bestätigung, erhalten auch keine Bestallung und werden nicht besonders auf die Erfüllung ihrer Obliegenheiten verpflichtet.

Dagegen hat sie der Konkursrichter, soweit sie in der Gläubigerversammlung anwesend sind, sofort zur Erklärung über die Annahme der Wahl zu veranlassen, damit im Falle der Ablehnung alsbald eine Ersatzwahl vorgenommen werden kann. Die nicht erschienenen Mitglieder des bestellten Gläubigerausschusses hat der Richter von der Wahl in Kenntnis zu setzen und zur Erklärung über die Annahme der Wahl aufzufordern. Lehnen so viele ab, daß ein beschlußfähiger Gläubigerausschuß nicht zustande kommt, so dürfte

---

[1]) Selbst der Besitz der bürgerlichen Ehrenrechte ist zur Wählbarkeit nicht erforderlich.

[2]) Petersen und Kleinfeller A. 2 zu § 99, v. Wilmowski A. 1 zu § 99, Jaeger A. 5 zu § 87, LZ. 1913, 570[6] (OLG. Düsseldorf). A. M. Wolff A. 1 zu § 99. Wohl aber ist der Beschluß, daß ein Gläubigerausschuß bestellt werden soll, nach § 99 anfechtbar, Mentzel A. 5 zu § 87.

[3]) Jaeger A. 6 zu § 87, v. Wilmowski A. 2, Bleyer A. 2, b.

[4]) v. Wilmowski A. 6 zu § 87, Jaeger A. 4, Petersen und Kleinfeller A. 3, Mentzel A. 3, Bleyer A. 2 b.

in der Regel von Amts wegen eine neue Gläubigerversammlung zur Wahl anderer Mitglieder des Gläubigerausschusses zu berufen sein. Vgl. S. 39.

δ) Die Punkte 4 bis 7 der Tagesordnung.

Die Gegenstände zu 4 bis 7 der unter A bezeichneten Tagesordnung müssen zwar stets auf der Tagesordnung stehen, gelangen aber zur Beratung und Beschlußfassung nur insoweit, als dies nach Lage der Sache erforderlich. Die Bestimmung über diese Gegenstände kann die Gläubigerversammlung auch dem bestellten Gläubigerausschusse oder dem Verwalter ganz oder teilweise überlassen. Doch bedarf es dazu eines ausdrücklichen Beschlusses[1]). Auch dann behält die Gläubigerversammlung das Recht, selbst Anordnungen zu treffen[2]).

Zur Bewilligung einer Unterstützung für den Gemeinschuldner und dessen Familie sind die Gläubiger in keiner Weise verpflichtet. Andererseits unterliegt die Höhe der zulässigen Unterstützung keiner gesetzlichen Beschränkung. Die Bewilligung einer übermäßigen Unterstützung würde nur gemäß § 99 KO. angefochten werden können. Unter den Begriff der Unterstützung fällt es nicht, wenn der Gemeinschuldner für Dienste, die er der Masse leistet oder leisten soll, eine Vergütung erhalten soll. Diese Vergütung ist nicht von der Gläubigerversammlung zu bewilligen, sondern unterliegt der freien Vereinbarung zwischen dem Gemeinschuldner und dem Verwalter.

Hat der Gemeinschuldner ein Erwerbsgeschäft betrieben, so steht der Gläubigerversammlung die Entscheidung darüber zu, ob, wie lange und in welchem Umfange dieses Geschäft für Rechnung der Masse fortbetrieben, oder ob es geschlossen werden soll.

Die Bestimmung der Stelle, wo Gelder, Wertpapiere und Kostbarkeiten hinterlegt werden sollen, steht im freien Ermessen der Gläubigerversammlung. Trifft sie keine Bestimmung, so bleibt es bei den Anordnungen, die der Gläubigerausschuß oder der Konkursrichter gemäß § 129 KO. getroffen hat.

Die Gläubigerversammlung hat auch darüber zu bestimmen, in welcher Art und zu welchen Bedingungen verfügbare Gelder angelegt werden sollen. Sie kann insbesondere die Anlegung in bestimmten Wertpapieren beschließen.

Ferner kann die Gläubigerversammlung beschließen, daß Quittungen des Verwalters über den Empfang von Geldern, Wertpapieren oder Kostbarkeiten von der gewählten Hinterlegungsstelle, sowie Anweisungen des Verwalters auf die Hinterlegungsstelle der Mitzeichnung eines Mitglieds des bestellten Gläubigerausschusses entweder überhaupt oder doch in gewissen Fällen nicht bedürfen

[1]) Jaeger A. 1, v. Wilmowski A. 1.
[2]) Bleyer A. 1.

sollen (§ 137 KO.). Mangels eines solchen Beschlusses ist die Mitzeichnung eines Mitgliedes des Gläubigerausschusses nach § 137 KO. zur Rechtsverbindlichkeit der Quittungen und Anweisungen stets erforderlich[1]).

Die erste Gläubigerversammlung ist endlich zur Beschlußfassung darüber zuständig, in welcher Weise und in welchen Zeiträumen der Verwalter über die Verwaltung und Verwertung der Masse ihr oder dem Gläubigerausschusse Bericht erstatten und Rechnung legen soll (§ 132 Abs. 2 KO.). Beschließt sie hierüber nichts, so hat der Verwalter Rechnung nur bei Beendigung seines Amtes zu legen, während die Berichterstattung ihm auch während der Dauer des Konkurses nach Maßgabe der §§ 83 und 88 KO. obliegt. Rechnungslegung an die Gläubigerversammlung während des Konkurses würde umständlich und unzweckmäßig sein. Der Richter möge deshalb seinen Einfluß dahin geltend machen, daß eine derartige Rechnungslegung nicht beschlossen wird.

D. Leitung der Versammlung.

Die Leitung der Versammlung steht dem Konkursrichter zu (§ 94 Abs. 1 KO.). Er eröffnet und schließt die Versammlung, bestimmt den Gang der Verhandlungen, erteilt und entzieht das Wort und kann zur Aufrechterhaltung der Ordnung nötigenfalls von den im § 177 des Gerichtsverfassungsgesetzes vorgesehenen Zwangsmitteln Gebrauch machen, auch gegen Personen, die sich einer Ungebühr schuldig machen, gemäß § 178 des Gerichtsverfassungsgesetzes Ordnungsstrafen verhängen.

E. Die Abstimmungen.

Die Beschlüsse werden (abgesehen von den Wahlen der Mitglieder des Gläubigerausschusses) mit absoluter Stimmenmehrheit gefaßt[2]). Die Mehrheit wird nach den Forderungsbeträgen und erst im Falle einer etwaigen Gleichheit dieser Beträge nach der Anzahl der Personen berechnet (§ 94 Abs. 2, 3 KO.). Bei Berechnung der Forderungsbeträge werden der Hauptforderung die Nebenforderungen an Zinsen, Schäden und Kosten, deren Geltendmachung nicht durch § 63 KO. ausgeschlossen ist, hinzugerechnet (s. § 62 KO.). Gezählt werden nur die Stimmen, welche in der Versammlung von stimmberechtigten Konkursgläubigern oder deren legitimierten Vertretern abgegeben werden (§ 97 KO.). Gläubiger, die ihre Erklärung schriftlich abgegeben haben, oder die im Termin zwar anwesend sind, aber nicht mitstimmen, werden bei Berechnung der Stimmenmehrheit nicht berücksichtigt.

---

[1]) Die Hinterlegungsstelle macht sich haftbar, wenn sie ohne solche Mitzeichnung an den Verwalter eine Zahlung leistet oder Wertgegenstände herausgibt. RG. in der LZ. 1914, 393[12], RGZ. 80, 37.

[2]) Auch in eigner Sache können die Gläubiger mitstimmen. OLG. Colmar (LZ. 1911, 796[3]), Jaeger A. 6 zu § 95 KO. Siehe dazu aber Wolff A. 4.

Bilden sich in Beziehung auf Summen, über die Beschluß zu fassen ist, mehr als zwei Meinungen, deren keine die absolute Mehrheit für sich hat, so werden, sofern es sich um Leistungen **aus** der Konkursmasse handelt, die für die größte Summe abgegebenen Stimmen den für die zunächst geringere abgegebenen, sofern es sich aber um Leistungen **an die** Konkursmasse handelt, die für die niedrigste Summe abgegebenen Stimmen den für die zunächst höhere abgegebenen so lange hinzugerechnet, bis sich eine Mehrheit ergibt (vgl. § 196 Abs. 2 des Gerichtsverfassungsgesetzes)[1]).

Die Art und die Reihenfolge der Abstimmungen hat der Richter kraft seiner Befugnis zur Leitung der Versammlung zu bestimmen.

F. Das Protokoll[2]).

a) Inhalt des Protokolls.

Über die Verhandlungen ist ein Protokoll aufzunehmen. Dieses hat außer Ort, Datum, Namen der Gerichtspersonen und Bezeichnung der Konkurssache zu enthalten

1. die Namen des Verwalters, des Gemeinschuldners und der erschienenen Gläubiger und Gläubigervertreter,
2. die Forderungen, für die die erschienenen oder vertretenen Gläubiger Stimmrecht beansprucht haben,
3. falls Widersprüche gegen Stimmrechte erhoben und nicht gütlich erledigt sind, die Angabe, von wem und gegen welche Forderungen die Widersprüche erhoben worden, und welche richterliche Entscheidungen darauf ergangen sind,
4. die Gegenstände, die zur Verhandlung gekommen sind,
5. die gefaßten Beschlüsse und das Ergebnis der stattgehabten Wahlen. Dabei ist anzugeben, mit welcher Mehrheit die Beschlüsse und die Wahlen zustande gekommen sind, sowie welche Gläubiger die Mehrheit und welche die Minderheit gebildet haben,
6. die Erklärung gewählter Mitglieder des Gläubigerausschusses über die Annahme oder Ablehnung der auf sie gefallenen Wahl,
7. etwaige sonstige Vorkommnisse, deren protokollarische Feststellung gesetzlich vorgeschrieben ist (vgl. z. B. §§ 182, 183 des Gerichtsverfassungsgesetzes).

Im übrigen kommen die §§ 162, 163 ZPO. zur entsprechenden Anwendung.

b) Verfügung auf das Protokoll.

Das über die erste Gläubigerversammlung aufgenommene Protokoll ist in der Regel einfach zu den Akten zu nehmen. Eine besondere Verfügung darauf ist (abgesehen von der Rückgabe von Legitimationsurkunden und dgl.) nur erforderlich,

---

[1]) v. Wilmowski A. 4 Abs. 2 zu § 94. Im Wesentlichen übereinstimmend auch Petersen und Kleinfeller A. 9 und Jaeger A. 6, Bleyer A. 2a (auch A. 2 zu § 72). — A. M. Wolff A. 2 a. E.

[2]) Ein Beispiel siehe Beilage B.

1. wenn ein anderer Verwalter gewählt ist, behufs Ausführung und Zustellung der über diese Wahl getroffenen oder zu treffenden Entscheidung (siehe S. 101).

2. sofern Mitglieder des bestellten Gläubigerausschusses noch von ihrer Wahl in Kenntnis zu setzen und zur Erklärung über die Annahme der Wahl zu veranlassen sind (siehe S. 103).

3. falls die Gläubigerversammlung beschlossen haben sollte, daß ihr selbst noch vor Beendigung des Konkurses vom Verwalter Bericht zu erstatten oder Rechnung zu legen sei, behufs rechtzeitiger Berufung der neuen Gläubigerversammlung,

4. wenn über einen auf Grund des § 99 KO. gestellten Antrag zu entscheiden oder die Entscheidung zwar schon getroffen, aber noch zuzustellen ist (siehe S. 44)[1]).

III. Weitere Gläubigerversammlungen.

A. Berufung der Gläubigerversammlungen.

a) Voraussetzungen der Berufung.

Nach der ersten Gläubigerversammlung werden weitere teils von Amts wegen, teils auf Antrag berufen.

Die Berufung einer Gläubigerversammlung **muß** erfolgen

a) von Amts wegen

1. zur endgültigen Entscheidung über die Vornahme oder Unterlassung einer vom Verwalter beabsichtigten Rechtshandlung, wenn das Gericht dem Verwalter auf Anrufen des Gemeinschuldners die Vornahme der Rechtshandlung vorläufig untersagt hat (§ 135 KO.)[2]),

2. zur Wahl eines anderen Verwalters, wenn der frühere Verwalter ausgeschieden und ein neuer vom Gericht ernannt worden ist (§ 80 KO.)[3]),

3. zur Ergänzung des Gläubigerausschusses, wenn die Gläubigerversammlung die dauernde Bestellung eines solchen beschlossen hat, der Ausschuß aber durch das Ausscheiden von Mitgliedern beschlußunfähig geworden ist,

4. zur Abnahme der Schlußrechnung des Verwalters, zur Erhebung von Einwendungen gegen das Schlußverzeichnis und zur Beschlußfassung über die nicht verwertbaren Vermögensstücke bei Beendigung des Konkurses durch Schlußverteilung (§ 162 KO.),

5. zur Abnahme der Schlußrechnung des Verwalters auch in anderen Fällen (§ 86 KO.),

6. zur Beschlußfassung über einen vom Gemeinschuldner

---

[1]) S. außerdem wegen Benachrichtigung der Hinterlegungsstelle S. 85.

[2]) Im Falle des § 130 KO. entscheidet gleich die erste Gläubigerversammlung.

[3]) In diesem Falle braucht die Berufung nicht *sofort* nach dem Ausscheiden des Verwalters zu geschehen. Vgl. Zweiten Teil Abschn. II S. 31.

eingebrachten, nicht zurückgewiesenen, Zwangsvergleichsvorschlag (§ 179 KO.),

b) auf Antrag Berechtigter. Antragsberechtigt sind nach § 93 Abs. 1 KO.

1. der Konkursverwalter,

2. der Gläubigerausschuß (nicht aber auch dessen Mitglieder als einzelne),

3. die Konkursgläubiger unter folgenden Voraussetzungen: Der Antrag muß von mindestens 5 Konkursgläubigern gestellt werden, und deren Forderungen müssen nach der Schätzung des Gerichts den fünften Teil der gesamten bekannten Schuldenmasse erreichen. Die Schätzung des Gerichts tritt natürlich nur bezüglich der noch nicht festgestellten Forderungen ein. Dabei sind die §§ 95 96 KO. entsprechend anzuwenden. Streitige Forderungen werden also insoweit berücksichtigt, als ihnen nach dem Ergebnis des Prüfungstermins ein Stimmrecht zusteht. Vgl. Abschnitt V S. 134. Ausfallsforderungen (der Gesellschaftsgläubiger im Konkurse über das Privatvermögen eines persönlich haftenden Gesellschafters und der Absonderungsberechtigten) kommen in Höhe ihres festgestellten oder mutmaßlichen Ausfalls in Ansatz. Bei aufschiebend bedingten Forderungen ist die größere oder geringere Wahrscheinlichkeit des Eintritts der Bedingung in Betracht zu ziehen. Auflösend bedingte Forderungen werden, so lange die Bedingung nicht eingetreten ist, voll berücksichtigt. Aussonderungsberechtigte und Massegläubiger zählen in keinem Falle mit. Die Schätzung des Gerichts ist unanfechtbar, da selbst dessen Entscheidung über streitige Stimmrechte keiner Anfechtung unterliegt [1]).

In dem Antrage muß, wenn er Berücksichtigung finden soll, angegeben werden, zu welchem Zwecke die Berufung der Gläubigerversammlung geschehen soll (§ 98). Die Berufung kann wohl aber nicht darum abgelehnt werden, weil der Gegenstand, der der Beschlußfassung der Gläubigerversammlung unterbreitet werden soll, außerhalb des Kreises der in der Konkursordnung der Entscheidung oder Genehmigung der Gläubigerversammlung vorbehaltenen Angelegenheiten liegt. —

In anderen als den unter a und b bezeichneten Fällen **kann** das Gericht Gläubigerversammlungen berufen, sofern es die Berufung für geboten oder doch für so wünschenswert erachtet, daß die Inanspruchnahme der Gläubiger und die Aufwendung der entstehenden Kosten hinreichend gerechtfertigt erscheint [2]).

b) Art der Berufung.

Die Berufung einer jeden Gläubigerversammlung erfolgt durch das Konkursgericht (§ 93 Abs. 1 KO.). Die Berufung muß öffent-

---

[1]) Herrschende Ansicht. — A. M. Wolff A. 3 zu § 93.

[2]) Beschwerde gegen die Berufung: s. Jaeger A. 5 zu § 93, Bleyer A. 3.

lich bekannt gemacht werden. Der öffentlichen Bekanntmachung bedarf es nur dann nicht, wenn in einer Gläubigerversammlung eine Vertagung der Verhandlung angeordnet wird (§ 93 Abs. 2 KO.). In diesem Falle genügt die Verkündung der Anordnung in der Versammlung. Die öffentliche Bekanntmachung muß stets durch das Amtsblatt des Gerichts geschehen (vgl. Erste Abteilung Abschnitt III S. 14). Wie sie sonst noch erfolgen soll, hat das Gericht in jedem Falle zu bestimmen. Die Bekanntmachung durch den Deutschen Reichsanzeiger ist nicht erforderlich.

In der Bekanntmachung muß der Gegenstand, über den in der Versammlung Beschluß gefaßt werden soll, derart angegeben werden, daß ein jeder ersehen kann, um was es sich handelt. Die Angabe braucht jedoch nur eine allgemeine zu sein; Mitteilung von Einzelheiten ist entbehrlich.

Die Bekanntmachung soll so zeitig geschehen, daß zwischen dem Tage, mit dem sie als bewirkt gilt (§ 76 Abs. 1 KO.), und dem Terminstage noch mindestens drei volle Tage liegen (§ 72 KO., § 217 ZPO.).

Neben der öffentlichen Bekanntmachung braucht irgendwelche besondere Zustellung nicht zu erfolgen, da die öffentliche Bekanntmachung als Zustellung an alle Beteiligten gilt (§ 76 Abs. 3 KO.). Nur zu dem Vergleichstermin müssen die nicht bevorrechtigten Gläubiger, der Verwalter und der Gemeinschuldner besonders geladen werden (§ 179 KO.).

B. Leitung der Gläubigerversammlungen. Beratung und Beschlußfassung.

In betreff der Leitung der Gläubigerversammlungen, der Beteiligung an den Beratungen und der Abstimmungen vgl. Abschnitt II B, D und E.

Über die Beschlüsse der Gläubigerversammlung und die Anfechtung solcher Beschlüsse siehe Zweite Abteilung Abschnitt IV unter B b und c.

C. Stimmrecht.

Stimmberechtigt sind nach § 95 Abs. 1 KO.:

1. die Gläubiger der im Prüfungstermine oder später festgestellten Forderungen[1]). Daß die Feststellung sich aus der Tabelle ergibt, ist trotz Abs. 7 des § 146 KO. nicht unbedingt erforderlich. Es genügt auch ein anderweiter Nachweis der Feststellung, wenn diese erst nach dem Prüfungstermine stattgefunden hat. Dagegen muß die Feststellung im Konkurse erfolgt sein; eine, selbst rechtskräftige, Verurteilung des Gemeinschuldners vor der Konkurseröffnung vermag sie nicht zu ersetzen,

---

[1]) Diesen kann das Stimmrecht, abgesehen von den unten zu I und II erwähnten Einschränkungen, nie verweigert werden. LZ. 1911, 796[3] (OLG. Kolmar).

2. die Gläubiger geprüfter, aber streitig gebliebener Forderungen, wenn und soweit für diese Forderungen im Prüfungstermine durch gütliche Einigung oder Entscheidung des Konkursgerichts ein Stimmrecht festgestellt ist[1]). Ein unter den streitenden Teilen vereinbartes Stimmrecht bleibt während der ganzen Dauer des Konkurses in Kraft und kann von Gläubigern, die der Forderung selbst im Prüfungstermine nicht widersprochen haben, nicht angefochten werden. Ein durch richterliche Entscheidung bewilligtes Stimmrecht dauert bis zur Abänderung dieser Entscheidung. Die Abänderung ist nur auf Antrag eines der streitenden Teile zulässig. Der Antrag kann aber jederzeit, auch außerhalb einer Gläubigerversammlung, gestellt werden. Die Änderung der über das Stimmrecht getroffenen Entscheidung kann ohne mündliche Verhandlung und ohne daß die Sachlage eine andere geworden ist, erfolgen.

Das Stimmrecht der unter 1 und 2 bezeichneten Gläubiger unterliegt jedoch folgenden Einschränkungen:

I. Das Stimmrecht besteht für die Forderungen nur insoweit, als sie zur Zeit der Gläubigerversammlung noch nicht aus der Masse getilgt sind. Abschlagsverteilungen haben also zur Folge, daß in Höhe der dabei bezahlten Beträge das Stimmrecht der betreffenden Gläubiger erlischt.

II. Ausfallsforderungen (der Gesellschaftsgläubiger im Konkurse eines persönlich haftenden Gesellschafters und der absonderungsberechtigten Gläubiger) gewähren ein dauerndes Stimmrecht nur, soweit der Ausfall bereits feststeht oder ein Verzicht erklärt ist.

Gläubiger, die im Konkurse nicht teilnahmeberechtigt sind (§ 63 KO.), können auch nicht an den Abstimmungen teilnehmen.

Das Stimmrecht

1. der noch nicht geprüften Forderungen,

2. der aufschiebend bedingten Forderungen,

3. der Ausfallsforderungen, deren Ausfall noch nicht feststeht, ist im Abschnitt II unter C b S. 98 ff. erörtert. Hier ist nur hinzuzufügen, daß das Stimmrecht der bezeichneten Forderungen immer nur für die betreffende Abstimmung gilt, daß mithin gegen die Beteiligung der betr. Gläubiger an der Abstimmung in jeder Gläubigerversammlung Widerspruch erhoben werden kann, ohne Rücksicht darauf, ob dies schon früher geschehen, und ob etwa für eine frühere Versammlung der Forderung ein Stimmrecht bewilligt worden war („in einer Gläubigerversammlung" § 95 Abs. 2, § 96 KO.).

---

[1]) Ist für eine streitig gebliebene Forderung aus Versehen im Prüfungstermine ein Stimmrecht nicht festgestellt, so wird dies später auf Antrag nachgeholt. Vgl. S. 135.

D. Protokolle.

Über den Hergang in den Gläubigerversammlungen sind Protokolle aufzunehmen, für deren Inhalt das im Abschnitt II unter F Gesagte entsprechend gilt.

IV. Die Teilungsmasse.

Das Konkursgericht hat, wie schon früher bemerkt, mit den eigentlichen Verwaltungsgeschäften so gut wie nichts zu tun. Diese liegen dem Verwalter unter Mitwirkung des Gläubigerausschusses und der Gläubigerversammlung ob. Der Verwalter hat insbesondere die Konkursmasse in Besitz zu nehmen, soweit nötig sicherzustellen, sie zu verwalten und zu verwerten, auch schwebende Rechtsangelegenheiten abzuwickeln. Im Folgenden sollen die die Teilungsmasse betreffenden Geschäfte nur insoweit berührt werden, als es zur Klarstellung der Obliegenheiten des Konkursgerichts erforderlich ist.

A. Ermittelung, Herbeischaffung, Sicherstellung der Konkursmasse.

Gleich nach der Konkurseröffnung hat der Verwalter die vorhandene Masse festzustellen und in Besitz zu nehmen (§ 117 KO.). Verweigert der Gemeinschuldner die Herausgabe von Sachen, die zur Konkursmasse gehören, so kann ihm der Verwalter die Sachen auf Grund einer ihm auf seinen Antrag von der Geschäftsstelle zu erteilenden vollstreckbaren Ausfertigung des Eröffnungsbeschlusses durch einen Gerichtsvollzieher zwangsweise abnehmen lassen[1]). Der Verwalter kann aber auch die Haft des Gemeinschuldners beantragen. Gegen Dritte, die sich im Besitze von Massegegenständen befinden, kann der Verwalter die Rechte ausüben, die der Gemeinschuldner bezüglich der Gegenstände hatte. Die Herbeischaffung solcher Gegenstände ist grundsätzlich Sache des Verwalters. Nur wenn sich Sachen der Konkursmasse im Auslande befinden, und die dortigen Einrichtungen dem Verwalter die Herbeischaffung der Sachen unmöglich machen oder wesentlich erschweren, wird das Gericht vermittelnd eintreten. Nach § 67 der österreichischen Konkursordnung vom 10. Dezember 1914 werden bewegliche Sachen auf Ersuchen des Konkursgerichts herausgegeben, wenn nicht auch in Österreich Konkurs eröffnet ist. Aus- und Absonderungsrechte, die nach österreichischem Rechte begründet sind, werden jedoch vorher befriedigt[2]).

Etwaige Streitigkeiten zwischen dem Verwalter und dem Gemeinschuldner darüber, ob bestimmte Gegenstände zur Konkurs-

---

[1]) JW. 1896, 358[18], RGZ. 37, 399, v. Wilmowski A. 1, Petersen und Kleinfeller A. 1, Wolff A. 2, Mentzel A. 3, Bleyer A. 1. Nicht ganz übereinstimmend Jaeger A. 13.

[2]) Siehe v. Wilmowski A. 7 zu § 237, Jaeger A. 72 zu § 1 und A. 6 zu § 237.

masse gehören oder nicht, hat das Konkursgericht nicht zu entscheiden. Sind Sachen dem Gemeinschuldner zwangsweise vom Verwalter abgenommen, so hat dieser Einwendungen gegen ihre Zugehörigkeit zur Masse beim Vollstreckungsgericht nach Maßgabe des § 766 ZPO. geltend zu machen. Im übrigen entscheidet in Streitfällen das Prozeßgericht[1]).

Auch die Erfüllung der Pflichten, die im § 120 KO. den absonderungsberechtigten Besitzern von Sachen der Konkursmasse auferlegt sind, kann der Konkursrichter nicht erzwingen.

Inwieweit der Konkursrichter zur Sicherung der Masse Maßregeln zu treffen hat oder doch treffen kann, ist im Abschnitt I Seite 81, 84, 85 und 88 erörtert. Sonstige Sicherungsmaßregeln, namentlich die Siegelung der Masse, sind dem Ermessen des Verwalters überlassen (§ 122 Abs. 1 KO.).

B. Aufzeichnung der Konkursmasse.

Der Verwalter hat tunlichst bald nach der Konkurseröffnung die sämtlichen zur Masse gehörigen Gegenstände einzeln unter Angabe ihres Wertes aufzuzeichnen. Dabei hat er eine obrigkeitliche oder Urkundsperson und behufs der Wertermittelung erforderlichenfalls einen ihm geeignet erscheinenden Sachverständigen zuzuziehen (§ 123 Abs. 1 KO.). Welche Personen als obrigkeitliche oder Urkundspersonen anzusehen, bestimmt das Landesrecht. In Preußen sind es die Notare, die Urkundsbeamten der Geschäftsstelle und die Gerichtsvollzieher. Außerdem hat der Verwalter den Gemeinschuldner zuzuziehen, wenn dieser ohne Aufschub zu erlangen ist.

Das Gericht kann ausnahmsweise gestatten, daß die Aufzeichnung ganz oder teilweise unterbleibe oder ohne Zuziehung einer obrigkeitlichen oder Urkundsperson vorgenommen werde. Die Erlaubnis hierzu darf jedoch nur auf Antrag des Verwalters und, wenn ein Gläubigerausschuß bestellt ist, nur auf übereinstimmenden Antrag des Verwalters und des Gläubigerausschusses erteilt werden (§ 123 Abs. 2 KO.). Das Gericht wird eine Abweichung von den Vorschriften des Abs. 1 des § 123 KO. gestatten können, soweit auch ohne Befolgung dieser Vorschriften der Zweck der Aufzeichnung, eine vollständige und zuverlässige Übersicht über die vorhandene Masse und deren Wert zu gewinnen, sich erreichen läßt. So namentlich, wenn erst kurz zuvor eine zuverlässige Inventur stattgefunden hat, oder wenn glaubwürdige Lagerbücher vorhanden sind. Wenn ein alsbaldiger Verkauf des Geschäfts des Gemeinschuldners im ganzen erfolgen soll, wird für den Konkurs die Aufzeichnung der zu dem Geschäfte gehörigen Einrichtungsgegenstände und Warenbestände in der Regel entbehrlich sein.

---

[1]) RGZ. 37, 398 (JW. 1896, 358[18]), Jaeger A. 50 zu § 1.

Der Beschluß des Gerichts ist stets, mag er den Antrag des Verwalters ablehnen oder ihm stattgeben, dem Verwalter zuzustellen.

C. Inventar und Bilanz.

Auf Grund der Aufzeichnung sowie der Bücher und Papiere des Gemeinschuldners hat der Verwalter ein Inventar und eine Bilanz anzufertigen[1]). Eine von ihm gezeichnete Abschrift des Inventars und der Bilanz hat er auf der Geschäftsstelle unter Beifügung der Protokolle über eine etwa stattgehabte Siegelung und Entsiegelung zur Einsicht der Beteiligten niederzulegen[2]) (§ 124 KO.). Das Gericht hat darüber zu wachen, daß der Verwalter diesen Verpflichtungen nachkommt. Es kann ihn zu deren Erfüllung erforderlichenfalls durch Ordnungsstrafen anhalten. Das Gericht hat aber nicht nur darauf zu sehen, daß der Verwalter überhaupt eine Abschrift des Inventars und der Bilanz auf der Geschäftsstelle niederlegt, sondern auch darauf, daß Inventar und Bilanz den Anforderungen, die bezüglich dieser Schriftstücke gestellt werden müssen, entsprechen. Das Inventar hat den Zweck, dem Gericht, dem Verwalter und allen Beteiligten einen vollständigen Überblick über den Bestand der Konkursmasse und die gegen sie bestehenden Ansprüche zu gewähren und als Grundlage für die Überwachung der demnächstigen Verwertung der Masse zu dienen. Demgemäß sind im Inventar die zur Masse gehörigen beweglichen und unbeweglichen Sachen, die ausstehenden Forderungen und die sonstigen Vermögensrechte, ferner alle Schulden, wegen deren aus der Konkursmasse Befriedigung gesucht werden kann, einzeln in übersichtlicher Anordnung aufzuführen. Bei Grundstücken und beweglichen Sachen, an denen Absonderungsrechte bestehen, ist der Betrag der absonderungsberechtigten Forderungen anzugeben. Bei den ausstehenden Forderungen und den Schulden sind auch die Nebenforderungen an Zinsen, Schäden und Kosten tunlichst zu vermerken. Die Bilanz hat eine summarische Gegenüberstellung der Teilungsmasse und der Schuldenmasse im Anschluß an das Inventar zu geben. Dabei ist die Teilungsmasse nur zu dem Betrage anzunehmen, der sich bei ihrer Verwertung voraussichtlich erzielen lassen wird. Gegenstände, die mit Pfand- oder sonstigen Absonderungsrechten belastet sind, werden am besten nur mit dem Wertbetrage eingestellt, den sie nach Abzug der Forderungen der Absonderungsberechtigten etwa noch für die Masse haben. Dagegen bleiben dann diese Forderungen, soweit sie durch den Wert der Gegenstände der Ab-

[1]) Eine Frist ist dafür nicht vorgeschrieben. Doch wird die Anfertigung vor der ersten Gläubigerversammlung erfolgen müssen, damit die Schriftstücke den Gläubigern als Grundlage für ihre Entschließungen dienen können.

[2]) Beispiele zum Inventar und zur Bilanz finden sich in des Verfassers „Verwaltung von Konkursen" als Beilagen.

sonderungsrechte vermutlich Deckung finden, außer Ansatz. Wird die Bilanz in dieser Form aufgestellt, so läßt sie mit Leichtigkeit erkennen, wie viel Prozent die Konkursgläubiger aus der Masse erwarten dürfen.

Die Einsicht der auf der Geschäftsstelle niedergelegten Schriftstücke ist jedem Konkursgläubiger, den Mitgliedern des Gläubigerausschusses und dem Gemeinschuldner zu gestatten. Diesen Personen ist auch auf Antrag Abschrift der Schriftstücke gegen Erstattung der Kosten zu erteilen[1]).

D. Die Verwaltung und Verwertung der Konkursmasse.

a) Befugnisse und Obliegenheiten des Konkursgerichts im allgemeinen.

Die Verwaltung und Verwertung der Masse ist Sache des Konkursverwalters. Dem Gericht stehen keinerlei Verwaltungsbefugnisse zu, auch ist zu keiner Verwaltungsmaßregel die gerichtliche Genehmigung erforderlich. Nur in dem Falle, wenn ein Gläubigerausschuß nicht bestellt ist, steht dem Gericht eine positive Anordnung insofern zu, als es bei der Konkurseröffnung einstweilen zu bestimmen hat, wo die Gelder, Wertpapiere und Kostbarkeiten hinterlegt werden sollen (§ 129 Abs. 2 KO.). Abgesehen hiervon ist der Einfluß des Konkursgerichts auf die Verwaltung und Verwertung der Masse lediglich auf die allgemeinen Aufsichtsbefugnisse und auf das durch die §§ 99, 130 und 135 Abs. 2 KO. verliehene Veto beschränkt.

Kraft des Rechts der Aufsicht über den Verwalter wird das Gericht von Zeit zu Zeit von ihm Berichterstattung über die Lage der Sache und die bisher ergriffenen Maßregeln erfordern und geeignetenfalls auf eine Beschleunigung der Verwaltungsmaßnahmen hinzuwirken suchen. Dagegen erscheint es, namentlich wenn ein Gläubigerausschuß bestellt ist, nicht als die Aufgabe des Gerichts, die Tätigkeit des Verwalters im einzelnen zu überwachen (vgl. Zweiten Teil Abschnitt II unter C a). Eine Einmischung des Gerichts in die Einzelheiten der Geschäftsführung würde, ganz abgesehen von der Frage ihrer Zulässigkeit, im allgemeinen dem Interesse der Konkursgläubiger eher schädlich als förderlich sein.

b) Insbesondere die Untersagung von Rechtshandlungen des Verwalters.

Auf Anrufen des Gemeinschuldners kann das Gericht dem Verwalter die Vornahme einer Rechtshandlung, zu der er nach den §§ 133, 134 KO. einer Genehmigung bedarf, einstweilen

[1]) Entsprechend § 299 Abs. 1 ZPO. (§ 72 KO.).

untersagen[1]). Diese Befugnis wird dadurch nicht ausgeschlossen, daß der Gläubigerausschuß die Vornahme der Rechtshandlung genehmigt hat, sie fällt aber fort, wenn schon von der Gläubigerversammlung die Genehmigung dazu erteilt oder vom Verwalter die Rechtshandlung in verpflichtender Weise vorgenommen worden ist (§ 135 Abs. 2 KO.). Auch ist im Falle des § 177 Abs. 2 KO. der Antrag des Gemeinschuldners nicht zu berücksichtigen, sofern er sich gegen eine beabsichtigte Verwertung von Massegegenständen richtet.

Nach § 130 KO. kann bis zur Beschlußfassung der Gläubigerversammlung das Gericht auf Antrag des Gemeinschuldners, wenn dieser einen Zwangsvergleichsvorschlag eingereicht hat, auch die Schließung des Geschäfts einstweilen untersagen.

Ob das Gericht von seiner Befugnis im einzelnen Falle Gebrauch machen will, ist seinem Ermessen überlassen. Maßgebender Gesichtspunkt wird dabei der sein, ob die Untersagung der Vornahme der Rechtshandlung im Interesse der Konkursgläubiger wünschenswert oder wenigstens unbedenklich ist. Ist dies nicht der Fall, so wird die Untersagung selbst bei einem erheblichen Interesse des Gemeinschuldners nicht erfolgen dürfen, da das Interesse der Konkursgläubiger dem des Gemeinschuldners unbedingt vorangestellt werden muß. Ist es aber der Fall, so wird die Untersagung doch nur dann ausgesprochen werden, wenn das Interesse, das der Gemeinschuldner an der Untersagung hat, bedeutend genug ist, um die Verzögerung der Ausführung der beabsichtigten Maßregel und die infolge des Untersagungsbeschlusses (durch die Berufung der Gläubigerversammlung) entstehenden Kosten zu rechtfertigen.

Der über den Antrag des Gemeinschuldners ergehende Beschluß ist diesem und dem Verwalter zuzustellen. Wird dem Antrage stattgegeben, so hat das Gericht gleichzeitig eine Gläubigerversammlung zu berufen. Die Berufung geschieht in der gewöhnlichen Weise; der besonderen Ladung des Gemeinschuldners oder des Verwalters bedarf es also nicht. Der Gemeinschuldner ist, wenn er in der Gläubigerversammlung erscheint, mit seinen Ausführungen zu hören. Die Gläubigerversammlung entscheidet dann endgültig, ob die beanstandete Maßregel vorgenommen werden soll oder nicht[2]) (§§ 132, 135 Abs. 2 KO.). Die gerichtliche Untersagung einer Maßregel des Verwalters hat in materiellrechtlicher Beziehung keine erhebliche Bedeutung, da sie nicht hindert, daß die untersagte Maßregel dennoch mit

[1]) Nach § 135 Abs. 1 KO. hat der Verwalter den Gemeinschuldner, sofern dieser ohne Aufschub zu erlangen ist, vor der Vornahme einer jeden Maßregel der in den §§ 133, 134 KO. bezeichneten Art von seinem Vorhaben in Kenntnis zu setzen.

[2]) Vorbehaltlich jedoch des gerichtlichen Vetos auf Grund des § 99 KO.

Rechtswirksamkeit vorgenommen werden kann[1]) (§ 136 KO.). Wenn der Verwalter der gerichtlichen Anordnung zuwiderhandelt, so hat dies im allgemeinen nur zur Folge, daß er schadensersatzpflichtig wird und sich der Gefahr aussetzt, zu einer Ordnungsstrafe verurteilt oder entlassen zu werden.

E. Die Festsetzung von Fristen in dem Falle des § 127 Abs. 2 KO.

Im Anschluß an Vorstehendes ist noch eine Obliegenheit zu erwähnen, die dem Konkursgericht wegen ihres Zusammenhanges mit den Angelegenheiten des Konkurses übertragen ist.

Wenn ein absonderungsberechtigter Gläubiger befugt ist, sich ohne gerichtliches Verfahren aus dem Gegenstande des Absonderungsrechts zu befriedigen, so ist der Verwalter nicht berechtigt, den Gegenstand frei von dem Rechte des Gläubigers zu veräußern, vielmehr hat zunächst der Gläubiger allein die Bestimmung darüber, ob, wie und wann die Veräußerung erfolgen soll. Auf Antrag des Verwalters kann jedoch das Konkursgericht dem Gläubiger nach dessen Anhörung eine Frist bestimmen, innerhalb deren er den Gegenstand zu verwerten hat (§ 127 Abs. 2 KO.). Das Gleiche gilt, wenn der Gläubiger zwar zu seiner Befriedigung einer gerichtlichen Anordnung bedurfte, diese Anordnung aber bereits vor der Konkurseröffnung erwirkt hat[2]). Das Recht, sich ohne gerichtliches Verfahren aus Pfandgegenständen zu befriedigen, steht dem Gläubiger, dem eine bewegliche Sache als Pfand haftet, allgemein zu, soweit seine Forderung auf Geld gerichtet und fällig ist (§ 1228 Abs. 2 BGB.). Kraft besonderer Gesetze steht es z. B. zu: der Reichsbank nach § 21 des Bankgesetzes vom 30. August 1924, der Preußischen Seehandlung laut Kabinettsorder vom 31. Januar 1827.[3])

Der Beschluß, wodurch auf Grund des § 127 KO. eine Frist festgesetzt wird, ist sowohl dem Verwalter als dem anderen Teile von Amts wegen zuzustellen[4]). Einer vorgängigen mündlichen Verhandlung bedarf es nicht (§ 73 KO.). Ob die dem Absonderungsberechtigten gesetzte Frist innegehalten wird, braucht das Konkursgericht nicht zu überwachen. Die Wirkung der Fristsetzung ist lediglich die, daß nach Ablauf der Frist der Verwalter befugt ist, die Verwertung des Gegenstandes des Absonderungsrechts ohne Rücksicht auf dieses Recht nach Maßgabe der Vorschriften über die Zwangsvollstreckung oder über den Pfandverkauf zu betreiben und zu diesem Behuf die Herausgabe des Gegenstands von dem Gläubiger zu verlangen, und daß nach der Verwertung der Gläubiger sich nur an den Erlös halten kann.

---

[1]) S. dazu OLG. 35, 259 (Kammergericht).

[2]) Vgl. hierzu Petersen und Kleinfeller A. III, 11, 12 zu §§ 126, 127, v. Wilmowski A. 3.

[3]) Vgl. dazu im übrigen noch Mentzel A. 11, Bley A. 2.

[4]) v. Wilmowski A. 4 verlangt nur Zustellung an den Gläubiger.

V. Die Schuldenmasse.

A. Konkursforderungen.

Zur Teilnahme am Konkursverfahren berechtigen alle zur Zeit der Eröffnung des Verfahrens schon begründeten persönlichen Vermögensansprüche, also Forderungen, die auf Geld gerichtet oder in Geld schätzbar (§ 69) sind, gleichviel, auf welchem Rechtsgrunde sie beruhen und ob sie bürgerlich- oder öffentlich-rechtlichen Ursprungs sind. Kraft besonderer gesetzlicher Bestimmung gehören zu den Konkursforderungen auch solche, die erst infolge der Konkurseröffnung zur Entstehung gelangen (§§ 26—28), dagegen nicht die öffentlichen Geldstrafen, die Forderungen aus einer Freigebigkeit des Gemeinschuldners und, als später entstanden, die Teilnahmekosten der einzelnen Gläubiger, sowie die Zinsen seit der Konkurseröffnung (§ 63).

Ausgeschlossen von der Teilnahme am Konkurse sind sonach

1. die rein familienrechtlichen und die auf höchst persönliche Leistung durch den Gemeinschuldner gerichteten Ansprüche,
2. die Ansprüche auf Aussonderung und Absonderung (§§ 4, 43 ff.),
3. die Masseansprüche (§§ 58, 59).

Die Geltendmachung dieser Ansprüche hat gegen den Konkursverwalter zu erfolgen, und zwar außerhalb des Konkursverfahrens gemäß den allgemeinen reichs- und landesgesetzlichen Vorschriften[1]) (§ 4 Abs. 2, §§ 43, 57 KO.).

Für die Konkursforderungen gilt als Regel volle Gleichstellung, ohne Rücksicht auf die Entstehung der einzelnen Forderung und auf den Zeitpunkt der Anmeldung. Nur einzelne Klassen von Forderungen genießen nach besonderer gesetzlicher Vorschrift ein Vorrecht mit bestimmter Rangordnung (§ 61).

Das Verfahren für die Geltendmachung der Konkursforderungen bewegt sich in gerichtlichen Formen, ist aber vom Prozeßverfahren wesentlich verschieden, namentlich dadurch, daß darin das Konkursgericht über die Richtigkeit, den Betrag und das Vorrecht der geltend gemachten Forderungen keinerlei Entscheidung zu treffen hat. Die Gestaltung des Verfahrens wird Gegenstand der folgenden Darstellung sein.

B. Anmeldung der Konkursforderungen.

Leitender Grundsatz der Konkursordnung ist, daß die Konkursgläubiger nur dann bei der Verteilung der Konkursmasse berücksichtigt werden, wenn sie ihre Forderungen im Konkurse

---

[1]) Eine Einschränkung in Ansehung der Massegläubiger enthält § 60 KO. Hierüber s. Abschnitt IX unter C.

anmelden. Die Anmeldung ist bei allen Konkursforderungen erforderlich, selbst bei denen, die gegen den Gemeinschuldner bereits rechtskräftig ausgeklagt sind[1]).

Im Konkurse über einen Nachlaß genügt aber die Anmeldung in dem voraufgegangenen Aufgebotsverfahren, sofern dieses Verfahren nicht vor der Konkurseröffnung ohne Erlassung des Ausschlußurteils erledigt oder durch das Ausschlußurteil die Forderung des Nachlaßgläubigers trotz der Anmeldung ausgeschlossen worden ist (§ 229 KO.; vgl. §§ 1970 ff. BGB. und §§ 989 ff. ZPO.).

a) Inhalt der Anmeldungen.

Die Anmeldungen haben die Angabe des Betrages und des Grundes der Forderungen sowie der beanspruchten Vorrechte zu enthalten (§ 139 Satz 1 KO.). Sie müssen stets auf einen bestimmten Geldbetrag in Reichswährung lauten. Forderungen, die nicht auf einen Geldbetrag gerichtet sind, oder deren Geldbetrag unbestimmt oder ungewiß oder nicht in Reichswährung festgesetzt ist, sind nach ihrem Schätzungswerte in Reichswährung geltend zu machen (§ 69 KO.)[2]). Wiederkehrende Hebungen sind zu kapitalisieren (vgl. § 70 KO.). Anmeldungen, die diesen Anforderungen nicht entsprechen, sind unwirksam und nicht geeignet, in die Tabelle eingetragen zu werden[3]). Weder dem Gericht, noch dem Verwalter liegt es ob, die fehlende Angabe eines bestimmten Geldbetrags zu ergänzen. Was insbesondere die Nebenforderungen anlangt, so ist bei Zinsforderungen die Anmeldung eines bestimmten Betrages zwar nicht gerade erforderlich, ihr Betrag muß sich aber wenigstens auf Grund der gemachten Angaben berechnen lassen. Schäden und Kosten müssen jedenfalls zu einem bestimmten Betrage angemeldet werden. Ausfallsforderungen, d. h. die persönlichen Forderungen der Absonderungsberechtigten und die Forderungen, die den Gläubigern einer in Konkurs befindlichen offenen Handelsgesellschaft, Kommanditgesellschaft oder Kommanditgesellschaft auf Aktien im Konkurse über das Privatvermögen eines persönlich haftenden Ge-

---

[1]) Der Anmeldung bedürfen auch Steuerforderungen an den Gemeinschuldner. Das Finanzamt kann die Anmeldung nicht dadurch ersetzen, daß es den Steuerbescheid dem Verwalter zustellt (Entsch. des Reichsfinanzhofs JW. 1926, 1685).

[2]) Wegen der Umrechnung in Reichswährung vgl. das Reichsmünzgesetz vom 30. Aug. 1924 (RGBl. S. 254) und die Verordn. vom 12. Dez. 1924 (RGBl. S. 775). Für Papiermarkforderungen gilt die Verordn. vom 14. Febr. 1924 (RGBl. S. 115).

[3]) v. Wilmowski A. 4, Jaeger A. 10, Petersen und Kleinfeller A. 10, RGZ. 39, 45. — Wegen der Behandlung unvollständiger Anmeldungen vgl. unten C b.

sellschafters zustehen[1]), können zunächst ihrem vollen Betrage nach angemeldet werden (§§ 64, 212 KO.). Erst bei den Verteilungen und bei Abstimmungen gewinnt die Eigenschaft der Forderungen als Ausfallsforderungen Bedeutung. Der Grund der Forderungen ist insoweit genau anzugeben, daß über deren Identität kein Zweifel bleibt; ins Einzelne gehende Ausführungen sind aber nicht erforderlich[2]). Wenn der Gläubiger ein Vorrecht beansprucht, so hat er bestimmt anzugeben, welches Vorrecht, sowie für welchen Betrag und aus welchem Rechtsgrunde er es in Anspruch nimmt. Dies ist selbst dann erforderlich, wenn die sonstigen Anführungen des Gläubigers mit Sicherheit erkennen lassen, daß und welches Vorrecht der angemeldeten Forderung gesetzlich zusteht; von Amts wegen sind Vorrechte nicht zu berücksichtigen[3]). Meldet ein Gläubiger mehrere Forderungen gleichzeitig an, so muß er bei jeder einzelnen Grund, Betrag und das etwa beanspruchte Vorrecht besonders angeben[4]).

b) Art und Form der Anmeldungen.

Die Anmeldungen sind beim Konkursgericht einzureichen. Anmeldungen beim Verwalter sind wirkungslos. Solche Anmeldungen sind indessen ebenfalls zu berücksichtigen, sobald sie vom Verwalter an das Gericht abgegeben werden; nur ist als Tag der Anmeldung in diesem Falle erst der Tag des Eingangs beim Gericht zu betrachten. Die Anmeldungen können schriftlich eingereicht oder zu Protokoll der Geschäftsstelle erklärt werden[5]). Auch telegraphische Anmeldungen sind für zulässig zu erachten. Daß schriftliche Anmeldungen unterzeichnet sind, erscheint nicht durchaus geboten, doch muß sich aus ihnen wenigstens erkennen lassen, von wem sie ausgehen[6]). Erfolgt eine Anmeldung nicht durch den Gläubiger selbst, sondern durch einen Vertreter, so ist dessen Vertretungsmacht von Amts wegen zu prüfen (§ 72 KO., § 88 Abs. 2 ZPO.). Fehlt die Vollmacht oder wird sie ungenügend befunden, so kann zwar trotzdem die Anmeldung nach Maßgabe des § 89 Abs. 1 ZPO. einstweilen zugelassen werden; alsdann ist aber die Vollmacht spätestens im Prüfungstermine nachzubringen bzw. zu ergänzen, widrigenfalls die Forderung zurückgewiesen werden kann und alsdann im Falle

---

[1]) Auch die Forderungen der Nachlaßgläubiger in den Fällen des § 234 KO.

[2]) OLG. 35, 260 (München). Die Person des Berechtigten gehört zum Grunde der Forderung (Mentzel A. 4).

[3]) RG. in JW. 1890, 256, LZ. 1908, 391.

[4]) RGZ. 39, 37.

[5]) Anmeldungen, die nicht in deutscher Sprache abgefaßt sind, werden nicht berücksichtigt (§§ 184, 185 GVG.) So Petersen und Kleinfeller A. 3, Jaeger A. 7, v. Wilmowski A. 9, Bleyer A. 1. S. auch RGZ. 31, 428.

[6]) Jaeger A. 8.

späterer Beibringung der Vollmacht auf Kosten des Gläubigers ein besonderer Prüfungstermin anberaumt wird[1]). Den Anmeldungen sind auch die etwaigen urkundlichen Beweisstücke in Urschrift oder Abschrift beizufügen[2]). Wird eine Abschrift beigefügt, so ist deren Beglaubigung nicht erforderlich (§ 139 KO.). Ein wesentliches Erfordernis der Anmeldungen ist die Beifügung der Beweisurkunden überhaupt nicht (siehe unter C b).

c) Wann und wie lange die Anmeldung von Konkursforderungen statthaft ist.

Die Anmeldung von Konkursforderungen ist während der ganzen Dauer des Konkurses zulässig. Die Anmeldefrist, die bei der Konkurseröffnung bestimmt wird, hat nur die Bedeutung, daß die innerhalb dieser Frist angemeldeten Forderungen in dem allgemeinen Prüfungstermine stets ohne besondere Kosten für die Gläubiger geprüft und bei allen Verteilungen — nach Maßgabe der §§ 152 ff. KO. — berücksichtigt werden müssen, während den anderen Forderungen ein unbedingter Anspruch hierauf nicht zusteht.

Die Anmeldungen müssen aber im Konkurse erfolgen. Anmeldungen vor der Konkurseröffnung sind nicht zu berücksichtigen[3]). Sie sind wohl auch nicht mehr zulässig, wenn das Schlußverzeichnis (§ 162) endgültig festgestellt oder ein Zwangsvergleich angenommen ist[4])

d) Ergänzung, Berichtigung, Zurücknahme von Anmeldungen.

Die Anmeldungen können jederzeit ergänzt oder berichtigt werden, jedoch läuft der Gläubiger Gefahr, daß eine ursprünglich ungenügende Anmeldung im Prüfungstermin bestritten wird, auch würde eine in der Zwischenzeit eingetretene Forderungsverjährung durch die nachträgliche Ergänzung nicht wieder beseitigt werden können.

Auch die — gänzliche oder teilweise — Zurücknahme der Anmeldungen ist zulässig, aber nur bis zur Feststellung[5]). Die Zurücknahme einer Anmeldung bewirkt, daß diese als nicht geschehen betrachtet wird. Sie schließt eine neue Anmeldung derselben Forderung nicht aus.

---

[1]) S. LZ. 1909, 248 [5] (OLG. Dresden), v. Wilmowski A. 9 zu § 139, Jaeger A. 4 zu § 139, A. 4 zu § 141, Bleyer A. 3a. — Die Prozeßvollmacht als solche (§ 81 ZPO.) ermächtigt nicht zur Anmeldung im Konkurse (herrsch. Ansicht).

[2]) Gilt auch für Abtretungsurkunden, wenn der Anmeldende die Forderung durch Abtretung erworben hat und diese beurkundet ist. OLG. 5, 144 (Kammergericht).

[3]) Petersen und Kleinfeller A. 4 zu § 138, v. Wilmowski A. 3 zu § 138. Eine Ausnahme gilt im Nachlaßkonkurse (§ 229 KO.). Siehe S. 125.

[4]) Abw. Jaeger A. 2 zu § 142.

[5]) RGZ. 112, 299.

C. Die geschäftliche Behandlung der eingegangenen Anmeldungen.

a) Niederlegung und Mitteilung der Anmeldungen. Kosten.

Die eingegangenen Anmeldungen werden, nachdem darauf die Zeit des Eingangs beim Gericht vermerkt worden[1]), auf der Geschäftsstelle zur Einsicht der Beteiligten niedergelegt (§ 140 Abs. 1 KO.). Die Einsichtnahme braucht selbstverständlich nur während der gewöhnlichen Geschäftsstunden gestattet zu werden. Als Beteiligte sind der Verwalter, die Mitglieder des Gläubigerausschusses, der Gemeinschuldner, die Konkursgläubiger und deren Vertreter anzusehen.

Den Beteiligten ist auf Verlangen auch Abschrift der Anmeldungen zu erteilen, soweit dies mit dem dienstlichen Interesse (es kann namentlich eine zu große Inanspruchnahme der vorhandenen Schreibkräfte in Betracht kommen) vereinbar ist. Von Amts wegen werden jedoch Abschriften der Anmeldungen niemandem erteilt, auch dem Verwalter nicht[2]), obschon dieser vielfach der Kenntnis des Inhalts der Anmeldungen bedarf, um sich über die angemeldeten Forderungen erklären zu können.

Gerichtskosten werden für die Anmeldungen nicht erhoben. Wer aber seine Forderung erst nach Ablauf der Anmeldefrist anmeldet, hat wegen der für den besonderen Prüfungstermin zu erhebenden Kosten (s. S. 138) einen Auslagenvorschuß zu zahlen (§ 84 GKG.).

b) Prüfung der Anmeldungen. Behandlung ungenügender Anmeldungen.

Die Anmeldungen werden in der Regel dem Konkursrichter nicht vorgelegt; es ist zunächst Sache der Geschäftsstelle, zu prüfen, ob sie den im § 139 KO. aufgestellten Erfordernissen entsprechen. Der Urkundsbeamte ist wohl für befugt zu erachten, die Eintragung von Anmeldungen, die in *wesentlichen* Punkten mangelhaft sind, ohne Einholung einer richterlichen Entscheidung zurückzuweisen[3]). Gegen seine zurückzuweisende Verfügung kann dann der betroffene Gläubiger die Entscheidung des Konkursgerichts anrufen (§ 576 ZPO.). Der Urkundsbeamte hat aber jedenfalls nur zu prüfen, ob dem § 139 KO. genügt ist; eine Prüfung in *der* Richtung, ob die angemeldete Forderung nach den Angaben des

---

[1]) Der Eingangsvermerk ist nicht nur für die Frage, ob die Anmeldung innerhalb der Anmeldefrist erfolgt ist, sondern auch für die Frage der Unterbrechung der Verjährung von Erheblichkeit (vgl. § 209 Abs. 2 Nr. 2 BGB.).

[2]) Petersen und Kleinfeller A. 3, v. Wilmowski A. 1, Jaeger A. 1.

[3]) Die Frage wird verschieden beantwortet. S. Petersen und Kleinfeller A. 10, Jaeger A. 2 zu § 140, v. Wilmowski A. 2, Mentzel A. 2, Meyer A. 2b. In zweifelhaften Fällen empfiehlt es sich, daß der Urkundsbeamte die Entscheidung des Konkursrichters einholt.

Gläubigers begründet erscheint und ob sie überhaupt eine Konkursforderung, nicht etwa eine Masseforderung oder einen Aus- oder Absonderungsanspruch darstellt, steht ihm nicht zu.

Wenn in der Anmeldung Betrag und Grund der Forderung angegeben, aber eine über die Forderung vorhandene Urkunde weder urschriftlich noch abschriftlich beigefügt ist, so ist gleichwohl die Forderung in die Tabelle einzutragen. Das Fehlen der Urkunde kann zwar Rechtsnachteile für den Gläubiger zur Folge haben, ist aber kein wesentlicher Mangel der Anmeldung[1]).

Ist die angemeldete Forderung bevorrechtigt, ein Vorrecht aber nicht ausdrücklich beansprucht, so kann sie nur als **nicht** bevorrechtigte in die Tabelle eingetragen werden. Sofern das Vorrecht der Forderung unzweifelhaft ist, empfiehlt es sich indes zur Vermeidung von Weiterungen, den Gläubiger darauf aufmerksam zu machen, daß er sein Vorrecht bei Vermeidung der Nichtberücksichtigung ausdrücklich anzumelden habe.

Dasselbe gilt, wenn die Anmeldung nur die allgemeine Erklärung enthält, daß für die angemeldete Forderung vorzugsweise Befriedigung beansprucht werde, ohne daß das beanspruchte Vorrecht bestimmt bezeichnet ist.

Ist endlich in der Anmeldung der Geldbetrag oder der Grund der Forderung entweder gar nicht oder doch nicht hinreichend deutlich angegeben, so kann die Forderung überhaupt nicht in die Tabelle eingetragen werden[2]).

Es ist nicht **geboten**, eine dem § 139 KO. nicht genügende Anmeldung sofort durch Bescheid zurückzuweisen, vielmehr wird es sich empfehlen, den Gläubiger auf die Mängel hinzuweisen und ihm ihre Beseitigung anheim zu stellen. Anmeldungen darf das Konkursgericht überhaupt nicht darum zurückweisen, weil die angemeldete Forderung **sachlich** unbegründet erscheint oder nicht zu den Konkursforderungen gehört[3]). Im Prüfungstermin sind alle angemeldeten Forderungen zu erörtern. Findet aber der Konkursrichter, daß eine Forderung nicht den gesetzlichen Anforderungen entsprechend angemeldet ist, so hat er sie, auch wenn sie in die Tabelle gar nicht eingetragen ist, durch Beschluß zurückzuweisen und den Beschluß, der der sofortigen Beschwerde unterliegt, dem Gläubiger zuzustellen[4]).

---

[1]) RGZ. 58, 68, LZ. 1914, 396 (Dresden).

[2]) Es ist jedoch dabei kein zu strenger Maßstab anzulegen. Läßt sich der Betrag der Forderung auf Grund der Angaben der Anmeldung berechnen und ist der Grund der Forderung, wenn auch nicht angegeben, so doch für den Verwalter und die Gläubiger aus der Anmeldung erkennbar, so erscheint das genügend (RGZ. 39, 37, LZ. 1908, 392[10], 1915, 1467[7]).

[3]) LZ. 1925, 495[3] (OLG. Dresden).

[4]) Vgl. hierzu Petersen und Kleinfeller A. 2 zu §§ 141—143, v. Wilmowski A. 2 zu § 140, Jaeger A. 2, Mentzel A. 1 zu § 141, Bleyer A. 2b zu § 140, A. 2 zu § 141.

Werden Anmeldungen nachträglich ergänzt, so ist die ergänzende Erklärung als neue Anmeldung zu behandeln, sofern sie einen wesentlichen Bestandteil der Anmeldung betrifft[1]). In gleicher Weise ist zu verfahren, wenn Anmeldungen nachträglich berichtigt werden, und es sich dabei nicht lediglich um eine Erhöhung der angemeldeten Forderung handelt. Auch die Erhöhung der angemeldeten Forderung ist bezüglich des Betrags der Erhöhung als eine neue Anmeldung zu betrachten, selbst wenn der Schuldgrund derselbe bleibt[2]). Desgleichen die nachträgliche Inanspruchnahme eines Vorrechts.

c) Die Tabelle der angemeldeten Forderungen.

α) Anfertigung der Tabelle. Abschriftliche Mitteilung.

Eine jede in gehöriger Weise angemeldete Forderung, die als **Konkursforderung** angemeldet ist, hat der Urkundsbeamte alsbald nach Eingang der Anmeldung in eine Tabelle einzutragen[3]). In Nachlaßkonkursen sind unter den Voraussetzungen des § 229 KO. auch die Forderungen einzutragen, die in dem bei dem Amtsgericht des Konkurses voraufgegangenen Verfahren betreffend das Aufgebot der Nachlaßgläubiger angemeldet sind. In Ansehung der bis zum Ablauf der Anmeldefrist erfolgten Anmeldungen ist die Tabelle innerhalb des ersten Drittels des Zeitraums, der zwischen dem Ablauf der Anmeldefrist und dem allgemeinen Prüfungstermine liegt, fertig zu stellen, auf der Geschäftsstelle zur Einsicht der Beteiligten niederzulegen und dem Verwalter abschriftlich mitzuteilen (§ 140 Abs. 2 KO.). Hält der Urkundsbeamte diese Frist nicht inne, so ist der Verwalter, der Gemeinschuldner und jeder Konkursgläubiger befugt, Vertagung des Prüfungstermins auf Kosten des Beamten zu verlangen, falls diesen ein grobes Verschulden trifft[4]).

Die für den Verwalter bestimmte Abschrift der Tabelle wird zweckmäßig alsbald nach den ersten Eintragungen begonnen und von Zeit zu Zeit nach Maßgabe der ferneren Eintragungen fortgesetzt, damit ihre Vollendung nicht nach Ablauf der Anmeldefrist einen zu großen Zeitaufwand erfordert. Anderen Personen als dem Verwalter ist Abschrift der Tabelle, sofern sie im Konkurse beteiligt sind, auf Antrag gegen Zahlung der Schreibgebühren zu erteilen.

---

[1]) Petersen und Kleinfeller A. 18 zu §§ 141 ff., Jaeger A. 11 zu § 139, v. Wilmowski A. 4.

[2]) A. M. Petersen und Kleinfeller A. 6.

[3]) Hierfür ist er den anmeldenden Gläubigern verantwortlich. JW. 1894, 463[10], 1904, 85[1], Gruch. 38, 1178. An seiner Stelle haftet jetzt dem Geschädigten in Preußen der Staat. Ebenso in Bayern. Vgl. dazu Seite 24 A. 2.

[4]) Entspr. § 102 ZPO. Vgl. die Begründung des Entwurfs der Konkursordnung S. 360.

β) Art der Einrichtung und der Führung der Tabelle[1]).

Die näheren Vorschriften über die Einrichtung und Führung der Tabelle sind den Landes-Justiz-Verwaltungen überlassen. Sie sind im wesentlichen übereinstimmend in den einzelnen Bundesstaaten getroffen worden.

Für Preußen bestimmt § 33 der Geschäftsordnung für die Geschäftsstellen der Amtsgerichte vom 18. Febr. 1914 folgendes:

1. Die Tabelle über die angemeldeten Forderungen ist von dem Urkundsbeamten nach dem Muster 10 in zwei Abteilungen aufzustellen[2]).

2. In der ersten Abteilung werden die Forderungen aufgeführt, für die in der Anmeldung ein Vorrecht in Anspruch genommen worden ist, und zwar in der Reihenfolge der durch den § 61 der Konkursordnung festgesetzten Rangordnung. Es sind hierbei lediglich die Anträge der Gläubiger maßgebend.

3. In die erste Spalte der Tabelle ist für jedes der fünf Vorrechte eine römische Nummer einzutragen, auch wenn noch keine Anmeldung mit dem einen oder dem anderen Vorrechte eingegangen ist. In jeder Vorrechtsklasse beginnt die laufende Nummer (Spalte 2) mit der Ziffer 1.

4. Zwischen den einzelnen Vorrechten und für solche Vorrechtsklassen, zu denen noch keine Anmeldungen eingegangen sind, ist ein angemessener Raum offen zu lassen.

5. In die zweite Abteilung werden die Forderungen, für die ein Vorrecht nicht verlangt wird, nach der Zeit der Anmeldungen unter fortlaufender Nummernfolge eingetragen. Mehrere gleichzeitig angemeldete Forderungen desselben Gläubigers sind hintereinander, und zwar jede unter einer besonderen Nummer, zu vermerken. Die im § 62 der Konkursordnung genannten Nebenforderungen werden unter der Nummer der Hauptforderung mit aufgeführt.

6. Hat ein Gläubiger Forderungen zu beiden Abteilungen oder zu verschiedenen Vorrechten der ersten Abteilung angemeldet, so ist jede Forderung am gehörigen Orte besonders aufzuführen. Ebenso ist zu verfahren, wenn nur für einen Teil der angemeldeten Forderung ein Vorrecht verlangt wird.

7. Werden die Anmeldungen vervollständigt oder geändert, so ist danach die Tabelle zu ergänzen oder zu berichtigen.

8. Wird der Anspruch auf ein Vorrecht oder auf ein besseres Vorrecht nachträglich geltend gemacht oder zurückgenommen, so ist die Forderung demgemäß anderweit einzutragen und an ihrer bisherigen Stelle zu löschen.

9. In den Fällen der Abs. 6 bis 8 ist bei der einen Eintragung auf die Nummer der anderen Eintragung in Spalte 10 zu verweisen.

10. Das einer bestrittenen Forderung gewährte Stimmrecht (§ 95 Abs. 1 KO.) ist in Spalte 10 zu vermerken; etwaige Änderungen sind dort nachzutragen. Ebenda ist bei Forderungen unter einer aufschiebenden Bedingung und bei Forderungen, bei welchen nach § 64 KO. verhältnismäßige Befriedigung aus der Konkursmasse nur für den Betrag verlangt wird, zu welchem der Gläubiger abgesonderte Befriedigung nicht erlangt, eine entsprechende Bemerkung zu machen.

11. Die laufende Nummer der Tabelle ist auf der Anmeldung zu vermerken.

---

[1]) Ein Beispiel s. Beilage C.

[2]) In Nachlaßkonkursen empfiehlt es sich, diesen beiden Abteilungen noch eine dritte für die minder berechtigten Forderungen (§ 226 Abs. 2 KO.) anzufügen.

Die bei Aufstellung der Tabellen zu benutzenden Vordrucke sind, so viel bekannt, bis auf ganz geringe Abweichungen überall dieselben.

Die Tabelle wird bis zur Beendigung des Konkurses gesondert in der Geschäftsstelle aufbewahrt, um jederzeit, auch wenn die Konkursakten anderweit gebraucht werden, zur Hand zu sein[1]). Die Einsicht der Tabelle steht denjenigen Personen zu, die das Recht haben, die Anmeldungen einzusehen. Siehe unter a.

Über die Art der Führung der Tabelle ist im einzelnen noch zu bemerken

1. Wenn der anmeldende Gläubiger mit dem Gemeinschuldner in laufender Geschäftsverbindung gestanden hat, so werden die Forderungen des Gläubigers nicht einzeln, sondern unter einer Nummer eingetragen, und wird in der für die Angabe des Grundes der Forderungen bestimmten Spalte der Tabelle auf die Rechnung oder den Kontokorrentauszug des Gläubigers hingewiesen.

2. Nebenforderungen an Zinsen, Schäden, Kosten werden nicht gesondert eingetragen, sondern unter der Nummer der Hauptforderung mit aufgeführt.

3. Besteht für eine angemeldete Forderung ein Anspruch auf abgesonderte Befriedigung und wird ihre Berücksichtigung im Konkurse nur für den Betrag beansprucht, zu dem der Gläubiger Befriedigung aus dem Gegenstande des Absonderungsrechts nicht erlangen sollte, so ist dies (vgl. die Preuß. Geschäftsordnung § 33 Nr. 10 a. E.) in Spalte Bemerkungen zu vermerken. Hierbei wird jedoch vorausgesetzt, daß die Forderung als bloße Ausfallsforderung angemeldet ist. Ist dies nicht geschehen und geht nur sonst aus den Angaben des Gläubigers hervor, daß für die angemeldete Forderung ein Absonderungsrecht besteht, so erfolgt die Eintragung in die Tabelle lediglich nach Maßgabe des Inhalts der Anmeldung und bleibt es dem Verwalter und den anderen Gläubigern überlassen, im Prüfungstermin der Zuvielforderung des Anmeldenden durch Erhebung von Widerspruch entgegenzutreten. Siehe S. 139.

Das Vorstehende gilt entsprechend für aufschiebend bedingte Forderungen und für Forderungen, die von Gläubigern einer Handelsgesellschaft im Konkurse über das Privatvermögen eines persönlich haftenden Gesellschafters oder von Nachlaßgläubigern in den Fällen des § 212 bzw. des § 234 KO. angemeldet werden.

4. Besteht für die angemeldete Forderung ein mit der Vollstreckungsklausel versehener Schuldtitel, ein Vollstreckungsbefehl oder ein, wenn auch nicht vollstreckbares Endurteil und wird der Titel vorgelegt, so empfiehlt es sich wegen der großen Bedeutung, die

[1]) Vgl. § 32 der Preußischen Geschäftsordnung für die Geschäftsstellen der Amtsgerichte unter Nr. 7 am Ende.

ihm für die Behandlung der Forderung im Konkurse innewohnt (§ 146 Abs. 6, § 152 KO.), die Vorlegung des Titels in der Tabelle zu vermerken[1]).

5. Forderungen, die nicht auf Geld oder doch nicht auf einen bestimmten Betrag in Reichswährung gerichtet sind, können nur dann in die Tabelle aufgenommen werden, wenn ihr Wert in Reichswährung bestimmt angegeben ist (vgl. S. 118 unter a). Ist dies geschehen, so ist bei der Angabe des Grundes der Forderung zu bemerken, auf was die Forderung ursprünglich gerichtet ist.

6. Die Spalte „Berichtigungen" dient nicht nur zur Richtigstellung von Schreibfehlern und dgl., sondern auch zur Aufnahme von Berichtigungen, die durch Erklärungen und Entscheidungen über streitig werdende Forderungen bedingt werden. In dieser Spalte wird insbesondere auch die Ermäßigung und die Zurücknahme angemeldeter Forderungen vermerkt. Fällt eine eingetragene Forderung entweder überhaupt oder doch an der Stelle, wo sie eingetragen ist, ganz fort, so wird das zweckmäßig mittels eines Querstrichs durch die ganze Eintragung augenfällig gemacht.

7. In Spalte 10 gehören alle Vermerke, die sich nicht zur Aufnahme in eine andere Spalte eignen, u. a. solche über einen Widerspruch des Gemeinschuldners gegen eine angemeldete Forderung sowie über die Zurücknahme eines derartigen Widerspruchs, ferner Vermerke über Einreichung und Zurückgabe von Originalurkunden, namentlich Wechseln, und über die Erteilung vollstreckbarer Auszüge aus der Tabelle[2]).

8. In die Tabelle gehören nur Konkursforderungen, nicht auch Aussonderungs-, Absonderungs- und Masseansprüche[3]). Werden solche Ansprüche angemeldet, so ist es nicht nötig, wegen ihrer Nichtaufnahme die Anmeldenden zu bescheiden, da aus der Nichtaufnahme in die Tabelle den Berechtigten keine Rechtsnachteile entstehen.

9. Die Tabelle ist zur Aufnahme sämtlicher Anmeldungen, auch der nach Ablauf der Anmeldefrist eingehenden, bestimmt. Da aber die letzteren anders als die rechtzeitig erfolgten Anmeldungen zu behandeln sind, und da es vorkommen kann, daß rechtzeitig angemeldete, nicht bevorrechtigte Forderungen infolge unrichtiger Anmeldung oder eines Irrtums des Urkundsbeamten als bevorrechtigt oder gar nicht eingetragen sind und im Prüfungstermin bei den nicht bevorrechtigten Forderungen eingestellt werden müssen,

---

[1]) Vgl. dazu RGZ. 85, 64 (JW. 1914, 944[32]).

[2]) Vgl. § 33 Nr. 15 der Preußischen Geschäftsordnung. — Ein nach der Anmeldung eingetretener Wechsel in der Person des Gläubigers braucht in der Tabelle nicht vermerkt zu werden. OLG. 32, 398 (Kammergericht), Jaeger A. 8 zu § 140.

[3]) JW. 1884, 271[21], 1896, 696[28].

so empfiehlt es sich, hinter der Eintragung der letzten rechtzeitig angemeldeten, nicht bevorrechtigten Forderung einen angemessenen Raum zur äußerlichen Scheidung der rechtzeitig und der nicht rechtzeitig angemeldeten Forderungen und für etwa erforderlich werdende Nachtragungen offen zu lassen.

D. Feststellung der Schuldenmasse.

a) Grundzüge des Verfahrens.

Ist durch die Anmeldung die Voraussetzung erfüllt, unter der allein die Berücksichtigung der Konkursforderungen bei der Verteilung der Konkursmasse erfolgen kann, so ist weiter festzustellen, welche von den angemeldeten Forderungen wirklich Anspruch darauf haben, bei den Verteilungen berücksichtigt zu werden. Diese Feststellung erfolgt in einem eigenartig gestalteten Verfahren, unter gerichtlicher Leitung und Beurkundung, aber unter tunlichster Vermeidung von Prozessen. Zuvörderst werden die angemeldeten Forderungen und Vorrechtsansprüche im Wege mündlicher Erörterung mit den Beteiligten geprüft. Bleiben sie bei der Prüfung unbeanstandet, so gelten sie für den Konkurs als feststehend und gewähren demgemäß ein Recht auf anteilige Befriedigung aus der Teilungsmasse. Erfolgt aber von seiten des Verwalters oder eines Konkursgläubigers ein Widerspruch, so wird dadurch die betroffene Forderung von der Berücksichtigung bei den Verteilungen zunächst gänzlich ausgeschlossen. Es ist nunmehr Sache des Gläubigers, den erhobenen Widerspruch, nötigenfalls im Prozeßwege, zu beseitigen. Erst der Nachweis der Klageerhebung gewährt dem Gläubiger Anspruch darauf, bei den Verteilungen überhaupt berücksichtigt zu werden, und anteilige Befriedigung aus der Konkursmasse kann er erst nach endgültiger Beseitigung des erhobenen Widerspruchs verlangen, da erst dann seine Forderung als festgestellt angesehen wird. Eine Ausnahme findet nur dann statt, wenn der Gläubiger für seine Forderung zur Zeit der Konkurseröffnung bereits einen vollstreckbaren Titel oder wenigstens ein obsiegendes Urteil erlangt hatte. In diesem Falle wird seine Forderung trotz des erhobenen Widerspruchs so lange wie eine festgestellte behandelt, bis der Widersprechende seinen Widerspruch im Prozeßwege verfolgt, und, auch wenn das geschieht, wird die Forderung wenigstens in den Verteilungsplan als zu berücksichtigend aufgenommen.

b) Die Prüfungstermine.

Die Prüfung der angemeldeten Forderungen und Vorrechtsansprüche erfolgt durch Verhandlung des Gerichts mit den Beteiligten, d. h. dem Verwalter, den Konkursgläubigern und dem Gemeinschuldner. Diese haben sich über die tatsächlichen und rechtlichen Grundlagen der geltend gemachten Ansprüche zu unterrichten und demnächst über die einzelnen angemeldeten Forderungen zu erklären. Die Erklärungen erfolgen in Terminen, die das Gericht[1]) anzuberaumen und gemäß § 76 KO. öffentlich bekannt zu machen hat. Gleich bei der Konkurseröffnung wird der allgemeine Prüfungstermin bestimmt (siehe S. 83). Diesem folgen nach Bedarf besondere Prüfungstermine.

α) Der allgemeine Prüfungstermin.

1. Überblick über den Hergang in dem Termine.

Nach Prüfung der Legitimation der erschienenen Beteiligten werden mit diesen vom Richter die angemeldeten Forderungen einzeln der Reihe nach durchgegangen. Wenn weder seitens des Verwalters noch seitens eines Konkursgläubigers ein Widerspruch erfolgt, so wird die Verhandlung über die Forderung geschlossen und zur Erörterung der nächsten Forderung übergegangen. Wenn dagegen von seiten einer der genannten Personen ein Widerspruch erhoben und dieser Widerspruch nicht gütlich erledigt wird, so stellt der Richter genau fest, von wem und inwieweit der Forderung widersprochen wird, und verhandelt sodann über das der streitig gebliebenen Forderung für die Gläubigerversammlungen zu bewilligende Stimmrecht. Mangels einer Einigung der Streitenden entscheidet er hierüber sofort. Das Ergebnis der Prüfung und der Verhandlung über das Stimmrecht wird in die Tabelle eingetragen. In vorstehender Weise wird mit der Prüfung bis zur Erledigung sämtlicher innerhalb der Anmeldefrist angemeldeten Forderungen fortgefahren. Die nach Ablauf der Anmeldefrist angemeldeten Forderungen werden alsdann gleichfalls geprüft, sofern weder der Verwalter noch ein Konkursgläubiger dagegen Widerspruch erhebt.

2. Welche Personen verpflichtet sind zu erscheinen.

Im Prüfungstermin muß der Verwalter über jede einzelne Forderung gehört werden. Das ist zwar in der Konkursordnung nicht ausdrücklich ausgesprochen, folgt aber mit Notwendigkeit aus der Bestimmung des § 144 Abs. 1 KO. und aus der ganzen Stellung des Verwalters gegenüber den Konkursgläubigern. Der Verwalter hat daher in der Regel persönlich im Prüfungstermine zu erscheinen. Kann oder will er dies ausnahmsweise nicht, so hat er zum mindesten dafür Sorge zu tragen, daß sein Vertreter mit gehöriger Vollmacht versehen wird und imstande ist, die ihm obliegenden Erklärungen sachgemäß abzugeben. Eine Person, die — sei es wegen ungenügender Befähigung, sei es wegen mangelnder Information — zur gehörigen Vertretung des Verwalters

[1]) Die Termine haben vor dem Konkursgericht stattzufinden. Ihre Abhaltung durch ein ersuchtes Gericht erscheint nicht zulässig. (OLG. 42, 76 (München).

nicht fähig ist, kann der Konkursrichter zurückweisen[1]). Ist der Verwalter weder selbst erschienen noch durch eine geeignete Person vertreten, so muß der Prüfungstermin vertagt werden. Der öffentlichen Bekanntmachung des neuen Termins bedarf es jedoch dann nicht, wenn dieser gleich im Termin verkündet wird (§ 93 Abs. 2 KO.). Die durch die Vertagung entstehenden Kosten wird der Verwalter der Konkursmasse zu erstatten haben, falls ihn ein grobes Verschulden trifft[2]). Der Umstand, daß der Verwalter eine besondere Ladung zum Prüfungstermine nicht erhalten hat, schließt die Annahme eines Verschuldens nicht aus, da die öffentliche Bekanntmachung des Prüfungstermins auch für den Verwalter als Zustellung wirkt.

Das Erscheinen des Gemeinschuldners ist ungeachtet des Wortlauts des § 141 Abs. 2 KO. nicht unbedingt notwendig, kann aber verlangt und vom Gericht notfalls erzwungen werden (§§ 100, 101 Abs. 2 KO.). Er hat übrigens ein persönliches Interesse am Erscheinen (§§ 164 Abs. 2, 194, 206 Abs. 2) und kann sich durch einen Bevollmächtigten vertreten lassen.

Die Konkursgläubiger sind nicht verpflichtet, im Prüfungstermin zu erscheinen oder sich vertreten zu lassen. Auch im Falle ihres Ausbleibens werden die von ihnen angemeldeten Forderungen geprüft (§ 143 KO.). Die Ausbleibenden trifft nur der Rechtsnachteil, daß sie die Feststellung der **übrigen** zur Prüfung gelangenden Forderungen nicht verhindern können und daß, wenn ihre Forderungen bestritten werden, über das ihnen zu bewilligende Stimmrecht ohne ihre Zuziehung entschieden wird.

3. Welche Forderungen im allgemeinen Prüfungstermine zur Prüfung gelangen.

Der allgemeine Prüfungstermin ist zur Prüfung der Forderungen bestimmt, die bis zum Ablauf der Anmeldefrist in gehöriger Weise angemeldet sind. Sollte eine solche Forderung versehentlich nicht in die Tabelle eingetragen sein, so ist sie doch zu prüfen und die Eintragung nachzuholen. Der Richter hat dafür bei eigener Verantwortung zu sorgen und deshalb vor oder in dem Termine die eingegangenen Anmeldungen einzeln durchzusehen[3]). In dem Termine werden auch die später angemeldeten Forderungen geprüft, sofern dagegen weder der Verwalter noch ein Konkurs-

[1]) Entgegen dieser Meinung des Verf., die im wesentlichen von Wolff (A. 1 zu § 141) geteilt wird, ist nach der jetzt als herrschend zu bezeichnenden Ansicht eine Vertretung des Verwalters im Prüfungstermin durch eigenmächtig bestellte Bevollmächtigte unzulässig, vielmehr bedarf es bei Behinderung des Verwalters der Bestellung eines besonderen Vertreters durch das Gericht. Vgl. Jaeger A. 10 zu § 78, Mentzel A. 2 zu § 78, Bleyer A. 1 zu § 141, A. 1b zu § 79.

[2]) Entspr. § 102 ZPO. (§ 72 KO.). Vgl. hierzu v. Wilmowski A. 9, Petersen und Kleinfeller A. 7, Bleyer A. 1 zu § 141.

[3]) Vgl. JW. 1894, 63, Gruch. 38, 1178, Jaeger A. 2 zu § 141.

gläubiger Widerspruch erhebt (§ 142 Abs. 1 KO.). Dasselbe gilt für nachträglich beanspruchte Vorrechte und sonstige Änderungen einer Anmeldung (§ 142 Abs. 2 KO.). Der Widerspruch des Gemeinschuldners hindert die Prüfung nachträglich angemeldeter Forderungen und Vorrechtsansprüche nicht, auch kann diese Prüfung nicht von Amts wegen vom Gericht versagt werden. Falls ein Widerspruch seitens eines Berechtigten nicht erfolgt, sind selbst die Ansprüche zur Prüfung zu bringen, die erst während des Termins angemeldet werden, vorausgesetzt, daß die Anmeldung nach Vorschrift des § 139 KO. erfolgt.

Auszuschließen von der Prüfung sind dagegen die nicht nach Vorschrift des § 139 KO. angemeldeten Forderungen, auch wenn sie in die Tabelle eingetragen sind[1]), ferner die Forderungen solcher Gläubiger, für welche Vertreter ohne gehörige Legitimation die Anmeldung bewirkt haben, sofern nicht spätestens im Termin die Legitimation der Anmeldenden nachgebracht wird[2]), endlich Ansprüche, die nicht auf Anteilnahme bei der Verteilung der Konkursmasse gerichtet sind[3]), also namentlich die etwa in die Tabelle aufgenommenen Ansprüche von Aussonderungsberechtigten und Massegläubigern[4]). Außerdem werden auf Antrag des Verwalters, des Gemeinschuldners oder eines Konkursgläubigers Forderungen von der Prüfung ausgeschlossen werden können, wenn deren Anmeldung so mangelhaft erfolgt ist, daß den Widerspruchsberechtigten nicht zugemutet werden kann, sich über sie in dem Termine zu erklären. Vgl. unter 6. Zur Wahrung des Interesses der Konkursmasse ist es jedoch in diesem Falle hinreichend, wenn der Forderung vom Verwalter widersprochen wird[5]).

---

[1]) RGZ. 39, 37, JW. 1885, 354[14].

[2]) Jaeger A. 3, 4 zu § 141, Bleyer A. 3a zu § 139, OLG. 35, 254 (Rostock). Bei Gefahr im Verzuge (Verjährung) ist jedoch einstweilige Zulassung unter Vorbehalt der Beseitigung des Mangels nicht ausgeschlossen. Vgl. Mentzel A. 1 zu § 141.

[3]) Dagegen wohl nicht Forderungen, die als im Konkurse teilnahmeberechtigt vom Gesetz (s. §§ 3 und 63) nicht anerkannt werden. Dergleichen Forderungen dürften zur Prüfung zuzulassen sein, nur wird der Konkursrichter die Bedenken gegen ihr Teilnahmerecht zur Sprache bringen, um die Erhebung eines Widerspruchs anzuregen. S. Wilmowski A. 1, Jaeger A. 3; Bleyer W. 2 zu § 141.

[4]) Die Zurückweisung der Zulassung einer Forderung ist durch Beschluß auszusprechen, der dem Gläubiger zuzustellen ist. S. unter Cb. Die zurückgewiesene Forderung ist dann, wenn sie in die Tabelle eingetragen war, dort zu streichen. Der Anmeldende hat das Recht der sofortigen Beschwerde. Ist dagegen eine Anmeldung entgegen dem Widerspruche des Verwalters zugelassen worden, so steht diesem die sofortige Beschwerde zu. Vgl. Mentzel A. 1 zu § 141.

[5]) Der Widerspruch des Verwalters hat nicht unbedingt zur Folge, daß die Kosten des demnächstigen Feststellungsprozesses im Falle des Unterliegens die Konkursmasse treffen. Vgl. § 93 ZPO.

4. Verfahren bei der Prüfung.

Die zur Prüfung gelangenden Forderungen werden im Termin nach Grund, Betrag und Vorrecht in der Reihenfolge der Anmeldungen erörtert (§ 141 Abs. 1 KO.).

Die Erörterung geschieht in der Weise, daß die Eintragungen in der Tabelle unter Zugrundelegung der erfolgten Anmeldungen[1]) einzeln vom Richter oder vom Beamten der Geschäftsstelle vorgetragen werden und daß bei einer jeden dem Verwalter, dem Gemeinschuldner, den Konkursgläubigern und den Vertretern von Konkursgläubigern zur Erklärung Gelegenheit gegeben, über die erfolgten Erklärungen auch sofort verhandelt wird. Daß zu jeder erörterten Forderung eine Erklärung wirklich abgegeben wird, ist nicht notwendig, da zur Feststellung der Forderungen ein ausdrückliches Anerkenntnis nicht erforderlich, vielmehr das Unterbleiben eines Widerspruchs hinreichend ist.

Erfolgt gegen eine Forderung oder einen Vorrechtsanspruch ein Widerspruch, so ist geeignetenfalls dessen gütliche Erledigung zu versuchen. Zu diesem Behufe können Ermittelungen angestellt werden, sofern dadurch ein erheblicher Aufenthalt nicht verursacht wird. Namentlich wird die Einsicht der Geschäftsbücher des Gemeinschuldners[2]) und dessen Anhörung empfehlenswert sein.

Finden sich in den Anmeldungen oder den Eintragungen Mängel, so veranlaßt der Richter, soweit tunlich, deren Beseitigung.

Wird für eine Forderung, die als nicht bevorrechtigt in die Tabelle eingetragen ist, nachträglich ein **Vorrecht beansprucht**, so ist sie gemäß den für die Führung der Tabelle gegebenen Anweisungen (s. S. 124) hinter der letzten Vorrechtsforderung der gleichen Klasse unter Hinweisung auf die ursprüngliche Eintragung einzutragen und an ihrer bisherigen Stelle unter Hinweis auf die neue Eintragung als wegfallend zu vermerken.

Wenn zu einer **Wechselforderung** der Wechsel (und, wo nötig, der Protest) nicht beigebracht ist, so wird die Forderung vom Verwalter unter Angabe des Grundes zu bestreiten sein. Eine Anerkennung der Forderung „vorbehaltlich der Beibringung des Wechsels" ist nicht zu empfehlen, weil die Rechtswirksamkeit eines solchen Vorbehalts angesichts des § 144 Abs. 1 KO. nicht unzweifelhaft ist und über die Tragweite des Vorbehalts leicht Streitigkeiten entstehen können[3]).

---

[1]) Für die Auslegung einer Eintragung ist der Inhalt der Anmeldung maßgebend. OLG. 42, 76 (Kammergericht).

[2]) Es wird gut sein, wenn möglichst dafür Sorge getragen wird, daß der Verwalter die Geschäftsbücher des Gemeinschuldners zum Termine zur Stelle schafft. Die Preußische Konkursordnung vom 8. Mai 1855 hatte dies ausdrücklich vorgeschrieben.

[3]) S. hierzu Jaeger A. 3 a. E. zu § 141 und A. 8 zu § 145, Petersen und Kleinfeller A. 1 zu §§ 144, 145, RGZ. 37, 4; Gruch. 58, 1130; LZ. 1914, 394[13] (Dresden).

Bei absonderungsberechtigten Forderungen ist nur zu erörtern, ob und inwieweit sie als Konkursforderungen bestehen. Ihre Feststellung erfolgt nur mit Vorbehalt (§ 64 KO.), falls nicht der Gläubiger auf sein Absonderungsrecht verzichtet[1]). Die Frage, ob, an welchen Gegenständen und für welchen Betrag ein Absonderungsrecht begründet ist, ist im Prüfungstermine nicht zu prüfen[2]).

Macht der Verwalter oder ein Konkursgläubiger geltend, daß für eine angemeldete Forderung ein vom Gläubiger nicht zur Sprache gebrachtes Absonderungsrecht besteht, so kann die Feststellung der Forderung nur mit der Einschränkung erfolgen, daß der Forderung im Konkurse nur in Höhe ihres Ausfalls Anspruch auf Berücksichtigung zusteht (§ 64 KO.). Der Ausfall absonderungsberechtigter Forderungen braucht aber zur Zeit der Feststellung nicht ziffermäßig nachweisbar zu sein, überhaupt noch nicht festzustehen[3]).

Aufschiebend bedingte Forderungen können nur als sicherungsberechtigt festgestellt werden (§ 67 KO.). Ist zweifelhaft, ob eine Bedingung als aufschiebend oder auflösend zu betrachten ist, so ist diese Frage im Termin zur Erörterung zu bringen, da aufschiebend Forderungen anders als auflösend bedingte bei den Verteilungen behandelt werden (s. §§ 154, 168 KO.).

5. Widersprüche gegen angemeldete Forderungen.

Das Ergebnis der Prüfung muß sein entweder, daß die geprüfte Forderung festgestellt oder, daß und zwischen welchen Personen sie streitig geblieben ist.

Als festgestellt gilt eine Forderung, wenn und soweit gegen sie im Prüfungstermin ein Widerspruch weder vom Verwalter noch von einem Konkursgläubiger erhoben wird (§ 144 Abs. 1 KO.). Anerkenntnis unter Bedingungen oder Vorbehalten ist einem Widerspruch gleich zu achten[4]). Ein Widerspruch kann wirksam nur im Prüfungstermine erhoben werden. Ein schriftlich eingehender Widerspruch hindert die Feststellung der durch ihn betroffenen Forderungen nicht[5]). Das Widerspruchsrecht gegen die angemel-

---

[1]) Warneyer Rechtspr. Bd. 11 Nr. 56 S. 86.

[2]) Gruchot 41, 1102. OLG. 35, 261 (Kammergericht) und daselbst Anm. 1 (Kiel). Das gleiche gilt von Forderungen, die von Nachlaßgläubigern im Konkurse des Erben angemeldet sind, in den Fällen des § 234 KO.

[3]) RGZ. 26, 112, JW. 84[7], 89[22]. Dasselbe gilt für die Ausfallsforderungen, die die Gläubiger einer in Konkurs befindlichen offenen Handelsgesellschaft, Kommanditgesellschaft oder Kommanditgesellschaft auf Aktien in dem Konkurse über das Privatvermögen eines persönlich haftenden Gesellschafters geltend machen, sowie für die Forderungen der Nachlaßgläubiger in den Fällen des § 234 KO.

[4]) RGZ. 26, 112, Jaeger A. 1 zu § 144.

[5]) v. Wilmowski A. 1, Jaeger A. 1 zu § 144. Eine etwaige schriftliche Erklärung kann aber zur Erläuterung des Sachverhaltes herangezogen werden (Bleyer Anm. 1a zu § 143).

deten Forderungen steht auch, soweit deren Feststellung für den Konkurs in Frage ist, nur dem Verwalter und den Konkursgläubigern zu. Der Widerspruch des Gemeinschuldners hat zwar für dessen Verbindlichkeiten nach Beendigung des Konkurses, nicht aber für die Teilnahme der Gläubiger an der Konkursmasse Bedeutung. Widersprüche von Massegläubigern, Aussonderungsberechtigten und solchen Absonderungsberechtigten, die nicht zugleich Konkursgläubiger sind, haben gar keinen Anspruch auf Beachtung. Andererseits sind die Widerspruchsberechtigten hinsichtlich der Ausübung des Widerspruchsrechts voneinander völlig unabhängig, so daß der Widerspruch eines Konkursgläubigers der Feststellung selbst in dem Falle entgegensteht, wenn Verwalter und Gemeinschuldner die durch den Widerspruch betroffene Forderung ausdrücklich anerkennen.

Zum Widerspruch berechtigt[1]) sind alle Gläubiger, die Forderungen als Konkursforderungen angemeldet und dabei den Vorschriften des § 139 KO. genügt haben. Vor der Anmeldung ist für die Gläubiger des Gemeinschuldners, wie schon früher bemerkt, ein Anspruch auf Berücksichtigung im Konkursverfahren nicht vorhanden und deswegen ein berechtigtes Interesse an der Bestreitung anderer Konkursforderungen nicht anzuerkennen. Hat aber ein Gläubiger seine Forderung vorschriftsmäßig angemeldet, so hindert sein Widerspruch gegen eine zur Prüfung stehende Forderung deren Feststellung stets, mag auch seine eigene Forderung gleichfalls durch einen Widerspruch betroffen oder noch gar nicht geprüft sein. Ob der Widersprechende wirklich Konkursgläubiger und deshalb widerspruchsberechtigt war, ist nicht im Prüfungstermine, sondern im demnächstigen Feststellungsprozesse zum Austrag zu bringen. Nur die Widersprüche stimmberechtigter Gläubiger zu berücksichtigen, erscheint nicht richtig. — Die bevorrechtigten Konkursgläubiger sind in demselben Umfange, wie die nicht bevorrechtigten, widerspruchsberechtigt. Nach dem Wortlaute des Gesetzes kann ihr Widerspruch nicht darum unbeachtet bleiben, weil sie nach der gesetzlichen Rangordnung vor dem durch den Widerspruch Betroffenen Befriedigung aus der Masse erhalten.

Eine besondere Begründung des erhobenen Widerspruchs ist in keinem Falle erforderlich.

Die Erhebung oder Erweiterung eines Widerspruchs ist zulässig, so lange nicht die Forderung als festgestellt in die Tabelle eingetragen ist. Die Feststellung schließt aber nachträglichen Widerspruch aus[2]).

Gegen die Versäumung rechtzeitigen Widerspruchs kann weder dem Verwalter noch einem Konkursgläubiger Wiederein-

---

[1]) Vgl. hierzu v. Wilmowski A. 6 zu § 141, Jaeger A. 8 das., Petersen und Kleinfeller A. 6 zu §§ 141—143, Wolff A. 1, Mentzel A. 2, Bleyer A. 1b zu § 144.

[2]) RGZ. 57, 274.

setzung in den vorigen Stand gewährt werden[1]), dagegen dem Gemeinschuldner unter den Voraussetzungen des § 165 KO.

Ein erhobener Widerspruch kann nachträglich beseitigt werden durch Erlöschen der Forderung des Widersprechenden (z. B. vollständige Befriedigung des Absonderungsberechtigten) oder durch sein Unterliegen im Feststellungsstreit (§ 146) oder durch Zurücknahme. Die Zurücknahme ist dem Konkursgericht oder dem Gläubiger der von dem Widerspruch betroffenen Forderung zu erklären. Einer besonderen Form bedarf die Erklärung nicht. Geht sie dem Konkursgericht zu, stellt sie zugleich den Antrag des Zurücknehmenden auf Berichtigung der Tabelle dar. Andernfalls hat der Anmelder die Berichtigung zu veranlassen. Die Zurücknahme wird wirksam, sobald sie dem Gläubiger zugegangen, nicht erst wenn die Tabelle berichtigt ist[2]).

6. Vertagung der Prüfung von Forderungen.

Wenn der Verwalter oder ein Konkursgläubiger sich die Erklärung über eine Konkursforderung vorbehält, so wird dadurch nach § 144 Abs. 1 KO. die Feststellung der Forderung an und für sich nicht aufgehalten. Verwalter und Gläubiger haben sich über die angemeldeten Forderungen vor dem Prüfungstermine zu unterrichten und im Termine zu erklären. Sind sie zur Erklärung über eine Forderung noch nicht in der Lage und wollen sie auch nicht Widerspruch erheben, so bleibt zur Vermeidung der sofortigen Feststellung der Forderung wohl nur der Ausweg übrig, daß die Prüfung der Forderung vertagt wird. Die Vertagung ist auf Antrag anzuordnen: wenn urkundliche Beweisstücke für die Forderung vorhanden, aber entweder gar nicht oder so spät beigebracht sind, daß ihre Prüfung durch die Beteiligten bis zur Beendigung des Prüfungstermins nicht wohl erfolgen kann, ferner, wenn der Grund der Forderung in der Anmeldung nicht deutlich angegeben und zu spät klar gestellt ist, und in ähnlichen Fällen[3]). Ferner kann die Prüfung angemeldeter Forderungen, wenn nötig, von Amts wegen vertagt werden. Die ganze Prüfungsverhandlung kann vertagt werden, wenn es wegen vorgerückter Zeit, entstehenden Tumults oder aus ähnlichen Gründen nicht möglich ist, in dem anberaumten Termine das Prüfungsgeschäft zu Ende zu führen. Hinsichtlich der Bekanntmachung und der Kosten des neuen Termins findet das unter Nr. 2 Gesagte entsprechende Anwendung.

---

[1]) Jaeger A. 14 zu § 145, Petersen und Kleinfeller A. 8 zu § 144, 145, Wolff und Mentzel zu § 143, Bleyer A. 1 b zu § 144.

[2]) Vgl. Jaeger A. 10 zu § 141.

[3]) Lehnt das Gericht einen Antrag auf Vertagung der Prüfung ab, so dürfte gegen den ablehnenden Beschluß Beschwerde zulässig sein, da der Vertagungsantrag eine vorgängige mündliche Verhandlung im Sinne des § 567 ZPO. nicht erfordert. S. RGZ. 23, 369; 62, 210.

7. Feststellung der Stimmrechte streitig gebliebener Forderungen.

Bei denjenigen Forderungen, die im Prüfungstermin streitig bleiben[1]), ist sofort darüber zu verhandeln, ob und für welchen Betrag ihnen ein bleibendes Stimmrecht im Konkurse zustehen soll[2]). Bei der Verhandlung hierüber sind einerseits die Gläubiger der streitig gebliebenen Forderungen, andererseits diejenigen, durch deren Widerspruch die Forderungen streitig geblieben sind, zuzuziehen. Mit Personen, die den Forderungen selbst nicht widersprochen haben oder wirksam nicht widersprechen konnten, insbesondere mit dem Gemeinschuldner, dessen Widerspruch ja die Feststellung der Forderungen nicht hindert, ist wegen des Stimmrechts nicht zu verhandeln. Kommt nun zwischen den streitenden Teilen eine Einigung über das Stimmrecht zustande, so ist diese für die ganze Dauer des Konkurses — oder bei früherer Beendigung des Feststellungsprozesses bis zur rechtskräftigen Feststellung oder Aberkennung der streitigen Forderungen — maßgebend. Kommt eine Einigung nicht zustande oder kann von einer solchen nicht die Rede sein, weil der betroffene Gläubiger weder selbst anwesend noch vertreten ist, so hat das Konkursgericht sogleich im Termine über das Stimmrecht der Forderung zu entscheiden, es sei denn, daß der erhobene Widerspruch sich nur gegen die Forderung, nicht auch gegen deren Stimmrecht richtet (§ 95 Abs. 1 KO.). Vor der Entscheidung wird das Gericht beide Teile summarisch zu hören und Beweise, die sofort beigebracht werden, in entsprechender Anwendung des § 294 ZPO. zu erheben haben. Die Bewilligung des Stimmrechts wird nur dann und nur soweit erfolgen dürfen, wenn und soweit die streitigen Forderungen rechtlich begründet und in ihren tatsächlichen Unterlagen glaubhaft erscheinen. Die Entscheidung des Gerichts ist im Termine zu verkünden. Sie ist unanfechtbar[3]). Das Gericht selbst kann sie aber jederzeit auf Antrag einer Partei — nicht von Amts wegen — abändern (§ 95 Abs. 3, 1 KO.; vgl. S. 110).

Ist vom Konkursrichter versäumt worden, die Entscheidung über das Stimmrecht einer streitig gebliebenen Forderung im Prüfungstermine zu treffen, so ist diese Entscheidung auf Antrag des Gläubigers in einer späteren Gläubigerversammlung oder in

---

[1]) Für aufschiebend bedingte Forderungen und für Ausfallsforderungen wird ein dauerndes Stimmrecht nicht festgestellt. Vgl. § 96 KO. und oben S. 98, 99.

[2]) Diese Vorschrift dient namentlich zur Vereinfachung und Abkürzung der Verhandlungen im Zwangsvergleichstermine.

[3]) Eine besondere Zustellung der Entscheidung ist aus diesem Grunde ohne praktische Bedeutung und wird, soweit bekannt, von den Gerichten nicht veranlaßt. Siehe S. 100.

einem besonderen Termine, wozu die streitenden Teile zu laden sind, nachzuholen[1]).

8. **Eintragung des Ergebnisses der Prüfung in die Tabelle.**

Das Ergebnis der Prüfung wird bei jeder einzelnen Forderung alsbald nach stattgehabter Erörterung in die dafür bestimmten Spalten der Tabelle eingetragen (§ 145 Abs. 1 KO.). Die Eintragung hat allen Konkursgläubigern gegenüber die Wirkung eines rechtskräftigen Urteils (Abs. 2)[2]).

Die Vermerke in der Tabelle bilden einen integrierenden Teil des über den Prüfungstermin aufzunehmenden Protokolls. Sie sind demgemäß sämtlich im Termin zu verlesen und einzeln unter Angabe von Ort und Datum von den Gerichtspersonen zu unterzeichnen[3]). Zu vermerken ist nicht nur das Ergebnis der Verhandlung über Grund, Betrag und Vorrecht der Forderungen, sondern auch bestreitende Erklärungen des Gemeinschuldners, Zurücknahmen angemeldeter Forderungen, Änderungen von Anmeldungen sowie sonstige Vorgänge, die für den Inhalt der Tabelle von Erheblichkeit sind.

Bei festgestellten Forderungen genügt der Vermerk „Festgestellt". Doch mag bei bevorrechtigten Forderungen der größeren Deutlichkeit wegen noch bemerkt werden, mit welchem Vorrecht sie festgestellt sind. Lassen die Eintragungen in den Spalten 1 bis 7 und 10 der Tabelle über die Beschaffenheit der Forderungen Zweifel, so sind diese Zweifel durch den Vermerk in Spalte 8 zu beseitigen. Dies ist namentlich bei den Forderungen Absonderungsberechtigter von Wichtigkeit[4]).

Bei streitig gebliebenen Forderungen und Vorrechten ist anzugeben, von welchen Personen und in Höhe welches Betrags Widerspruch erhoben ist. Die Angabe des **Grundes** des Widerspruchs kann zweckmäßig sein, ist aber nicht notwendig, und oft auch gar nicht tunlich. Außerdem ist bei den streitig gebliebenen Forderungen zu vermerken, ob und für welchen Betrag ein Stimmrecht vereinbart oder durch richterliche Entscheidung bewilligt oder versagt ist. Dieser Vermerk kann zwar in das Terminsprotokoll selbst aufgenommen werden, wird aber besser in Spalte 10 der

---

[1]) S. v. Wilmowski A. 3 zu § 95, Jaeger A. 2 das., Wolff A. 2.

[2]) Über die Wirkung der Eintragung, die für einen von mehreren Forderungsprätendenten erfolgt ist, vgl. RGZ. 58, 369; Jaeger A. 8, Wolff A. 3, Mentzel A. 3, Bleyer A. 3d zu § 145.

[3]) v. Wilmowski A. 1 und 2, Jaeger A. 10 zu § 140, Petersen und Kleinfeller A. 15 zu §§ 144, 145, Wolff A. 1, Mentzel A. 1, Bleyer A. 1 zu § 145.

[4]) Über Anerkennung oder Nichtanerkennung von **Absonderungsrechten** ist nichts in die Tabelle aufzunehmen. Vgl. die Bemerkungen unter Nr. 4 S. 131. Die Feststellung von Absonderungsrechten im Prüfungsverfahren hat auch nicht die im § 145 Abs. 2 KO. vorgesehene Wirkung (Gruchot 41, 1102).

Tabelle eingetragen[1]). Ob Vereinbarung oder richterliche Entscheidung dem Stimmrecht zugrunde liegt, muß ersichtlich gemacht werden, denn im Falle der Vereinbarung ist das Stimmrecht bis zur Erledigung des erhobenen Widerspruchs oder bis zu anderweiter Vereinbarung unabänderlich, während im Falle richterlicher Entscheidung jederzeit auf Antrag eine abändernde Entscheidung erfolgen kann.

Die Zurücknahme von Anmeldungen wird in Spalte 9, bestreitende Erklärungen des Gemeinschuldners werden in Spalte 10 der Tabelle eingetragen. Ein Bestreiten des Gemeinschuldners muß in der Regel, um wirksam zu sein, im Prüfungstermin selbst erfolgen. Nach § 165 KO. ist aber auch ein nachträgliches Bestreiten wirksam und in die Tabelle einzutragen, wenn dem Gemeinschuldner gegen die Versäumung des Prüfungstermins Wiedereinsetzung in den vorigen Stand erteilt wird und sein Bestreiten in dem die Wiedereinsetzung nachsuchenden Schriftsatz erfolgt ist.

9. Das Terminsprotokoll[2]).

Über den Hergang im Prüfungstermine wird ein Protokoll aufgenommen. Darin ist nach Aufführung der erschienenen Beteiligten anzugeben, welche bevorrechtigten und nicht bevorrechtigten Forderungen geprüft worden sind. Wenn Anmeldungen geändert oder zurückgenommen sind, so ist auch das unter Hinweis auf die betreffenden Eintragungen in der Tabelle kurz zu bemerken. Wegen des Ergebnisses der Prüfung sowie der Vereinbarungen und Entscheidungen über Stimmrechte ist auf die Eintragungen in der Tabelle zu verweisen. Sind Forderungen, die nach Ablauf der Anmeldefrist aber vor dem Termine angemeldet worden, nicht geprüft, so ist anzugeben, auf wessen Widerspruch die Prüfung unterblieben ist.

β) Besondere Prüfungstermine.

Haben Forderungen im allgemeinen Prüfungstermine nicht geprüft werden können, so sind zu deren Prüfung, sofern nicht die Anmeldungen zurückgezogen werden, besondere Prüfungstermine von Amts wegen anzuberaumen. Das hat zu geschehen sowohl wenn die Anmeldung erst nach dem allgemeinen Prüfungstermine, als wenn sie zwar vorher erfolgt, aber gegen die Prüfung in diesem Termin wegen Versäumung der Anmeldefrist oder Mangelhaftigkeit der Anmeldung ein begründeter Widerspruch erhoben ist. Ferner auch dann, wenn nachträglich eine wesentliche Änderung der Anmeldung stattfindet, also wenn entweder der Grund

[1]) Vgl. die S. 124 mitgeteilte Preußische Geschäftsordnung, Ziff. 10.
[2]) Ein Beispiel s. Beilage D.

der angemeldeten Forderung geändert oder ein höherer Betrag oder ein besseres Vorrecht[1]) beansprucht wird (§ 142 KO.).

Nachträgliche Prüfungstermine sind so oft anzuberaumen, wie sie sich nach Vorstehendem als erforderlich herausstellen. Zur Vermeidung zu vieler Termine und zur Verminderung der Kosten[2]) wird es sich aber empfehlen, die Termine möglichst mit einer anderen Gläubigerversammlung zu verbinden und sie nicht mit zu kurzer Frist anzusetzen, damit tunlichst viele nachträglich zu prüfende Forderungen in einem und demselben Termine geprüft werden können. Eine bestimmte Frist ist für die Anberaumung der nachträglichen Prüfungstermine nicht vorgeschrieben[3]).

Erfolgt eine Anmeldung so spät, daß die Prüfung der angemeldeten Forderung vor der Feststellung des Schlußverzeichnisses bzw. vor der Annahme des angebotenen Zwangsvergleichs nicht mehr erfolgen kann, so bedarf es der Anberaumung eines Prüfungstermins nicht[4]).

Auch die nachträglichen Prüfungstermine sind gemäß § 76 Abs. 1 KO. öffentlich bekannt zu machen[5]). In der Bekanntmachung brauchen die im Termine zu prüfenden Forderungen nicht einzeln bezeichnet zu werden. Es genügt und empfiehlt sich sogar, als Tagesordnung für den Termin nur allgemein die Prüfung „nachträglich angemeldeter Forderungen" anzugeben. Bei solcher Angabe der Tagesordnung wird es möglich, alle Forderungen, die bis zu dem Termine angemeldet sind, zu prüfen. Daß dies stets geschehen müsse, ist freilich nicht anzunehmen, da der Verwalter und die Gläubiger beanspruchen können, daß ihnen angemessene Zeit gelassen werde, über die zu prüfenden Forderungen Erkundigungen einzuziehen.

Das Verfahren in den besonderen Prüfungsterminen entspricht vollständig dem Verfahren im allgemeinen Prüfungstermine.

Die Kosten der besonderen Prüfungstermine haben ohne Rücksicht auf etwaiges Verschulden stets die säumigen Gläubiger zu

---

[1]) Nach erfolgter Feststellung kann aber ein besseres Vorrecht nicht mehr geltend gemacht werden, RGZ. 20, 412; 38, 417. — A. M. Jaeger A. 11, Wolff A. 2 zu § 139.

[2]) Berechnung der Gerichtsgebühren gemäß § 44 GKG. v. 5. Juli 1927.

[3]) Falls die Kosten des besonderen Termins zu der zu erwartenden Dividende außer Verhältnis stehen, empfiehlt es sich, dem Gläubiger unter Hinweis auf die zu gewärtigenden Kosten die Zurücknahme der Anmeldung nahe zu legen. Vgl. Jaeger A. 3 zu § 142.

[4]) Vgl. Seite 120.

[5]) Eine besondere Ladung der Konkursgläubiger ist nicht vorgeschrieben und mit Rücksicht auf § 76 Abs. 3 KO. nicht für erforderlich zu erachten. Die Ladung der einzelnen Gläubiger würde auch ganz unverhältnismäßige Kosten verursachen. Besondere Benachrichtigung des Verwalters ist nicht gerade geboten, aber zweckmäßig.

tragen. Als Kosten kommen in Betracht die Gebühren[1]) und Auslagen des Gerichts sowie etwaige Unkosten, die dem Verwalter und anderen Gläubigern durch die Teilnahme an den Terminen entstehen[2]). Letztere aber von den Gläubigern einzuziehen oder für den Verwalter festzusetzen, erscheint das Konkursgericht nicht befugt. Sind die Forderungen mehrerer Gläubiger geprüft, so haften diese für die Kosten, abgesehen von der Gerichtsgebühr, die von jedem besonders erhoben wird, nach Kopfteilen.

γ) Obliegenheiten des Gerichts nach Schluß der Prüfungstermine.

Nach Beendigung eines Prüfungstermins hat der Richter den Konkursgläubigern, deren Forderungen oder Vorrechtsansprüche ganz oder zum Teil streitig geblieben sind, und zwar sowohl den im Termin erschienenen, als den nicht erschienenen, von Amts wegen Auszüge aus der Tabelle in beglaubigter Form zu erteilen[3]) und die etwa eingereichten Urkunden über die Forderungen zurückzugeben (§ 146 Abs. 1 KO.). Das ist jedoch nur in Ansehung der Gläubiger erforderlich, die genötigt sind, ihrerseits die Feststellung der streitig gebliebenen Forderungen zu betreiben. Handelt es sich um eine titulierte Forderung (§ 146 Abs. 6), also um eine solche, für die schon vor Konkurseröffnung ein unbedingtes, wenn auch noch nicht vollstreckbares Endurteil[4]), ein Vollstreckungsbefehl oder ein mit Vollstreckungsklausel versehener Schuldtitel vorliegt[5]), oder die sonst vollstreckbar ist[6]), so ist jedenfalls dem Widersprechenden ein Tabellenauszug von Amts wegen zu erteilen, da ihm die Verfolgung des Widerspruches mit der Feststellungsklage obliegt. Der Gläubiger einer solchen Forderung kann diese Klage abwarten, da er durch § 152 vor Nachteil geschützt ist. Er kann aber auch seinerseits die Feststellung betreiben und deshalb wird ihm auf Antrag ein beglaubigter Auszug aus der Tabelle zu erteilen sein[7]). Der Abs. 1 des § 146 KO. findet auf Forderungen, für die ein Titel vorliegt, nur dann Anwendung, wenn nicht das Bestehen der titulierten Forderung, sondern nur ein etwa für sie beanspruchtes Vorrecht streitig ist oder wenn der Streit sich darum

---

[1]) Die Gebühren sind zu berechnen nach § 44 GKG. Wertberechnung entspr. § 148 KO.

[2]) Petersen und Kleinfeller A. 20, Jaeger A. 5, Wolff A. 3, Mentzel A. 5, Bleyer A. 5. A. M. v. Wilmowski A. 6.

[3]) RGZ. 85, 69. In Preußen hat zu diesem Behufe der Beamte der Geschäftsstelle nach dem Prüfungstermine dem Richter die Tabelle vorzulegen. Allg. Verf. des Justizministers vom 3. März 1915. S. jetzt Geschäftsordnung § 33 Ziffer 12a.

[4]) Auch ein Versäumnisanteil genügt, ebenso ein unter Vorbehalt erlassenes Endurteil; nicht aber ein Arrestbefehl. RGZ. 85, 68.

[5]) RGZ. 85, 67.

[6]) Wie z. B. Gerichtskostenforderungen, Steuerforderungen.

[7]) Vgl. Mentzel A. 4 u. 10.

dreht, ob die Forderung zu den Konkursforderungen (§ 3 KO.) gehört[1]).

Gläubiger festgestellter Forderungen erhalten von Amts wegen weder einen Auszug aus der Tabelle noch Nachricht über das Ergebnis des Prüfungstermins, auch dann nicht, wenn der Gemeinschuldner ihrer Forderung widersprochen hat.

Sind über festgestellte Forderungen Wechsel oder andere Urkunden vorhanden und dem Gericht eingereicht, so ist auf diesen Urkunden die Feststellung vom Beamten der Geschäftsstelle in oder gleich nach dem Termine zu vermerken (§ 145 Abs. 1 KO.). Die Vermerke sind unter Beidrückung des Gerichtssiegels zu unterzeichnen. In ihnen ist zweckmäßig auf die Feststellungsvermerke in der Tabelle hinzuweisen. Daß nichteingereichte Urkunden behufs Vermerks der Feststellung eigens eingefordert werden, ist nicht nötig. Die eingereichten Urkunden sind nach Vermerk der Feststellung sofort zurückzugeben[2]).

c) Die Feststellung streitig gebliebener Forderungen.

Als festgestellt gilt eine streitig gebliebene Forderung, wenn der gegen sie erhobene Widerspruch beseitigt ist (§ 144 Abs. 1 KO.).

Die Entscheidung über den Widerspruch ist nicht Sache des Konkursrichters, sondern Sache des Prozeßrichters[3]). Vor diesem ist die Feststellung im ordentlichen Verfahren zu betreiben, sofern sie im Wege der Güte nicht zu erreichen ist. Das Konkursgericht hat auch nicht darüber zu wachen, ob die Feststellung einer streitigen Forderung betrieben wird.

Im Prozeßwege ist die Feststellung nur gegen den oder die Widersprechenden zu betreiben. Dabei sind die Bestimmungen Abs. 2 bis 6 des § 146 KO. maßgebend. Das Urteil, das eine Forderung feststellt, hat gegenüber allen Konkursgläubigern Wirkung (§ 147 KO.). Sollte jedoch der Feststellungsprozeß nur mit einem von mehreren Widersprechenden geführt worden sein[4]), so wirkt das Urteil trotz des Wortlauts des § 147 auch nur gegen diesen, nicht aber gegen die übrigen Widersprechenden, da deren Widerspruch durch Urteil nur beseitigt werden kann, wenn auch gegen sie ein Prozeß geführt ist. Die Rechtskraftwirkung nach § 145 Abs. 2 tritt erst ein, wenn sämtliche Widersprüche beseitigt sind.

[1]) S. Jaeger A. 23 zu § 146.

[2]) S. § 33 Ziff. 12 der Preuß. Geschäftsordnung vom 18. Febr. 1914.

[3]) Hierunter werden der Kürze wegen auch die im Abs. 5 des § 146 KO. bezeichneten Behörden verstanden. Auch eine schiedsgerichtliche Entscheidung ist nicht ausgeschlossen. Jaeger A. 6 zu § 146, Petersen und Kleinfeller A. 9, Mentzel A. 5, aber Wilmowski A. 9, 10, OLG. 5, 203 (Braunschweig).

[4]) Ob dies überhaupt zulässig ist, ist streitig. Die herrschende Ansicht bejaht die Zulässigkeit. RGZ. 51, 97.

Abgesehen vom Urteil im Feststellungsstreit kann ein Widerspruch auch durch Erlöschen der Forderung des Widersprechenden oder durch Zurücknahme beseitigt werden (siehe dazu S. 133).

d) Berichtigungen der Tabelle.

α) Berichtigungen infolge veränderter Sachlage.

Sind infolge gütlicher Verhandlungen oder gerichtlicher Entscheidungen die Eintragungen in der Tabelle der Sachlage nicht mehr entsprechend, so bleibt es dem obsiegenden Teile überlassen, die Berichtigung der Tabelle zu beantragen. Solche Berichtigungen können in doppelter Richtung vorkommen: sie können dahin gehen, daß eine streitige Forderung ganz oder zum Teil nachträglich festgestellt ist, sie können aber auch die endgültige Beseitigung einer streitigen Forderung oder die nachträgliche Tilgung einer festgestellten Forderung zum Gegenstande haben[1]).

Soll eine streitig gebliebene Forderung als festgestellt in die Tabelle eingetragen werden, so ist entweder die Erklärung des Widersprechenden, daß er seinen Widerspruch zurücknehme, einzureichen (S. 133), oder das den Widerspruch zurückweisende Urteil in Ausfertigung und mit dem Zeugnis der Rechtskraft versehen, vorzulegen[2]). Sind gegen mehrere Widersprechende mehrere getrennte Urteile ergangen, so ist die Vorlegung sämtlicher Urteile erforderlich (vgl. oben zu c).

Soll dagegen vermerkt werden, daß eine streitig gebliebene Forderung rechtskräftig aberkannt ist, so genügt es, wenn ein Urteil vorgelegt wird, durch das irgendeiner von den Widersprechenden die Aberkennung der Forderung erreicht hat. Selbst wenn andere Widersprechende mit ihrem Widerspruche abgewiesen sein sollten, gilt im angegebenen Falle die Forderung als aberkannt (§ 147 KO.).

Unbedenklich kann auch der Widersprechende selbst, insbesondere der Verwalter, wenn er seinen Widerspruch zurücknimmt, die Berichtigung der Tabelle beantragen.

Die Berichtigung der Tabelle ist durch gerichtlichen Beschluß anzuordnen. Vor der Entscheidung kann der Gegner des Antragstellers gehört werden. Der Beschluß ist demjenigen, zu dessen Nachteil die Berichtigung gereicht, von Amts wegen zuzustellen, also dem Widersprechenden, falls die Berichtigung die Feststellung

---

[1]) Bei Ausfallforderungen braucht der Betrag eines Ausfalls und ein Verzicht auf das Absonderungsrecht in der Tabelle nicht vermerkt zu werden. Der Ausfall bezw. der Verzicht sind behufs Berücksichtigung der Forderung bei den Verteilungen dem Verwalter — ohne Vermittelung des Gerichts — nachzuweisen (§ 153 KO.). Auch die Abtretung angemeldeter Forderungen ist nicht in die Tabelle einzutragen. LG. Leipzig (LZ. 1909, 959[4]), Kammergericht (OLG. 32, 398). Abw. LZ. 1911, 862[10].

[2]) Vollstreckbare Urteilsausfertigung ist nicht erforderlich.

einer streitig gebliebenen Forderung zum Gegenstande hat; dem Gläubiger, falls die Berichtigung die endgültige Beseitigung einer solchen Forderung betrifft. Der Verwalter ist von der Berichtigung in jedem Falle zu benachrichtigen. Im Fall der Ablehnung einer Berichtigung ist der Beschluß dem Antragsteller zuzustellen. Gegen den ergehenden Beschluß findet sofortige Beschwerde statt[1]).

Die Eintragung der Berichtigung in die Tabelle erfolgt durch den Urkundsbeamten der Geschäftsstelle und ist von ihm zu unterzeichnen. Die Unterschrift des Richters ist gleichfalls für erforderlich zu erachten.

β) Berichtigung von Irrtümern.

Der Abs. 7 des § 146 KO. hat nur solche Berichtigungen im Auge, welche infolge nachträglicher Erklärungen und Prozesse erforderlich werden und endgültige Feststellungen über das Bestehen oder Nichtbestehen anfänglich streitig gewesener Forderungen enthalten. Sonstige Berichtigungen, d. h. Richtigstellungen von Irrtümern, die bei den Eintragungen in die Tabelle vorgekommen sind, können nach den allgemeinen Grundsätzen stets, auch von Amts wegen, vorgenommen werden, sofern es sich nicht um die irrtümliche Eintragung einer Feststellung — hierüber siehe unter γ — handelt. Soll aber die Berichtigung eines Irrtums erfolgen, so muß der Irrtum klar zutage liegen oder von allen Beteiligten als solcher anerkannt sein. Andernfalls kann demjenigen, der einen Irrtum behauptet, nur anheimgegeben werden, ein Anerkenntnis der übrigen Beteiligten oder ein Urteil, welches diesen gegenüber den Irrtum rechtskräftig feststellt, beizubringen. Die Berichtigung der Tabelle ist auch in Fällen von Irrtümern durch gerichtlichen Beschluß anzuordnen, der den Beteiligten von Amts wegen zuzustellen ist. Eine öffentliche Zustellung wird nicht erforderlich sein. Als Beteiligte dürften nur der Verwalter, der Gläubiger der durch die Berichtigung betroffenen Forderung, und die Gläubiger, die etwa dieser Forderung widersprochen haben, anzusehen sein[2]). Gegen jede Entscheidung über einen Antrag auf Berichtigung findet sofortige Beschwerde statt.

γ) Insbesondere die Berichtigung der Tabelle in Ansehung der als festgestellt eingetragenen Forderungen. Wirkung der Eintragung der Feststellung.

Besonderer Besprechung bedürfen die Berichtigungen, die die als festgestellt in die Tabelle eingetragenen Forderungen betreffen. Bezüglich dieser Forderungen wirkt die Eintragung

---

[1]) Näheres bei Jaeger A. 31.

[2]) Die ganze Frage ist bestritten. Vgl. insbes. Jaeger A. 3 zu § 145, OLG. 5, 217 (Stuttgart).

in die Tabelle — ohne daß es einer Zustellung oder Verkündung bedarf — sowohl dem Betrage als dem Vorrechte nach wie ein rechtskräftiges Urteil gegenüber allen Konkursgläubigern (§ 145 Abs. 2 KO.). Demnach ist nur die Berichtigung von Schreibfehlern, Rechnungsfehlern und anderen offenbaren Unrichtigkeiten zulässig (§§ 72 KO., 319 ZPO.), wobei auch der Abs. 3 des § 319 anzuwenden sein wird. Darüber hinaus erscheinen aber Berichtigungen der Feststellungsvermerke so gut wie ausgeschlossen[1]). Ist ein zulässiger Widerspruch gegen eine als festgestellt eingetragene Forderung nicht erhoben, so kann weder der Verwalter noch irgendein Konkursgläubiger die Eintragung der Feststellung mit der Behauptung, daß er ohne seine Schuld die Erklärung im Prüfungstermine versäumt oder nur aus Irrtum nicht widersprochen habe, angreifen. Selbst der Nachweis, daß die festgestellte Forderung tatsächlich bereits getilgt war, vermag die einmal erfolgte Feststellung an sich nicht zu erschüttern. Indessen kann unter Umständen eine Nichtigkeits- oder Restitutionsklage (§§ 578ff. ZPO.) in Frage kommen oder der § 826 BGB. eine Abhilfe gewähren[2]). Nachträgliche Tilgung einer festgestellten Forderung berechtigt ebenfalls nicht dazu, ohne weiteres die Berichtigung der Tabelle zu verlangen. Falls nicht der Gläubiger die getilgte Forderung freiwillig zurückzieht, hat derjenige, der die Tilgung behauptet, seine Behauptung im Wege der Klage geltend zu machen (§ 767 ZPO.). Erst das rechtskräftige Urteil, das die Tilgung als erfolgt anerkennt, gewährt dann einen Anspruch auf Berichtigung der Tabelle[3]).

VI. Die Verteilung der Konkursmasse. Beendigung des Konkurses durch Schlußverteilung.

Ebenso wie die Verwaltung und Verwertung der Masse, ist auch deren Verteilung im wesentlichen Sache des Verwalters. Der Verwalter hat die Verteilungen vorzubereiten, über den Zeitpunkt ihrer Vornahme zu befinden, ihre Grundlagen (die Verzeichnisse der zu berücksichtigenden Forderungen) herzustellen, die zu verteilenden Beträge zu ermitteln und festzustellen, endlich auch die Verteilungen auszuführen. Bei diesen Geschäften ist er nur in gewissen Beziehungen an Anordnungen oder an die Genehmigung des Gläubigerausschusses oder des Gerichts gebunden.

---

[1]) Petersen und Kleinfeller II. 10 zu §§ 144, 145. Abw. Jaeger A. 3, OLG. 35, 262 (Hamm). Über den Fall, daß die angemeldete Forderung unrichtig in die Tabelle eingetragen und der Eintragung entsprechend die Feststellung der Forderung erfolgt ist, s. OLG. 35, 263 (Karlsruhe). Dazu auch OLG. 42, 76 (Kammergericht).

[2]) Vgl. v. Wilmowski A. 11 zu § 145, Jaeger A. 11, 12, Petersen und Kleinfeller A. II 7 und 9, Wolff A. 5, Mentzel A. 4, Bleyer A. 4; RGZ. 57, 271, LZ. 1918, 859[26].

[3]) RGZ. 21, 331; 85, 54.

A. Die Berichtigung bevorrechtigter Forderungen.

Auf festgestellte bevorrechtigte Forderungen kann der Verwalter jederzeit, unabhängig von allgemeinen Verteilungen, Zahlung leisten. Er bedarf jedoch dazu außerhalb einer allgemeinen Verteilung der Ermächtigung des Gerichts (§ 170 KO.). Das Gericht wird die Ermächtigung nur erteilen, wenn der Verwalter klarlegt, daß sämtliche Masseansprüche und auch etwaige besser bevorrechtigte Forderungen durch die übrigbleibende Masse völlig gesichert sind. Bei Veranschlagung der Masseansprüche sind insbesondere die Kosten schwebender Prozesse, die gerichtlichen Kosten des Konkurses und die Gebühren und Auslagen des Verwalters und des Gläubigerausschusses zu berücksichtigen. Wird die Ermächtigung erteilt, so genügt die Zustellung des Beschlusses an den Verwalter. Eine Verpflichtung, bei Vorhandensein genügender Masse die Ermächtigung zu erteilen, besteht nicht. Auch der Verwalter ist nur befugt, nicht verpflichtet, bevorrechtigte Forderungen außerhalb der allgemeinen Verteilungen zu befriedigen.

B. Grundsätze für die allgemeinen Verteilungen unter die Konkursgläubiger.

Auf die nicht bevorrechtigten Konkursforderungen können Zahlungen aus der Konkursmasse nur in dem durch die Konkursordnung geordneten Verfahren erfolgen, in welchem alle Konkursgläubiger nach Maßgabe der §§ 152 ff. KO. zu berücksichtigen sind[1]). Verteilungen von Masse unter die Konkursgläubiger sind erst nach Abhaltung des allgemeinen Prüfungstermins zulässig, weil erst durch diesen eine Grundlage dafür gewonnen wird. Es soll aber damit nicht gewartet werden, bis die ganze Masse verteilt werden kann, sondern es sollen so oft Verteilungen stattfinden, als hinreichende bare Masse vorhanden ist (§ 149 KO.). Die Schlußverteilung erfolgt, wenn die Verwertung der Masse beendet ist. Die der Schlußverteilung vorhergehenden Verteilungen, die Abschlagsverteilungen, unterliegen etwas anderen Vorschriften als die Schlußverteilung, und werden deshalb im folgenden gesondert behandelt.

C. Abschlagsverteilungen.

a) Wann solche zu erfolgen haben.

Ob so viel bare Masse vorhanden ist, daß deren alsbaldige Verteilung unter die Gläubiger geboten erscheint, hat der Verwalter zu ermessen. Ohne seine Entschließung kann eine Abschlagsverteilung nicht stattfinden. Dem Gericht steht jedoch die Befugnis zu, den Verwalter, wenn er eine Abschlagsverteilung pflichtwidrig

---

[1]) Ein klagbares Recht auf Vornahme einer Verteilung steht den Konkursgläubigern nicht zu. JW. 1890, 114[13], Gruchot 34, 1201. Sie können sich aber mit einer Aufsichtsbeschwerde an das Konkursgericht wenden. Über dessen Maßnahmen s. zu C a.

verzögert, im Aufsichtswege zu deren Vornahme, nötigenfalls durch Ordnungsstrafen, anzuhalten. Bei dem großen Interesse, das die Gläubiger an der möglichst schleunigen Ausschüttung der Masse haben, wird das Konkursgericht sich von Zeit zu Zeit vom Verwalter berichten lassen, wie viel bare Masse vorhanden ist, und wenn aus seinen Berichten sich das Vorhandensein hinreichender Masse ergibt, auf die alsbaldige Vornahme einer Verteilung zu dringen haben. Dabei ist jedoch im Auge zu behalten, einmal, daß von der baren Masse nur der Teil für die Konkursgläubiger verfügbar ist, der nach Berücksichtigung sämtlicher Masse-, Aus- und Absonderungsansprüche[1]) übrig bleibt, sodann, daß eine jede Abschlagsverteilung nicht unerhebliche Kosten und Mühewaltungen verursacht, daß also die verteilbare Masse bedeutend genug sein muß, um die Aufwendung der entstehenden Kosten und Mühewaltungen zu verlohnen, endlich, daß nach § 150 KO. der Verwalter, wenn ein Gläubigerausschuß vorhanden, bei der Vornahme einer jeden Verteilung an dessen Genehmigung gebunden ist. Diese Genehmigung kann vom Konkursrichter nicht erzwungen werden. Er kann nur in einer nach § 93 zu berufenden Gläubigerversammlung den Widerruf der Bestellung des Ausschusses anregen[2]).

b) Aussetzung von Abschlagsverteilungen.

Der Genehmigung des Gerichts bedarf es zu Abschlagsverteilungen in keinem Falle. Das Gericht kann überhaupt eine vom Verwalter beschlossene Abschlagsverteilung in der Regel nicht hindern. Ein Einschreiten im Aufsichtswege dürfte sich nur dann rechtfertigen lassen, wenn der Verwalter zu der Abschlagsverteilung die Genehmigung des bestellten Gläubigerausschusses nicht nachgesucht oder nicht erhalten hat. Abgesehen hiervon macht die Konkursordnung von obiger Regel nur eine Ausnahme: Wenn der Gemeinschuldner einen zulässigen Zwangsvergleichsvorschlag gemacht hat, so kann auf seinen Antrag das Gericht die Aussetzung einer vom Verwalter beschlossenen Abschlagsverteilung anordnen (§ 160 KO.). Diese Befugnis ist jedoch an die Voraussetzung geknüpft, daß zur Zeit des Antrages[3]) die Ausschlußfrist (§ 152 KO. und unten S. 150) noch nicht abgelaufen ist. Der Gemeinschuldner hat auch kein Recht auf die Aussetzung

---

[1]) Auch streitige Masseansprüche, namentlich die Kosten schwebender Prozesse, müssen berücksichtigt werden. Dagegen ist die Berücksichtigung streitiger Aus- und Absonderungsansprüche nicht erforderlich.

[2]) Ob die Genehmigung des Ausschusses durch die der Gläubigerversammlung ersetzt werden kann, ist streitig. Bejahend Jaeger A. 2, Wolff, Verneinend Bleyer A. 1.

[3]) Nur dies kann, wie die jetzt herrschende Ansicht mit Recht annimmt, der Sinn des Gesetzes sein. A. M. die früheren Aufl., Wolff A. 2 und Bleyer A. 1.

der Abschlagsverteilung: es steht im freien Ermessen des Gerichts, ob es die Aussetzung anordnen will oder nicht. Bei seiner Entschließung hat das Gericht zu erwägen, ob die Vollziehung der Abschlagsverteilung dem Zustandekommen des vorgeschlagenen Zwangsvergleichs hinderlich sein kann und, wenn dies der Fall, ob die Hinausschiebung der Abschlagsverteilung sich im Interesse der Gläubiger rechtfertigen läßt.

Der Beschluß, wodurch auf Grund des § 160 KO. die Aussetzung einer Abschlagsverteilung angeordnet wird, ist von Amts wegen dem Gemeinschuldner, dem Verwalter und sämtlichen Konkursgläubigern zuzustellen oder öffentlich bekanntzumachen[1]). Er wirkt, falls er nicht eine kürzere Dauer seiner Wirksamkeit bestimmt, auf so lange, bis über den vorgeschlagenen Zwangsvergleich endgültige Entscheidung ergangen ist. Wird der Zwangsvergleichsvorschlag des Gemeinschuldners von den Gläubigern abgelehnt oder der angenommene Zwangsvergleich vom Gericht rechtskräftig verworfen, so tritt der Beschluß von selbst außer Kraft; seiner ausdrücklichen Aufhebung bedarf es nicht[2]).

Ein den Aussetzungsantrag ablehnender Beschluß ist dem Gemeinschuldner zuzustellen.

c) Das Verfahren zur Feststellung des Kreises der bei den Abschlagsverteilungen zu berücksichtigenden Forderungen.

Ist eine Abschlagsverteilung vom Verwalter beschlossen und vom Gläubigerausschusse genehmigt, so stellt zunächst der Verwalter das Verzeichnis der bei der Verteilung zu berücksichtigenden Forderungen auf, legt es auf der Geschäftsstelle nieder und macht die Summe der zu berücksichtigenden Forderungen und den Betrag der verfügbaren Masse öffentlich bekannt (§ 151 KO.).

α) Das Verzeichnis der zu berücksichtigenden Forderungen.

Die Aufstellung des Verzeichnisses der zu berücksichtigenden Forderungen muß auf Grund und nach Maßgabe der gerichtlichen Eintragungen in der Tabelle geschehen. Abweichungen hiervon sind nur insoweit statthaft, als nach den Eintragungen endgültige Feststellungen über das Bestehen oder Nichtbestehen streitig gewesener Forderungen durch Anerkenntnis, Verzicht, Vergleich oder Urteil stattgefunden haben[3]).

---

[1]) So jetzt allgemeine Meinung. A. M. die früheren Auflagen (Zustellung an den Verwalter genügend.).

[2]) Das Verfahren dürfte aber nach Beendigung der Aussetzung vollständig zu wiederholen, also neue Verteilungsliste und neue Bekanntmachung erforderlich sein. v. Wilmowski A. 3. A. A. M. Wolff A. 4, Deumer LZ. 1909, 308. Abw. auch Jaeger A. 5.

[3]) Daß solche Feststellungen in der Tabelle vermerkt sind, ist nicht erforderlich; die in § 146 Abs. 7 KO. vorgesehene Berichtigung der Tabelle hat nur beurkundende Bedeutung. Jaeger A. 31 zu § 146.

Von den in der Tabelle eingetragenen Forderungen sind nun zu berücksichtigen und in das Verzeichnis aufzunehmen

1. die festgestellten Forderungen, sowohl die gleich im Prüfungstermine, als die nachträglich festgestellten; selbst diejenigen, die nach der Feststellung getilgt sind[1]), falls die Tilgung nicht aus der Konkursmasse erfolgt ist und der Gläubiger die Forderung nicht hat fallen lassen;

2. die angemeldeten und geprüften, aber streitig gebliebenen Forderungen, sofern

a) entweder der Gläubiger dem Verwalter die Erhebung der Feststellungsklage gegen die Widersprechenden oder die Aufnahme des zur Zeit der Konkurseröffnung anhängig gewesenen Prozesses bis zum Ablauf der Ausschlußfrist des § 152 nachgewiesen hat[2]),

b) oder die Forderung zur Zeit der Konkurseröffnung bereits gegen den Gemeinschuldner vollstreckbar oder doch dem Gläubiger durch ein — wenn auch nicht vollstreckbares — Endurteil zugesprochen gewesen ist, und der für die Forderung vorhandene Titel vorliegt[3]);

in letzterem Falle auch dann, wenn der Widersprechende gegen den Gläubiger das Verfahren wegen Abweisung der Forderung anhängig gemacht oder aufgenommen hat (§ 152 KO.).

Ist bezüglich einer Forderung streitig, ob sie zu den Konkursforderungen gehört, d. h. ob sie überhaupt am Konkurse teilnehmen kann, so wird zu ihrer Berücksichtigung die Erfüllung der Voraussetzung zu a erforderlich sein; ihre Vollstreckbarkeit oder urteilsmäßige Feststellung erscheint dazu nicht genügend.

Ist eine streitig gebliebene Forderung später getilgt, so ist sie in das Verzeichnis nicht aufzunehmen. Die teilweise Tilgung einer streitig gebliebenen Forderung ist jedoch bei Aufstellung des Verzeichnisses nicht zu berücksichtigen, wenn sie seitens eines Mitverpflichteten bewirkt ist (§ 68 KO.)[4]).

Nicht geprüfte Forderungen sind in keinem Falle zu berücksichtigen, auch wenn für sie ein Titel (§ 146 Abs. 6 KO.) vorliegt[5]).

Ob auf die einzelnen Forderungen die Hebungen sofort ausgezahlt werden können oder nicht, ist für die Aufnahme in das Verzeichnis gleichgültig.

Der Umstand, daß eine Forderung betagt oder bedingt ist,

---

[1]) Vgl. S. 143 und RGZ. 21, 331.

[2]) Dieser Nachweis erübrigt sich in der Praxis meistens dadurch, daß der Feststellungsprozeß gegen den Verwalter selbst geführt wird. — Näheres über die Ausschlußfrist Seite 150.

[3]) S. dazu S. 139. [4]) RGZ. 2, 178; 8, 291.

[5]) Petersen und Kleinfeller A. 3 zu §§ 152 bis 154, Jaeger A. 4 zu § 151, v. Wilmowski A. 1 zu § 152, Bleyer A. 1ª zu § 152.

steht der Aufnahme in das Verzeichnis nicht entgegen. Auch **aufschiebend bedingte** Forderungen sind, sofern sie festgestellt sind oder dem § 152 KO. genügt ist, zu ihrem vollen Betrage zu berücksichtigen (§ 154 Abs. 1 KO.).

Absonderungsberechtigte Konkursgläubiger werden mit dem Betrage, für den sie das Absonderungsrecht in Anspruch genommen haben, **nicht** berücksichtigt, so lange sie nicht dem Verwalter nachweisen,

entweder, daß sie auf ihr Absonderungsrecht in rechtsverbindlicher Weise verzichtet[1]) haben,

oder daß und mit welchem Betrage sie bei der Verwertung des Gegenstandes des Absonderungsrechts ausgefallen sind,

oder daß die Veräußerung des zur abgesonderten Befriedigung in Anspruch genommenen Gegenstandes — von ihnen selbst oder einem anderen — betrieben ist,

und sofern sie nicht im letzten Falle außerdem den Betrag ihres mutmaßlichen Ausfalls glaubhaft machen[2]) (§§ 64, 153 KO.).

Dieser Grundsatz gilt auch dann, wenn der Gemeinschuldner dem Absonderungsberechtigten durch Vertrag die Befugnis eingeräumt hatte, sich wegen seiner Forderung in erster Linie aus dem sonstigen Vermögen, und erst in zweiter Linie aus dem Gegenstande des Absonderungsrechts zu befriedigen[3]).

Hat ein Pfand- oder Hypothekengläubiger oder ein anderer Absonderungsberechtigter nicht angegeben, für welchen Betrag er abgesonderte Befriedigung beansprucht, und ist dieser Betrag auch sonst nicht bestimmt ersichtlich, so wird angenommen, daß der Gläubiger für seine ganze Forderung abgesonderte Befriedigung verlangt, und wird demgemäß die Forderung gar nicht berücksichtigt, so lange dem § 153 KO. nicht genügt wird.

Die Voraussetzung, daß die Veräußerung des Gegenstandes des Absonderungsrechts „betrieben" wird, kann durch alle Handlungen erfüllt werden, die auf Herbeiführung der abgesonderten Befriedigung gerichtet sind, also durch Androhung des Pfandverkaufes, Auftrag zur öffentlichen Versteigerung oder, falls es erst noch eines vollstreckbaren Titels bedarf, durch Erhebung der Klage auf Erlangung dieses Titels[4]).

[1]) Haftet dem Gläubiger ein Pfandgegenstand für mehrere Forderungen, so ist in seiner Erklärung, daß er nur für eine Forderung abgesonderte Befriedigung beanspruchen wolle, der Verzicht auf das Absonderungsrecht für die anderen Forderungen zu sehen. RGZ. 85, 58.

[2]) § 153 findet entsprechende Anwendung auf die Vorrechte a) der Pfandbriefgläubiger im Konkurse einer Hypothekenbank, b) der Schuldverschreibungsgläubiger im Konkurse der Rentenbank-Kreditanstalt, c) der Versicherten im Konkurse einer Lebensversicherungsgesellschaft und d) der Einkaufskommittenten von Wertpapieren. — Näheres bei Mentzel A. 6.

[3]) RGZ. 6, 67.

[4]) v. Wilmowski A. 5 zu § 153, Bleyer A. 2[a]. — A. M. Jaeger A. 5, z. T. auch Wolff A. 3 (Klageerhebung nicht genügend).

Der mutmaßliche Ausfall kann durch alle geeignet erscheinenden Mittel glaubhaft gemacht werden (§ 294 ZPO. ist entsprechend anwendbar).

Ist die Verwertung des Gegenstandes des Absonderungsrechts bereits erfolgt, so wird von der Forderung des Absonderungsberechtigten nur der Betrag des nachzuweisenden wirklichen Ausfalls berücksichtigt[1]).

Forderungen der Gläubiger einer offenen Handelsgesellschaft, einer Kommanditgesellschaft oder einer Kommanditgesellschaft auf Aktien werden in dem Konkurse über das Privatvermögen eines persönlich haftenden Gesellschafters, auch wenn über das Vermögen der Gesellschaft gleichfalls der Konkurs eröffnet ist, stets zu ihrem vollen Betrage berücksichtigt, sofern der Ausfall noch nicht feststeht, den sie im Gesellschaftskonkurse erleiden. Steht dagegen dieser Ausfall schon fest, so werden sie, gleich den Absonderungsberechtigten, nur auf Höhe des Ausfalls berücksichtigt (§ 212 KO.).

β) Niederlegung des Verzeichnisses auf der Geschäftsstelle. Richterliche Prüfung dieses Verzeichnisses. Bekanntmachung der Abschlagsverteilung.

Das aufgestellte Verzeichnis hat der Verwalter zur Einsicht der Beteiligten auf der Geschäftsstelle niederzulegen (§ 151 KO.).

Auf die Eingabe, womit der Verwalter das Verzeichnis dem Gerichte überreicht, braucht vom Richter nichts besonderes veranlaßt zu werden. Insbesondere ist der Richter nicht verpflichtet, das Verzeichnis auf seine Richtigkeit von Amts wegen zu prüfen. Eine solche Prüfung des Verzeichnisses ist jedoch empfehlenswert, einmal, weil es zu dem nobile officium des Richters gehören dürfte, tunlichst für die materiell, nicht bloß formell, richtige Verteilung der Konkursmasse zu sorgen, sodann aber auch, um Einwendungen gegen das Verzeichnis und Beschwerden über Nichtberücksichtigung teilnahmeberechtigter Forderungen nach Möglichkeit zu verhüten. Daß die richterliche Prüfung des Verzeichnisses nutzlos oder gar unzulässig wäre, kann nicht anerkannt werden. Zwar Anweisungen zur Berichtigung des Verzeichnisses kann der Richter dem Verwalter nur nach Maßgabe des § 158 Abs. 2 KO. erteilen, dies wird aber auch zur Erreichung des Zweckes meist gar nicht nötig sein, da in der Regel der Verwalter auf Unrichtigkeiten nur aufmerksam gemacht zu werden braucht, um aus eigenem Antriebe das Verzeichnis richtig zu stellen. Allerdings ist aber der Verwalter selbst nur noch kurze Zeit nach Einreichung des Verzeichnisses zur Vornahme von Änderungen befugt (vgl. unter δ 1), und deshalb kann die richterliche Prüfung des

[1]) Die gleichen Grundsätze wie für die Forderungen der Absonderungsberechtigten gelten für die Forderungen der Nachlaßgläubiger in den Fällen des § 234 KO.

Verzeichnisses nur dann ihren Zweck erfüllen, wenn sie alsbald nach dessen Einreichung vorgenommen wird.

Die Einsicht des auf der Geschäftsstelle niedergelegten Verzeichnisses, das dort bis zum Ablauf der Einwendungsfrist liegen bleiben muß, ist dem Verwalter, dem Gemeinschuldner und jedem Konkursgläubiger, nicht aber auch anderen Personen, zu gestatten.

Die vom Verwalter zu erlassende Bekanntmachung muß enthalten: die Angabe der Konkurssache, die Erklärung, daß eine Abschlagsverteilung erfolgen soll, die Mitteilung des verfügbaren Massebestandes und der Summe der zu berücksichtigenden Forderungen, endlich Ort, Datum und Unterschrift. Die Bekanntmachung muß bei Vermeidung der Unwirksamkeit vom Verwalter mindestens einmal in das zur Veröffentlichung amtlicher Bekanntmachungen des Gerichts bestimmte Blatt eingerückt werden (§ 76 Abs. 1 KO.). Über dieses Blatt siehe S. 14. Über die Veröffentlichung der Bekanntmachung hat der Verwalter Belagsblätter zu beschaffen, die im Bedarfsfalle vom Gericht einzufordern sind.

γ) Die Ausschlußfrist.

Die Bekanntmachung gilt als bewirkt mit dem Ablaufe des zweiten Tages nach der Ausgabe des die Einrückung oder die erste Einrückung enthaltenden Amtsblatts. Von diesem Zeitpunkte an können binnen einer Ausschlußfrist von 2 Wochen die in dem Verzeichnis nicht berücksichtigten Gläubiger ihre Berücksichtigung noch dadurch herbeiführen, daß sie die nach den §§ 152, 153 KO. zu ihrer Berücksichtigung erforderlichen Nachweise oder Bescheinigungen dem Verwalter nachträglich beibringen. Die Berechnung der Ausschlußfrist erfolgt gemäß den §§ 187, 188, 193 BGB. Vgl. Ersten Teil Abschnitt IV unter C. Eine Wiedereinsetzung in den vorigen Stand gegen Versäumung der Frist findet nicht statt, weil die Ausschlußfrist keine Notfrist ist. Die Gerichtsferien hindern den Lauf der Frist nicht. Auch verlängert kann sie nicht werden. Der Nachweis ist dem Verwalter, nicht dem Konkursgericht zu führen. Ein dem Gericht eingereichter Nachweis ist an den Verwalter abzugeben und wahrt die Frist nur, wenn er bei diesem rechtzeitig eingeht.

δ) Berichtigungen und Ergänzungen des Verzeichnisses.

1. Berichtigungen und Ergänzungen von Amts wegen.

Auf Grund der innerhalb der Ausschlußfrist erbrachten Nachweise und Bescheinigungen hat der Verwalter binnen 3 Tagen nach dem Ablaufe der Ausschlußfrist das Verzeichnis zu berichtigen bzw. zu ergänzen (§ 157). Nach Ablauf der 3 Tage kann eine Änderung des Verzeichnisses, abgesehen von der Berichtigung offenbarer

Irrtümer, nur noch nach Maßgabe des § 158 Abs. 2 KO. vorgenommen werden.

Zu Änderungen des Verzeichnisses, die nicht durch die nachträgliche Beibringung von Nachweisungen oder Bescheinigungen gemäß §§ 152, 153 KO. veranlaßt werden und auch nicht bloße Berichtigungen von Schreib- oder Rechnungsfehlern oder anderen offenbaren Unrichtigkeiten zum Gegenstande haben, ist der Verwalter schon von dem Zeitpunkt an nicht mehr befugt, wo die unter β gedachte Bekanntmachung als bewirkt gilt. Denn mit diesem Zeitpunkte erlangen die in dem Verzeichnisse berücksichtigten Gläubiger ein Recht darauf, daß die Abschlagsverteilung auf der Grundlage des aufgestellten Verzeichnisses vollzogen werde und daß Änderungen an dem Verzeichnisse nur noch auf Grund der §§ 152, 153, 157, 158 KO. vorgenommen werden[1]).

Das Gericht kann Änderungen des Verzeichnisses von Amts wegen überhaupt nicht anordnen. Vgl. aber die Bemerkungen unter β.

2. **Berichtigungen infolge von Einwendungen.**

Sind in das Verzeichnis der zu berücksichtigenden Forderungen einzelne Forderungen zu Unrecht aufgenommen oder nicht aufgenommen und hat der Verwalter die erforderlichen Berichtigungen nicht rechtzeitig vorgenommen, so kann die Richtigstellung des Verzeichnisses nur auf dem Wege erreicht werden, daß ein beteiligter Gläubiger binnen spätestens einer Woche nach dem Ablauf der Ausschlußfrist die Unrichtigkeit des Verzeichnisses mittels Erhebung einer bezüglichen Einwendung rügt[2]) (§ 158 Abs. 1 KO.).

Die Erhebung von Einwendungen gegen das Verzeichnis steht nur den Konkursgläubigern zu. Massegläubiger, Aussonderungsberechtigte und solche Absonderungsberechtigte, die nicht Konkursgläubiger sind, sind dazu nicht berechtigt. Auch der Gemeinschuldner kann Einwendungen gegen das Verzeichnis nicht erheben. Wenn nach Aufstellung des Verzeichnisses eine darin aufgenommene Forderung sich als getilgt herausstellt, so kann der Verwalter diese Tilgung mangels Einigung mit dem betreffenden Gläubiger nur im Prozeßwege unter Zurückbehaltung der auf die Forderung entfallenden Hebung geltend machen. Auch die Konkursgläubiger können Einwendungen nur unter der Voraussetzung erheben, daß sie bei der Verteilung interessiert sind und sich im Konkurse schon gemeldet haben oder doch gleichzeitig die Anmeldung ihrer Forderung bewirken. Ein Interesse freilich ist bei jedem nicht vollständig befriedigten Gläubiger anzunehmen,

[1]) v. Wilmowski A. 14 zu § 151, A. zu § 157, Petersen und Kleinfeller A. 8 zu §§ 155—157, Jaeger A. 1, Bleyer A. 1 zu § 157.

[2]) Auch gegen die Versäumung der Einwendungsfrist gibt es keine Wiedereinsetzung in den vorigen Stand.

sofern er nicht den Vorrang vor dem durch die Einwendung betroffenen Gläubiger hat [1]).

Die Einwendungen sind beim Konkursgericht vor Ablauf der genannten Frist entweder schriftlich oder zu Protokoll des Urkundsbeamten der Geschäftsstelle zu erheben. Dabei ist bestimmt anzugeben, aus welchem Grunde sie erhoben werden und wogegen sie sich richten. Die Einwendungen können nur darauf gegründet werden, daß das Verzeichnis nicht den gesetzlichen Vorschriften entspreche, daß also zu Unrecht in dem Verzeichnisse eine Forderung berücksichtigt oder die Forderung des Einwendenden bzw. dessen Machtgebers nicht berücksichtigt worden sei. Ein Gläubiger, der deshalb nicht berücksichtigt ist, weil er bis zum Ablaufe der Ausschlußfrist die zu seiner Berücksichtigung erforderlichen Nachweise oder Bescheinigungen dem Verwalter nicht beigebracht hat, kann seine Berücksichtigung nicht dadurch erreichen, daß er gegen das Verzeichnis eine Einwendung erhebt und dabei nachträglich das Fehlende beschafft [2]). Ebenso sind Einwendungen, die nicht gegen die Richtigkeit des Verzeichnisses, sondern gegen die Vornahme der Verteilung überhaupt oder gegen die Art der Verteilung gerichtet sind, im Verteilungsverfahren nicht zulässig. Einwendungen der letzteren Art können nur beim Prozeßrichter geltend gemacht werden [3])

Über die erhobenen Einwendungen hat das Konkursgericht zu entscheiden. Sind sie nicht zulässig oder nicht in gehöriger Form oder verspätet erhoben, so werden sie durch Verfügung, welche dem den Einwand Erhebenden zuzustellen ist, ohne weiteres zurückgewiesen. Anderenfalls hat das Konkursgericht zu prüfen, ob die erforderlichen Unterlagen für die Entscheidung vorhanden sind, und, wenn noch etwas fehlt, dem Einwendenden zur Herbeischaffung des Fehlenden eine angemessene Frist zu setzen. Je nach Lage der Sache kann es auch selbst die Herbeischaffung fehlender Unterlagen veranlassen oder andere Beteiligte, namentlich den Verwalter, vor der Entscheidung entweder schriftlich oder in einem Termine hören [4]). Das Gericht hat bezüglich des Verfahrens über die erhobenen Einwendungen ganz nach seinem Ermessen zu befinden; die Konkursordnung enthält darüber keine Vorschriften.

Die Entscheidung kann nur dahin lauten, entweder daß eine berücksichtigte Forderung ganz oder zum Teil aus dem Verzeichnisse zu streichen, oder daß eine nicht berücksichtigte Forderung in das

[1]) Petersen und Kleinfeller A. 3 zu §§ 158—160, Mentzel A. 2, Wolff A. 2, Bleyer A. 1 zu § 158. Im wesentlichen übereinstimmend v. Wilmowski A. 2, Jaeger A. 2, welche jedoch nur Gläubiger geprüfter Forderungen zur Erhebung von Einwendungen für berechtigt erachten.

[2]) Jaeger A. 4, Bleyer A. 1.

[3]) Der einzelne Konkursgläubiger hat, wie er auf die Vornahme von Verteilungen nicht klagen kann, auch gegen die Vornahme von Verteilungen kein Widerspruchsrecht. v. Wilmowski A. 1, Jaeger A. 4 a. E. zu § 158.

[4]) v. Wilmowski A. 4, Jaeger A. 5, Mentzel A. 4, Bleyer A. 2ª, Wolff A. 3.

Verzeichnis aufzunehmen, oder daß die erhobene Einwendung als unbegründet zurückzuweisen ist. Eine Entscheidung dahin, daß eine im Verzeichnis als bevorrechtigt bezeichnete Forderung als nicht bevorrechtigt einzustellen ist oder umgekehrt, ist nicht für zulässig zu erachten. Ist ein Gläubiger laut den Eintragungen in der Tabelle oder späteren Feststellungen bevorrechtigt, so kann er auf Grund der bloßen Aufnahme seiner Forderung in das Verzeichnis vom Verwalter verlangen, daß dieser ihm nach Maßgabe seines Vorrechts aus der Masse Zahlung leiste. Ist dagegen eine nicht bevorrechtigte Forderung unrichtig im Verzeichnisse als bevorrechtigt aufgeführt, so erwächst daraus für den betreffenden Gläubiger keinerlei Anspruch, vorzugsweise Befriedigung aus der Masse zu verlangen. Die Bemerkungen in dem Verzeichnisse über das Vorrecht einzelner Forderungen sind zwar zweckmäßig und gebräuchlich, aber nicht notwendig und ohne rechtliche Bedeutung.

Die Entscheidung des Gerichts wird stets mit Gründen zu versehen sein. Der abweisende Beschluß ist dem Verwalter und den an der Einwendung Beteiligten zuzustellen. Dagegen ist die Entscheidung, die eine Berichtigung des Verzeichnisses anordnet, auf der Geschäftsstelle niederzulegen (§ 158 Abs. 2 KO.). Die Niederlegung ersetzt in diesem Falle die Zustellung an die Beteiligten[1]). Einer Bekanntmachung der erfolgten Niederlegung der Entscheidung bedarf es nicht. Vom Tage der Niederlegung ab läuft die Frist zur sofortigen Beschwerde. Dieser Tag muß daher vom Urkundsbeamten auf der Urschrift der Entscheidung vermerkt werden. Wird teils berichtigt, teils abgewiesen, so ist die Entscheidung niederzulegen und zuzustellen[2]).

Die sofortige Beschwerde steht außer den durch die Entscheidung benachteiligten Gläubigern in allen Fällen, in denen eine Berichtigung des Verzeichnisses angeordnet ist, auch dem Verwalter zu[3]).

Eine Frist, binnen deren die Entscheidung über erhobene Einwendungen zu treffen und auf der Geschäftsstelle niederzulegen, ist im Gesetze nicht bestimmt.

Die rechtskräftig angeordneten Berichtigungen sind in dem Verzeichnisse durch den Verwalter nachzutragen.

d) Die Vollziehung der Abschlagsverteilungen.

Nach Ablauf der Einwendungsfrist oder nach der rechtskräftigen Erledigung der Einwendungen[4]) wird der zu verteilende Prozentsatz durch den Verwalter, oder wenn ein Gläubigerausschuß

---

[1]) Petersen und Kleinfeller A. 4, Jaeger A. 7, Mentzel A. 4, Bleyer A. 2a, Abw. v. Wilmowski A. 4.

[2]) Jaeger A. 8, Wolff A. 3, Bleyer A. 2a.

[3]) v. Wilmowski A. 5, Jaeger A. 7, Mentzel A. 4, OLG. Dresden in Seufferts Arch. 61 Nr. 215.

[4]) Insbesondere ist die Erledigung von Einwendungen, die für die Bemessung des Prozentsatzes von Bedeutung sind, abzuwarten. Bleyer A. 2b.

vorhanden ist, durch diesen auf Antrag des Verwalters, festgesetzt (§ 159 KO.). Das Gericht hat auf die Bemessung des Prozentsatzes keinen Einfluß. Die Ausführung der Verteilungen ist Sache des Verwalters, gegen den den Gläubigern ein Recht auf Auszahlung (oder, wenn einer der Fälle des § 168 KO. vorliegt, wenigstens auf Zurückbehaltung) der festgestellten Prozentsätze ihrer berücksichtigten Forderungen zusteht[1]) (§§ 167, 168 KO.). Streitigkeiten über die Vollziehung hat der Konkursrichter nicht zu entscheiden. Er kann nur im Aufsichtswege Abhilfe zu schaffen suchen und auch das nur, wenn der Verwalter zu einem Einschreiten durch sein Verhalten Grund gibt[2]).

c) Weitere Abschlagsverteilungen. Nachzahlungen an Nachzügler.

Die Abschlagsverteilungen sind so oft zu wiederholen, als infolge neuer Geldeingänge wieder hinreichende Masse vorhanden ist, ohne daß doch die Schlußverteilung stattfinden kann. Für die weiteren Abschlagsverteilungen gelten dieselben Grundsätze, wie für die erste. Gläubiger, die bei früheren Verteilungen nicht berücksichtigt worden sind, bei einer späteren aber berücksichtigt werden müssen, weil sie inzwischen die zu ihrer Berücksichtigung erforderlichen Nachweise oder Bescheinigungen beigebracht haben, erhalten aus der noch verfügbaren Masse, soweit diese reicht, die bei den früheren Verteilungen festgesetzten Prozentsätze vorweg. Diese Prozentsätze können ihnen aber auch außerhalb einer allgemeinen Verteilung vom Verwalter nachgezahlt werden, sobald sie die Feststellung ihrer Forderung oder den Betrag ihres Ausfalls nachgewiesen haben (§ 155 KO.). Falls Auszahlung an den Nachzügler nicht erfolgen kann (s. § 168 KO.), so ist der auf seine Forderung entfallende Prozentsatz für ihn bei den folgenden Verteilungen zurückzubehalten.

D. Die Schlußverteilung und das Schlußverfahren.

a) Wann die Schlußverteilung stattfindet.

Die Schlußverteilung findet statt, sobald die Verwertung der Masse beendigt ist (§ 161 Abs. 1 KO.). Sie ist also nicht eher zulässig, als bis die zur Konkursmasse gehörigen beweglichen und unbeweglichen Gegenstände veräußert, die ausstehenden Forderungen eingezogen und die die Teilungsmasse betreffenden Prozesse erledigt sind[3]). Das ist jedoch mit der Einschränkung zu ver-

---

[1]) Ob dieses Recht im Prozeßwege gegen die Masse verfolgt oder ob der Verwalter nur persönlich für eine etwaige Verletzung des Rechts verantwortlich gemacht werden kann, ist streitig. Für die Klagbarkeit des Rechts v. Wilmowski A. 5 zu § 159, Bleyer A. 1c, dagegen Jaeger A. 5 zu § 159. A. 3 zu § 155, Wolff A. 1, Mentzel A. 1 zu § 159. S. auch Gruch. 34, 1201, wo allerdings die Frage nicht direkt entschieden ist.

[2]) JW. 1896, 34[20].

[3]) Die Erledigung der Aktivprozesse ist in der Regel abzuwarten; doch

stehen, daß die Verwertung der Aktiva nur insoweit erfolgt zu sein braucht, als **für die Konkursmasse** ein Erlös zu erwarten und die Verwertung im gewöhnlichen Wege tunlich ist. An eine absolute Unverwertbarkeit hat das Gesetz nicht gedacht, wie sich aus § 162 Abs. 1 KO. ergibt. Es hindert daher die Schlußverteilung nicht, wenn z. B. überlastete Grundstücke nicht veräußert sind oder wenn die Beitreibung von Forderungen, deren Uneinziehbarkeit feststeht, gar nicht versucht ist. Auch dann ist die Vornahme der Schlußverteilung nicht ausgeschlossen, wenn Eingänge für die Konkursmasse zwar noch möglich, aber wenig wahrscheinlich oder so unbedeutend sind, daß es nicht verlohnt, sie abzuwarten, oder wenn für einzelne Vermögensstücke nur unter besonderen Umständen oder nur bei seltenen Gelegenheiten eine Verwertung gefunden werden kann und eine solche noch nicht gefunden worden ist. In dergleichen Fällen empfiehlt es sich, die Beschlußfassung über die noch unverwerteten Vermögensstücke der Gläubigerversammlung anheim zu geben. Wenn indessen zwar die Verwertung vorhandener Aktiva zur Zeit nicht tunlich, aber für später noch der Eingang erheblicher Beträge zu erwarten ist (wenn z. B. in Aussicht steht, daß eine zur Zeit wertlose, zur Konkursmasse gehörige Forderung später aus einer dem Schuldner anfallenden bedeutenden Erbschaft berichtigt werden wird), so ist wegen der mit der Schlußverteilung verbundenen Ausschließung von Gläubigern von der Schlußverteilung noch abzusehen und nur eine Abschlagsverteilung zu veranlassen[1]). Die — so aufgefaßte — Verwertung der Masse ist die **einzige** Voraussetzung der Schlußverteilung. Auf Gläubiger, deren Forderungen noch nicht geprüft oder noch gar nicht angemeldet sind; auf Absonderungsberechtigte, deren Ausfall noch nicht feststeht; auf die Beendigung der über die Schuldenmasse schwebenden Prozesse, endlich auch auf die Erledigung der mit Massegläubigern bestehenden Streitigkeiten braucht mit der Schlußverteilung nicht gewartet zu werden[2]).

Das für die Schlußverteilung vorgeschriebene Verfahren ist, wenn der Konkurs durch Ausschüttung der Masse beendigt wird, stets zu beobachten, auch dann, wenn die noch vorhandene Masse durch Nachzahlungen, die gemäß § 155 KO. zu leisten sind, erschöpft wird[3]).

---

ist dies nicht in jedem Falle erforderlich, der Gegenstand des Rechtsstreites kann vielmehr auch einer Nachtragsverteilung vorbehalten bleiben (§ 166), nur muß dann ein zur Kostendeckung im Falle des Unterliegens ausreichender Betrag zurückbehalten werden.

[1]) S. v. Wilmowski A. 1 und 2, Jaeger A. 1 zu § 161.

[2]) Vgl. hierzu Petersen und Kleinfeller A. 1, v. Wilmowski A. 3, Jaeger A. 2 und 3.

[3]) v. Wilmowski A. 1 zu § 162, Jaeger A. 2, Petersen und Kleinfeller A. 6 zu § 162, Bleyer A. 1 d zu § 161.

b) Gerichtliche Genehmigung der Schlußverteilung.

Die Vornahme der Schlußverteilung ist wegen ihrer Wichtigkeit, namentlich wegen der damit für gewisse Klassen von Gläubigern verbundenen Ausschließung von der Konkursmasse, von der Genehmigung des Konkursgerichts abhängig gemacht (§ 161 Abs. 2 KO.). Der Verwalter hat die Genehmigung nachzusuchen und dabei darzulegen, daß die Verwertung der Masse beendigt ist. Ist ein Gläubigerausschuß bestellt, so hat der Verwalter auch dessen Genehmigung beizubringen (§ 150 KO.). Das Gericht hat zu prüfen, ob die gesetzlichen Voraussetzungen der Schlußverteilung vorliegen. Zu diesem Behufe wird es die Schlußrechnung des Verwalters alsbald erfordern und dessen gesamte Geschäftsführung einer Prüfung unterwerfen[1]). Wegen der Prüfung der Schlußrechnung siehe S. 158.

Die Vornahme der Schlußverteilung kann erst genehmigt werden, wenn die Genehmigung des vorhandenen Gläubigerausschusses beigebracht und die Verwertung der Masse in dem unter a entwickelten Sinne beendigt ist. Wenn ein zulässiger Zwangsvergleichsvorschlag vom Gemeinschuldner eingereicht ist, so ist die Entscheidung darüber abzuwarten (§ 173 KO.)[2]).

Der Beschluß, durch den die Genehmigung zur Schlußverteilung erteilt oder versagt wird, ist dem Verwalter zuzustellen[3]).

Die Erteilung der Genehmigung ist nicht anfechtbar. Gegen die Versagung der Genehmigung steht nur dem Verwalter die sofortige Beschwerde zu[4]).

Die erteilte Genehmigung kann vom Gericht so lange zurückgenommen werden, bis die Ausschlußfrist der §§ 152, 153 KO. abgelaufen ist. Nach Ablauf der Ausschlußfrist dürfte aber weder das Gericht seine Genehmigung widerrufen noch der Verwalter seinen Antrag auf Genehmigung zurücknehmen oder die genehmigte Schlußverteilung einfach unterlassen können[5]).

c) Die bei der Genehmigung der Schlußverteilung zu treffenden Maßnahmen.

Bei der Genehmigung der Schlußverteilung beraumt das Gericht den Schlußtermin an und veranlaßt dessen Bekanntmachung. Ferner setzt es auf Antrag das Honorar und die erstattungsfähigen

---

[1]) S. hierzu Jaeger A. 8 zu § 161.

[2]) Petersen und Kleinfeller A. 2, v. Wilmowski A. 3 zu § 173, Jaeger A. 22, Mentzel A. 2.

[3]) Zustellung an den Gemeinschuldner ist nicht notwendig. Jaeger A. 7, Mentzel A. 3, Bleyer A. 1b, Wolff A. 2 Abs. 2. A. M. v. Wilmowski A. 6, Petersen und Kleinfeller A. 2 zu § 161.

[4]) OLG. 19, 221 (Kammergericht), Wilmowski A. 7, Jaeger A. 7, Mentzel A. 3, Bleyer A. 1b. Abw. Petersen und Kleinfeller A. 3, Wolff A. 2.

[5]) Dagegen erscheint nach dem Ablaufe der Ausschlußfrist eine Aussetzung der Vollziehung der Schlußverteilung unter Umständen statthaft. S. darüber unten e, α S. 174.

Auslagen für den Verwalter und die Mitglieder des Gläubigerausschusses fest. Endlich hat es, wenn die Schlußrechnung vom Verwalter noch nicht eingereicht sein sollte, darauf zu sehen, daß diese rechtzeitig auf der Geschäftsstelle niedergelegt wird.

α) Festsetzung des Honorars und der erstattungsfähigen Auslagen für den Verwalter und die Mitglieder des Gläubigerausschusses.

Hinsichtlich dieser Punkte siehe Zweiten Teil S. 32 ff. unter F und S. 40 unter G.

β) Anberaumung des Schlußtermins.

Der Schlußtermin ist nicht unter 3 Wochen und nicht über einen Monat hinaus anzuberaumen (§ 162 Abs. 1 KO.). Diese Frist dürfte von dem Zeitpunkte ab zu berechnen sein, wo die Bekanntmachung des Schlußtermins nach § 76 Abs. 1 KO. als bewirkt gilt[1]). Jedenfalls muß die Anberaumung des Schlußtermins mit Rücksicht auf die §§ 152, 153, 157 KO. derartig erfolgen, daß die für die Schlußverteilung geltende Ausschlußfrist spätestens 3 Tage vor dem Termine (wo möglich schon früher) abläuft. Diese Ausschlußfrist aber beginnt erst mit dem Ablaufe des Tages, an welchem die vom Verwalter nach § 151 KO. zu erlassende Bekanntmachung als bewirkt gilt, und diese Bekanntmachung wiederum kann der Verwalter nicht eher erlassen, als bis ihm die Genehmigung der Schlußverteilung vom Gericht zugestellt worden ist.

Die Bekanntmachung des Schlußtermins geschieht nach Maßgabe des § 76 KO. Einer Benachrichtigung der einzelnen Gläubiger bedarf es nicht. Benachrichtigung des Verwalters und des Gemeinschuldners ist auch nicht erforderlich, aber empfehlenswert und üblich.

γ) Überwachung der Einreichung einer gehörigen Schlußrechnung.

Die Schlußrechnung wird vom Verwalter meist schon mit seinem Antrage auf Genehmigung der Schlußverteilung eingereicht werden. Ist dies nicht geschehen, so hat das Gericht darauf zu sehen, daß sie mit den zugehörigen Belegen spätestens 3 Tage vor dem Schlußtermin auf der Geschäftsstelle niedergelegt wird (§ 86 KO.). Nötigenfalls ist der Verwalter dazu durch Ordnungsstrafen anzuhalten[2]). Die Rechnung muß vom Gläubigerausschusse geprüft sein[3]). Die Bemerkungen, die der Gläubigerausschuß dazu gemacht hat, sind gleichfalls auf der Geschäftsstelle niederzulegen.

---

[1]) So Jaeger A. 1, Bleyer A. 1, Wolff A. 1.

[2]) Petersen und Kleinfeller A. 6, Jaeger A. 4, Mentzel A. 1, Wolff A. 1, Bleyer A. 1 zu § 86.

[3]) Daß der Gläubigerausschuß dieser Verpflichtung wirklich nachkommt, kann freilich das Gericht nicht erzwingen.

Die Schlußrechnung hat über die gesamte Tätigkeit des Verwalters Auskunft und Rechenschaft zu erteilen, soweit das nicht schon während des Konkurses geschehen ist. In der Rechnung ist also darzulegen: was der Verwalter an Masse vorgefunden hat; welche Aussonderungs-, Absonderungs- und Masseansprüche erhoben worden und wie die erhobenen erledigt sind; welche Anfechtungsansprüche sich ergeben haben und ob und wie sie durchgeführt sind; in welcher Weise die Abwickelung der bei der Konkurseröffnung schwebenden Rechtsangelegenheiten erfolgt ist; welche Prozesse über die Teilungs- und die Schuldenmasse geführt sind und welches Ergebnis sie gehabt haben; wie die vorhandenen Massegegenstände verwaltet und verwertet worden sind; welche Gegenstände noch vorhanden sind und aus welchen Gründen deren Verwertung unterblieben ist; endlich, welche Ausgaben und aus welchen Veranlassungen sie der Masse erwachsen sind. Eine einfache Rechnung über Einnahmen und Ausgaben genügt in keiner Weise. Die Schlußrechnung muß so beschaffen sein, daß die Gläubiger und der Gemeinschuldner sich daraus über die Tätigkeit des Verwalters eingehend unterrichten und die Zweckmäßigkeit sowohl als die Gesetzmäßigkeit seiner Maßnahmen prüfen können. Entspricht die Schlußrechnung diesen Anforderungen nicht, so kann das Konkursgericht sie auf Antrag eines Beteiligten oder von Amts wegen dem Verwalter zur Vervollständigung zurückgeben.

δ) Prüfung der Schlußrechnung des Verwalters.

Eine sachliche Prüfung der Schlußrechnung liegt dem Konkursgericht nicht ob. Das Gericht kann Einwendungen gegen die Rechnung nicht erheben. Es **kann** jedoch kraft seiner allgemeinen Aufsichtsbefugnisse eine Prüfung der Schlußrechnung vornehmen oder vornehmen lassen und es ist zu empfehlen, daß von dieser Befugnis Gebrauch gemacht werde[1]). Als Beteiligte bei der Rechnungslegung und Rechnungsabnahme werden zwar vom Gesetze nur die Konkursgläubiger und der Gemeinschuldner angesehen und es wird grundsätzlich diesen Personen überlassen, selbst die Schlußrechnung des Verwalters zu prüfen und etwaige Erinnerungen zu ziehen. Praktisch aber gestaltet sich die Sache so, daß die Gläubiger und oft auch der Gemeinschuldner weder gewillt noch in der Lage sind, die Rechnung des Verwalters einer gründlichen Prüfung zu unterziehen. Gerade in den größeren Konkursen wird zu einer solchen Prüfung häufig wegen des großen Umfanges der Rechnung schon die Zeit mangeln. Aber auch der Mangel genügender Sach- und Rechtskenntnis, sowie die Scheu vor der mit der Prüfung der Rechnung verbundenen erheblichen Mühewaltung, endlich, und nicht zum wenigsten, das noch weit verbreitete Vertrauen, daß schon das Gericht für eine gehörige Prüfung der Rechnung sorge,

[1]) Jaeger A. 3 zu § 86. Abw. Petersen und Kleinfeller A. 5.

halten die Gläubiger meistens davon ab, von der Schlußrechnung des Verwalters überhaupt Einsicht zu nehmen. Da nun wegen der vielfachen, oft verwickelten und umfangreichen Geschäfte, welche die Verwaltung von Konkursen mit sich bringt, und wegen der Versuchungen, denen dabei die Gewissenhaftigkeit und die Redlichkeit des Verwalters nicht selten ausgesetzt sind, eine gründliche Prüfung der Schlußrechnung durchaus geboten ist, so wird von seiten des Gerichts dafür zu sorgen sein, daß eine solche Prüfung jedenfalls stattfindet. Besteht ein Gläubigerausschuß, so ist sie zunächst dessen Sache und kann ihm auch zumeist unbedenklich überlassen bleiben. Wenn aber ein Gläubigerausschuß nicht bestellt, oder der bestellte wegen mangelnder Zuverlässigkeit oder ungenügender Sachkenntnis zu einer gehörigen Prüfung der Schlußrechnung nicht geeignet ist oder diese Prüfung pflichtwidrigerweise nicht vornimmt, so wird das Gericht es als seine Pflicht betrachten müssen, seinerseits die Prüfung der Schlußrechnung zu veranlassen. Die Prüfung darf nach dem Gesagten nicht ein bloß rechnerische sein, sondern hat sich auch darauf zu erstrecken, ob vom Verwalter die Geschäfte sachgemäß geführt und die gesetzlichen Vorschriften beobachtet sind. Ein besonderes Augenmerk ist darauf zu richten, ob die gesetzlich zulässigen Anfechtungen auch wirklich erfolgt sind, denn es kommt nicht selten vor, daß die Verwalter aus Unkenntnis begründete Anfechtungen, namentlich solche aus § 30 KO., unterlassen. Wird ein derartiger Fall ermittelt, so kann die Genehmigung der Schlußverteilung, falls sie noch nicht erteilt ist, einstweilen versagt und dem Verwalter aufgegeben werden, zunächst, wenn es dazu noch nicht zu spät ist (§ 41 KO.), den ermittelten Anfechtungsanspruch geltend zu machen. Es kann aber auch den Gläubigern überlassen werden, im Schlußtermine wegen des Anfechtungsanspruchs Beschluß zu fassen. Bei der Prüfung der Schlußrechnung kann der Richter sich nötigenfalls gemäß § 75 KO. der Hilfe Sachverständiger bedienen, die dann Gebühren nach Maßgabe der Gebührenordnung für Zeugen und Sachverständige aus der Masse zu beanspruchen haben[1]).

Erinnerungen, die der Gläubigerausschuß oder das Gericht zu ziehen gefunden hat, werden dem Verwalter zu tunlichster Erledigung mitgeteilt und, soweit ihre Erledigung nicht erfolgt, im Schlußtermine bei der Verhandlung über die Abnahme der Schlußrechnung zur Sprache gebracht. Werden Pflichtverletzungen des Verwalters entdeckt, so hat deswegen der Richter von Aufsichts wegen die geeigneten Schritte zu tun.

---

[1]) Jaeger A. 3 zu § 86. In Preußen sollen die Rechnungsbeamten als solche zur Prüfung der Rechnung nicht herangezogen werden, dagegen ist es dem Richter gestattet, sich bei der rechnerischen Prüfung der Rechnung der Unterstützung eines Beamten der Geschäftsstelle zu bedienen. Verf. des Justizministers vom 16. Juni 1905 (Müller, Justizverwaltung, S. 165).

d) Der Schlußtermin.

Der Schlußtermin ist gesetzlich bestimmt

1. zur Abnahme der Schlußrechnung des Verwalters,
2. zur Erhebung von Einwendungen gegen das Schlußverzeichnis,
3. zur Beschlußfassung der Gläubiger über die nicht verwertbaren Vermögensstücke.

α) Abnahme der Schlußrechnung des Verwalters.

Die Abnahme der Schlußrechnung geschieht durch die Konkursgläubiger und den Gemeinschuldner. Massegläubiger sowie Aus- und Absonderungsberechtigte sind dabei nicht beteiligt. Die Beteiligten können die Abnahme der Rechnung verweigern, wenn diese verspätet auf der Geschäftsstelle niedergelegt ist oder nicht den Anforderungen entspricht, die an eine Schlußrechnung zu stellen sind. In diesen Fällen kann auch von Amts wegen die Rechnungsabnahme ausgesetzt werden. Geschieht das, so ist ein besonderer Termin zur Abnahme der Schlußrechnung anzuberaumen, der indessen, wenn er gleich im Schlußtermine verkündet wird, nach § 93 Abs. 2 KO. nicht öffentlich bekannt gemacht zu werden braucht. Ist die Schlußrechnung nur in einzelnen Punkten mangelhaft oder fehlen nur einzelne Belege, so wird dadurch eine Vertagung der Rechnungsabnahme nicht gerechtfertigt; dergleichen Mängel berechtigen nur zu Einwendungen gegen die Rechnung.

Die Abnahme der Schlußrechnung findet in der Weise statt, daß die erschienenen Beteiligten zur Erklärung darüber aufgefordert werden, ob und was sie gegen die Rechnung zu erinnern haben. Dabei wird der Richter gegebenenfalls mitteilen, zu welchen Erinnerungen die gerichtsseitig vorgenommene Prüfung der Rechnung Anlaß gegeben hat. Zweckmäßig ist es auch, die Erschienenen darauf hinzuweisen, daß Einwendungen nur im Termine erhoben werden können, und daß, soweit dies nicht geschieht, die Rechnung als anerkannt gilt[1]) (§ 86 KO.).

Werden Einwendungen erhoben, so ist möglichst sogleich im Termin über sie zu verhandeln und ihre gütliche Erledigung zu versuchen. Die Entscheidung über erhobene Einwendungen steht jedoch dem Konkursgericht nicht zu; sie ist Sache des Prozeßrichters.

Einwendungen allgemeiner und unbestimmter Art haben keinen Anspruch auf Berücksichtigung. Der Richter dürfte es aber

---

Allg. Verf. vom 16. Sept. 1895, Geschäftsordnung f. d. Geschäftstellen der Amtsgerichte § 4. Wo solche Unterstützung nicht ausreicht, kann ein geeigneter Beamter oder eine sonst geeignete Person als Sachverständiger zugezogen werden.

[1]) S. dazu RGZ. 87, 151 und OLG. 35, 256 (Dresden).

als seine Aufgabe zu betrachten haben, auf möglichst bestimmte Formulierung der erhobenen Einwendungen hinzuwirken. Schriftliche Eingaben sind nur soweit zu beachten, als sie zur Begründung der im Termine erhobenen Einwendungen verwertet werden.

Wenn nach dem Ergebnisse der Verhandlung Schadensersatzansprüche der Konkursmasse gegen den Verwalter begründet erscheinen, so wird zu deren Verfolgung ein besonderer Verwalter ernannt[1]) und diesem aufgegeben, binnen einer bestimmten Frist die Klage zu erheben. Auf deren Ergebnis braucht aber mit der Aufhebung des Konkurses nicht gewartet zu werden.

β) Einwendungen gegen das Schlußverzeichnis.

1. **Aufstellung des Schlußverzeichnisses und Bekanntmachung der Schlußverteilung.**

Sobald das Gericht die Vornahme der Schlußverteilung genehmigt hat, hat der Verwalter

1. das Schlußverzeichnis aufzustellen und auf der Geschäftsstelle zur Einsicht der Beteiligten niederzulegen,

2. die im § 151 KO. vorgeschriebene Bekanntmachung zu erlassen.

Das Schlußverzeichnis ist das Verzeichnis der bei der Schlußverteilung zu berücksichtigenden Forderungen. Es wird im allgemeinen nach den gleichen Grundsätzen aufgestellt, wie das Verzeichnis für eine Abschlagsverteilung, jedoch mit zwei Abweichungen:

1. Die Forderungen, für die ein Recht auf abgesonderte Befriedigung beansprucht war, werden bei der Schlußverteilung nur in Höhe des Betrages berücksichtigt, für den auf das Absonderungsrecht verzichtet oder der bei der Verwertung des Gegenstandes des Absonderungsrechts nachweislich ausgefallen ist. Abgesehen von dem Falle des Verzichts auf das Absonderungsrecht ist daher die Berücksichtigung absonderungsberechtigter Forderungen bei der Schlußverteilung davon abhängig, daß die Verwertung des Gegenstandes des Absonderungsrechts erfolgt ist und der Ausfall des Absonderungsberechtigten dem Verwalter rechtzeitig nachgewiesen wird[2]) (§ 153 Abs. 1 KO.).

2. Forderungen unter einer aufschiebenden Bedingung werden bei der Schlußverteilung der Regel nach ebenso wie bei Abschlagsverteilungen berücksichtigt. Ihre Berücksichtigung ist aber dann ausgeschlossen, wenn die Möglichkeit des Eintritts der Bedingung eine so entfernte ist, daß sie einen gegenwärtigen Vermögenswert nicht haben (§ 154 Abs. 2 KO.).

---

[1]) Jaeger A. 6 zu § 78, A. 3 zu § 82, Mentzel A. 2, Bleyer A. 3[a] zu § 82; RGZ. 78, 188; 89, 240.

[2]) Das gleiche gilt für die Forderungen der Nachlaßgläubiger im Konkurse des Erben bzw. im Konkurse des Ehemanns der Erbin in den Fällen des § 234 KO.

Forderungen der Gesellschaftsgläubiger im Konkurse über das Privatvermögen eines Gesellschafters werden ebenso wie bei Abschlagsverteilungen berücksichtigt.

Wegen der richterlichen Prüfung des Schlußverzeichnisses ist auf das Seite 149 unter β Bemerkte zu verweisen.

Die Bekanntmachung der Schlußverteilung erfolgt in derselben Art wie bei Abschlagsverteilungen. Auch bei der Schlußverteilung läuft von dem Zeitpunkte an, mit welchem die Bekanntmachung als bewirkt gilt, eine Ausschlußfrist von 2 Wochen, innerhalb deren die nicht berücksichtigten Gläubiger durch Führung der erforderlichen Nachweise noch ihre Berücksichtigung erwirken können. Berichtigungen des Schlußverzeichnisses sind nur in demselben Umfange statthaft, wie Berichtigungen des Verzeichnisses bei Abschlagsverteilungen.

2. Die Erhebung von Einwendungen und die Entscheidung darüber.

Auch bei der Schlußverteilung bleibt es den beteiligten Gläubigern überlassen, gegen die Richtigkeit des Verzeichnisses Einwendungen zu erheben. Für die Erhebung von Einwendungen ist jedoch nicht, wie bei Abschlagsverteilungen, eine Frist, sondern der Schlußtermin bestimmt. Weder vor noch nach, sondern nur in diesem Termine können gegen das Schlußverzeichnis wirksam Einwendungen erhoben werden[1]). Vorausgesetzt ist dabei freilich, daß die Ausschlußfrist und im Falle des § 157 KO. auch die dort bezeichnete Frist vor dem Schlußtermine abgelaufen ist. Um dies festzustellen, hat der Konkursrichter die Belagsblätter über die vom Verwalter bewirkte Bekanntmachung der Schlußverteilung einzusehen. Sollte sich herausstellen, daß diese Bekanntmachung nicht rechtzeitig oder nicht gehörig erfolgt ist, so wird zur Erhebung von Einwendungen gegen das Schlußverzeichnis anderweiter Termin bestimmt werden müssen. In betreff der Berechtigung zur Erhebung von Einwendungen und der Zulässigkeit von Einwendungen, ferner in betreff der Zuständigkeit zur Entscheidung über sie, der Art der Entscheidung und deren Zustellung gilt das gleiche, wie bei Abschlagsverteilungen (§ 162 Abs. 2 KO.; vgl. S. 151 ff.). Die Verhandlung über die erhobenen Einwendungen kann (und wird in der Regel) gleich im Schlußtermine, in dem ja der Verwalter meistens anwesend sein wird, stattfinden. Auch die Entscheidung darüber kann sofort im Schlußtermine verkündet werden. Die Entscheidung kann aber ebensowohl nachher durch schriftlich abgefaßten Beschluß erfolgen. Die Niederlegung der eine Abänderung des Schlußverzeichnisses anordnenden Entschei-

1) Also nur mündlich, Jaeger A. 4, Bleyer A. 1c. A. M. Wolff A. 3, Mentzel A. 2.

dung auf der Geschäftsstelle ist in jedem Falle erforderlich. Ist die Entscheidung in das Terminsprotokoll aufgenommen, so erfolgt die Niederlegung dadurch, daß das Protokoll zu den Konkursakten gebracht wird. Daß daneben eine besondere Zustellung nicht für erforderlich zu erachten, ist bereits Seite 153 bemerkt. Die eine Einwendung abweisende Entscheidung ist dagegen dem Abgewiesenen auch dann besonders zuzustellen, wenn sie im Schlußtermin verkündet und in das Protokoll aufgenommen ist (s. § 577 Abs. 2 ZPO.).

Die Nichterhebung von Einwendungen hat, im Gegensatz zu der nur für die Schlußrechnung geltenden Vorschrift des § 86, nicht die Wirkung einer Anerkennung des Schlußverzeichnisses [1]).

γ) Beschlußfassung über nicht verwertbare Vermögensstücke.

Sind Vermögensstücke bisher nicht verwertbar gewesen, so haben die Gläubiger darüber zu beschließen, ob und wie deren Verwertung versucht werden soll. Die Vermögensstücke können insbesondere in der Weise verwertet werden, daß sie einem Gläubiger zu einem bestimmten, zu vereinbarenden Preise überlassen werden. Die Gläubiger können sich aber auch die Vermögensstücke zur nachträglichen Verteilung ihres Erlöses vorbehalten [2]). Die Beschlußfassung der Gläubiger hierüber geschieht in der gewöhnlichen Weise mit absoluter Stimmenmehrheit. Die Ausführung der gefaßten Beschlüsse ist Sache des Verwalters.

Vermögensstücke, die dem Verwalter bekannt, aber unverwertet geblieben sind, und über deren Verwertung auch im Schlußtermine Beschlüsse nicht gefaßt werden, fallen der freien Verfügung des Gemeinschuldners anheim [3]).

δ) Das Terminsprotokoll.

Das über den Schlußtermin aufzunehmende Protokoll hat außer Ort, Datum, Namen der erschienenen Beteiligten und etwaigen Feststellungen und Entscheidungen über Stimmrechte zu enthalten

1. die Angabe, ob, von wem und welche Einwendungen gegen die Schlußrechnung des Verwalters erhoben und nicht gütlich erledigt sind,

2. etwaige Vergleiche über Einwendungen gegen die Schlußrechnung,

---

[1]) Ein im Schlußverzeichnis übergangener Gläubiger behält deshalb seinen Anspruch gegen den Gemeinschuldner und kann auch den Konkursverwalter nach § 82 schadensersatzpflichtig machen, wobei jedoch ein mitwirkendes eigenes Verschulden (Unterlassung der Einsicht in das Schlußverzeichnis) zu berücksichtigen ist, RGZ. 87, 151.

[2]) Vgl. Jaeger A. 6 zu § 162, A. 2 zu § 166, v. Wilmowski A. 1 und 2 zu § 161. — A. M. Petersen und Kleinfeller A. 4 zu § 161, A. 4 zu § 166.

[3]) RGZ. 25, 7.

3. die Angabe, ob, von wem und welche Einwendungen gegen das Schlußverzeichnis erhoben und welche Entscheidungen darauf im Termine erfolgt sind,

4. etwaige Beschlüsse der Gläubiger über nicht verwertbar gewesene Vermögensstücke unter Angabe der Mehrheit, mit der die Beschlüsse zustande gekommen sind.

ε) Verfügung auf das Protokoll.

Auf das Terminsprotokoll ist in der Regel nichts weiter zu verfügen, als daß die Akten binnen einer angemessenen Frist wieder vorgelegt werden sollen. Die Aufhebung des Verfahrens kann erst nach der Vollziehung der Schlußverteilung erfolgen und es ist daher zunächst diese und der Bericht des Verwalters darüber abzuwarten (siehe unter e, namentlich die Bemerkungen unter e γ).

Besondere Verfügungen können erforderlich werden

1. wegen Festsetzung des Honorars und der zu erstattenden Auslagen für den Verwalter[1]) und die Mitglieder des Gläubigerausschusses,

2. wegen erhobener Einwendungen gegen das Schlußverzeichnis — siehe oben S. 161,

3. wegen Aussetzung des Vollzugs der Schlußverteilung — siehe unter e α,

4. infolge von Anträgen auf Grund des § 99 KO., sei es, daß die Entscheidung über solche Anträge noch zu treffen oder daß sie wenigstens noch öffentlich bekannt zu machen oder anderweit zuzustellen ist (vgl. S. 43),

5. wegen Rückgabe einer vom Verwalter bestellten Sicherheit — siehe S. 24.

e) Vollziehung der Schlußverteilung.

α) Aussetzung der Vollziehung.

Nach Abhaltung des Schlußtermins ist nicht immer sofort der Konkurs aufzuheben, weil die Ausschüttung der Masse, die den Konkurs erst materiell erledigt, noch auf Hindernisse stoßen kann. Sind Einwendungen gegen das Schlußverzeichnis erhoben, so kann gewartet werden, bis über sie rechtskräftig entschieden ist; hat die Schlußrechnung des Verwalters zu Bemängelungen Anlaß gegeben, welche Regreßansprüche gegen den Verwalter zur Folge haben, so kann das Gericht, falls für die Masse ein baldiger Ersatz des durch den Verwalter verursachten Schadens zu erwarten ist, anordnen, daß die Vollziehung der Schlußverteilung bis zur Erledigung der Regreßansprüche ausgesetzt werde. Ebenso kann das Gericht die Aussetzung des Vollzugs der Schlußverteilung anordnen, wenn infolge von Beschlüssen der Gläubiger über bisher nicht

[1]) Diese Festsetzung wird meistens schon bei der Anberaumung des Schlußtermins nach Prüfung der Schlußrechnung erfolgen.

verwertbar gewesene Vermögensstücke noch Eingänge für die Masse in Aussicht stehen[1]). Dagegen steht es dem Gericht nicht zu, aus anderen als den erwähnten Gründen, etwa wegen einer Möglichkeit, noch Anfechtungsansprüche oder sonstige Gegenstände für die Masse zu ermitteln, die Vollziehung der Schlußverteilung hinauszuschieben. Es steht ihm auch nicht zu, die früher erteilte Genehmigung zur Vornahme der Schlußverteilung wegen eines noch bevorstehenden Einganges von Masse ganz zurückzunehmen und etwa dem Verwalter eine Abschlagsverteilung anheimzugeben. Wenn ein längerer Zeitraum bis zum Eingange der noch zu erwartenden Beträge vergehen kann, empfiehlt es sich, diese Eingänge einer Nachtragsverteilung vorzubehalten. Sobald der Verwalter die Bekanntmachung, daß die Schlußverteilung erfolgen solle, erlassen hat, und die Ausschlußfrist der §§ 152, 153 KO. abgelaufen ist, haben die in dem aufgestellten Schlußverzeichnisse berücksichtigten Gläubiger ein Recht darauf, daß die Schlußverteilung auf Grund des Schlußverzeichnisses — unter alleiniger Berücksichtigung der durch die §§ 157, 158 Abs. 2, 162 KO. vorgesehenen Änderungen — vollzogen werde. Sie brauchen sich also nicht gefallen zu lassen, daß durch die Zurückziehung der Genehmigung der Schlußverteilung es den im Schlußverzeichnisse nicht berücksichtigten Gläubigern ermöglicht wird, bei der dann später auf Grund eines neuen Schlußverzeichnisses vorzunehmenden Schlußverteilung noch ihre Berücksichtigung zu erwirken[2]) (vgl. die §§ 152, 153, 166 KO.).

β) Vollziehung der Schlußverteilung.

Die Vollziehung der Schlußverteilung liegt dem Verwalter ob; an diesen haben sich die hebungsberechtigten Gläubiger unmittelbar zu halten (§ 167 KO.). Die Vollziehung der Schlußverteilung ist nicht gleichbedeutend mit der Auszahlung der Hebungen (vgl. § 168 KO.). Das Konkursgericht hat nur darüber zu wachen, daß der Verwalter die Vollziehung der Schlußverteilung nicht ungebührlich verzögert. Sobald diese statthaft ist, kann es den Verwalter dazu kraft seiner Aufsichtsbefugnisse, nötigenfalls durch Ordnungsstrafen, anhalten. Das Gericht wird daher einige Zeit nach dem Schlußtermine den Verwalter zum Bericht darüber auffordern, ob und wieweit die Schlußverteilung vollzogen worden, und wenn der Vollzug noch nicht erfolgt sein sollte, aus welchen Gründen er unterblieben ist.

Auf Beschwerde eines Gläubigers hat das Konkursgericht im Aufsichtswege ebenfalls nur einzuschreiten bei pflichtwidrigem Ver-

[1]) Zweckmäßig ist aber nach Möglichkeit eine Verzögerung der Aufhebung des Konkursverfahrens zu vermeiden, insbes. im Interesse des Gemeinschuldners, der dadurch die freie Verfügungsbefugnis zurückerhält.

[2]) Abw. Jaeger A. 9, ferner v. Wilmowski A. 4 Abs. 2 zu § 161, womit aber A. 6 nicht wohl in Einklang zu bringen ist.

halten des Verwalters. Sonst ist der Streit zwischen Gläubiger und Verwalter über Auszahlung oder Zurückbehaltung eines Anteils im Prozeßwege auszutragen[1]).

f) Hinterlegung nicht ausgezahlter Hebungen.

Der Bericht des Verwalters über die Vollziehung der Schlußverteilung wird häufig ergeben, daß einzelne Hebungen nicht ausgezahlt sind. Die Nichtauszahlung kann in den Bestimmungen des § 168 KO. oder darin ihren Grund haben, daß die Berechtigten sich nicht melden oder nicht legitimieren. In diesen Fällen bleiben die Hebungen bei Abschlagsverteilungen einfach bis zur Schlußverteilung in der Masse. Nach der Schlußverteilung aber ist der Verwalter zu einer ferneren Aufbewahrung der Hebungen nicht verpflichtet; diese sind dann zu hinterlegen (§ 169 KO.). Bei welcher Stelle die Hinterlegung erfolgen soll, hat das Gericht von Amts wegen nach freiem Ermessen zu bestimmen. Maßgebend für die Bestimmung wird in erster Linie die Sicherheit und erst in zweiter die Höhe der Verzinsung der zu hinterlegenden Gelder sein. Es wird daher wohl in der Regel die amtliche Hinterlegungsstelle bestimmt werden. Doch ist auch eine Anordnung dahin zulässig und unbedenklich, daß die Hinterlegung z. B. bei der Reichsbank oder bei einer sicheren Sparkasse zu bewirken sei. Die Anordnung wegen der Hinterlegung ist dem Verwalter und den Gläubigern, die ein Anrecht auf die zu hinterlegenden Beträge haben, zuzustellen.

Die Ausführung der angeordneten Hinterlegung ist Sache des Verwalters (§ 169 KO.). Es erscheint aber angezeigt, daß das Gericht eine Überwachung der richtigen Hinterlegung der Hebungen eintreten läßt, und zu diesem Zwecke die von der Hinterlegungsstelle dem Verwalter erteilten Quittungen seiner Prüfung unterzieht[2]).

Ebenso wie mit den nicht ausgezahlten Hebungen von Konkursgläubigern wird es zu halten sein mit den Beträgen, die auf dem Verwalter bekannte, aber streitige Masseansprüche zurückbehalten sind, so namentlich auf entstandene und noch zu erwartende Kosten schwebender Prozesse, die die Masse betreffen.

Auf das weitere Schicksal der hinterlegten Beträge steht dem Konkursgericht ein Einfluß im allgemeinen nicht zu. Das Gericht ist nicht befugt, die Auszahlung hinterlegter Beträge anzuordnen. Diese Auszahlung kann nur nach Maßgabe der vom Verwalter bei der Hinterlegung abgegebenen Erklärungen oder eines unter den Beteiligten ergangenen Urteils erfolgen (s. hierzu die §§ 376 ff. BGB.).

---

[1]) JW. 1896, 34[20].

[2]) Diese Quittungen sind nach erfolgter Prüfung dem Verwalter zurückzugeben.

Soweit aber die Möglichkeit besteht, daß hinterlegte Beträge zur Masse zurückfließen, wird das Gericht die Hinterlegung auf eine bestimmte Frist zu beschränken und nach dem fruchtlosen Ablauf gemäß § 166 KO. eine Nachtragsverteilung anzuordnen haben[1]).

g) Aufhebung des Konkursverfahrens.

Nach der Abhaltung des Schlußtermins hat das Gericht durch Beschluß, der einer Anfechtung nicht unterliegt, die Aufhebung des Konkursverfahrens auszusprechen[2]) (§ 163 Abs. 1 KO.). In dem Beschlusse ist der Grund der Aufhebung anzugeben. Zur Ausführung des Beschlusses hat folgendes zu geschehen:

1. Der Urkundsbeamte der Geschäftsstelle hat den Beschluß und den Grund der Aufhebung nach Maßgabe der für die Bekanntmachung der Konkurseröffnung geltenden Vorschriften öffentlich bekannt zu machen (§ 163 Abs. 2, 3 KO.). In welcher Weise, namentlich durch welche öffentlichen Blätter außer dem Amtsblatt und dem Deutschen Reichsanzeiger die Bekanntmachung zu bewirken ist, bestimmt der Richter. Empfehlenswert ist es, die Bekanntmachung in derselben Weise zu veranlassen, wie die Bekanntmachung der Konkurseröffnung geschehen ist. Eine besondere Benachrichtigung der einzelnen Gläubiger ist jedoch nicht erforderlich. Auch der Zustellung des Beschlusses an den Gemeinschuldner bedarf es nicht. Die Aufhebung wird gleichzeitig für und gegen alle Beteiligte wirksam.

2. Der Urkundsbeamte hat ferner beglaubigte Abschriften der Formel des Aufhebungsbeschlusses den im § 112 KO. bezeichneten Behörden, also namentlich zum Handelsregister mitzuteilen (§ 163 Abs. 3 KO., § 32 HGB.). Eine Benachrichtigung der Staatsanwaltschaft ist in Preußen nicht vorgeschrieben.

3. Das Gericht hat den Grundbuchrichter um Löschung der bei den Grundstücken und Realrechten des Gemeinschuldners eingetragenen Sperrvermerke zu ersuchen (§§ 163 Abs. 3, 113 KO.). Die Löschung erfolgt gebührenfrei (§ 115 KO.). Sie kann auch vom Verwalter beantragt werden.

4. Wenn eine Beschlagnahme der an den Gemeinschuldner adressierten Postsendungen und Depeschen stattgefunden hatte, so sind die Post- und Telegraphenanstalten von der Aufhebung des Konkurses und der daraus folgenden Aufhebung der Beschlagnahme durch das Konkursgericht zu benachrichtigen.

5. Hat der Verwalter eine Sicherheit bestellt, so ist ihm diese spätestens bei Aufhebung des Konkurses zurückzugeben, sofern Einwendungen gegen seine Schlußrechnung entweder gar nicht

---

[1]) Vgl. Jaeger A. 4, Bleyer A. 1, Mentzel A. 3. — A. M. Wolff A. 3.

[2]) Daß das stets sofort nach der Abhaltung des Schlußtermins geschehen müsse, ist damit nicht gesagt. Es kann Grund vorhanden sein, die Aufhebung des Konkurses noch aufzuschieben. S. S. 164.

im Schlußtermine erhoben oder zugunsten des Verwalters erledigt sind. Sind dagegen Einwendungen gegen die Schlußrechnung erhoben und noch nicht erledigt, so wird die Rückgabe der bestellten Sicherheit nicht erfolgen, es sei denn, daß die Beteiligten sich mit der Rückgabe einverstanden erklären[1]).

6. Das Gericht hat endlich den Verwalter zur Rückreichung seiner Bestallung zu veranlassen (§ 81 Abs. 2 KO.).

Die Aufhebung des Konkurses tritt mit dem Zeitpunkte ein, wo die öffentliche Bekanntmachung des Aufhebungsbeschlusses als bewirkt gilt[2]). Mit diesem Zeitpunkte erlangt der Gemeinschuldner seine volle Verfügungsbefugnis wieder[3]). Diese erstreckt sich indes nicht auf die etwa noch vorhandene, zur Verteilung an die Konkursgläubiger bestimmte Masse und auf die zu einer Nachtragsverteilung vorbehaltenen Vermögensstücke. In Ansehung aller dieser Vermögensgegenstände bleibt trotz der Aufhebung des Konkurses das Verwaltungs- und Verfügungsrecht des Verwalters in Kraft[4]). Die unverwertet gebliebenen Vermögensstücke, bezüglich deren im Schlußtermin nichts anderes beschlossen worden, sind dem Gemeinschuldner vom Verwalter herauszugeben. Die nicht veräußerten Geschäftsbücher gleichfalls. Für deren Aufbewahrung braucht das Gericht nicht Sorge zu tragen[5]). Andrerseits sind die Konkursgläubiger nun nicht mehr, wie es bis dahin der Fall war, gehindert, sich an das etwa nach der Konkurseröffnung vom Gemeinschuldner erworbene Vermögen zu halten.

E. Nachtragsverteilungen.

a) Fälle, in denen Nachtragsverteilungen erforderlich werden.

Nachtragsverteilungen finden statt, wenn nach der Vollziehung der Schlußverteilung[6]) sich noch verteilbare Masse herausstellt (§ 166 KO.). Das ist der Fall

1. wenn noch Gegenstände, die zur Konkursmasse gehören, ermittelt werden[7]),

---

[1]) S. hierzu S. 24.

[2]) Früher gelegentlich bestritten, jetzt allgemein anerkannt.

[3]) Über die Fortführung der anhängigen Prozesse s. Petersen und Kleinfeller A. 2, Jaeger A. 6, 7, Mentzel A. 3a und 3b, Bleyer A. 3.

[4]) v. Wilmowski A. 4a zu § 163, Jaeger A. 6, 7, Mentzel A. 3b, Bleyer A. 3.

[5]) S. Jaeger A. 19, 20 zu § 117, ferner in der ZZP. 36, 401.

[6]) Nach herrschender Ansicht nach dem mit der Mitteilung der berechneten Schlußdividende zusammenfallenden Beginn der Schlußverteilung. So insbes. Jaeger A. 8. — Abw. Wolff A. 2 und Mentzel A. 1, die den Schlußtermin als entscheidend ansehen.

[7]) S. hiezu RGZ. 25, 8; 36, 22; JW. 1890, 141[14].

2. wenn der Verwalter infolge von Einwendungen gegen seine Schlußrechnung Beträge zur Masse zurückerstattet oder für verursachten Schaden der Masse Ersatz leistet,

3. wenn Beträge, die bei der Schlußverteilung zurückbehalten sind, nachträglich für die Masse frei werden, weil sich herausstellt oder im Prozeßwege entschieden wird, daß dem bei der Verteilung berücksichtigten Gläubiger gar kein oder nur ein geringerer Anspruch zustand, oder weil die auflösende Bedingung, wegen deren eine Hebung gemäß § 168 Nr. 4 KO. zurückbehalten worden, eingetreten ist,

4. wenn Beträge zur Masse zurückfließen, z. B. weil sie irrtümlich gezahlt waren, oder weil eine aufschiebende Bedingung, von der die Forderung eines auf Grund des § 54 Abs. 3 KO. zur Aufrechnung zugelassenen Schuldners abhing, sich nicht erfüllt hat oder voraussichtlich nicht erfüllen wird (§ 171 KO.).

Es können auch Gegenstände, die zur Zeit des Schlußtermins als zur Masse gehörig bekannt waren, zur nachträglichen Verteilung gebracht werden. Vorauszusetzen ist aber, daß sie dazu im Schlußtermin ausdrücklich vorbehalten sind (s. S. 162 unter γ).

Die Nachtragsverteilung bildet ihrem Wesen nach eine Fortsetzung der Schlußverteilung und erfolgt nach denselben Grundsätzen wie diese. Zeitlich begrenzt ist ihre Zulässigkeit nicht.

b) Verfahren.

Die Nachtragsverteilung ist vom Konkursgericht von Amts wegen oder auf Antrag anzuordnen. Wenn bei der Schlußverteilung sich als gewiß oder wahrscheinlich ergibt, daß eine Nachtragsverteilung erforderlich werden wird, so hat das Gericht darüber zu wachen, daß die Nachtragsverteilung auch wirklich geschieht. Es hat daher den Verwalter nach einer angemessenen Frist zur Berichterstattung über die Angelegenheiten, aus denen sich die Notwendigkeit einer Nachtragsverteilung ergeben kann, aufzufordern.

Daß stets sofort nach einem nachträglichen Eingange von Masse eine Nachtragsverteilung angeordnet wird, ist nicht notwendig. Wenn noch fernere Eingänge binnen nicht zu langer Zeit in Aussicht stehen, oder wenn durch eine einstweilige Aussetzung der Nachtragsverteilung vermieden werden kann, daß bei dieser Verteilung Beträge zurückgehalten werden müssen, die dann wieder zu einer neuen Nachtragsverteilung Anlaß geben können, so empfiehlt es sich, mit der Anordnung der Nachtragsverteilung so lange zu warten, daß nur *eine* Nachtragsverteilung auszuführen ist.

Der Beschluß, wodurch die Nachtragsverteilung angeordnet wird, ist dem Verwalter und dem Gemeinschuldner zuzustellen. In erster Linie ist der bisherige Verwalter zur Vollziehung der Nachtragsverteilung berufen. Dieser ist dazu verpflichtet, weil die Nachtragsverteilung nur eine Ergänzung der Schlußverteilung darstellt und deswegen sein Amt für die Nachtragsverteilung fortdauert. Handelt er dabei pflichtwidrig, so kann er entlassen werden[1]). Ist er behindert, so ist ein anderer behufs der Vollziehung der Nachtragsverteilung zum Verwalter zu ernennen. In dem Beschlusse ist zu bestimmen, was zur nachträglichen Verteilung gebracht werden soll. Dagegen sind Anweisungen darüber, wie bei der Nachtragsverteilung zu verfahren und welche Gläubiger dabei zu berücksichtigen sind, nicht erforderlich. Der Verwalter hat nach § 166 KO. lediglich das endgültig festgestellte Schlußverzeichnis zugrunde zu legen, also nur die Gläubiger zu berücksichtigen, die in das Schlußverzeichnis aufgenommen sind, und auch bei der Vollziehung der Nachtragsverteilung hat er nach denselben Grundsätzen, wie bei der Schlußverteilung, zu verfahren. Die vom Verwalter zu erlassende Bekanntmachung[2]) hat nur anzugeben, daß und in welchem Konkurse eine Nachtragsverteilung stattfinden soll und auf wieviel sich die zu verteilende Masse beläuft. Demnach braucht auch aus Anlaß von Nachtragsverteilungen kein Termin anberaumt zu werden und sind Einwendungen gegen die Richtigkeit des der Verteilung zugrunde zu legenden Verzeichnisses unzulässig[3]).

Nach Vollziehung einer jeden Nachtragsverteilung hat der Verwalter dem Gerichte über die Verwaltung der verteilten Beträge und die Art des Vollzugs der Verteilung Bericht zu erstatten und Rechnung zu legen. Dem Gerichte liegt die Verpflichtung ob, diese Rechnung zu prüfen (§ 166 KO.); es ist die einzige Instanz, die für die Konkursgläubiger eine derartige Prüfung vornehmen kann, da Gläubigerausschuß und Gläubigerversammlung mit der Aufhebung des Konkurses außer Tätigkeit getreten sind.

c) Honoraranspruch des Verwalters.

Auch bei den Nachtragsverteilungen hat der Verwalter Anspruch auf Erstattung angemessener barer Auslagen. Eine Vergütung für seine Mühewaltungen wird demjenigen, der für die Nachtragsverteilung besonders ernannt ist, ebenfalls nie versagt werden können. Führt dagegen der bisherige Verwalter die Nachtragsverteilung aus, so steht diesem ein Anspruch auf ein besonderes Honorar nur insoweit zu, als die Mühewaltungen bei der Nachtragsverteilung nicht durch das bei Beendigung des Konkurses bewilligte Honorar als mitabgegolten zu betrachten sind[4]).

---

[1]) OLG. Stuttgart in der LZ. 1911, 872[1].

[2]) Ganz unterbleiben darf die Bekanntmachung nicht, schon der Massegläubiger wegen. S. § 172 KO.

[3]) Vgl. hierzu Petersen und Kleinfeller A. II. 6, Jaeger A. 11, v. Wilmowski A. 5 und 7, Mentzel A. 6, Bleyer A. 1. — A. M. Wolff A. 4.

[4]) v. Wilmowski A. 6, Jaeger A. 12.

VII. Beendigung des Konkurses durch Zwangsvergleich.

An den Bestimmungen über den Zwangsvergleich im Konkurse ist durch die Vergleichsordnung vom 5. Juli 1927 nichts geändert worden. Ist in dem gerichtlichen Vergleichsverfahren ein Vergleich nicht zustande gekommen, so kann immer noch in dem danach eröffneten Konkurse ein Zwangsvergleich geschlossen werden. Die Bedingungen hierfür sind in wichtigen Punkten leichter als die Bedingungen im Vergleichsverfahren, so insbesondere hinsichtlich des Maßes, in dem der Gemeinschuldner von seinen Verpflichtungen entlastet werden kann (§§ 6, 63 VerglO.), und hinsichtlich der zur Annahme des Zwangsvergleichs erforderlichen Summenmehrheit (§ 63 Abs. 2), auch tritt der Vergleich im Vergleichsverfahren leichter außer Wirksamkeit als der Vergleich im Konkurse (§ 76).

A. Zulässigkeit des Zwangsvergleichs.

a) Fälle, in denen ein Zwangsvergleich unzulässig ist.

Der Gemeinschuldner kann versuchen, den Konkurs durch Zwangsvergleich zu beendigen. Diese Art der Beendigung ist grundsätzlich in allen Konkursen statthaft mit alleiniger Ausnahme der Konkurse über das Vermögen von eingetragenen Genossenschaften und Versicherungsgesellschaften auf Gegenseitigkeit, wo der Zwangsvergleich die gesetzliche Haftpflicht der Mitglieder beschränken würde[1]) (§ 116 Abs 1 des Genossenschaftsgesetzes, § 52 Ges. vom 12. Mai 1901). Im Interesse der öffentlichen Ordnung und zur Verhütung von Benachteiligungen der Gläubiger erklärt jedoch das Gesetz einen Zwangsvergleich für unzulässig, wenn in der Persönlichkeit des Gemeinschuldners gewisse Gründe vorhanden sind, die die Zulassung des Zwangsvergleichs unstatthaft erscheinen lassen. Der § 175 KO. schließt den Zwangsvergleich aus

1. so lange der Gemeinschuldner flüchtig ist, d. h. sich ohne Erlaubnis von seinem Wohnorte entfernt hat und nicht aufzufinden ist oder auf ergangene Aufforderung ohne hinreichenden Grund nicht zurückkehrt;

2. so lange der Gemeinschuldner die Ableistung des Offenbarungseides verweigert;

3. so lange gegen den Gemeinschuldner wegen betrügerischen Bankerotts eine gerichtliche Untersuchung oder ein wieder aufgenommenes Verfahren anhängig ist;

---

[1]) Bei Versicherungsunternehmungen, die der Beaufsichtigung nach Maßgabe des Gesetzes vom 12. Mai 1901 unterliegen, findet auch ein Vergleichsverfahren zur Abwendung des Konkurses nicht statt (§ 94 VerglO.). Dagegen ist ein solches Verfahren bei eingetragenen Genossenschaften durch § 91 VerglO. mit gewissen Maßgaben zugelassen.

4. wenn der Gemeinschuldner wegen betrügerischen Bankerotts rechtskräftig verurteilt ist[1]).

Nicht unzulässig ist der Zwangsvergleich, wenn der Gemeinschuldner nur seiner Pflicht zur Auskunfterteilung nicht genügt hat, ferner wenn nur Erhebungen durch die Staatsanwaltschaft wegen eines Verdachts des betrüglichen Bankerotts stattfinden. Dagegen bleibt im Falle zu 4 ein Zwangsvergleich selbst dann unzulässig, wenn die Strafe im Gnadenwege vollständig erlassen worden ist.

Muß der Zwangsvergleichsvorschlag von mehreren Personen gemeinschaftlich gemacht werden, so ist der Zwangsvergleich schon ausgeschlossen, wenn auch nur in Ansehung einer der mehreren Personen ein Unzulässigkeitsgrund vorliegt.

Ob und wieweit der § 175 KO. in Konkursen von Aktiengesellschaften anwendbar ist, ist streitig[2]). Die Anwendbarkeit dürfte ganz zu verneinen sein, auch für Konkurse von Vereinen, Gesellschaften mit beschränkter Haftung und anderen juristischen Personen.

b) Wann und wie lange ein Zwangsvergleich geschlossen werden kann.

Zeitlich ist der Abschluß eines Zwangsvergleichs erst zulässig, wenn der allgemeine Prüfungstermin stattgefunden hat, da erst durch diesen Termin eine Grundlage zur Bestimmung des Kreises der zu berücksichtigenden und stimmberechtigten Gläubiger gewonnen wird. Andererseits schneidet die Schlußverteilung jeden Zwangsvergleich ab. Der Abschluß eines Zwangsvergleichs ist vom Gesetze nur so lange zugelassen, bis der Beschluß des Gerichts, wodurch die Schlußverteilung genehmigt wird, dem Verwalter zugestellt ist (§ 173 KO.). Geht vor dieser Zustellung ein zulässiger Zwangsvergleichsvorschlag ein, so ist die Beschlußfassung über die Genehmigung der Schlußverteilung bis zur Erledigung des Vergleichsvorschlags auszusetzen. Geht der Vorschlag aber erst nachher ein, so kann er nur zugelassen werden, wenn das Gericht seinen Genehmigungsbeschluß noch widerrufen kann und von dieser Befugnis Gebrauch macht. S. dazu Seite 155.

B. Der Zwangsvergleichsvorschlag.

a) Legitimation dazu.

Das Zwangsvergleichsverfahren hat zur Voraussetzung, daß der Gemeinschuldner einen Vorschlag zum Abschlusse eines Zwangs-

[1]) Solche Verurteilung hindert aber den Zwangsvergleich nur in demjenigen Konkurse, in welchem der betrügliche Bankerott begangen ist. Petersen und Kleinfeller A. 4, Jaeger A. 8, Mentzel A. 4, Bleyer A. 2. (Vgl. auch § 76 VglO.) A.M. v. Wilmowski A. 4, Wolff A. 4.

[2]) Vgl. Petersen und Kleinfeller A. 7 zu §§ 207, 208, v. Wilmowski A. 4 zu § 208, Jaeger A. 3, Mentzel A. 2 zu § 175.

vergleichs macht. Macht der Gemeinschuldner den Vorschlag nicht selbst, so haben seine Vertreter ihre Legitimation nachzuweisen. In Konkursen von Aktiengesellschaften sind nur diejenigen Vorstandsmitglieder oder Liquidatoren zu einem Zwangsvergleichsvorschlage legitimiert, welche zur Vertretung der Aktiengesellschaft berechtigt sind. Daß sämtliche Vorstandsmitglieder oder Liquidatoren den Vergleichsvorschlag machen, ist bei Aktiengesellschaften nur erforderlich, wenn Kollektivvertretung stattfindet.

In Konkursen über offene Handelsgesellschaften, Kommanditgesellschaften und Kommanditgesellschaften auf Aktien sind nur die persönlich haftenden Gesellschafter, und sie nur gemeinschaftlich, zu einem Zwangsvergleichsvorschlage berechtigt (§ 211 Abs. 1 KO.). Ausgeschiedene Gesellschafter und Liquidatoren, ebenso Kommanditisten, haben kein Vorschlagsrecht[1]). In Nachlaßkonkursen findet nur auf Vorschlag sämtlicher Erben der Abschluß eines Zwangsvergleichs statt (§ 230 KO.). Sind mehrere Nachlaßpfleger vorhanden, so werden auch diese den Vorschlag gemeinschaftlich machen müssen (§§ 1815, 1797 BGB.).

Immer muß der Vergleichsvorschlag vom Gemeinschuldner ausgehen. Dritte Personen können wohl für diesen als Bürgen eintreten, aber nicht im eigenen Namen einen Zwangsvergleich vorschlagen und abschließen.

b) Form und Inhalt des Vergleichsvorschlags. Zeit der Einreichung.

Der Zwangsvergleichsvorschlag ist beim Gericht schriftlich einzureichen oder zu Protokoll des Urkundsbeamten der Geschäftsstelle zu erklären. Die Einreichung ist jederzeit nach der Konkurseröffnung, schon vor dem allgemeinen Prüfungstermine, statthaft und die Einleitung des Zwangsvergleichsverfahrens kann bereits vor diesem Termine erfolgen. Nur der Abschluß des Zwangsvergleichs kann nicht eher geschehen, als bis der allgemeine Prüfungstermin stattgefunden hat.

Der Vergleichsvorschlag muß bestimmt formuliert sein. Er muß nach § 174 KO. angeben

1. in welcher Weise die Befriedigung der Gläubiger erfolgen soll,

2. ob und in welcher Art eine Sicherstellung der Gläubiger bewirkt werden soll.

Zu 1 werden den Gläubigern in der Regel bestimmte Prozente ihrer Forderungen in barem Gelde geboten werden. Das ist aber nicht nötig; es genügt, daß irgendein bestimmt for-

---

[1]) Jaeger A. 1, Petersen und Kleinfeller A. 5, Mentzel A. 2, Wolff A. 4, Bleyer A. 2.

muliertes Angebot gemacht wird, welches auf Beseitigung des Konkurszustands gegen gänzliche oder teilweise Befriedigung der Gläubiger — durch den Gemeinschuldner selbst oder durch dritte Personen — abzielt[1]).

Zu 2 ist es nicht **notwendig**, daß den Gläubigern eine Sicherheit geboten werde. Wenn jedoch eine Sicherstellung erfolgen soll, so ist deren Art bestimmt zu bezeichnen.

Der Vergleichsvorschlag muß ferner sämtlichen nicht bevorrechtigten Konkursgläubigern gleiche Rechte gewähren (§ 181 KO.). Es ist z. B. nicht zulässig, einzelne Konkursgläubiger sicher zu stellen, andere nicht, oder einigen Gläubigern eine bessere Sicherheit als den übrigen zu gewähren. In der Regel wird überhaupt eine verschiedenartige Sicherstellung der Gläubiger nicht zugelassen werden können, da hierbei fast stets die Möglichkeit vorhanden sein würde, daß von den gewährten Sicherheiten sich schließlich die eine als besser als die andere herausstellt; nur wenn von den mehreren angebotenen Sicherheiten zweifellos eine jede zur Sicherung der nach dem Vergleichsvorschlag den Gläubigern zu gewährenden Leistungen hinreicht, wird das Gericht die Anforderung des § 181 KO. für erfüllt erachten können. Auch die Bestimmung verschiedener Zahlungstermine für die verschiedenen Konkursforderungen oder eine Bevorzugung der angemeldeten vor den nicht angemeldeten Konkursforderungen würde dem § 181 KO. zuwiderlaufen[2]).

Eine Zurücksetzung einzelner Gläubiger ist nur mit deren ausdrücklicher Zustimmung zulässig (§ 181 Satz 2 KO.). Eine solche Zustimmung braucht aber nicht gerade im **Vergleichstermine** erklärt zu werden[3]).

Jedes Abkommen[4]), wodurch einzelne Gläubiger vor den übrigen bevorzugt werden sollen, ist ohne die Zustimmung der zurückgesetzten Gläubiger nichtig (§ 181 Satz 3 KO.) und nach Maßgabe der §§ 241, 243 KO. strafbar.

Die **bevorrechtigten** Konkursgläubiger haben stets Anspruch auf volle Befriedigung. Diese Gläubiger sind daher am Zwangsvergleichsverfahren nicht beteiligt und erhalten nach dem Zustandekommen eines Zwangsvergleichs in jedem Falle Zahlung

---

[1]) Vgl. v. Wilmowski A. 2, Jaeger A. 2. 3, Petersen und Kleinfeller A. 1.

[2]) Vgl. hierzu Jaeger A. 1. 2 zu § 181, v. Wilmowski A. 1, Petersen und Kleinfeller A. 1 und 4, Bleyer A. 2.

[3]) Beim Vergleich zur Abwendung des Konkurses ist eine ungleiche Behandlung der Gläubiger nur zulässig, wenn die **Mehrheit** der zurückgesetzten Gläubiger zustimmt und die Gesamtsumme der Forderungen der Zustimmenden mindestens **drei Vierteile** der Forderungen der Zurückgesetzten beträgt (§ 5 Abs. 2 VerglO.).

[4]) Des Gemeinschuldners selbst oder eines Dritten (so auch § 5 Abs. 3 VerglO.).

oder doch Sicherstellung für ihre ganze Forderung (siehe §§ 173, 191 Abs. 2 KO.).

Im Konkurse über einen Nachlaß nehmen an dem Zwangsvergleich diejenigen Gläubiger nicht teil, deren Forderungen zufolge des § 226 Abs. 2 Nr. 2 bis 5 und Abs. 4 erst nach den Forderungen der übrigen Gläubiger auf Befriedigung Anspruch haben (§ 230 Abs. 2 KO.).

c) Prüfung des Vergleichsvorschlags. Zurückweisung desselben.

Wenn ein Vorschlag zu einem Zwangsvergleich eingeht, so hat das Konkursgericht von Amts wegen zu prüfen, ob er in Form und Inhalt den gesetzlichen Anforderungen entspricht; ob derjenige, von dem der Vergleichsvorschlag ausgeht, dazu legitimiert ist; ob der Vergleichsvorschlag zeitlich zulässig ist und ob nicht einer der Fälle der Unzulässigkeit des Zwangsvergleichs vorliegt (vgl. §§ 173—175 KO.). Behufs dieser Prüfung kann das Gericht Ermittelungen gemäß § 75 KO. veranstalten. Stellen sich bei der Prüfung Anstände heraus, deren Beseitigung möglich ist, so ist der Antragsteller mit den Anständen bekannt zu machen und bis zu deren Beseitigung mit dem weiteren Verfahren zu warten. Entspricht jedoch der Vergleichsvorschlag nur dem § 181 KO. nicht, so braucht deswegen das Vergleichsverfahren nicht unbedingt aufgeschoben zu werden, da die Zustimmung der zurückgesetzten Gläubiger noch bis zur gerichtlichen Entscheidung über Bestätigung oder Verwerfung des Zwangsvergleichs beigebracht werden kann.

Wenn sich Anstände ergeben, die sich nicht beseitigen lassen, so ist der Vergleichsvorschlag durch Beschluß unter Angabe der Gründe zurückzuweisen. Der Beschluß ist dem Gemeinschuldner zuzustellen.

Wird der Vergleichsvorschlag für zulässig befunden, so muß er in der Regel den Gläubigern zur Beschlußfassung unterbreitet werden, wenn ihn auch das Gericht für nicht annehmbar erachten sollte. Wenn jedoch in dem Konkurse bereits ein Vergleichsvorschlag von den Gläubigern abgelehnt oder vom Gericht verworfen oder vom Gemeinschuldner nach der öffentlichen Bekanntmachung des Vergleichstermins[1]) zurückgezogen ist, so kann der neue Vergleichsvorschlag zurückgewiesen werden, sofern der Verwalter und, wenn ein Gläubigerausschuß bestellt ist, auch dieser die Zurückweisung beantragt (§ 176 KO.). Falls ein gehöriger Antrag des Verwalters auf Zurückweisung des Vergleichsvorschlages eingeht, so hat das Gericht ihm nicht ohne weiteres stattzugeben, sondern zu erwägen, ob hinreichende sachliche Gründe für die Zurückweisung vorliegen; ein

[1]) D. h. nach dem Zeitpunkte, in welchem die öffentliche Bekanntmachung als bewirkt gilt.

Recht, in den Fällen des § 176 KO. die Zurückweisung des Vergleichsvorschlages zu verlangen, steht dem Verwalter nicht zu. Zu der Zurückweisung des Vorschlags wird das Gericht nur dann Grund haben, wenn der neue Vergleichsvorschlag aussichtslos erscheint und deshalb durch das Vergleichsverfahren vermutlich nur unnütze Mühewaltungen und Kosten erwachsen würden[1]). Das Interesse der Gläubiger an möglichst schleuniger Beendigung des Konkurses wird ja durch das Zwangsvergleichsverfahren nicht wesentlich berührt, da die Verwertung der Masse ihren Fortgang nehmen kann und Verteilungen, wenigstens Abschlagsverteilungen, stattfinden können. Die Bestimmungen der §§ 135 Abs. 2 und 160 KO. sind nur fakultativ.

Wird der Vergleichsvorschlag auf Grund des § 176 KO. zurückgewiesen, so ist der Beschluß dem Gemeinschuldner zuzustellen und dem Verwalter mitzuteilen.

Findet das Gericht keine Veranlassung, von der ihm durch § 176 KO. verliehenen Befugnis Gebrauch zu machen, so hat es das den Antragstellern zu Händen des Verwalters zu eröffnen. Diesen steht das Recht zur sofortigen Beschwerde gegen die ungeachtet ihres Antrags erfolgende Zulassung des Vergleichsvorschlages zu.

C. Anhörung des Gläubigerausschusses und des Verwalters.

Sehr häufig wird dem Vergleichsvorschlage gleich eine Erklärung des Gläubigerausschusses, daß der Vorschlag für annehmbar erachtet werde, beigefügt. Alsdann wird, falls nicht etwa ein Anstand vorliegt, sogleich der Vergleichstermin anberaumt. Siehe unter E. In allen anderen Fällen ist, sofern ein Gläubigerausschuß besteht, diesem zunächst der zulässig befundene Vergleichsvorschlag zur Erklärung darüber mitzuteilen, ob er den Vorschlag für annehmbar hält oder nicht (§ 177 Abs. 1 KO.).

Erklärt der Gläubigerausschuß den Vergleichsvorschlag nicht für annehmbar, so wird dadurch zwar der Fortgang des Vergleichsverfahrens nicht gehemmt, die Erklärung hat aber nach § 177 Abs. 2 KO. zur Folge, daß ein Widerspruch des Gemeinschuldners gegen die Verwertung der Masse nicht berücksichtigt wird, während sonst auf Antrag des Gemeinschuldners das Gericht dem Verwalter die Vornahme einer auf Verwertung der Masse abzielenden Rechtshandlung vorläufig untersagen kann (vgl. §§ 135, 133 Nr. 1 KO. und oben Abschnitt IV zu D b).

Die Erklärung des Gläubigerausschusses kann nicht erzwungen werden, ist aber auch nicht wesentliche Voraussetzung für das weitere Verfahren. Der Vergleichstermin ist anzuberaumen, auch wenn der

[1]) Von Amts wegen ist in den Fällen des § 176 KO. eine Zurückweisung des Vergleichsvorschlags überhaupt nicht zulässig, ebensowenig auf Antrag eines anderen als des Verwalters.

Gläubigerausschuß sich innerhalb der ihm gesetzten Frist nicht erklärt[1]).

Außer dem Gläubigerausschusse wird der Verwalter gehört werden. Der Erklärung des Verwalters über die Annehmbarkeit des Vergleichsvorschlags wohnt eine rechtliche Bedeutung zwar nicht inne; sie ist aber von großer Wichtigkeit für die Entschließungen der Gläubiger.

D. Niederlegung des Vergleichsvorschlags und der Erklärung des Gläubigerausschusses. Einsichtnahme von diesen Schriftstücken.

Der Zwangsvergleichsvorschlag, etwaige Bürgschaftserklärungen und die Erklärung des Gläubigerausschusses sind spätestens bei der öffentlichen Bekanntmachung des Vergleichstermins auf der Geschäftsstelle zur Einsicht der Beteiligten niederzulegen (§ 178 KO.). Die Schriftstücke sollen im Zusammenhalt mit der gleichfalls auf der Geschäftsstelle ausliegenden Abschrift des Inventars und der Bilanz den Gläubigern zur Information für den Vergleichstermin dienen. Die Einsicht der Schriftstücke ist dem Verwalter, dem Gemeinschuldner, den Mitgliedern des Gläubigerausschusses, etwaigen Bürgen des Zwangsvergleichs, sowie allen denen zu gestatten, die glaubhaft machen, daß sie zu den nicht bevorrechtigten Konkursgläubigern oder deren Vertretern gehören. Die Erteilung von Abschriften kann auf Antrag erfolgen.

E. Anberaumung des Vergleichstermins. Bekanntmachungen des Termins. Ladungen.

Sobald die Erklärung des Gläubigerausschusses über die Annehmbarkeit des Vergleichsvorschlags vorliegt oder die dem Gläubigerausschusse für die Abgabe dieser Erklärung gestellte Frist abgelaufen ist, hat das Gericht zur Verhandlung und Beschlußfassung über den zulässig befundenen Vergleichsvorschlag einen Termin, den Vergleichstermin, anzuberaumen und öffentlich bekannt zu machen[2]) (§ 179 KO.). Der Vergleichstermin soll nicht über einen Monat hinaus — vom Tage der Verfügung ab gerechnet — anberaumt werden[3]). Auf Antrag des Gemeinschuldners, zu dem aber im Falle des Vorhandenseins eines Gläubigerausschusses dessen Zustimmung erforderlich ist, kann der Termin vom Gericht mit dem allgemeinen Prüfungstermine in der Art verbunden werden, daß zunächst der Prüfungstermin und im unmittelbaren Anschluß daran der Vergleichstermin abgehalten wird (§§ 180, 173 KO.).

---

[1]) Hat jedoch das Gericht es unterlassen, den Gläubigerausschuß überhaupt zur Erklärung über die Annehmbarkeit des Vergleichsvorschlags aufzufordern, so liegt darin ein Mangel des Verfahrens im Sinne des § 186 Nr. 1 KO. S. unten unter G k β.

[2]) Auf Antrag des Gemeinschuldners kann das Gericht auch die Aussetzung einer vom Verwalter beschlossenen Abschlagsverteilung anordnen, sofern die Ausschlußfrist noch nicht abgelaufen ist. Vgl. S. 153 unter b.

[3]) Diese Frist hat nur eine instruktionelle Bedeutung.

Mit dem Vergleichstermine kann das Gericht auch für den Fall der Annahme des Zwangsvergleichs gleich den Termin zur Abnahme der Schlußrechnung des Verwalters verbinden. Diese Maßregel macht einen späteren besonderen Termin entbehrlich, und ist für statthaft zu erachten, da zwar die Tätigkeit des Verwalters mit dem Vergleichstermine noch nicht vollständig beendigt ist, die Schlußrechnung aber auch nicht nach, sondern „bei" Beendigung des Amtes vom Verwalter gelegt werden soll (§ 86 KO.) und demnach, wie auch aus §§ 162, 163 KO. hervorgeht, die gänzliche Beendigung der Tätigkeit des Verwalters nicht die Vorbedingung für die Abnahme der Schlußrechnung bildet [1]).

Die öffentliche Bekanntmachung des Vergleichstermins erfolgt durch den Urkundsbeamten der Geschäftsstelle nach Maßgabe der allgemeinen Vorschriften. Vgl. Ersten Teil Abschnitt III unter Bb. In der Bekanntmachung ist mitzuteilen, daß über einen Zwangsvergleichsvorschlag des Gemeinschuldners Beschluß gefaßt werden soll, und daß der Vorschlag und die Erklärung des Gläubigerausschusses zur Einsicht der Beteiligten auf der Geschäftsstelle niedergelegt sind, dagegen braucht darin der Inhalt des Vergleichsvorschlages nicht angegeben zu werden (§ 179 Abs. 2 KO.).

Neben der öffentlichen Bekanntmachung hat eine besondere Ladung aller nicht bevorrechtigten Konkursgläubiger, welche Forderungen angemeldet haben, zu dem Vergleichstermine stattzufinden (§ 179 Abs. 1 KO.). Die Ladung erfolgt durch die Geschäftsstelle. In oder mit ihr sind der Zwangsvergleichsvorschlag und das Ergebnis der Erklärung des Gläubigerausschusses (ob dieser den Vorschlag für annehmbar oder nicht für annehmbar erklärt hat) mitzuteilen. Auf die besondere Ladung der Gläubiger findet § 77 KO. Anwendung (vgl. S. 12). Wesentlich ist sie nach § 76 Abs. 3 KO. nicht; Gläubiger, die trotz gehöriger öffentlicher Bekanntmachung im Vergleichstermine nicht erschieden sind, können den abgeschlossenen Zwangsvergleich nicht aus dem Grunde anfechten, weil ihre besondere Ladung zu dem Termine nicht oder nicht gehörig geschehen sei [2]).

Die besondere Ladung des Verwalters und des Gemeinschuldners ist ebenfalls vorgeschrieben.

F. Vorbereitung des Vergleichstermins.

Im Vergleichstermine hat eine Abstimmung der nicht bevorrechtigten Konkursgläubiger stattzufinden, bei der die eine der beiden gesetzlich erforderlichen Stimmenmehrheiten nach der Summe

---

[1]) S. Petersen und Kleinfeller A. 1 zu §§ 190—192.

[2]) v. Wilmowski A. 3, Mentzel A. 3, Bleyer A. 1. Abw. bezüglich der vorgeschriebenen Mitteilung an die Gläubiger Jaeger A. 1, Wolff A. 2 und Petersen und Kleinfeller A. 2 a. E.

der Forderungen sämtlicher stimmberechtigten Gläubiger berechnet wird. Diese Berechnung kann sehr zeitraubend sein. Es ist daher dringend zu empfehlen, daß behufs ihrer Vorbereitung schon vor dem Vergleichstermin ein geeigneter Beamter[1]) beauftragt wird, zum Gebrauch im Termine auf Grund der Tabelle eine Stimmliste, d. h. eine Zusammenstellung der — sofort oder nachträglich — festgestellten und derjenigen streitig gebliebenen Forderungen, für die ein dauerndes Stimmrecht vereinbart oder vom Gericht bewilligt ist und die nicht inzwischen in Wegfall gekommen sind, anzufertigen und deren Gesamtbetrag zu berechnen. Ergibt sich dann im Termine, daß noch andere stimmberechtigte Gläubiger vorhanden sind oder daß Forderungen in Wegfall kommen, so sind nur noch die betreffenden Forderungen dem berechneten Betrage hinzuzurechnen bzw. davon abzusetzen, um die Gesamtsumme aller stimmberechtigten Forderungen zu gewinnen.

G. Der Vergleichstermin.

a) Überblick über den Hergang im Termine.

Nach Feststellung der Person und der Legitimation der Beteiligten wird zunächst darüber verhandelt, welche Gläubiger stimmberechtigt sind. Sodann ist der Vergleichsvorschlag vorzutragen und zu begründen. Hierauf werden die Verwalter und die anwesenden Mitglieder des Gläubigerausschusses veranlaßt, sich gutachtlich über den Vorschlag zu äußern[2]). Den Gläubigern und etwaigen Vergleichsbürgen ist zu Anfragen und Erklärungen Gelegenheit zu geben. Nach Schluß der Erörterung wird zur Abstimmung geschritten und deren Ergebnis festgestellt. Ist der Vergleich angenommen, so sind die Gläubiger, der Verwalter und der Gläubigerausschuß mit ihren Erklärungen und Anträgen wegen Bestätigung oder Verwerfung des Zwangsvergleichs sofort oder in einem zu verkündenden Termine zu hören. Schließlich wird die gerichtliche Entscheidung über die Bestätigung oder Verwerfung des Zwangsvergleichs verkündet (§§ 182 ff. KO.).

b) Verpflichtung und Berechtigung zum Erscheinen im Termine.

Der Gemeinschuldner muß im Termine entweder persönlich erscheinen oder sich durch eine mit gehöriger Vollmacht versehene Person vertreten lassen, widrigenfalls nicht verhandelt werden

---

[1]) In Preußen können dazu die Beamten der Geschäftsstelle herangezogen werden, dagegen ist die Heranziehung der Rechnungsbeamten, die wegen der Schwierigkeit der Berechnungen, namentlich der Berechnungen der Zinsenforderungen, oft sehr am Platze sein würde, nicht zugelassen. Verf. des Justizministeriums vom 16. Juni 1905, Allg. Verf. vom 16. Sept. 1895. S. auch § 4 der Geschäftsordnung für die Geschäftsstellen vom 18. Febr. 1914.

[2]) Die Anhörung der genannten Personen vor der Abstimmung ist zwar nicht ausdrücklich vorgeschrieben, aber zur Information der Gläubiger wünschenswert.

kann[1]). Das **persönliche** Erscheinen des Gemeinschuldners ist für den Abschluß des Zwangsvergleichs nicht unbedingt notwendig, aber häufig nicht zu entbehren. Es kann vom Richter verlangt und gemäß § 101 KO. erzwungen werden. Der Konkursverwalter ist zwar im Vergleichsverfahren nicht Partei, wird indessen vom Erscheinen im Termine wegen der ihm obliegenden gutachtlichen Äußerung und der den Gläubigern erforderlichenfalls zu erteilenden Auskünfte nur ausnahmsweise entbunden werden können. Von den Konkursgläubigern ist keiner zum Erscheinen genötigt. Erklärungen nicht erschienener und nicht vertretener Gläubiger werden jedoch nicht beachtet (§ 182 KO.).

Berechtigt zum Erscheinen im Vergleichstermine sind außer den nicht bevorrechtigten Konkursgläubigern und deren Vertretern [2]) auch andere beteiligte Personen, namentlich die Bürgen des Zwangsvergleichs.

c) Feststellung der Stimmrechte.

Bei der Feststellung der Stimmrechte handelt es sich nicht nur um das Stimmrecht der im Termine anwesenden oder vertretenen Gläubiger, sondern — wegen der Vorschrift des § 182 Abs. 1 Nr. 2 KO. — auch um das Stimmrecht aller übrigen Konkursgläubiger.

Maßgebend für das Stimmrecht sind die §§ 95, 96 KO. Vgl. Abschnitt III unter C und Abschnitt II unter Cb. Mit Rücksicht auf die §§ 173 und 182 KO. ist jedoch folgendes zu bemerken:

1. Stimmberechtigt sind im Vergleichstermine **nur die nicht bevorrechtigten** Konkursgläubiger[3]).

2. Unter den „zum Stimmen berechtigenden" Forderungen, deren Summe nach § 182 Abs. 1 Nr. 2 KO. für die Berechnung der Dreiviertelmehrheit der Forderungsbeträge entscheidend ist, sind zunächst nur die zu verstehen, deren Stimmrecht in Gemäßheit des § 95 Abs. 1 KO. festgestellt ist. Außer Betracht bleiben vorerst:

a) die Forderungen, die noch nicht geprüft sind,

b) die Forderungen, für die abgesonderte Befriedigung beansprucht wird[4]),

---

[1]) v. Wilmowski A. 1 zu § 179, Jaeger A. 2 und Petersen und Kleinfeller A. 2. — A. M. Wolff A. 3, Bleyer A. 2. — Im Vergleichsverfahren zur Abwendung des Konkurses ist die Pflicht des Schuldners, im Termin persönlich zu erscheinen, ausdrücklich bestimmt und eine Vertretung nur zugelassen, wenn er glaubhaft macht, daß ihn besondere Gründe am Erscheinen verhindern (§ 61 VerglO.).

[2]) Wegen der Vertretungsbefugnis s. unter g.

[3]) Im Konkurse über einen Nachlaß sind auch diejenigen Gläubiger vom Stimmrecht ausgeschlossen, deren Forderungen gemäß § 226 Abs. 2 Nr. 2—5 und Abs. 4 KO. erst nach den übrigen Gläubigern Befriedigung beanspruchen können (§ 230 Abs. 2 KO.).

[4]) Desgleichen Forderungen, für die der Gemeinschuldner nur als Erbe bzw. als Ehemann der Erbin haftet, in den Fällen des § 234 KO.

c) die Forderungen, die die Gläubiger einer offenen Handelsgesellschaft, einer Kommanditgesellschaft oder einer Kommanditgesellschaft auf Aktien in dem Konkurse über das Privatvermögen eines persönlich haftenden Gesellschafters geltend machen, wenn auch über das Vermögen der Gesellschaft der Konkurs schwebt,

d) aufschiebend bedingte Forderungen.

Für alle diese Forderungen besteht ein Stimmrecht nicht ohne weiteres, sondern nur wenn und soweit es im Vergleichstermine verlangt und durch die §§ 95 Abs. 2, 96 Abs. 1 und 212 Abs. 3 KO. zugelassen wird.

Für nicht geprüfte Forderungen kann auch ein Stimmrecht nur dann beansprucht werden, wenn sie schon angemeldet sind oder vor Schluß der Abstimmung angemeldet werden[1]). Im Termine braucht der Urkundsbeamte Anmeldungen nicht aufzunehmen.

Bei Ausfallsforderungen (zu b und c) haben die Gläubiger den mutmaßlichen Betrag des Ausfalls anzugeben und im Falle eines Widerspruchs auf Verlangen des Gerichts glaubhaft zu machen[2]).

Wenn und soweit ein Ausfall bereits eingetreten und nachgewiesen ist oder der Gläubiger auf abgesonderte Befriedigung verzichtet hat, sind die Forderungen natürlich zum Stimmen berechtigt und demgemäß stets mitzuzählen, wenn auch die Gläubiger im Vergleichstermine ausbleiben.

d) Vortrag, Formulierung, Änderung, Zurückziehung des Vergleichsvorschlags.

Nach Feststellung der Stimmrechte ist der auf der Geschäftsstelle niedergelegte Vergleichsvorschlag vorzutragen[3]). Der Vortrag braucht nicht notwendig durch den Gemeinschuldner zu erfolgen, er kann namentlich dem Verwalter überlassen werden. Die Begründung des Vergleichsvorschlags ist aber Sache des Gemeinschuldners. Der Richter hat zur Vermeidung von Weiterungen darauf hinzuwirken, daß der Vergleichsvorschlag den gesetzlichen Bestimmungen entspricht, klar und erschöpfend formuliert wird, und alle Punkte regelt, deren Regelung nötig ist, um nach Annahme und Bestätigung des Zwangsvergleichs das Konkursverfahren endgültig schließen zu können.

Änderungen des Vergleichsvorschlags sowie dessen Zurücknahme sind, da dem Zwangsvergleich Vertragsnatur beizulegen ist, nur so

---

[1]) v. Wilmowski A. 2 zu § 179.

[2]) Vgl. Petersen und Kleinfeller A. II, 4 zu §§ 182, 183. Abweichend RGZ. 37, 16.

[3]) Auch eine Bürgschaft oder eine Mitverpflichtung für die Erfüllung des Vergleichs dürfte im Termine erklärt werden müssen. Jaeger A. 4 zu § 194.

lange für zulässig zu erachten, bis die Annahme des Vorschlags durch die Gläubigerversammlung erfolgt ist[1]). Bis zu demselben Zeitpunkte können Bürgen des Zwangsvergleichs ihre Bürgschaftserklärungen abändern oder auch gänzlich zurückziehen. Soweit die Änderung oder die Zurücknahme des Vergleichsvorschlags oder einer Bürgschaftserklärung nicht rechtzeitig erfolgt, sind der Gemeinschuldner und der Bürge an ihre auf der Geschäftsstelle niedergelegten Erklärungen gebunden.

Falls infolge einer Änderung der Vergleichsvorschlag ungünstiger für die Gläubiger ist, als der zur Zeit der Bekanntmachung des Vergleichstermins auf der Geschäftsstelle ausgelegte Vorschlag war, kann mit Rücksicht auf die nicht erschienenen Gläubiger der geänderte Vorschlag nicht zur Abstimmung gebracht werden.

Stirbt der Gemeinschuldner vor Annahme des Vergleichsvorschlags, so wird das Verfahren nur fortgesetzt, wenn sämtliche Erben den Vorschlag aufrecht erhalten [2]).

e) Die Abstimmung.

Nach Erörterung des Vergleichsvorschlags wird, sofern nicht die Gläubigerversammlung mit absoluter Mehrheit die Aussetzung der Abstimmung bis zu einem neuen Termine beschließt, zur Abstimmung geschritten. Die Art der Abstimmung bestimmt der Richter. Besteht der Vergleichsvorschlag aus mehreren Punkten, so kann über jeden Punkt einzeln abgestimmt werden. Als Ergebnis der Einzelabstimmungen muß sich jedoch schließlich etwas herausstellen, was seinem Gesamtinhalt nach sowohl die Zustimmung des Gemeinschuldners und der etwa beteiligten Bürgen, als die Zustimmung der Gläubigerversammlung findet[3]).

f) Die zur Annahme des Zwangsvergleichs erforderliche Mehrheit.

Zur Annahme des Zwangsvergleichs ist nach § 182 Abs. 1 KO. erforderlich:

1. daß die Mehrzahl der im Termine anwesenden stimmberechtigten Gläubiger dem Vergleich ausdrücklich zustimmt, und

---

[1]) So Jaeger A. 23 zu § 173, v. Wilmowski A. 4, Wolff A. 4, Mentzel A. 3, Bleyer A. 1 zu § 174. Zustimmend Petersen und Kleinfeller A. 3 bezügl. der Zurückziehung, dagegen abweichend in Anm. 4 bezügl. der Änderungen.

[2]) Vgl. Petersen und Kleinfeller A. 5, v. Wilmowski A. 5 zu § 174. Josef in der LZ. 1911, 125, Wolff A. 4, Mentzel A. 3, Bleyer A. 1. Z. 7, abw. Jaeger A. 23, 24 zu 173.

[3]) Vgl. Petersen und Kleinfeller A. III. 10 zu §§ 182—185, v. Wilmowski A. 1 zu § 182, A. 4 a. E. zu § 179, Jaeger A. 4 zu § 179.

2. daß die Gesamtsumme der Forderungen der zustimmenden Gläubiger wenigstens drei Vierteile der Gesamtsumme aller zum Stimmen berechtigten Forderungen beträgt.

Gezählt werden bei Ermittelung des Ergebnisses der Abstimmung nur die Stimmen der im Termine anwesenden oder vertretenen Gläubiger; schriftliche Erklärungen von Gläubigern sind nicht zu berücksichtigen[1]). Gläubiger, die zwar anwesend sind aber nicht mitstimmen, werden bei der Berechnung der Personenmehrheit mitgezählt, gelten also dabei als ablehnend[2]). Mehrere Personen, denen eine Forderung als Gesamtgläubigern zusteht, werden nur für eine Person gerechnet und müssen sich untereinander über die Ausübung des Stimmrechts einigen[3]). Hat ein Gläubiger mehrere Forderungen, so zählt er doch nur als eine Person. Dagegen zählen mehrere Personen, von denen jede zur Zeit des Abschlusses des Zwangsvergleichs einen Teil einer früher in einer Hand befindlich gewesenen Forderung erworben hat, eine jede für sich[4]), vorbehaltlich der Anfechtung der Teilabtretungen wegen Simulation und unbeschadet des Schutzes des § 188 Nr. 1 KO. Ist eine Konkursforderung einem anderen verpfändet oder für einen anderen gepfändet, so können der Gläubiger und der aus der Verpfändung oder Pfändung Berechtigte das Stimmrecht für die Forderung nur gemeinschaftlich ausüben. Auch die Überweisung einer gepfändeten Forderung zur Einziehung ändert hieran nichts, weil der Zwangsvergleich eine Verfügung über die Forderung enthält[5]). Nehmen Vertreter an der Abstimmung teil, so rechnen sie für so viel Personen, als sie Gläubiger vertreten. Sie können auch für ihre mehreren Machtgeber verschieden stimmen.

Maßgebend für die Berechnung der Zahl der stimmberechtigten Personen ist der Zeitpunkt der Abstimmung.

Verwandte des Gemeinschuldners und andere interessierte Personen, namentlich auch der Vergleichsbürge, sind von der Teilnahme an der Abstimmung nicht ausgeschlossen.

Dagegen bleibt nach dem § 183 KO. der Ehegatte des Gemeinschuldners bei der Berechnung der im § 182 verlangten Mehr-

---

1) Anders § 65 VerglO. (Berücksichtigung auch schriftlicher Zustimmungserklärungen, die bis zum Schlusse der Abstimmung dem Gericht zugehen.)

2) Jaeger A. 2, v. Wilmowski A. 4, Wolff A. 1, Mentzel A. 2d, Bleyer A. 2. A.M. Petersen und Kleinfeller A. I, 1 zu § 182 f.

3) v. Wilmowski A. 7, Petersen und Kleinfeller A. II. 7, Wolff A. 2, Mentzel A. 2c, Bleyer A. 2. Stimmt der eine für, der andere gegen den Vergleichsvorschlag, so gelten sie als ablehnend. Über den Fall, daß sie nicht alle erschienen sind, und über die Abstimmung von Gläubigern, denen eine Forderung zur gesamten Hand zusteht (z. B. mehrere Miterben), siehe Jaeger A. 3.

4) Petersen und Kleinfeller A. II. 7, v. Wilmowski A. 6.

5) RGZ. 18, 399.

heiten[1]) außer Betracht, wenn er dem Vergleich zugestimmt hat[2]); ebenso der Zessionar des Ehegatten, wenn die Zession während des Konkurses oder in dem letzten Jahre vor der Konkurseröffnung erfolgt ist und eine Verpflichtung zu der Zession nicht bestand. Ob die Forderungen dem Ehegatten schon zur Zeit der Konkurseröffnung zustanden oder erst nachher von ihm erworben sind, ist einerlei.

g) Feststellung des Ergebnisses der Abstimmung.

Das Ergebnis der Abstimmung ist sofort festzustellen und zu verkünden.

Soweit Vertreter sich an der Abstimmung beteiligen, ist deren Vertretungsbefugnis von Amts wegen zu prüfen. Bezüglich der Berechtigung zur Vertretung gelten dieselben Grundsätze wie für Prozeßvertreter, weil die Teilnahme an der Abstimmung als eine Prozeßhandlung anzusehen ist[3]). Die Vollmacht zur Vertretung im Konkursverfahren ermächtigt auch zum Abschlusse eines Zwangsvergleichs (§ 72 KO., § 81 ZPO.). Ob und welcher Genehmigung gesetzliche Vertreter zum Abschlusse eines Zwangsvergleichs bedürfen, bestimmt sich nach dem bürgerlichen Rechte. Ein Vormund bedarf also dazu der Genehmigung des Vormundschaftsgerichts oder des Gegenvormunds wie zum Abschlusse anderer Vergleiche nach Maßgabe der §§ 1822 Z. 12 und 1812 BGB.[4]). Die erforderlichen Genehmigungen sowie die Nachweise der Vertretungsbefugnis sind spätestens bis zur Entscheidung des Gerichts über Bestätigung oder Verwerfung des Zwangsvergleichs beizubringen.

h) Ablehnung des Vergleichsvorschlags.

Wird keine der beiden im § 182 Abs. 1 KO. vorgeschriebenen Mehrheiten erreicht, so ist der Vergleichsvorschlag abgelehnt. Das Vergleichsverfahren ist dann, ohne daß es deswegen eines besonderen Beschlusses bedarf, beendet und das Konkursverfahren nimmt derart seinen Fortgang, daß eine Verfügung, wodurch etwa das Gericht die Aussetzung einer Abschlagsverteilung auf Grund des § 160 KO. angeordnet hat, von selbst außer Kraft tritt.

---

[1]) Auch bei Berechnung der Summe der überhaupt stimmberechtigten Forderungen.

[2]) Das gilt aber nicht für Forderungen, die dem Ehegatten und anderen Personen gemeinschaftlich zustehen. Jaeger A. 8, v. Wilmowski A. 3. A. M. Petersen und Kleinfeller A. 6, Wolff A. 5, Mentzel A. 4. Der § 183 ist auch wohl nicht anwendbar, wenn im Konkurse über eine Handelsgesellschaft die Ehefrau eines Gesellschafters über einen Vergleichsvorschlag mitstimmt. So Deutsche Juristenzeitung 1902 S. 198.

[3]) JW. 1911, 550 [36].

[4]) Vgl. hierzu v. Wilmowski A. 5 zu § 182, Jaeger A. 14, Mentzel A. 5, Bleyer A. 1 zu § 173.

i) Wiederholung der Abstimmung in einem neuen Termin.

Ist wenigstens eine der beiden durch § 182 Abs. 1 KO. erforderten Mehrheiten erreicht, so kann der Gemeinschuldner bis zum Schlusse des Vergleichstermins verlangen, daß die Abstimmung über den Vergleich in einem neuen Termine wiederholt werde. Auf ein solches Verlangen hat das Gericht den neuen Termin sofort im Vergleichstermine zu verkünden (§ 182 Abs. 2 KO.). Neben der Verkündung bedarf es der öffentlichen Bekanntmachung des neuen Termins und besonderer Ladungen nicht. In dem neuen Termine ist die Verhandlung vollständig zu wiederholen. Die Gläubiger sind an die in dem früheren Termine über den Vergleichsvorschlag abgegebenen Erklärungen in keiner Weise gebunden, insbesondere durch eine frühere zustimmende Erklärung nicht gehindert, jetzt gegen den Vergleich zu stimmen. Werden in dem zweiten Termine die gesetzlichen Mehrheiten nicht beide erreicht, so ist der Zwangsvergleichsvorschlag endgültig abgelehnt.

k) Entscheidung des Gerichts über Bestätigung oder Verwerfung des Zwangsvergleichs.

Wenn das Gericht feststellt, daß der Vergleichsvorschlag mit den erforderlichen Mehrheiten angenommen worden, so hat es, auch ohne besonderen Antrag, über die Bestätigung des Zwangsvergleichs zu entscheiden. Der angenommene Zwangsvergleich bedarf, um als solcher wirksam zu werden, stets der gerichtlichen Bestätigung, auch wenn die Annahme einstimmig erfolgt ist (§ 184 Abs. 1 KO.). Selbst wenn alle Gläubiger, welche Forderungen angemeldet haben, dem Vergleichsvorschlage zugestimmt haben sollten, würde eine gerichtliche Bestätigung sich nicht erübrigen, weil alsdann zwar das Konkursverfahren auf Grund des § 202 Abs. 1 KO. eingestellt werden könnte, die Wirkungen eines Zwangsvergleichs bei einer bloßen Einstellung des Verfahrens aber nicht eintreten würden[1]).

Ist der Zwangsvergleich, was zulässig, unter einer aufschiebenden Bedingung geschlossen, so empfiehlt es sich, mit der Bestätigung bis nach Eintritt der Bedingung zu warten[2]).

α) Anhörung der Beteiligten.

Vor der Entscheidung über Bestätigung oder Verwerfung des Zwangsvergleichs hat das Gericht die Gläubiger, den Verwalter und den Gläubigerausschuß zu hören (§ 184 Abs. 2 KO.). Die Anhörung dieser Personen ist darum vorgeschrieben, damit sie Gelegenheit erhalten, Einwendungen gegen das stattgehabte Ver-

---

1) Jaeger A. 5 zu § 186.
2) RGZ. 56, 72.

fahren, gegen die Gültigkeit und das vom Gericht festgestellte Ergebnis der Abstimmung, gegen die Zulässigkeit des Zwangsvergleichs und dgl. geltend zu machen und Anträge auf Verwerfung des Zwangsvergleichs zu stellen und zu begründen. Im Konkurse über einen Nachlaß sind auch die in § 226 Abs. 2 Nr. 2—5 und Abs. 4 KO. bezeichneten Gläubiger zu hören. Die Erklärungen der Beteiligten über den Zwangsvergleich müssen im Termin zur Erörterung gestellt werden, schriftliche Erklärungen sind nicht ausgeschlossen[1]). Die Anhörung der genannten Personen braucht jedoch nicht sogleich im Vergleichstermin, sondern kann in einem späteren Termine stattfinden, der im Vergleichstermin zu verkünden ist; vgl. unten zu m.

β) Gründe, aus denen der Zwangsvergleich zu verwerfen ist.

Der Zwangsvergleich ist zu verwerfen:

I. von Amts wegen (§ 186 KO.),

1. wenn die für das Verfahren und den Abschluß des Vergleichs gegebenen Vorschriften nicht beobachtet sind und das Fehlende nicht ergänzt werden kann,

2. wenn ein Fall der Unzulässigkeit des Zwangsvergleichs (§ 175 KO.) nachträglich eingetreten ist.

Unter Nr. 1 fällt es namentlich: wenn die öffentliche Bekanntmachung des Vergleichstermins nicht gemäß § 76 Abs. 1 KO. erfolgt ist; wenn der Inhalt des Zwangsvergleichs den Vorschriften der §§ 174, 181 KO. nicht entspricht; wenn sich nachträglich herausstellt, daß die gesetzliche Mehrheit für den Vergleich nicht erreicht ist; wenn die Zulassung des Vergleichsvorschlags zu Unrecht erfolgt ist. Die für das Vergleichs*verfahren* gegebenen Vorschriften sind nicht sämtlich so wesentlich, daß ihre Nichtbeobachtung die Verwerfung des Zwangsvergleichs zur Folge haben müßte. Es bleibt der Beurteilung des Gerichts in jedem einzelnen Falle überlassen, ob wegen eines vorliegenden Mangels des Verfahrens die Verwerfung des Zwangsvergleichs für geboten zu erachten ist oder nicht. Zur Herstellung der zur Annahme des Vergleichs erforderlichen Mehrheit ist die Nachbringung einer fehlenden Legitimation statthaft. Dagegen dürfen nachträgliche (erst nach Schluß der Abstimmung erfolgende) Zustimmungserklärungen sowie eine nachträgliche Erlangung von Stimmrechten nicht berücksichtigt werden.

Einen weiteren Verwerfungsgrund enthält § 187 Satz 1:

Wenn der Zwangsvergleich den Konkursgläubigern nicht mindestens den fünften Teil (also 20%) ihrer Forderungen gewährt, so ist er zu verwerfen, sofern dieses Ergebnis auf ein unredliches Verhalten des Gemeinschuldners zurückzuführen ist. Unredlich ist

---

[1]) Jaeger A. 6, Wolff A. 3, Mentzel A. 2, Bleyer A. 3. — A. M. Die früheren Auflagen mit Wilmowski und Petersen-Kleinfeller.

sein Verhalten, wenn es wider Treu und Glauben verstößt, namentlich wenn der Gemeinschuldner trotz des Bewußtseins, daß der Zusammenbruch bevorstehe, durch Schleuderverkäufe oder andere unwirtschaftliche Maßregeln die Eröffnung des Konkursverfahrens verzögert oder unter arglistiger Verschweigung seiner ungünstigen Vermögenslage andere zum Kreditgeben bewogen hat. Die Verzögerung der Konkurseröffnung durch unredliches Verhalten des Gemeinschuldners hebt das Gesetz als Grund zur Verwerfung eines den Gläubigern noch nicht 20 % bietenden Zwangsvergleichs besonders hervor. Vorausgesetzt wird aber stets, daß das unredliche Verhalten des Gemeinschuldners mit dem geringfügigen Ergebnisse des Zwangsvergleichs in ursächlichem Zusammenhange steht.

Ferner gestattet der § 187 KO. dem Gericht, einen nicht mindestens 20% bietenden Zwangsvergleich auch dann von Amts wegen zu verwerfen, wenn dieses geringe Ergebnis auf ein leichtsinniges Verhalten des Gemeinschuldners zurückzuführen ist.

II. Auf Antrag ist der Zwangsvergleich nach § 188 zu verwerfen,

1. wenn der Vergleich — sei es vom Gemeinschuldner, sei es von einem Dritten — durch Begünstigung eines Gläubigers oder sonst in unlauterer Weise zustande gebracht ist,

2. wenn der Vergleich dem gemeinsamen Interesse der nicht bevorrechtigten Konkursgläubiger widerspricht.

Das „gemeinsame Interesse der Konkursgläubiger" ist jedenfalls verletzt, wenn der Vergleich den Gläubigern weniger bietet, als sie bei Durchführung des Konkurses zu erwarten haben. Auch Bedenken gegen die Sicherheit der Erfüllung der nach dem Vergleich den Gläubigern zu gewährenden Leistungen können den Vergleich als dem gemeinsamen Interesse der Gläubiger widersprechend erscheinen lassen.

Antragsberechtigt sind die nicht bevorrechtigten Konkursgläubiger, und zwar diejenigen, welche im Vergleichstermin stimmberechtigt waren, andere nur, wenn sie ihre Forderung glaubhaft machen[1]). Der Antrag kann unter dieser Voraussetzung auch von solchen Gläubigern gestellt werden, die selbst für den Zwangsvergleich gestimmt oder die ihre Forderung im Konkurse gar nicht angemeldet haben.

Der Antrag kann auch schriftlich gestellt werden, ist aber dann im Termine mit den Beteiligten zu erörtern[2]). Er ist auch nur zu-

[1]) Im Konkurse über einen Nachlaß sind die Gläubiger der im § 226 Abs. 2 Nr. 2—5 und Abs. 4 KO. bezeichneten Forderungen zu dem Antrage auf Verwerfung des Zwangsvergleichs nur berechtigt, wenn sie glaubhaft machen, daß der Zwangsvergleich ihr berechtigtes Interesse verletzt. (§ 230 Abs. 2 KO.).

[2]) Jaeger A. 2, Wolff A. 4, Mentzel A. 2, Bleyer A. 1 1. LZ. 1913,

zulassen, wenn die tatsächlichen Behauptungen, auf die er gegründet wird, und, falls dem Antragsteller ein Stimmrecht nicht zusteht, auch die Forderung gemäß § 294 ZPO. glaubhaft gemacht werden (§ 188 Abs. 2 KO.). Die Zulassung erfolgt ohne besonderen Beschluß dadurch, daß die weitere Erörterung des Antrags veranlaßt wird. —

Aus anderen als den unter I und II bezeichneten Gründen kann die Bestätigung des Zwangsvergleichs nicht versagt werden, insbesondere nicht lediglich im Interesse der Moral und der öffentlichen Ordnung.

γ) Prüfung des Vorhandenseins eines Verwerfungsgrundes. Ermittelungen.

Das Gericht hat unter Berücksichtigung der erhobenen Einwendungen, der gestellten Anträge und der von den Antragstellern vorgebrachten Tatsachen zu prüfen, ob etwa einer der Fälle vorliegt, in denen der Zwangsvergleich zu verwerfen ist. Behufs dieser Prüfung kann es von Amts wegen die ihm erforderlich scheinenden Ermittelungen veranstalten (§ 75 KO.). In den Fällen des § 188 KO. kann aber auch den Antragstellern die Beibringung der Beweise für die angeführten Tatsachen überlassen werden. Die bloße Glaubhaftmachung dieser Tatsachen gewährt wohl ein Recht darauf, daß der Antrag auf Verwerfung des Zwangsvergleichs zugelassen werde, und hat demgemäß weitere Erhebungen zur Folge, genügt aber zur Verwerfung des Zwangsvergleichs nicht; hierzu ist nötig, daß das Gericht die volle Überzeugung gewinnt, daß die Voraussetzungen des § 188 vorliegen[1]).

δ) Der Beschluß des Gerichts.

Der Beschluß des Gerichts, durch den der Zwangsvergleich bestätigt oder verworfen wird, ist schriftlich, und zwar wohl stets mit Gründen, abzufassen und im Termine zu verkünden (§ 185 KO.). Die Verkündung des entscheidenden Teils des Beschlusses dürfte genügen[2]). Neben der Verkündung ist die öffentliche Bekanntmachung oder eine besondere Zustellung des Beschlusses nicht erforderlich. Der Inhalt des Zwangsvergleichs braucht in den Beschluß nicht aufgenommen zu werden; es genügt eine Bezugnahme auf das Protokoll über den Vergleichstermin.

---

718 (LG. Rudolstadt). — A. M. Die früheren Auflagen mit Wilmowski und Petersen-Kleinfeller.

[1]) Jaeger A. 3 zu § 188.

[2]) Petersen und Kleinfeller A. 4. — A. M. v. Wilmowski zu § 185 und Jaeger ebenda, welche die Mitverkündung der Gründe des Beschlusses verlangen, wenn sie sie auch nicht gerade für notwendig erachten.

l) Das Terminsprotokoll[1]).

Über den Hergang im Vergleichstermine ist ein Protokoll aufzunehmen, das außer Ort, Datum und Namen der erschienenen Beteiligten enthalten muß:

1. die Angabe, welche nicht mit einem bleibenden Stimmrecht ausgestatteten Personen ein Stimmrecht, und für welchen Betrag sie es beansprucht haben,
2. die Entscheidungen über streitige Stimmrechte nebst der Angabe, von wem gegen die Stimmrechte Widerspruch erhoben ist,
3. etwaige Änderungen des auf der Geschäftsstelle niedergelegten Vergleichsvorschlages und der bei den Akten befindlichen Erklärungen der Vergleichsbürgen,
4. Bürgschaftsübernahmen und Pfandbestellungen, die im Termine erklärt werden,
5. das Ergebnis der Abstimmung. Es ist genau anzugeben, welche Gläubiger für und welche gegen den Vergleich gestimmt haben. Dabei wird zweckmäßig das angefertigte Verzeichnis der stimmberechtigten Forderungen benutzt, das dann als Anlage zum Protokoll dient,
6. die Angabe, ob und welche Anträge auf Verwerfung des angenommenen Zwangsvergleichs gestellt und wie sie begründet sind,
7. die Entscheidung des Gerichts über die Bestätigung oder Verwerfung des Zwangsvergleichs,
8. im Falle des § 182 Abs. 2 KO. die Angabe, daß der Gemeinschuldner die Anberaumung eines neuen Termins beantragt hat, und auf welchen Tag der neue Termin anberaumt ist.

Der Aufnahme in das Protokoll steht die Aufnahme in ein Schriftstück gleich, das dem Protokoll als Anlage beigefügt und als solche bezeichnet wird. Der Unterzeichnung des Protokolls durch die Beteiligten bedarf es nicht. —

Nach der Beendigung des Vergleichstermins ist, wenn der Zwangsvergleich angenommen und bestätigt worden, zunächst die Rechtskraft des Bestätigungsbeschlusses abzuwarten.

Wegen der nach rechtskräftiger Bestätigung des Zwangsvergleichs zu treffenden Anordnungen vgl. unter Ka.

m) Anberaumung eines neuen Termins vor der gerichtlichen Entscheidung.

Die Anhörung der Gläubiger, des Verwalters und des Gläubigerausschusses nach Feststellung der Annahme des Zwangsvergleichs kann wegen vorgerückter Zeit oder aus anderen Gründen auf einen neuen Termin vertagt werden. Ebenso kann nach erfolgter Anhörung der genannten Personen die gerichtliche Entscheidung über die Bestätigung oder Verwerfung des Zwangsver-

[1]) Ein Beispiel s. Beilage E.

gleichs auf einen neuen Termin verschoben werden. In beiden Fällen ist der Termin sofort zu bestimmen und zu verkünden (§ 184 Abs. 2 KO.). Öffentliche Bekanntmachung und besondere Ladungen brauchen nicht zu erfolgen.

H. Anfechtung des Beschlusses über Bestätigung oder Verwerfung des Zwangsvergleichs.

Gegen den Beschluß, durch den der Zwangsvergleich bestätigt oder verworfen ist, findet binnen 14 Tagen nach seiner Verkündung die sofortige Beschwerde statt (§ 189 Abs. 1, 2 KO.). Ob es zulässig ist, erst mit der Beschwerde einen Antrag auf Verwerfung des Zwangsvergleichs zu stellen, ist streitig[1]. Die Frage dürfte mit Rücksicht auf § 184 Abs. 2 KO. zu verneinen sein.

Beschwerdeberechtigt sind

1. der Gemeinschuldner,
2. die nicht bevorrechtigten Konkursgläubiger, die entweder im Vergleichstermine stimmberechtigt waren, oder zwar ein solches Stimmrecht nicht hatten, aber ihre — angemeldete oder nicht angemeldete — Forderung glaubhaft machen[2].

Daß der Beschwerdeführer beim Konkursgericht einen Antrag auf Bestätigung oder Verwerfung des Zwangsvergleichs gestellt hatte, ist nicht erforderlich.

Das Beschwerderecht steht den genannten Personen formell sowohl gegen einen bestätigenden als gegen einen verwerfenden Beschluß zu. Materiell ist es freilich nach allgemeinen Grundsätzen insofern beschränkt, als der formell Berechtigte durch den Beschluß des Konkursgerichts beschwert sein muß[3]. Das kann aber auch ein Gläubiger sein, der dem Vergleich zugestimmt hat.

Dem Konkursverwalter steht ein Beschwerderecht nicht zu.

Gegen die Entscheidung des Beschwerdegerichts findet eine weitere Beschwerde nicht statt (§ 189 Abs. 3 KO.). Vorauszusetzen ist jedoch eine *sachliche* Entscheidung; verwirft das Beschwerdegericht eine Beschwerde als unzulässig, so ist dagegen weitere Beschwerde für statthaft zu erachten[4].

J. Neue Vergleichsvorschläge in demselben Konkurse.

Wenn der Vergleichsvorschlag abgelehnt oder vom Gemeinschuldner zurückgezogen oder der angenommene Vergleich vom Gericht verworfen ist, so kann der Gemeinschuldner stets einen neuen Vergleichsvorschlag oder auch denselben Vorschlag noch ein-

---

[1] Bejahend v. Wilmowski, Wolff A. 1, Bleyer A. 1^{b} zu § 189. Verneinend Petersen und Kleinfeller A. 13 zu §§ 186—188. Neue Verwerfungsgründe können aber geltend gemacht werden. Jaeger A. 2.

[2] S. v. Wilmowski A. 1 zu § 189, A. 2 zu § 188, Petersen und Kleinfeller A. 1.

[3] Jaeger A. 1.

[4] Jaeger A. 3, v. Wilmowski A. 5, Bleyer A. 3. — A. M. OLG. 32, 398 (Kammergericht); Wolff A. 3, Mentzel A. 4.

mal einreichen. Das Gericht ist nicht befugt, von Amts wegen den neu eingereichten Vorschlag zurückzuweisen, sondern ist hierbei an den Antrag des Verwalters und des Gläubigerausschusses gebunden (§ 176 KO.; siehe S. 176).

K. Aufhebung des Konkursverfahrens nach rechtskräftiger Bestätigung des Zwangsvergleichs.

a) Wann sie erfolgen kann.

Ist der Zwangsvergleich von den Gläubigern angenommen und vom Gericht bestätigt worden und hat der bestätigende Gerichtsbeschluß die Rechtskraft erlangt, so ist das Konkursverfahren aufzuheben. Jedoch ist die Aufhebung nicht, wie man nach dem Wortlaut des § 190 Abs. 1 KO. annehmen könnte, sofort auszusprechen, sondern erst dann, wenn die Angelegenheiten, deren Regelung noch erforderlich ist, erledigt sind[1]).

Zunächst hat das Gericht noch

1. das Honorar und die erstattungsfähigen Auslagen für den Verwalter und erforderlichenfalls auch für die Mitglieder des Gläubigerausschusses festzusetzen,

2. einen Termin zur Abnahme der Schlußrechnung des Verwalters anzuberaumen[2]), falls die Rechnungsabnahme nicht schon im Vergleichstermine stattgefunden hat.

Zu 1 vgl. S. 35 ff. und 42.

Die Schlußrechnung ist nebst den Belegen und den Bemerkungen des Gläubigerausschusses spätestens 3 Tage vor dem Termine auf der Geschäftsstelle niederzulegen. Das Gericht hat darauf zu sehen, daß dies geschieht. Eine Prüfung der Schlußrechnung durch das Gericht ist im Falle des Zwangsvergleichs in der Regel entbehrlich, da bei deren Abnahme wesentlich der Gemeinschuldner beteiligt ist, der meistens imstande sein und ein genügendes Interesse daran haben wird, selbst die Rechnung einer gründlichen Prüfung zu unterwerfen. In Ansehung des Inhalts der Schlußrechnung und des Verfahrens bei der Abnahme findet das in Abschnitt VI S. 157, 159 Gesagte entsprechende Anwendung. Zu Einwendungen gegen die Schlußrechnung sind auch die Konkursgläubiger befugt, da sie trotz des Zwangsvergleichs dabei interessiert sein können. —

Ferner hat das Gericht abzuwarten, daß der Verwalter die ihm nach § 191 KO. obliegenden Verpflichtungen erfüllt[3]). Nach

---

[1]) Jaeger A. 5, Petersen und Kleinfeller A. 1 und 3, Mentzel A. 1, Bleyer A. 2, RGZ. 27, 113; 31, 40; 32, 72; 56, 72. A. M. v. Wilmowski A. 2 zu § 190 und A. 1 zu § 191, Wolff A. 2.

[2]) Verzicht des Gemeinschuldners macht den Termin nicht entbehrlich. S. Petersen und Kleinfeller A. 1 2 zu § 86, A. 1 zu §§ 190 ff., v. Wilmowski A. 2, Jaeger A. 1 zu § 86. — Wolff A. 3 hält eine Schlußrechnung nach Annahme des Zwangsvergleichs überhaupt nicht für erforderlich.

[3]) RGZ. 27, 113; 31, 41.

diesem Paragraphen hat der Verwalter die Gläubiger, deren Rechte durch den Zwangsvergleich nicht berührt werden, von Amts wegen aus der Konkursmasse zu befriedigen oder, sofern sie Befriedigung noch nicht fordern können, wenigstens sicherzustellen. Im Einzelnen hat er

1. die unstreitigen Masseansprüche und die festgestellten bevorrechtigten Forderungen, soweit sie fällig sind, zu berichtigen[1]),

2. dieselben Forderungen, soweit sie noch nicht fällig sind, ferner alle ihm bekannten streitigen Masseansprüche (dahin gehören namentlich die Kosten schwebender Prozesse), sowie diejenigen nicht festgestellten bevorrechtigten Forderungen, die glaubhaft gemacht sind, sicherzustellen.

Die Sicherstellung glaubhaft gemachter bevorrechtigter Forderungen hat selbst dann stattzufinden, wenn die Forderungen im Konkurse gar nicht angemeldet worden sind. Zu den noch nicht fälligen Masseansprüchen gehören insonderheit die Forderungen aus dauernden Rechtsverhältnissen, die nach Beendigung des Konkurses fortbestehen und auf den Gemeinschuldner übergehen.

Die Sicherstellung erfolgt Mangels anderweiter Einigung nach Vorschrift der §§ 232 ff. BGB.

Schließlich müssen vor der Aufhebung des Verfahrens auch die Maßregeln zur Sicherung der nicht bevorrechtigten Konkursgläubiger, deren Vornahme etwa laut besonderer Festsetzung die Bedingung für die Wirksamkeit des Zwangsvergleichs bildet, getroffen werden[2]). Demnach sind insbesondere bedungene Eintragungen in das Grundbuch zugunsten der nicht bevorrechtigten Gläubiger abzuwarten. Auf nicht besonders bedungene Sicherstellungen haben aber die nicht bevorrechtigten Konkursgläubiger keinen Anspruch. Einen Titel zur Hypothek an den Grundstücken des Gemeinschuldners gewährt ihnen der Zwangsvergleich nicht. Eine Sicherungshypothek kann nur unter den Voraussetzungen des § 194 KO. und der §§ 866 Abs. 3, 867 Abs. 2 ZPO. eingetragen werden.

Das Gericht hat vor Aufhebung des Konkurses sich durch Bericht des Verwalters oder in anderer geeigneter Art zu vergewissern, daß die vorstehend berührten Maßregeln sämtlich in gehöriger Weise ausgeführt sind. —

---

[1]) Zu den Massekosten gehören insbesondere auch die gerichtlichen Kosten des Konkursverfahrens. Der Verwalter ist dafür verantwortlich, daß diese aus der vorhandenen Masse, soweit sie reicht, berichtigt werden. Im übrigen haftet für sie nur der Gemeinschuldner.

[2]) S. Jaeger A. 6, Petersen und Kleinfeller A. 2. Abw. v. Wilmowski A. 1 zu § 190. Überhaupt ist, wenn der Vergleich unter einer aufschiebenden Bedingung abgeschlossen ist, die Erfüllung der Bedingung abzuwarten. RGZ. 56, 72.

Abgesehen von dem Falle, daß gewisse Maßregeln zur Sicherung der Konkursgläubiger zur Bedingung für die Wirksamkeit des Zwangsvergleichs gemacht sind[1]), ist die Aufhebung des Konkursverfahrens von der Erfüllung der durch den Vergleich den nicht bevorrechtigten Gläubigern gemachten Zusagen nicht abhängig (§ 195 KO.).

b) Der Aufhebungsbeschluß. Maßregeln zu dessen Ausführung.

Erst nach Erledigung der unter a besprochenen Angelegenheiten ist die Aufhebung des Konkurses zu beschließen. In dem Beschlusse ist der Grund der Aufhebung kurz anzugeben. Eine Anfechtung des Beschlusses findet nicht statt (§ 190 Abs. 1 KO.). Zur Ausführung des Aufhebungsbeschlusses sind dieselben Maßregeln zu treffen, wie bei Aufhebung des Konkurses nach vollzogener Schlußverteilung (§ 190 Abs. 2, KO.; s. Abschnitt VI S. 177 Nr. 1—6).

Die Aufhebung des Konkurses tritt mit dem Zeitpunkte ein, in welchem die öffentliche Bekanntmachung des Aufhebungsbeschlusses als bewirkt gilt[2]).

L. Wirkungen des Zwangsvergleichs.

a) In Ansehung der Teilungsmasse.

Mit der Aufhebung des Konkursverfahrens erhält der Gemeinschuldner, soweit der Zwangsvergleich nicht ein anderes bestimmt, das Recht zurück, über die Konkursmasse, also namentlich auch über die dazu gehörigen baren Gelder, frei zu verfügen (§ 192 KO.). Die Ausantwortung der Konkursmasse erfolgt seitens des Verwalters an den Gemeinschuldner ohne Mitwirkung des Konkursgerichts. Streitigkeiten, die etwa zwischen dem Verwalter und dem Gemeinschuldner wegen der Ausantwortung der Masse entstehen, sind vom Prozeßrichter zu entscheiden.

Die schwebenden Prozesse hat der Gemeinschuldner fortzuführen. Anfechtungsprozesse werden durch den Zwangsvergleich gegenstandslos[3]), jedoch ist der Kosten wegen ihre Fortsetzung zulässig[4]).

b) Wirkungen in betreff der Rechte der Konkursgläubiger.

Der rechtskräftig bestätigte Zwangsvergleich ist wirksam für und gegen alle nicht bevorrechtigten Konkursgläubiger, auch wenn

---

[1]) S. dazu Jaeger A. 1 zu § 192, A. 3 zu § 184, A. 1 zu § 195.

[2]) v. Wilmowski A. 3, Jaeger A. 1. S. dazu JW. 1893, 487[10], LZ. 1911, 160[3] (OLG. Dresden) und OLG. 25, 338 (Posen).

[3]) RGZ. 27, 113; 31, 40. [4]) RGZ. 52, 331; 58, 414.

sie am Vergleichsverfahren nicht teilgenommen oder gegen den Vergleich gestimmt oder ihre Forderungen gar nicht angemeldet haben (§ 193 KO.). Insbesondere ist er auch für absonderungsberechtigte Konkursgläubiger in Ansehung des Betrags, für den sie abgesonderte Befriedigung nicht erlangen, wirksam und bindend. Auf die nach § 63 Nr. 3 und 4 KO. vom Konkurs ausgeschlossenen Forderungen bleibt der Zwangsvergleich ohne Einfluß. Die unter Nr. 1 und 2 des § 63 KO. genannten Nebenforderungen werden aber als durch die Bestimmungen des Zwangsvergleichs mitbetroffen anzusehen sein. Ganz beseitigt sind sie nur, wenn aus den Bestimmungen des Zwangsvergleichs zu entnehmen ist, daß sie in Wegfall kommen sollten[1]).

Absonderungsberechtigte haben Anspruch auf die Vergleichsrate nur für ihren Ausfall, also für den Betrag, mit dem sie auf ihr Absonderungsrecht verzichten oder aus dem Gegenstande des Absonderungsrechts Befriedigung nicht erhalten. Wenn z. B. ein Gläubiger 1000 Mk. zu fordern hat und in Höhe von 600 Mk. abgesonderte Befriedigung erlangt, so hat er bei einer Vergleichsrate von 30% vom Gemeinschuldner nicht 300 Mk., sondern nur 120 Mk. (30% der ausgefallenen 400 Mk.) zu beanspruchen[2]).

Ist in dem Konkurse über das Vermögen einer offenen Handelsgesellschaft, einer Kommanditgesellschaft oder einer Kommanditgesellschaft auf Aktien ein Zwangsvergleich zustande gekommen, so begrenzt dieser Vergleich, soweit er nicht ein anderes festsetzt, zugleich den Umfang der persönlichen Haftung der Gesellschafter mit ihrem sonstigen Vermögen (§ 211 Abs. 2 KO.[3]). Der Zwangsvergleich im Gesellschaftskonkurse wirkt daher mangels abweichender Festsetzungen auf die Konkurse über das Sondervermögen der persönlich haftenden Gesellschafter in der Weise ein, daß auch in diesen Konkursen einerseits die Forderungen der Gesellschaftsgläubiger auf die Vergleichsrate ermäßigt werden, andererseits die Gesellschaftsgläubiger alle ihnen durch den Vergleich eingeräumten Rechte geltend machen können[4]).

Der **Grund** der Konkursforderungen wird durch den Zwangsvergleich nicht berührt; der Vergleich bewirkt keine Novation. Er bewirkt auch, soweit er einen Erlaß der Konkursforderungen enthält, kein vollständiges Erlöschen dieser Forderungen, sondern entzieht ihnen bloß die Klagbarkeit. Die Rechte der Gläubiger gegen Mitschuldner und Bürgen des Gemeinschuldners, sowie die Rechte aus einem für die Forderung bestellten Pfandrecht, aus einer für sie bestehenden Hypothek, Grundschuld oder Rentenschuld, oder aus einer

---

[1]) RGZ. 92, 185.

[2]) RGZ. 5, 395; 6, 66; 16, 70; 23, 43; 78, 75; 92, 181.

[3]) Das gilt aber nicht für **ausgeschiedene** Gesellschafter. RGZ. 29, 38; JW. 1897, 210[21]; RGZ. 56, 366.

[4]) S. Jaeger A. 3.

zu ihrer Sicherung eingetragenen Vormerkung bleiben trotz des Vergleiches in vollem Umfange bestehen (§ 193 Satz 2 KO.). Ebenso das Recht, mit der Forderung gegen eine Forderung des Gemeinschuldners aufzurechnen[1]).

Für Gläubiger, deren Forderungen festgestellt und nicht vom Gemeinschuldner im Prüfungstermine ausdrücklich bestritten sind, findet aus dem rechtskräftig bestätigten Zwangsvergleiche gegen den Gemeinschuldner und diejenigen, welche in dem Vergleiche für dessen Erfüllung neben dem Gemeinschuldner ohne Vorbehalt der Einrede der Vorausklage Verpflichtungen übernommen haben, die Zwangsvollstreckung statt (§ 194 KO.). Vgl. Abschnitt I des Anhangs.

M. Die Kosten des Vergleichsverfahrens.

Die Kosten des Zwangsvergleichsverfahrens fallen dem Gemeinschuldner als dem Antragsteller zur Last[2]). Besondere Gerichtsgebühren werden jedoch für das Verfahren nicht erhoben, sondern nur die Auslagen.

Für die Entscheidung der Frage, ob der Gemeinschuldner zur Erstattung der den einzelnen Konkursgläubigern durch ihre Teilnahme am Konkursverfahren erwachsenen außergerichtlichen Kosten verpflichtet ist, kommt in erster Linie der Inhalt des Zwangsvergleichs in Betracht. Sofern der Zwangsvergleich wegen Erstattung dieser Kosten nichts bestimmt, ist er wohl dahin auszulegen, daß der Gemeinschuldner eine dahin gehende Verpflichtung nicht hat übernehmen wollen. Wenn aber der Gemeinschuldner sich zur Kostenerstattung verpflichtet hat, wird in der Regel anzunehmen sein, daß er die vollen Kosten, nicht nur die Vergleichsrate für sie, zu zahlen hat. Aber in diesem Falle werden die Gläubiger ihre Kosten nur im gewöhnlichen Verfahren, nicht gemäß § 104 ZPO., einziehen können, da ihnen für die Kostenforderung ein vollstreckbarer Titel nicht zur Seite steht[3]). Die Feststellung ihrer Forderung im Konkursverfahren umfaßt nicht die Feststellung der Verpflichtung des Gemeinschuldners zur Tragung der Kosten der Gläubiger; dies ist schon darum ausgeschlossen, weil die den Gläubigern durch die Teilnahme am Konkursverfahren erwachsenden Kosten nach § 63 Nr. 2 KO. im Konkurse gar nicht geltend gemacht werden können. Der Zwangsvergleich als solcher aber stellt, wenn auch nach § 194 KO. aus ihm die Zwangsvollstreckung stattfindet, einen vollstreckbaren Titel im Sinne des § 794 ZPO. nicht dar, kann insbesondere den unter Nr. 1 des § 794 bezeichneten Vergleichen nicht zugezählt werden. Vollstreckungstitel ist vielmehr der Tabelleneintrag über die Feststellung der Forderung[4]).

---

[1]) JW. 1913, 215[32], 929[18].

[2]) v. Wilmowski A. 7 zu § 193, Jaeger A. 8 zu § 193, Petersen und Kleinfeller A. 3 zu § 58.

[3]) Vgl. v. Wilmowski A. 6 und 7 zu § 193.

[4]) RGZ. 56, 73.

N. Anfechtung und Aufhebung des rechtskräftig bestätigten Zwangsvergleichs.

Eine Anfechtung oder Aufhebung des rechtskräftig bestätigten Zwangsvergleichs findet nur in sehr wenigen Fällen statt: Die rechtskräftige Verurteilung des Gemeinschuldners wegen betrüglichen Bankerotts hebt für alle Gläubiger von selbst den durch den Zwangsvergleich begründeten Erlaß auf (§ 197 Abs. 1 KO.). Ist der Vergleich durch Betrug zustande gekommen, so kann jeder Gläubiger den vergleichsmäßigen Erlaß seiner Forderung nach Maßgabe des § 196 KO. anfechten. Dagegen findet aus anderen Gründen eine Anfechtung nicht statt. Auch gewährt die Nichterfüllung des Zwangsvergleichs den Gläubigern nicht das Recht, sich an den Vergleich nicht mehr für gebunden zu erachten, es sei denn, daß dieser, was zulässig[1]), die kassatorische Klausel enthält (§ 195 KO.).

In keinem Falle lebt das aufgehobene Konkursverfahren von selbst wieder auf. Seine Wiederaufnahme findet nur im Falle des § 197 KO. und auch da nur auf Antrag statt.

VIII. Einstellung des Konkursverfahrens mit Zustimmung der Gläubiger.

Wenn ein Zwangsvergleich nicht beabsichtigt wird oder nicht zustande kommt, so kann der Gemeinschuldner die Durchführung des Konkursverfahrens nur dadurch verhindern, daß er sich die Zustimmung sämtlicher Konkursgläubiger zur Einstellung des Verfahrens verschafft und die Einstellung beantragt. Sobald einmal der Konkurs eröffnet ist, hat jeder Konkursgläubiger ein Recht darauf, daß er auch durchgeführt wird; es genügt daher zur Herbeiführung der Einstellung des Verfahrens die Einwilligung des Antragstellers oder die Zurücknahme des Eröffnungsantrags keineswegs.

A. Voraussetzungen der Einstellung des Verfahrens.

a) Antrag des Gemeinschuldners.

Die Einstellung des Verfahrens mit Zustimmung der Gläubiger erfolgt nur auf Antrag des Gemeinschuldners. Der Antrag kann schriftlich oder zu Protokoll des Urkundsbeamten der Geschäftsstelle gestellt werden.

Antragsberechtigt ist jeder Gemeinschuldner, selbst ein solcher, der wegen betrügerischen Bankerotts verurteilt ist. Für juristische Personen, Vereine, Handelsgesellschaften und Genossenschaften haben die Personen den Antrag zu stellen, die zur Vertretung befugt

[1]) A. M. nur v. Wilmowski Anm. zu § 195, A. 1 zu § 190.

sind[1]). In Nachlaßkonkursen werden die Erben nur alle gemeinschaftlich den Antrag stellen können (BGB. § 2038).

b) **Wann die Einstellung des Verfahrens zulässig und welcher Gläubiger Zustimmung erforderlich ist.**

Die Einstellung des Verfahrens ist jederzeit zulässig[2]). Sie ist nicht dadurch bedingt, daß die Anmeldefrist bereits abgelaufen ist. Wegen der Bedeutung, die die Anmeldefrist für die Ermittelung der Konkursforderungen hat, gestalten sich jedoch die Voraussetzungen der Einstellung des Verfahrens verschieden, je nachdem diese vor oder nach Ablauf der Anmeldefrist geschehen soll.

Die Einstellung des Verfahrens *vor* Ablauf der Anmeldefrist ist nur zulässig, wenn sämtliche dem Konkursgericht zur Zeit der Einstellung bekannten Gläubiger zustimmen (§ 202 Abs. 2 KO.). Welche Gläubiger als „bekannt" anzusehen, bleibt dem pflichtmäßigen Ermessen des Gerichts überlassen. Der Kreis der bekannten Gläubiger wird am besten durch Einsicht des vom Gemeinschuldner eingereichten Gläubigerverzeichnisses, der Bücher des Gemeinschuldners und des vom Verwalter aufgestellten Inventars sowie dadurch festgestellt werden, daß vom Verwalter eine Erklärung gefordert wird, ob außer den in diesen Schriftstücken aufgeführten Gläubigern noch andere ermittelt sind. Natürlich kommen als Gläubiger nur die in Betracht, deren Ansprüche in rechtlicher und tatsächlicher Beziehung entweder schon feststehen oder doch wenigstens hinlänglich klargestellt sind. Eine Ersetzung einzelner Zustimmungserklärungen durch Sicherstellung der betreffenden Gläubiger ist nicht für zulässig zu erachten[3]). Das Gericht ist aber in keinem Falle *verpflichtet*, schon vor dem Ablauf der Anmeldefrist das Verfahren einzustellen[4]).

Die Einstellung des Verfahrens *nach* Ablauf der Anmeldefrist hat zu erfolgen, wenn die Zustimmung aller derjenigen Konkursgläubiger beigebracht wird, die bis zum Ablauf der Widerspruchsfrist (vgl. unten zu C) Forderungen in vorschriftsmäßiger Weise *angemeldet* haben (§ 202 Abs. 1 KO.). Der Zustimmung etwaiger sonstiger bekannter Gläubiger bedarf es in diesem Falle nicht[5]). Auch die Zustimmung der Gläubiger angemeldeter Forde-

---

[1]) Jaeger A. 11 zu §§ 209/10. A. M. bezügl. der Teilhaber einer offenen Handelsgesellschaft LZ. 1925, 495[3] (OLG. Dresden).

[2]) Ausgenommen in Konkursen über eingetragene Genossenschaften und Versicherungsvereine auf Gegenseitigkeit. In diesen ist die Einstellung erst nach Beginn des Vollzugs der Schlußverteilung statthaft. (§ 116 Abs. 2 Gen.-Ges.; § 52 Ges. vom 12. Mai 1901).

[3]) Wie sich aus der verschiedenen Fassung der beiden Absätze des § 202 ergibt. So auch Jaeger 6, v. Wilmowski A. 6, Wolff A. 4. — A. M. die früheren Auflagen und Petersen-Kleinfeller A. 4.

[4]) A. M. nur Wilmowski A. 6.

[5]) In Genossenschaftskonkursen ist die Zustimmung aller bei der *Schlußverteilung berücksichtigten* Gläubiger beizubringen. In-

rungen ist unbedingt nur insoweit erforderlich, als diese Forderungen bereits festgestellt sind. Was die Gläubiger der übrigen angemeldeten Forderungen betrifft, so kann das Gericht beschließen, daß von Beibringung der Zustimmung dieser Gläubiger im Falle ihrer Sicherstellung oder auch ohne Sicherstellung abgesehen werden soll (§ 202 Abs. 1 Satz 2 KO.). Wenn freilich das Gericht eine noch nicht festgestellte Forderung für bestehend erachtet, so muß es zum mindesten deren Sicherstellung fordern; die Sicherstellung ist nur dann entbehrlich, wenn die angemeldete Forderung als rechtlich oder tatsächlich zweifelhaft oder unbegründet erscheint [1]). Die Sicherstellung braucht nicht unbedingt nach Maßgabe des § 108 ZPO. oder des § 232 BGB. zu erfolgen. Es genügt eine jede Sicherung, die nach dem Ermessen des Gerichts materiell hinreichend ist.

Zu der Einstellung des Verfahrens ist nur die Zustimmung der Konkursgläubiger erforderlich. Der Zustimmung der Aussonderungsberechtigten und der Massegläubiger bedarf es nicht. Die Zustimmung der Absonderungsberechtigten und der im § 212 KO. bezeichneten Gläubiger ist nur insoweit nötig, als diese Gläubiger Ausfallsforderungen geltend machen und einen Ausfall dartun. Dagegen müssen die bevorrechtigten Konkursgläubiger ebensowohl wie die nicht bevorrechtigten zustimmen. Auf die Höhe der einem Gläubiger zustehenden Forderung kommt es nicht an.

Die Zustimmung eines Gläubigers erübrigt sich, wenn er vollständig befriedigt ist oder wird. Die Quittung des Gläubigers ersetzt daher seine Zustimmungserklärung. Wegen Prüfung der Echtheit vorgelegter Quittungen gilt dasselbe, was nachstehend unter c über die Prüfung der Echtheit der Zustimmungserklärungen bemerkt ist.

Dagegen dürfte der Nachweis der Hinterlegung des Forderungsbetrages die Beibringung der Zustimmungserklärung des Gläubigers einer festgestellten Forderung nicht entbehrlich machen, es sei denn, daß ein Recht zur Hinterlegung (§§ 372 ff. BGB.) glaubhaft dargetan wird.

c) Form, Inhalt und Wirksamkeit der Zustimmungserklärungen der Gläubiger.

Einer besonderen Form bedürfen die Zustimmungserklärungen der Gläubiger an und für sich nicht; Beglaubigung der Unterschriften ist nicht erforderlich. Wenn jedoch Grund vorhanden ist, an der Echtheit der vorgelegten Erklärungen zu zweifeln, so kann

---

wieweit es daneben der Zustimmung oder der Sicherstellung der Gläubiger nicht festgestellter Forderungen bedarf, entscheidet das Konkursgericht nach freiem Ermessen (§ 116 Abs. 2 Gen.-Ges.).

[1]) S. Jaeger A. 4, v. Wilmowski A. 4.

das Gericht sie beanstanden und von Amts wegen Ermittelungen anstellen[1]). Die Vertretungsberechtigung der Personen, die für andere Zustimmungserklärungen ausgestellt haben, hat das Gericht stets zu prüfen.

Die Erklärungen dürfen nicht von Bedingungen abhängig gemacht oder sonst verklausuliert sein; es muß aus ihnen mit Bestimmtheit hervorgehen, daß der Erklärende mit der Einstellung des Konkursverfahrens einverstanden ist.

Der Widerruf einer einmal erteilten Zustimmung ist in der Regel nicht statthaft, da die Erteilung der Zustimmung eine verbindliche Willenserklärung darstellt. Eine Anfechtung wegen Willensmängel kann im Wege des Widerspruchs gegen die Einstellung des Konkurses (s. unter C) geltend gemacht werden.

B. Verfahren auf den Einstellungsantrag des Gemeinschuldners.

Nach Eingang eines Antrags auf Einstellung des Konkursverfahrens hat das Gericht die Legitimation des Antragstellers zu prüfen und, wenn diese zu Bemängelungen nicht Anlaß gibt, auf Grund des vorliegenden Materials (Gläubigerverzeichnis, Inventar, Tabelle), nötigenfalls unter Zuziehung des Verwalters, festzustellen, welche Gläubiger der Einstellung des Verfahrens zuzustimmen haben oder wenigstens sicherzustellen sind. Sofern nicht von allen diesen Gläubigern Zustimmungserklärungen bereits vorliegen, ist dem Gemeinschuldner mitzuteilen, welche Zustimmungserklärungen oder welche Sicherstellungen noch für erforderlich erachtet werden. Zur Nachbringung des Fehlenden kann dem Gemeinschuldner eine Frist gestellt werden, nach deren unbenutztem Ablaufe der Einstellungsantrag ohne Fortsetzung des Verfahrens abgewiesen werden kann. Das weitere Verfahren braucht erst dann stattzufinden, wenn sämtliche Zustimmungserklärungen und Sicherstellungen, die das Gericht auf Grund des § 202 KO. verlangen zu müssen glaubt, beigebracht und in Ordnung befunden sind, oder doch mit Sicherheit erwartet werden dürfen[2]). Sobald dies der Fall ist, wird der Antrag des Gemeinschuldners öffentlich bekannt gemacht[3]) und mit den eingereichten Zustimmungserklärungen auf der Geschäftsstelle zur Einsicht der Konkursgläubiger niedergelegt (§ 203 KO.). Den Konkursgläubigern wird dadurch Gelegenheit gegeben, etwaige Einwendungen gegen die Einstellung des Verfahrens vorzubringen. Vgl. zu C. Die Bekanntmachung erfolgt gemäß § 76 KO., in der Regel wohl in derselben Weise, wie die der Konkurseröffnung. Unbedingt nötig ist jedoch nur die Einrückung der Bekanntmachung in das Amtsblatt des Konkursgerichts. Die

---

[1]) So Petersen und Kleinfeller A. 5, v. Wilmowski A. 2, Jaeger A. 2, Wolff A. 6, Bleyer A. 1[a].

[2]) Etwas abweichend Petersen und Kleinfeller A. 5.

[3]) Eine Beschwerde gegen die Anordnung der öffentlichen Bekanntmachung gibt es nicht. Gruchot 42, 1129 (JW. 1898, 359[34]).

Bekanntmachung durch den Deutschen Reichsanzeiger ist nicht vorgeschrieben. Die Bekanntmachung muß die Angabe enthalten, daß der Gemeinschuldner die Einstellung des Konkursverfahrens beantragt hat. Damit wird zweckmäßig die Bemerkung verbunden, daß ein jeder Konkursgläubiger binnen einer Woche gegen den Antrag Widerspruch erheben kann. Außerdem mag erwähnt werden, daß Zustimmungserklärungen von Konkursgläubigern beigebracht sind und auf der Geschäftsstelle von den Beteiligten eingesehen werden können.

C. Widerspruch gegen den Einstellungsantrag.

Gegen den Antrag des Gemeinschuldners können binnen einer Woche nach dem Zeitpunkte, in dem die öffentliche Bekanntmachung als bewirkt gilt (§ 76 Abs. 1 Satz 2 KO.), die Konkursgläubiger (nicht auch der Verwalter oder der Gläubigerausschuß als solcher) Widerspruch erheben. Widerspruchsberechtigt ist jeder Gläubiger, der sich als Konkursgläubiger dem Gericht glaubhaft ausweist. Der Widerspruch kann nicht bloß auf unvollständige oder mangelhafte Befriedigung[1]) oder auf den Mangel der Zustimmung des Widersprechenden, sondern auch darauf gestützt werden, daß die vom Gemeinschuldner beigebrachte Zustimmungserklärung unecht oder unverbindlich sei. Ebenso kann der Widersprechende geltend machen, daß die Zustimmungserklärung eines anderen Konkursgläubigers fehle[2]). Nach dem Ablaufe der Anmeldefrist ist jedoch das Widerspruchsrecht dadurch bedingt, daß der Widersprechende eine Forderung angemeldet hat oder doch die Anmeldung bis zur Entscheidung über den Einstellungsbeschluß nachholt (§ 203 KO.). Der Widerspruch kann schriftlich oder zu Protokoll des Urkundsbeamten der Geschäftsstelle erklärt werden. Seine Zurücknahme ist jederzeit zulässig.

D. Verhandlung und Entscheidung über den Einstellungsantrag.

Nach Ablauf der Widerspruchsfrist entscheidet das Gericht über die Einstellung des Verfahrens. Vor der Entscheidung hat es den Gemeinschuldner, den Verwalter und, wenn ein zulässiger Widerspruch erhoben ist, auch den widersprechenden Gläubiger schriftlich oder in einem Termine zu hören (§ 203 Abs. 2 KO.). Die Anhörung des Gläubigerausschusses ist nicht erforderlich. Dem Gemeinschuldner kann vor der Entscheidung Gelegenheit gegeben werden, fehlende Zustimmungserklärungen nachzubringen oder, soweit zulässig, durch Sicherheitsleistung zu ersetzen. Sofern noch Ermittelungen erforderlich erscheinen, kann solche das Gericht von Amts wegen anstellen.

Für die Entscheidung des Gerichts kommt nur in Betracht, ob die Voraussetzungen des § 202 KO. zur Zeit der Entscheidung

---

[1]) JW. 1907, 509[8], [9], LZ. 1925, 53[4].

[2]) Jaeger A. 8, Petersen und Kleinfeller A. 10, v. Wilmowski A. 2, Wolff A. 2, Bleyer A. 2[a].

erfüllt sind oder nicht. Liegen die Voraussetzungen des Abs. 1 des § 202 vor, so muß das Gericht die Einstellung des Verfahrens beschließen; es erscheint z. B. nicht zulässig, die Einstellung lediglich aus dem Grunde zu versagen, weil sie dem Interesse der Konkursgläubiger widerspreche[1]). Liegen dagegen die Voraussetzungen des § 202 KO. nicht vor, so ist die Einstellung des Verfahrens unzulässig, wenn auch dagegen Widerspruch von niemandem erhoben sein sollte. Ein Widerspruch ist weder für die Einstellung des Verfahrens noch für die Ablehnung des Einstellungsantrags von maßgebender Bedeutung. Er hat nur zur Folge, daß der Widersprechende Gelegenheit erhält, vor der Entscheidung die Gründe seines Widerspruchs dem Gericht darzulegen, und daß diese Gründe von Amts wegen geprüft werden.

Der Beschluß des Gerichts, wodurch die Einstellung des Verfahrens versagt wird, ist nur dem Gemeinschuldner als dem allein Beschwerdeberechtigten zuzustellen[2]). Einer öffentlichen Bekanntmachung des Beschlusses bedarf es nicht.

Über die Zustellung des Beschlusses, durch den die Einstellung des Konkursverfahrens angeordnet wird, siehe unter G.

E. Bedeutung des Einstellungsverfahrens für den Fortgang des Konkurses.

Durch den Einstellungsantrag und das Verfahren über ihn wird die Fortsetzung des Konkursverfahrens nicht aufgehalten. Die Verwertung und Verteilung der Masse kann ungehindert ihren Fortgang nehmen. Die anberaumten Termine sind ungeachtet des Einstellungsantrags abzuhalten. Durch die Abhaltung dieser Termine werden auch Mehrkosten in der Regel nicht verursacht; für die Höhe der Kosten sind nur der Ablauf der Anmeldefrist, der Beginn des Vollzugs einer Abschlagsverteilung sowie der Beginn eines Vergleichstermins von Bedeutung.

F. Die Kosten des Einstellungsverfahrens.

Die Kosten des Verfahrens über einen Einstellungsantrag treffen in jedem Falle den Gemeinschuldner persönlich; sie sind bei schließlicher Abweisung des Einstellungsantrags wohl aus der Konkursmasse nicht zu entnehmen[3]).

Ein Gebührenvorschuß dürfte vom Gemeinschuldner nicht gefordert werden können. Dagegen ist der Gemeinschuldner verpflichtet, bei dem Antrage auf Einstellung des Verfahrens einen Vorschuß, der zur Deckung der mit dem Einstellungsverfahren verbundenen baren Auslagen hinreicht, zu zahlen, sofern ihm nicht das Armenrecht bewilligt wird[4]) (§ 84 Abs. 1 GKG.).

---

[1]) Jaeger A. 9, Bleyer A. 1a. [2]) A. M. Mentzel A. 3 zu § 203.

[3]) A. M. Petersen und Kleinfeller A. 11, Jaeger A. 3 zu §§ 205, 206.

[4]) Die Bewilligung des Armenrechts ist keineswegs selbstverständlich. Es ist ganz wohl möglich, daß der Gemeinschuldner zur Zahlung des Auslagenvorschusses imstande ist.

G. Der Einstellungsbeschluß und seine Ausführung.

Werden die Voraussetzungen des § 202 KO. nach Anhörung der in § 203 Abs. 2 bezeichneten Personen trotz etwaiger Einwendungen für gegeben erachtet, so ist zunächst für die Befriedigung der Massegläubiger zu sorgen. Der Einstellungsbeschluß ist erst zu erlassen, wenn die unstreitigen und fälligen Masseschulden und Massekosten berichtigt, die übrigen bekannten Masseansprüche sichergestellt sind[1]) (§ 205 Abs. 2 KO.). Die Berichtigung und Sicherstellung ist Sache des Verwalters, der erforderlichenfalls dazu vom Gericht anzuhalten ist[2]).

Der Einstellungsbeschluß hat sachgemäß den Grund der Einstellung anzugeben. Er tritt in Wirksamkeit, sobald die öffentliche Bekanntmachung als bewirkt gilt[3]), da die sofortige Beschwerde zwar zulässig ist, aber nach § 572 ZPO. keine aufschiebende Wirkung hat.

Zur Ausführung des Beschlusses ist folgendes zu veranlassen:

1. Die öffentliche Bekanntmachung des Beschlusses (§ 205 Abs. 1 KO.). Diese dient zugleich zur Zustellung des Beschlusses an alle Beteiligten. Die Zustellung muß durch öffentliche Bekanntmachung bewirkt werden, weil von da ab, wo diese als bewirkt gilt, die Beschwerdefrist einheitlich für alle Beschwerdeberechtigten[4]) läuft. Die öffentliche Bekanntmachung erfolgt entsprechend der Bekanntmachung der Konkurseröffnung. Vgl. Abschnitt I Seite 88 unter 12 und Seite 92 unter 1. Neben der öffentlichen Bekanntmachung brauchen wohl besondere Zustellungen oder Mitteilungen an einzelne Beteiligte nicht stattzufinden. Sachgemäß erscheint es jedoch, daß der Einstellungsbeschluß dem Gemeinschuldner, dem Verwalter, sowie denjenigen Gläubigern, die etwa der Einstellung widersprochen haben, besonders zugestellt wird.

2. Die Rückreichung der Bestallung des Verwalters (§ 81 Abs. 2 KO.).

3. Die Festsetzung des Honorars und der erstattungsfähigen Auslagen für den Verwalter und die Mitglieder des Gläubigerausschusses, soweit auf Honorar und Erstattung von Auslagen Ansprüche erhoben werden (vgl. Seite 33 und 40).

---

[1]) Jaeger A. 2 zu § 205/6, JW. 1916, 149 [37], OLG. 35, 263 (Dresden).

[2]) Für die Berichtigung oder Sicherstellung der bevorrechtigten Konkursforderungen hat der Verwalter trotz des allgemeinen Hinweises des § 205 Abs. 2 auf § 191 KO. nicht zu sorgen. Jaeger A. 2 zu § 205/6, v. Wilmowski A. 3 zu § 205. A. M. Petersen und Kleinfeller A. 2 zu § 206, Wolff A. 2, Bleyer A. 1 b.

[3]) Jaeger A. 4 zu §§ 205, 206, v. Wilmowski A. 1 zu § 205, JW. 1889, 139, OLG. 19, 201 (Stettin). Abw. OLG. 21, 180 (Breslau).

[4]) Beschwerdeberechtigt ist jeder Konkursgläubiger, der durch die Einstellung beschwert ist. Der Verwalter hat kein Beschwerderecht. Petersen und Kleinfeller A. 7, v. Wilmowski A. 5 zu § 203, Jaeger A. 10, Wolff A. 3. — A. M. Bleyer A. 3.

4. Die Mitteilung des Einstellungsbeschlusses zum Handelsregister und an die sonstigen im § 112 KO. bezeichneten Behörden (§ 205 Abs. 2 KO.).

5. Die Löschung der Sperrvermerke bei den Grundstücken und eingetragenen Rechten des Gemeinschuldners.

6. Die Benachrichtigung der Post- und Telegraphenanstalten, die auf Grund des § 121 KO. um Anhaltung der für den Gemeinschuldner eingehenden Sendungen und Depeschen ersucht worden waren.

7. Die Rückgabe einer etwa vom Verwalter bestellten Sicherheit. Vgl. deswegen S. 24.

Die Maßnahmen zu 4. und 5. werden am richtigsten bis nach der Rechtskraft des Einstellungsbeschlusses verschoben.

Die Anberaumung eines Termins zur Abnahme der Schlußrechnung des Verwalters erscheint im vorliegenden Falle nicht erforderlich. Wenn die Konkursgläubiger der Einstellung des Verfahrens zugestimmt haben, sind sie als beteiligt bei der Rechnungsabnahme nicht mehr anzusehen. Die Rechnung wird dann nur dem Gemeinschuldner vorgelegt, und dazu ist weder ein Termin noch überhaupt die Vermittelung des Konkursgerichts nötig[1]).

Der Gemeinschuldner erhält, sobald die Bekanntmachung des Einstellungsbeschlusses als bewirkt gilt, das Recht zurück, über die Konkursmasse frei zu verfügen[2]) (§ 206 Abs. 1 KO.). Das Gericht braucht jedoch nicht für die Ausantwortung der Masse an den Gemeinschuldner Sorge zu tragen.

Die Weglegung der Akten wird erst anzuordnen sein, wenn der Einstellungsbeschluß unanfechtbar geworden ist.

IX. Einstellung des Konkursverfahrens wegen Unzulänglichkeit der Masse.

A. Voraussetzungen.

Der Zweck des Konkurses ist es, aus dem Vermögen des Gemeinschuldners den Konkursgläubigern, also den persönlichen Gläubigern des Gemeinschuldners, eine Befriedigung zu gewähren. Sobald sich herausstellt, daß dieser Zweck nicht oder nicht mehr erreicht werden kann, bedeutet die Fortsetzung des Konkursverfahrens einerseits eine unnütze Aufwendung von Zeit, Mühe und Kosten, andererseits eine ungerechtfertigte Hemmung der Erwerbstätigkeit des Gemeinschuldners und eine ebenso ungerechtfertigte Behinderung der Gläubiger an etwa möglichen Zwangsvollstreckungen in sein nicht zur Konkursmasse gehöriges Vermögen. Nun sind aus der

---

[1]) Abw. Petersen und Kleinfeller A. 1 zu § 86, Jaeger A. 1.

[2]) Diese Wirkung wird durch Einlegung einer Beschwerde gegen den Einstellungsbeschluß nicht aufgehalten. Das Beschwerdegericht kann jedoch gemäß § 572 ZPO. einstweilige Anordnungen treffen. v. Wilmowski A. 1 zu § 205, Jaeger A. 4, 5, Wolff A. 2, Bleyer A. 1[a]. — A. M. Petersen und Kleinfeller A. 5 zu § 206.

Konkursmasse, die sich nach Befriedigung der Aussonderungs- und Absonderungsansprüche herausstellt, vorweg zu berichtigen

1. sämtliche Masseschulden (§ 59 KO.),
2. sämtliche Massekosten (§ 58 KO.) — und zwar diese nach den Masseschulden (§ 60 KO.) —,

sodaß die Konkursgläubiger nur dann etwas erhalten, wenn nach Befriedigung aller Masseansprüche von der Konkursmasse noch etwas übrig bleibt.

Mit Rücksicht hierauf ist im § 204 KO. dem Konkursgericht die Befugnis erteilt, das Konkursverfahren einzustellen, sobald sich ergibt, daß eine den Kosten des Verfahrens entsprechende Masse nicht oder nicht mehr vorhanden ist, mit anderen Worten, daß nach Berichtigung der Masseschulden und Massekosten von der Konkursmasse nichts oder so viel wie nichts übrig bleibt. Ob dieser Fall vorliegt, hat das Gericht zu ermessen. Es sind dabei die Bemerkungen Seite 55, 56 unter 2a und b in Betracht zu ziehen. In vielen Fällen ist es zweifelhaft, ob eine den Kosten entsprechende Masse vorhanden ist oder nicht; in anderen Fällen ist wohl Masse da, zu ihrer Verwertung aber ein solcher Kostenaufwand erforderlich, daß der Verwalter mit den vorhandenen Mitteln die Verwertung nicht durchführen kann; es kommt ferner vor, daß Massegegenstände nur zur Zeit keinen Wert haben, später aber einen Wert erlangen können. In allen solchen Fällen wird sorgfältig zu erwägen sein, ob wirklich die Einstellung des Verfahrens geboten ist. Bedenklich wäre sie namentlich dann, wenn aussichtsvolle Anfechtungsansprüche bestehen, die nur im Konkurse verfolgt werden können. Nicht selten wird sie sich dadurch vermeiden lassen, daß einzelne Hauptgläubiger dem Verwalter einen zur Deckung der Kosten (einschließlich des Honorars des Verwalters) hinreichenden Vorschuß zahlen[1]). Geschieht das, so ist das Verfahren nicht einzustellen (§ 204 Abs. 1 Satz 2 KO.). Aber auch wenn es nicht geschieht, ist das Gericht nur berechtigt, nicht aber verpflichtet, wegen Unzulänglichkeit der Masse das Verfahren einzustellen. Der § 204 KO. ist auch nur dann anwendbar, wenn eine den Kosten des Verfahrens entsprechende Konkursmasse nicht vorhanden ist. Wenn nach Deckung dieser Kosten so viel Masse übrig bleibt, daß zwar die nicht bevorrechtigten Konkursgläubiger nichts erhalten, die bevorrechtigten aber ganz oder zum Teil befriedigt werden können, so ist die Einstellung des Konkursverfahrens auf Grund des § 204 KO. erst statthaft, nachdem die für die bevorrechtigten Konkursgläubiger verfügbare Masse gemäß § 170 KO. zur Auszahlung gelangt ist[2]).

Im Konkurse einer eingetragenen Genossenschaft darf wegen der Nachschußpflicht der Genossen, auch wenn deren Haftpflicht

---

[1]) Wegen dieses Vorschusses s. A. 3 S. 73.
[2]) Jaeger A. 6. Abw. v. Wilmowski A. 1 zu § 204 und A. 3 zu § 205.

beschränkt ist, das Verfahren auf Grund des § 204 KO. nicht eingestellt werden[1]) (§ 100 Abs. 3, § 116 Abs. 2 Gen.-Ges.).

B. Verfahren.

Den Anlaß zu der Einstellung des Verfahrens wegen Unzulänglichkeit der Konkursmasse wird in der Regel eine Anzeige des Verwalters geben. Das Gericht kann aber auch von Amts wegen Ermittelungen anstellen[2]).

Bevor das Gericht die Einstellung beschließt, hat es die Gläubigerversammlung zu hören (§ 204 Abs. 2 KO.), damit die Gläubiger Gelegenheit erhalten, durch Anzeige vorhandener Masse oder durch Vorschußleistung die Einstellung des Verfahrens abzuwenden. Außerdem wird das Gericht den Verwalter, unter Umständen auch den Gläubigerausschuß oder den Gemeinschuldner, hören. Eine gesetzliche Verpflichtung dazu besteht indes nicht.

Über den Einstellungsbeschluß und seine Ausführung gilt alles, was im Abschnitt VIII unter G gesagt ist[3]). Siehe S. 202. Außerdem ist, wenn die Einstellung des Verfahrens nur wegen Unzulänglichkeit der Masse erfolgt, zur Abnahme der vom Konkursverwalter zu legenden Schlußrechnung ein Termin anzuberaumen, welcher öffentlich bekannt zu machen ist. Die Bekanntmachung des Termins wird zweckmäßig mit der Bekanntmachung des Einstellungsbeschlusses verbunden. Das Gericht hat darauf zu sehen, daß der Verwalter die Schlußrechnung nebst den Bemerkungen des Gläubigerausschusses und den Belegen spätestens 3 Tage vor dem zur Abnahme der Rechnung anberaumten Termine auf der Geschäftsstelle niederlegt. Auch eine Prüfung der Rechnung ist aus den Seite 158 entwickelten Gründen in vielen Fällen wünschenswert.

C. Befriedigung der Massegläubiger im Falle der Unzulänglichkeit der Masse.

Die Massegläubiger haben an und für sich Anspruch auf volle Befriedigung aus der Konkursmasse. Ein jeder von ihnen kann wegen seiner Forderung Arreste und Zwangsvollstreckungen in die Masse nach Maßgabe der Vorschriften der Zivilprozeßordnung erwirken. Sobald sich jedoch herausstellt, daß die Konkursmasse zur vollständigen Befriedigung aller Massegläubiger nicht ausreicht, können die Massegläubiger nur noch verhältnismäßige

---

[1]) Entsprechendes gilt im Konkurse eines Versicherungsvereins auf Gegenseitigkeit (Ges. vom 12. Mai 1901 § 52).

[2]) Beantragt ein Gläubiger die Einstellung des Verfahrens mangels Masse, so ist er im Falle der Ablehnung des Antrags beschwerdeberechtigt. LG. Berlin III (LZ. 1909, 241 [1]), Jaeger A. 3 zu § 204. Das gleiche gilt für den Gemeinschuldner.

[3]) In die schwarze Liste wird der Gemeinschuldner im Falle der Einstellung des Konkurses mangels Masse nicht eingetragen. Dafür erfolgt die öffentliche Bekanntmachung des Einstellungsbeschlusses.

Befriedigung in bestimmter Rangordnung fordern (§ 60 KO.). Es ist nicht anzunehmen, daß diese Einschränkung des Rechts der Massegläubiger einen förmlichen Beschluß des Konkursgerichts, „daß sich der Fall des § 60 KO. als vorliegend herausstellt, und daß der Verwalter die Zahlungen auf Masseansprüche einstweilen einzustellen habe", zur Voraussetzung hat. Es ist vielmehr für ausreichend zu erachten, daß die Unzulänglichkeit der Masse zur Befriedigung sämtlicher Massegläubiger sich tatsächlich herausgestellt hat, um die Ablehnung einer verlangten vollen Befriedigung sowie Einwendungen und Anträge des Verwalters im Zwangsvollstreckungsverfahren gemäß § 766 ZPO. zu rechtfertigen[1]).

Wird eine verhältnismäßige Befriedigung der Massegläubiger erforderlich, so erfolgt sie durch den Verwalter unter dessen Verantwortung ohne ein förmliches Verteilungsverfahren[2]). Das Konkursgericht ist weder zu Anweisungen an den Verwalter über die Art der Verteilung der Masse, noch zur Entscheidung von Streitigkeiten über die Teilnahmerechte der einzelnen Massegläubiger berufen. Dagegen erscheint es angemessen, daß es erforderlichenfalls unterstützend und vermittelnd eingreift.

Zu den Massekosten gehören auch die Gerichtskosten des Konkursverfahrens. Soweit zu deren Deckung die Masse nicht hinreicht, haftet für sie nur der Gemeinschuldner, nicht auch der Gläubiger, der etwa den Konkursantrag gestellt hat.

X. Wiederaufnahme des Konkursverfahrens.

A. Voraussetzungen.

Wenn das Konkursverfahren nicht bis zur Schlußverteilung durchgeführt, sondern auf Grund der §§ 202 oder 204 KO. eingestellt oder infolge Zwangsvergleichs aufgehoben ist, so kann sich Anlaß ergeben, über die dem Gemeinschuldner zur freien Verfügung zurückgegebene Konkursmasse von neuem den Konkurs zu verhängen. In dergleichen Fällen ist jedoch in der Regel nur ein völlig neues Konkursverfahren, für welches die Voraussetzungen der Konkurseröffnung neu vorliegen müssen, und welches zu dem voraufgegangenen Verfahren in keinerlei Beziehungen steht, zulässig. Die Wiederaufnahme des früheren Verfahrens findet nur in einem Falle, nämlich dann statt, wenn das frühere Verfahren infolge rechtskräftig bestätigten Zwangsvergleichs aufge-

---

[1]) Vgl. Petersen und Kleinfeller A. 3, v. Wilmowski A. 2, Jaeger A. 5 ff., Wolff A. 5, Mentzel A. 1, Bleyer A. 1c, Abw. OLG. Celle in der LZ. 1911, 475[3].

[2]) Die §§ 149 ff. KO. und §§ 872 ff. ZPO. sind nicht für entsprechend anwendbar zu erachten. Falls eine Einigung unter den Massegläubigern nicht zustande kommt, ist der Streit im Prozeßwege auszutragen. Der Verwalter kann den streitigen Betrag gemäß § 372 BGB. hinterlegen. RGZ. 66, 328, OLG. 10, 203 (Posen).

hoben, der Gemeinschuldner aber später wegen betrüglichen Bankerotts rechtskräftig verurteilt worden ist (§§ 197, 198 KO.).

Die rechtskräftige Verurteilung des Gemeinschuldners wegen betrüglichen Bankerotts hebt, sofern der Bankerott in Beziehung auf den durch den Zwangsvergleich beendeten Konkurs begangen ist, für alle Gläubiger den durch den Zwangsvergleich begründeten Erlaß auf (§ 197 Abs. 1 KO.). Nach solcher Verurteilung des Gemeinschuldners können die am Zwangsvergleich beteiligten Gläubiger wieder ihre vollen Forderungen, soweit diese noch wirksam sind, und zwar unbeschadet der ihnen durch den Zwangsvergleich gewährten Rechte, geltend machen. Sie können wegen ihrer Forderungen das gesamte vorhandene Vermögen des Gemeinschuldners[1]) angreifen und insbesondere die Wiederaufnahme des aufgehobenen Konkursverfahrens beantragen (§ 198 Abs. 1 KO.). Zahlungsunfähigkeit des Gemeinschuldners wird dazu nicht vorausgesetzt.

Der rechtskräftigen Verurteilung des Gemeinschuldners ist eine rechtskräftige Verurteilung seiner gesetzlichen Vertreter nicht gleichzustellen. In dem Konkurse über das Vermögen von juristischen Personen und insbesondere von Aktiengesellschaften kann daher eine Wiederaufnahme des Verfahrens nicht vorkommen[2]). Dagegen ist die Wiederaufnahme des Verfahrens in dem Konkurse über das Vermögen von offenen Handelsgesellschaften, Kommanditgesellschaften und Kommanditgesellschaften auf Aktien statthaft, sobald auch nur ein persönlich haftender Gesellschafter wegen betrüglichen Bankerotts rechtskräftig verurteilt ist.

Die Wiederaufnahme des Verfahrens findet auch statt, wenn etwa schon ein neues Konkursverfahren über das Vermögen des Gemeinschuldners eröffnet worden ist. Das wiederaufgenommene Verfahren geht dem neuen Konkursverfahren vor und absorbiert dessen Masse. Das neue Verfahren ist daher im Falle der Wiederaufnahme des alten einzustellen oder in das wiederaufgenommene überzuleiten[3]).

B. Sicherungsmaßregeln vor rechtskräftiger Verurteilung des Gemeinschuldners wegen betrüglichen Bankerotts.

Schon vor der rechtskräftigen Verurteilung des Gemeinschuldners können die Konkursgläubiger bei dem Konkursgericht Sicherungsmaßregeln beantragen (§ 197 Abs. 2 KO.).

Antragsberechtigt ist ein jeder Gläubiger, dessen Rechte durch den Zwangsvergleich berührt worden sind. Der Antrag ist wohl zulässig, sobald gegen den Gemeinschuldner wegen betrüglichen

[1]) D. h. das einer Zwangsvollstreckung unterliegende.

[2]) So Petersen-Kleinfeller A. 7 zu §§ 207, 208, v. Wilmowski A. 4 zu § 208. — A. M. Mentzel A. 1.

[3]) Petersen und Kleinfeller A. 2 zu §§ 198 ff., v. Wilmowski A. 1. — A. M. Jaeger A. 5 zu § 198.

Bankerotts die Voruntersuchung eröffnet oder Anklage erhoben ist und so lange das eröffnete Verfahren schwebt[1]).

Als Sicherungsmaßregeln kommen alle die in Betracht, die in dem Vorverfahren vor Eröffnung des Konkurses nach § 106 KO. getroffen werden können (vgl. Abschnitt I S. 69 unter c). Das Gericht ist bezüglich der Art der Sicherungsmaßregeln an die gestellten Anträge nicht gebunden, entscheidet vielmehr nach freiem Ermessen. Aus der Fassung des § 197 Abs. 2 KO. ist das Gegenteil nicht zu entnehmen[2]). Übrigens ist das Gericht niemals verpflichtet, beantragte Sicherungsmaßregeln anzuordnen.

Wenn das Gericht Sicherungsmaßregeln verfügt, so muß es das gegen den Gemeinschuldner schwebende Strafverfahren im Auge behalten. Sobald dieses Verfahren eingestellt oder der Gemeinschuldner rechtskräftig freigesprochen ist, hat das Gericht von Amts wegen die angeordneten Maßregeln aufzuheben. Dasselbe wird geschehen müssen, wenn nach rechtskräftiger Verurteilung des Gemeinschuldners der Gläubiger, auf dessen Antrag die Maßregeln getroffen sind, binnen einer ihm zu setzenden Frist den Antrag auf Wiederaufnahme des Konkursverfahrens nicht stellt, oder wenn ein solcher Antrag zwar gestellt, aber abgewiesen ist.

C. Verfahren.

a) Die Wiederaufnahme des Konkurses.

Zu dem Antrage auf Wiederaufnahme des Konkursverfahrens ist jeder Gläubiger berechtigt, der an dem aufgehobenen Verfahren teilgenommen hat oder doch hätte teilnehmen können[3]). Der Antragsteller hat seine Forderung glaubhaft zu machen. Der Feststellung der Zahlungsunfähigkeit des Gemeinschuldners bedarf es, wie schon bemerkt, nicht. Dagegen ist festzustellen, daß die Verurteilung des Gemeinschuldners wegen betrüglichen Bankerotts rechtskräftig erfolgt ist. Ferner sind Erhebungen darüber erforderlich, ob eine den Kosten des Verfahrens entsprechende Masse vorhanden ist. Ist genügende Masse nicht vorhanden, so findet die Wiederaufnahme nur statt, wenn ein Geldbetrag vorgeschossen wird, der zur Deckung der Masseschulden und der in § 58 Nr. 1 und 2 KO. bezeichneten Massekosten hinreicht[4]) (§ 198 Abs. 1 KO.). Als Masse kommt jedoch nicht nur das bei Eröffnung des Konkurses vorhanden gewesene, sondern alles Vermögen in Betracht, was dem Gemeinschuldner zur Zeit der Wiederaufnahme des

---

[1]) Bei dem Antrage ist ein Gebührenvorschuß zu erheben (§ 74 GKG).

[2]) So mit Recht Wolff A. 2, Mentzel A. 2, Bleyer A. 2. — A. M. die früheren Auflagen, sowie v. Wilmowski A. 2, Petersen und Kleinfeller A. 2.

[3]) So Petersen und Kleinfeller A. 1, Jaeger A. 3, v. Wilmowski A. 2, Mentzel A. 2, Wolff A. 3. — A. M. Bleyer A. 3a.

[4]) Kein freies Ermessen des Gerichts bezüglich der Wiederaufnahme anders als im Fall des § 107 KO.

Verfahrens gehört (§ 198 Abs. 2, § 108 KO.). Die Anhörung des Gemeinschuldners ist nicht notwendig.

Die Wiederaufnahme des Verfahrens erfolgt durch Beschluß des Konkursgerichts. Zuständig ist das Gericht des durch den Zwangsvergleich beendigten Konkurses. In dem Beschlusse ist das Vorhandensein der gesetzlichen Voraussetzungen der Wiederaufnahme festzustellen. Die §§ 108, 111, 112, 113 KO. finden auf den Beschluß und dessen Bekanntmachung entsprechende Anwendung. Die besondere Zustellung des Wiederaufnahmebeschlusses an die einzelnen Gläubiger und Schuldner ist mit Rücksicht auf § 76 Abs. 3 KO. zwar nicht wesentlich für die Wirksamkeit des Beschlusses, hat aber in derselben Weise wie die Zustellung des Konkurseröffnungsbeschlusses zu erfolgen, da auch Abs. 3 des § 111 KO. entsprechend anzuwenden ist.

Das Verfahren ist nur, soweit nötig, zu wiederholen. Der Ernennung eines Verwalters und der Bestellung eines Gläubigerausschusses bedarf es nur insoweit, als der frühere Verwalter und die Mitglieder des früheren Gläubigerausschusses nicht mehr zu haben sind oder die Wiederaufnahme ihrer Tätigkeit ablehnen. Demnach ist auch die Berufung einer Gläubigerversammlung (§ 110 Abs. 1 KO.) nicht immer erforderlich. Dagegen hat das Gericht stets den offenen Arrest zu erlassen und eine Anmeldefrist sowie einen allgemeinen Prüfungstermin zu bestimmen. Von sonstigen Maßregeln sind namentlich die Anhaltung der Postsendungen und Depeschen (§ 121 KO.) und die einstweilige Bestimmung der Hinterlegungsstelle (§ 129 Abs. 2 KO.) in Erwägung zu nehmen.

Wegen der Gerichtsgebühr für das wiederaufgenommene Verfahren siehe § 48 GKG.

b) Teilnahmerechte der Gläubiger.

Zur Teilnahme an dem wiederaufgenommenen Verfahren sind nicht nur die Gläubiger des früheren Konkurses (die alten Konkursgläubiger), sondern — mit Rücksicht darauf, daß das wiederaufgenommene Verfahren auch das nach der früheren Konkurseröffnung vom Gemeinschuldner erworbene Vermögen ergreift, — auch die neuen Konkursgläubiger, d. h. diejenigen befugt, die in der Zeit von der Eröffnung bis zur Wiederaufnahme des Verfahrens eine persönliche Forderung an den Gemeinschuldner erworben haben (§ 200 Abs. 2 KO.).

Die alten Gläubiger nehmen Teil mit dem noch nicht getilgten Betrage ihrer ursprünglichen Forderungen (§ 200 Abs. 1 KO.). Dabei behalten sie die ihnen durch den Zwangsvergleich gewährten Sicherheiten[1]) und brauchen die auf Grund des Zwangs-

[1]) Insoweit sind sie jetzt, wenn ihnen mit Vermögensstücken des Gemeinschuldners Sicherheit bestellt ist, absonderungsberechtigt. Jaeger A. 4.

vergleichs empfangenen Zahlungen nicht zurückzugewähren (§ 200 Abs. 2 KO.).

Abgesehen hiervon haben die alten und die neuen Gläubiger an der vorhandenen Masse gleiche Rechte.

c) Feststellung der Schuldenmasse.

Die Anmeldung der Konkursforderungen ist in dem wiederaufgenommenen Verfahren nur insoweit erforderlich, als sie nicht schon früher stattgefunden hat. Der Anlegung einer ganz neuen Tabelle bedarf es daher nicht, vielmehr kann die alte Tabelle dem wiederaufgenommenen Verfahren zugrunde gelegt werden, so daß sie dann nur nach Maßgabe der neuen Anmeldungen fortgeführt wird[1]).

Die Prüfung muß sich auf sämtliche in der Tabelle eingetragenen Forderungen erstrecken. Jedoch bleibt das Ergebnis einer früher stattgehabten Prüfung — mag dabei die betreffende Forderung bestritten oder festgestellt sein — auch für das wiederaufgenommene Verfahren maßgebend. Früher geprüfte Forderungen werden deshalb nur in der Richtung geprüft, ob und wieweit etwa inzwischen eine Tilgung eingetreten ist (§ 201 Abs. 2 KO.). Entsteht hierüber Streit, so ist für den streitigen Betrag das Stimmrecht gemäß § 95 Abs. 1 KO. festzustellen. Den Gläubigern früher festgestellter Forderungen braucht, sofern den Forderungen auf Grund einer behaupteten Tilgung widersprochen wird, ein beglaubigter Auszug aus der Tabelle (§ 146 Abs. 1 KO.) nicht erteilt zu werden, da die frühere Feststellung und deren Eintragung in die Tabelle wie ein rechtskräftiges Urteil gegenüber allen Konkursgläubigern wirkt (§ 145 Abs. 2 KO.), und demnach die Gläubiger die Feststellung ihrer wegen angeblicher Tilgung bestrittenen Forderungen nicht zu betreiben brauchen (§ 146 Abs. 6 KO.). Aus demselben Grunde sind auch die früher festgestellten Forderungen trotz einer behaupteten (aber streitigen) Tilgung bei den Verteilungen in dem wiederaufgenommenen Verfahren stets zu berücksichtigen (§ 152 KO.).

d) Beendigung des wiederaufgenommenen Verfahrens.

Die Beendigung des wiederaufgenommenen Verfahrens kann nur durch Einstellung auf Grund des § 202 oder des § 204 KO. oder durch Schlußverteilung erfolgen. Zwangsvergleich ist nach § 175 Nr. 3 KO. unzulässig.

---

[1]) Jaeger A. 3, v. Wilmowski A. 2 zu § 201, Petersen und Kleinfeller A. 6 zu §§ 198 ff.

Anhang.

I. Die Rechte der Konkursgläubiger nach Beendigung des Konkurses.

A. Rechte der Konkursgläubiger gegen den Gemeinschuldner[1]).

a) Im allgemeinen.

Wenn das Konkursverfahren nach erfolgter Schlußverteilung aufgehoben oder mit Zustimmung der Gläubiger oder wegen unzureichender Masse eingestellt worden ist, so können die Konkursgläubiger, soweit sie nicht befriedigt sind, ihre Forderungen gegen den gewesenen Gemeinschuldner unbeschränkt geltend machen[2]) (§ 164 Abs. 1, § 206 Abs. 2 KO.). Ist der Konkurs durch Zwangsvergleich beendigt, so ist für die Rechte der Konkursgläubiger — abgesehen von den Fällen der §§ 196, 197 KO. — der Inhalt des Zwangsvergleichs maßgebend. Auch im Falle des Zwangsvergleichs sind indessen die Konkursgläubiger rücksichtlich der Verfolgung ihrer Ansprüche gegen den Gemeinschuldner nur denjenigen Beschränkungen unterworfen, welche der Vergleich festsetzt; soweit der Vergleich nicht entgegensteht, haben sie alle die Rechte, die den Gläubigern in den Fällen der Einstellung des Verfahrens und seiner Aufhebung nach vollzogener Schlußverteilung zustehen.

b) Rechte der Gläubiger nicht festgestellter oder vom Gemeinschuldner bestrittener Forderungen.

Gläubiger, deren Forderungen im Konkurse nicht festgestellt sind, haben ihre Ansprüche im gewöhnlichen Prozeßwege gegen den Gemeinschuldner zu verfolgen. Hatten sie vor der Konkurseröffnung schon Klage erhoben, so geschieht dies durch Wiederaufnahme des durch den Konkurs unterbrochenen Verfahrens (§ 240 ZPO.). Hatten sie vor der Konkurseröffnung bereits für ihre Forderungen einen vollstreckbaren Titel erlangt, so können sie von diesem Titel alsbald nach Beendigung des Konkurses Gebrauch machen. Die Vollstreckungsklausel kann schon vorher

---

[1]) Der Kürze wegen sei es gestattet, hier und im Folgenden den Schuldner, über dessen Vermögen der Konkurs geschwebt hat, als „Gemeinschuldner“ zu bezeichnen.

[2]) Hinsichtlich der Inanspruchnahme der Genossenschafter nach Beendigung eines Genossenschaftskonkurses s. die §§ 122—125, 141 Gen.-Ges.

erteilt werden, aber nur gegen den Gemeinschuldner, nicht gegen den Verwalter[1]).

Dieselben Grundsätze gelten für Gläubiger, deren Forderungen zwar im Konkurse festgestellt, vom Gemeinschuldner aber im Prüfungstermine ausdrücklich bestritten sind.

Die Erhebung der Klage oder die Wiederaufnahme des etwa schon anhängigen Prozesses kann gegen den Gemeinschuldner, wenn er die Forderung bestritten hat, schon während der Dauer des Konkurses erfolgen, gleichviel ob gegen die Forderung von anderer Seite ein Widerspruch erhoben ist oder nicht[2]) (§ 12, § 144 Abs. 2 KO.).

c) Rechte der Gläubiger festgestellter und vom Gemeinschuldner nicht bestrittener Forderungen.

Anders als bei den unter b bezeichneten verhält es sich bei festgestellten und vom Gemeinschuldner nicht bestrittenen Forderungen. Die Feststellung der Forderungen im Konkursverfahren hat nicht nur den Konkursgläubigern gegenüber, sondern, sofern der Gemeinschuldner nicht im Prüfungstermin widerspricht, auch dem Gemeinschuldner gegenüber die Kraft eines rechtskräftigen Urteils. Auf Grund der Feststellung findet daher gegen den Gemeinschuldner nach Beendigung des Konkurses ohne weiteres die Zwangsvollstreckung statt[3]) (§§ 164 Abs. 2, 194, 206 Abs. 2 KO.). Die Voraussetzungen und der Umfang dieser Zwangsvollstreckung sind unter Berücksichtigung der dabei dem Konkursgericht zufallenden Tätigkeit im Folgenden näher zu erörtern.

α) Voraussetzungen der Zwangsvollstreckung für festgestellte Forderungen.

Erste Voraussetzung der Anwendung der §§ 164 Abs. 2, 194, 206 Abs. 2 KO. ist die, daß eine Feststellung der zu vollstreckenden Forderung im Konkurse stattgefunden hat[4]). Die Anerkennung der Forderung seitens des Gemeinschuldners vermag die mangelnde Feststellung nicht zu ersetzen. Eine Feststellung der Forderung liegt aber nicht nur dann vor, wenn im Prüfungstermine weder der Verwalter, noch ein Konkursgläubiger der Forderung widersprochen hat, sondern auch dann, wenn seitens eines Berechtigten ein Widerspruch erfolgt war, dieser Widerspruch aber später zurückgezogen oder im Prozeßwege (durch Feststellungsklage gemäß § 146 KO.) beseitigt ist. Wann die Be-

---

[1]) OLG. 37, 118 (Kammergericht).

[2]) JW. 1895, 266[15], 1908, 305[15], 1913, 752[24].

[3]) Entsprechendes gilt im gerichtlichen Vergleichsverfahren für Forderungen, die in dem Verfahren in das Gläubigerverzeichnis aufgenommen und in diesem Verzeichnis als anerkannt vermerkt sind (§ 75 VerglOrdg.).

[4]) RGZ. 22, 155. Daß die Feststellung hätte erfolgen können und sollen, genügt nicht.

seitigung des Widerspruchs erfolgt ist, ist dabei grundsätzlich nur insoweit von Bedeutung, als sie vor Beendigung des Konkurses geschehen sein muß. Im Falle der Beendigung des Konkurses durch Zwangsvergleich genügt es daher, wenn die Feststellung der Forderung vor der Aufhebung des Verfahrens, wenn auch erst nach dem Vergleichstermine, stattgefunden hat[1]). Mit Rücksicht auf die formalen Vorschriften der Konkursordnung erleidet jedoch der eben bezeichnete Grundsatz die Einschränkung, daß die Feststellung der Forderung jedenfalls in die Tabelle eingetragen worden sein muß.

Die Feststellung wirkt auch nur dann gegen den Schuldner, wenn der Konkurs, in dem sie erfolgt ist, das Vermögen des Schuldners unmittelbar betroffen hat. Wird die Zwangsvollstreckung gegen den persönlich haftenden Teilhaber einer offenen Handelsgesellschaft, einer Kommanditgesellschaft oder einer Kommanditgesellschaft auf Aktien beabsichtigt, so genügt dazu die Feststellung der beizutreibenden Forderungen im Gesellschaftskonkurse nicht[2]). Wegen der in einem Nachlaßkonkurse festgestellten Forderungen ist die Zwangsvollstreckung gegen die Erben zulässig, jedoch kommt ihnen die Beschränkung der Haftung (§ 1975 BGB.) zustatten, ohne daß sie ihnen bei der Feststellung besonders vorbehalten zu sein braucht[3]). —

Außer der Feststellung im Konkurse wird zur Anwendung der §§ 164 Abs. 2, 194 KO. weiter erfordert, daß der Gemeinschuldner es unterlassen hat, im Prüfungstermine gegen die zu vollstreckende Forderung Widerspruch zu erheben. Der Widerspruch muß, um die Zwangsvollstreckung zu verhindern, im Prüfungstermine vom Gemeinschuldner selbst oder einem legitimierten Vertreter ausdrücklich erklärt worden sein. Das ist auch in dem Falle erforderlich, wenn die Forderung zur Zeit der Konkurseröffnung im Prozesse befangen gewesen ist. Dem Gemeinschuldner ist jedoch, wenn er den Prüfungstermin versäumt hat, unter entsprechender Anwendung der §§ 232 Abs. 2, 233 ff. ZPO. Wiedereinsetzung in den vorigen Stand zu gewähren, und wenn dies geschieht, ist sein nachträglicher Widerspruch wirksam (§ 165 KO.). In Konkursen über das Vermögen von Aktiengesellschaften, Gesellschaften mit beschränkter Haftung und sonstigen juristischen

---

[1]) v. Wilmowski A. 4 zu § 194, Jaeger A. 3.

[2]) Vgl. §§ 129 Abs. 4, 161 Abs. 2, 320 Abs. 2 HGB. Ebensowenig genügt die Feststellung im Genossenschaftskonkurse, um die Forderung gegen die haftpflichtigen Genossen vollstreckbar zu machen (§§ 122, 123, 141 Gen.-Ges.).

[3]) v. Wilmowski Vorbem. 4 vor § 214, Jaeger A. 7 und 12 zu § 214. Danach hat die Erbenhaftung nach beendetem Nachlaßkonkurse nur in besonderen Fällen praktische Bedeutung. S. Jaeger A. 2—4 zu § 230. Die §§ 781 und 785 ZPO. finden aber Anwendung.

Personen ist ein Widerspruch nur dann wirksam und zu berücksichtigen, wenn er von den zur Vertretung berechtigten Personen und bei Kollektivvertretung von den sämtlichen gemeinschaftlich zur Vertretung Berechtigten übereinstimmend erklärt ist[1]). Dagegen genügt bei offenen Handelsgesellschaften und Kommanditgesellschaften der Widerspruch eines jeden einzelnen persönlich haftenden Gesellschafters und zwar auch dann, wenn er nicht vertretungsberechtigt war[2]). Auch im Nachlaßkonkurse dürfte bei Vorhandensein mehrerer Erben der Widerspruch eines einzelnen hinreichen[3]).

β) Inhalt und Umfang des Zwangsvollstreckungsrechts bei festgestellten Forderungen.

Die im § 164 Abs. 2 KO. bestimmte Wirkung der Feststellung im Konkurse tritt für alle festgestellten Forderungen gegen den Gemeinschuldner ein, also auch für die in den §§ 64—70 KO. bezeichneten. Für Forderungen, welche betagt oder nicht auf einen Geldbetrag gerichtet waren, oder deren Geldbetrag unbestimmt oder ungewiß oder in nicht deutscher Reichswährung festgesetzt war, sowie für Ansprüche auf wiederkehrende Hebungen bleibt die gemäß den §§ 65, 69, 70 KO. erfolgte Umwandlung endgültig bestehen, es sei denn, daß der Gemeinschuldner dagegen im Prüfungstermine ausdrücklich Widerspruch erhoben hat. Auf den früheren Vollstreckungstitel kann nicht mehr zurückgegriffen werden[4]).

Festgestellte Forderungen, für die ein Recht auf abgesonderte Befriedigung besteht, können nach Beendigung des Konkurses unbeschränkt geltend gemacht werden[5]). Die Beschränkung ihrer Geltendmachung auf den Betrag des Ausfalls, den sie bei der Verwertung des Gegenstandes des Absonderungsrechtes erleiden, gilt nur rücksichtlich ihres Teilnahmerechts bei den Verteilungen im Konkurse und fällt daher mit Beendigung des Konkurses hinweg[6]). Der frühere Gemeinschuldner kann jedoch in dem Falle, wenn der Gläubiger von ihm eine bewegliche Sache in Besitz hat, an der diesem für seine Forderung ein Pfandrecht oder ein Zurückbehaltungsrecht zusteht, der Zwangsvollstreckung in sein sonstiges Vermögen insoweit widersprechen, als die Forderung durch den Wert der Sache gedeckt ist (§§ 777, 766 ZPO.). Forderungen, die der Gläubiger einer offenen Handelsgesellschaft, einer Kommanditgesellschaft oder einer

---

1) Jaeger A. 12 zu den §§ 207, 208.
2) Jaeger A. 10 und 11 zu den §§ 209, 210.
3) So Jaeger A. 18 zu § 214. A. M. Wilmowski Vorbem. 5 vor § 214.
4) RGZ. 112, 297; 93, 213.
5) RGZ. 22, 154. Dasselbe wird gelten müssen in den Fällen des § 234 KO.
6) S. RGZ. 36, 60, wo der Fall behandelt wird, daß die Feststellung unter dem Vorbehalt des Nachweises des Ausfalls erfolgt ist.

Kommanditgesellschaft auf Aktien in dem Konkurse über das Privatvermögen eines persönlich haftenden Gesellschafters geltend gemacht haben, können nach Beendigung des Konkurses gleichfalls in der ganzen Höhe, in der sie noch bestehen, gegen den Gesellschafter verfolgt werden, auch wenn die Gesellschaft sich im Konkurse befindet (§ 202 KO.). Ist aber der Gesellschaftskonkurs durch Zwangsvergleich beendet, so begrenzt der Vergleich, soweit er nicht etwas anderes bestimmt, zugleich den Umfang der Haftung des persönlich haftenden Gesellschafters, s. S. 194.

Auflösend bedingte Forderungen können nach Beendigung des Konkurses unbeschränkt geltend gemacht werden. Sind sie festgestellt und vom Gemeinschuldner nicht bestritten, so findet für sie die Zwangsvollstreckung auch dann statt, wenn nach dem maßgebenden bürgerlichen Rechte der Gemeinschuldner Sicherheitsleistung für den Fall des Eintritts der Bedingung zu fordern berechtigt ist. Steht dem Gemeinschuldner ein Recht auf Sicherheitsleistung zu, so kann dessen Geltendmachung nur nach Maßgabe der §§ 767 ff. ZPO. erfolgen.

Für festgestellte aufschiebend bedingte Forderungen findet nach Beendigung des Konkurses die Zwangsvollstreckung nur nach Eintritt der Bedingung statt. Ein Anspruch auf Sicherstellung solcher Forderungen kann nur im Wege der Klage verfolgt werden, da über die Frage, ob ein aufschiebend bedingt Berechtigter nach dem bürgerlichen Recht Sicherstellung fordern kann, eine Feststellung im Sinne der §§ 144 Abs. 1, 145 Abs. 2 KO. im Konkursverfahren nicht stattfindet.

B. Rechte der Konkursgläubiger gegen den Bürgen des Zwangsvergleichs.

Die im Vorstehenden dargelegten Wirkungen der Feststellung der Forderungen im Konkurse treten im Fall des Zwangsvergleichs auch gegen den ein, der sich für die Erfüllung der nach dem Vergleiche dem Gemeinschuldner obliegenden Verpflichtungen den Gläubigern gegenüber in rechtsverbindlicher Weise[1]) verbürgt hat. Gegen den Vergleichsbürgen ist die Zwangsvollstreckung für die festgestellten und nicht im Prüfungstermine vom Gemeinschuldner ausdrücklich bestrittenen Konkursforderungen wegen der im Vergleich festgesetzten Leistungen ohne weiteres zulässig, sofern er sich die Einrede der Vorausklage nicht ausdrücklich vorbehalten hat (§ 194 KO.). Hat der Bürge aber einen solchen Vorbehalt gemacht, so ist § 194 KO. nicht anwendbar und die Zwangsvollstreckung gegen ihn nur statthaft, wenn gegen ihn ein vollstreckbarer Titel gemäß den Bestimmungen der Zivilprozeßordnung erwirkt wird, mag auch die

[1]) Die Bürgschaftserklärung dürfte, wenn daraus ohne weiteres die Zwangsvollstreckung gegen den Bürgen statthaft sein soll, im Vergleichstermine erfolgen müssen. So Jaeger A. 4 und OLG. 10, 216 (Dresden). — A. M. Bleyer A. 2.

Einrede der Vorausklage später verwirkt oder die Vorausklage erfolglos gewesen sein[1]).

Eine Einschränkung ist übrigens bezüglich der Verpflichtungen des Vergleichsbürgen insofern zu machen, als dieser, wenn aus seiner Erklärung nichts anderes zu entnehmen ist, nur wegen der zur Zeit des Abschlusses des Zwangsvergleichs festgestellten Konkursforderungen, nicht, wie der Gemeinschuldner, wegen aller bis zur Aufhebung des Konkurses festgestellten Konkursforderungen auf Grund des § 194 KO. im Wege der Zwangsvollstreckung angegriffen werden kann[2]).

Was bezüglich des Vergleichsbürgen gilt, findet entsprechend auch auf den Anwendung, der sich neben dem Gemeinschuldner zur Erfüllung der vergleichsmäßigen Verbindlichkeiten verpflichtet hat.

C. Die vollstreckbaren Ausfertigungen für festgestellte Forderungen.

a) Form und Inhalt.

Die Zwangsvollstreckung auf Grund der §§ 164 Abs. 2, 194 Abs. 2 KO. erfolgt unter entsprechender Anwendung der §§ 724 bis 793 ZPO.

Behufs der Zwangsvollstreckung ist dem Berechtigten auf Antrag eine vollstreckbare Ausfertigung derjenigen Urkunden zu erteilen, die das Recht auf die Zwangsvollstreckung begründen. Es sind also mit der Vollstreckungsklausel (§ 725 ZPO.) auszufertigen

im Falle des Zwangsvergleichs die Schriftstücke, die den Inhalt des Vergleichs ergeben, namentlich das Vergleichsprotokoll mit den darin etwa bezüglich der Vergleichsbedingungen in Bezug genommenen Schriftstücken und der gerichtliche Bestätigungsbeschluß, dessen Rechtskraft zu bescheinigen ist, verbunden mit einem Auszug aus der Tabelle, der die beizutreibende Forderung und deren Feststellung nachweist[3]),

im Falle anderweiter Beendigung des Konkurses nur der Auszug aus der Tabelle[4]).

Handelt es sich um Zwangsvollstreckung gegen einen Zwangsvergleichsbürgen, so ist dessen Bürgschaftserklärung mit auszufertigen[5]).

b) Inwieweit stattgehabte Tilgungen der Forderungen zu berücksichtigen.

Eine stattgehabte gänzliche oder teilweise Tilgung der Forderung, deren Beitreibung geschehen soll, wird von Amts wegen in-

---

[1]) Jaeger A. 4, Petersen und Kleinfeller A. II. 16, Mentzel A. 5.

[2]) v. Sarwey A. 2, v. Wilmowski A. 5, Petersen und Kleinfeller A. 16 a. E. Jaeger A. 6. S. jedoch LZ. 1912, 792; 1915, 1468[8], sowie Mentzel A. 4.

[3]) S. auch unter b den vorletzten Absatz.

[4]) Vgl. hierzu die preußische Geschäftsordnung für die Geschäftsstellen der Amtsgerichte vom 18. Febr. 1914 § 33 Ziffer 14.

[5]) Jaeger A. 2 zu § 194 a. E.

soweit zu berücksichtigen sein, als sie infolge des Konkurses geschehen und aus den Konkursakten ersichtlich ist (vgl. § 164 Abs. 1 KO.). Es sind also bei der Erteilung vollstreckbarer Ausfertigungen zu beachten:

1. die im Konkurse erfolgten Zahlungen[1]),
2. der durch den Zwangsvergleich gewährte Erlaß eines Teiles der Forderung.

Sind im Konkurse Zahlungen erfolgt — was auch dann der Fall sein kann, wenn der Konkurs auf andere Art als durch Schlußverteilung beendigt worden ist —, so müssen diese aus den Berichten des Verwalters und den ihnen beigefügten Belegen hervorgehen. Es wird alsdann in der Regel der nach Abzug der Zahlungen noch verbliebene Betrag der Forderung ziffermäßig in der Vollstreckungsklausel bemerkt werden können. Sollte aber der gezahlte Betrag nicht mit Sicherheit oder doch nur mittels einer zeitraubenden Rechnungsoperation festzustellen sein, so ist es auch ausreichend, wenn der gezahlte Prozentsatz vermerkt und nur für die übrig bleibenden Prozente der Forderung die Vollstreckungsklausel erteilt wird. Die aus der Konkursmasse geleisteten Zahlungen in der vollstreckbaren Ausfertigung gar nicht zu erwähnen, würde für den Schuldner bedenklich und mit den Absichten des Gesetzes schwerlich vereinbar sein. Zu den entsprechend anzuwendenden Vorschriften der ZPO. gehört auch § 757 Abs. 1, worin u. a. bestimmt ist, daß der Gerichtsvollzieher eine teilweise Leistung des Schuldners auf der vollstreckbaren Ausfertigung zu bemerken hat. Diese Vorschrift läßt sich zwar unmittelbar für die beregte Frage nicht verwerten, da sie eine schon vorhandene vollstreckbare Ausfertigung und eine eigentliche Zwangsvollstreckung voraussetzt, entsprechend aber muß sie darum für anwendbar erachtet werden, weil das Konkursverfahren selbst sich als eine Art Zwangsvollstreckung, als die umfassendste, das ganze Vermögen des Schuldners ergreifende, darstellt, also in Wirklichkeit die aus der Konkursmasse auf Konkursforderungen geleisteten Zahlungen im Wege der Zwangsvollstreckung erfolgt und deshalb den durch den Gerichtsvollzieher beigetriebenen Zahlungen der Sache nach gleichzustellen sind.

Im Falle des Zwangsvergleichs ist es nicht gerade nötig, den vergleichsmäßigen Erlaß in der Vollstreckungsklausel zu bemerken, da ja der mit auszufertigende Vergleich den Erlaß schon ergibt. Zur Vermeidung von Irrtümern und der besseren Übersichtlich-

---

[1]) So Jaeger A. 7, Bleyer A. 4. — A. M. v. Wilmowski A. 3 und 6, auch Petersen und Kleinfeller A. 4. Z. T. abw. auch Wolff A. 5, der § 757 ZPO. zwar nicht für entspr. anwendbar, die Angabe der festgestellten Prozentsätze in der Klausel aber für zulässig und sachgemäß erklärt.

keit wegen wird es aber auch in diesem Falle wenigstens empfehlenswert sein, die Vollstreckungsklausel ausdrücklich nur für die nach dem Vergleiche den Gläubigern noch zustehenden Ansprüche zu erteilen[1]).

Sofern eine Tilgung nicht infolge des Konkurses, sondern aus anderem Anlaß stattgefunden hat, ist sie von Amts wegen bei Erteilung der vollstreckbaren Ausfertigung nicht zu berücksichtigen. Es bleibt dem Schuldner überlassen, eine derartige Tilgung im Wege der Einwendung nach Maßgabe der §§ 767 ff. ZPO. geltend zu machen. In Ansehung der Zulässigkeit von Einwendungen wird der im Abs. 2 des § 767 bezeichneten mündlichen Verhandlung der Termin gleichzustellen sein, in dem die Feststellung der Forderung erfolgt ist.

c) Die vollstreckbaren Ausfertigungen in besonderen Fällen.

Bei Ausfallsforderungen können vollstreckbare Ausfertigungen für die ganzen noch verbliebenen Forderungsbeträge erteilt werden[2]). Im Falle des Zwangsvergleichs ist also vollstreckbare Ausfertigung für die Vergleichsrate von der ganzen noch verbliebenen Forderung zu erteilen, obgleich in diesem Falle den Ausfallsforderungen die vergleichsmäßigen Rechte nur für den Betrag des Ausfalls zustehen, und obgleich auf die Forderungen der Gesellschaftsgläubiger gegen die persönlich haftenden Gesellschafter in der Regel auch der im Gesellschaftskonkurse geschlossene Zwangsvergleich zurückwirkt[3]). Denn hierauf braucht von Amts wegen keine Rücksicht genommen zu werden, weil die Verwertung der Gegenstände von Absonderungsrechten von seiten der Absonderungsberechtigten nicht im Konkursverfahren, sondern außerhalb desselben betrieben wird, die Rechte der Gesellschaftsgläubiger aber nur durch die Vorgänge des von dem Konkurse über das Privatvermögen der Gesellschafter getrennten Gesellschaftskonkurses berührt werden. Siehe unter b am Ende.

Für auflösend bedingte Forderungen können vollstreckbare Ausfertigungen ohne weiteres erteilt werden. Vgl. oben S. 215.

Für aufschiebend bedingte Forderungen ist die Erteilung von vollstreckbaren Ausfertigungen erst nach Eintritt der Bedingung und nur dann zulässig, wenn durch öffentliche oder öffentlich beglaubigte Urkunden der Nachweis, daß die Bedingung eingetreten ist, geführt wird (§ 726 ZPO.).

---

[1]) S. Jaeger A. 2 zu § 194.

[2]) Auch schon während des Konkurses, soweit nicht § 14 KO. entgegensteht. Jaeger A. 7 zu § 64, A. 4 ff. zu § 164; OLG. Karlsruhe (LZ. 1907, 921[2]).

[3]) Vgl. RGZ. 23, 43 — A. M. Petersen und Kleinfeller A. II. 12 a. E.

Ist nach dem rechtskräftigen Zustandekommen eines Zwangsvergleichs der Gemeinschuldner wegen **betrüglichen Bankerotts** rechtskräftig verurteilt worden, und damit der durch den Vergleich gewährte Erlaß aufgehoben (§ 197 Abs. 1 KO.), so kann jeder Gläubiger einer festgelegten Forderung vollstreckbare Ausfertigung für die *ganze* Forderung verlangen, sofern die rechtskräftige Verurteilung des Gemeinschuldners aus den Strafprozeßakten oder anderweit durch öffentliche Urkunden nachgewiesen wird[1]).

Für die Erben, Zessionare oder sonstigen Rechtsnachfolger eines Gläubigers kann eine vollstreckbare Ausfertigung erteilt werden, wenn die Rechtsnachfolge entweder beim Konkursgericht offenkundig ist oder durch öffentliche Urkunden nachgewiesen wird[2]). Ist ersteres der Fall, so ist es in der Vollstreckungsklausel zu erwähnen (§ 727 ZPO.).

Unter denselben Voraussetzungen und mit derselben Maßgabe können vollstreckbare Ausfertigungen *gegen die Erben oder sonstigen allgemeinen Rechtsnachfolger* eines nach der Konkurseröffnung verstorbenen Gemeinschuldners erteilt werden.

Nach Beendigung eines Nachlaßkonkurses sind die vollstreckbaren Ausfertigungen ohne weiteres gegen die Person der Erben zu erteilen, weil diese die Stellung des Gemeinschuldners haben.

Kann der nach den §§ 726, 727 ZPO. erforderliche Nachweis durch öffentliche Urkunden nicht geführt werden, so hat der Gläubiger bei dem Gerichte, bei dem das Konkursverfahren anhängig war, und, wenn der Betrag der Forderung die amtsgerichtliche Zuständigkeit überschreitet, bei dem Landgerichte, zu dessen Bezirke der Bezirk des Konkursgerichts gehört, auf Erteilung der Vollstreckungsklausel Klage zu erheben (§ 731 ZPO., §§ 164 Abs. 3, 194 KO.).

d) Wer über die Erteilung der vollstreckbaren Ausfertigungen zu befinden hat.

Die Erteilung der vollstreckbaren Ausfertigungen liegt in allen Fällen dem Urkundsbeamten der Geschäftsstelle ob, der sie unter Beidrückung des Gerichtssiegels und Angabe seiner Amtsbezeichnung zu unterzeichnen hat. In den Fällen der §§ 726, 727 ZPO. dürfen die vollstreckbaren Ausfertigungen jedoch nur auf Anordnung des Konkursrichters erteilt werden. Dieser kann vor der Entscheidung den gewesenen Gemeinschuldner hören. Die Anordnung des Konkursrichters ist in der Vollstreckungsklausel zu erwähnen (§ 730 ZPO.).

---

1) S. Jaeger A. 2 zu § 197 KO.

2) Eintragung der Rechtsnachfolge in die Tabelle kann nicht verlangt werden. LG. Leipzig (LZ. 1909, 959[4]), Jaeger A. 8 zu § 140.

Versagt der Urkundsbeamte die vollstreckbare Ausfertigung, so kann der Gläubiger die Entscheidung des Konkursgerichts anrufen. Gegen dessen Entscheidung findet dann einfache Beschwerde statt (§ 72 KO., § 576 ZPO.).

e) **Von welcher Zeit ab die Erteilung vollstreckbarer Ausfertigungen statthaft ist.**

Vollstreckbare Ausfertigungen für festgestellte Forderungen dürfen wohl nicht eher erteilt werden, als bis die öffentliche Bekanntmachung der Aufhebung oder der Einstellung des Konkursverfahrens nach § 76 Abs. 1 KO. als bewirkt gilt[1]). Im Falle der Einstellung des Konkursverfahrens ist auch der Ablauf der Beschwerdefrist abzuwarten. Dies ist in den Anweisungen, die für die Geschäftsstellen in den einzelnen Bundesstaaten erlassen sind, meistens ausdrücklich und übereinstimmend vorgeschrieben[2]).

f) **Einwendungen gegen die Erteilung vollstreckbarer Ausfertigungen.**

Über Einwendungen des gewesenen Gemeinschuldners und des Zwangsvergleichsbürgen, die die Zulässigkeit der Vollstreckungsklausel betreffen, entscheidet der Konkursrichter[3]). Die Entscheidung kann ohne vorgängige mündliche Verhandlung erfolgen. Der Konkursrichter kann vor der Entscheidung — auf Antrag oder von Amts wegen — eine einstweilige Anordnung erlassen; er kann namentlich anordnen, daß die Zwangsvollstreckung gegen oder ohne Sicherheitsleistung einstweilen einzustellen oder nur gegen Sicherheitsleistung fortzusetzen sei (§ 732 ZPO.). Über Einwendungen anderer Art (§§ 766, 767 ZPO.) hat nicht das Konkursgericht, sondern teils das Vollstreckungsgericht (§ 764 ZPO.), teils das Prozeßgericht zu entscheiden[4]).

g) **Weitere vollstreckbare Ausfertigungen.**

Für die Erteilung einer weiteren vollstreckbaren Ausfertigung an denselben Gläubiger ist § 733 ZPO. entsprechend anwendbar.

h) **Vermerk der Erteilung vollstreckbarer Ausfertigungen.**

Für wen, gegen wen und wann vollstreckbare Ausfertigungen erteilt worden sind, ist stets vom Urkundsbeamten der Geschäftsstelle bei den betreffenden Forderungen in der Tabelle, Spalte Bemerkun-

---

[1]) S. die in Anm. 2 genannten Geschäftsordnungen und v. Wilmowski A. 6, Petersen und Kleinfeller A. 4 a. E. — A. M. Jaeger A. 6.

[2]) Vgl. § 33 Nr. 13 der Preuß. Geschäftsordnung für die Geschäftsstellen der Amtsgerichte, § 197 II der Bayer. Geschäftsanweisung vom 2. März 1910.

[3]) Vgl. Petersen und Kleinfeller A. 5, Jaeger A. 7.

[4]) Über den Einwand, daß der Gläubiger auf Befriedigung aus der Konkursmasse verzichtet habe, s. LZ. 1908, 175 (OLG. Frankfurt).

gen, vor Aushändigung der vollstreckbaren Ausfertigungen einzutragen[1]) (§ 734 ZPO.).

II. Die Einziehung der Nachschüsse der Genossen im Konkurse über eine Eingetragene Genossenschaft[2]).

A. Umfang der Nachschußpflicht der Genossen.

In dem Konkurse über das Vermögen einer Eingetragenen Genossenschaft sind die Genossen verpflichtet, Nachschüsse zur Konkursmasse insoweit zu leisten, als die Konkursgläubiger wegen ihrer bei der Schlußverteilung berücksichtigten Forderungen aus dem Genossenschaftsvermögen nicht befriedigt werden[3]) (§ 105 Abs. 1 des Genossenschaftsgesetzes). Bei Genossenschaften mit beschränkter Haftpflicht besteht die Nachschußverpflichtung natürlich nur auf Höhe der Haftsumme (§ 141 GenG.).

B. Das Verfahren bei Einziehung der Nachschüsse.

a) Grundzüge.

Das Recht auf Zahlung der Nachschüsse ist durch das Gesetz der Genossenschaft beigelegt. Die Einziehung der Nachschüsse der Genossen erfolgt also durch den Konkursverwalter. Sie bildet einen Teil des Konkursverfahrens. Der Konkursverwalter berechnet, wie viel an Nachschüssen im ganzen erforderlich ist, verteilt die Summe auf die haftpflichtigen Genossen und zieht, nachdem seine Berechnung für vollstreckbar erklärt worden ist, die berechneten Beträge von den Genossen, notfalls durch Zwangsvollstreckung, ein. Die Verteilung der eingezogenen Beträge erfolgt im Wege der Nachtragsverteilung gemäß dem § 166 KO., nachdem die Nachschußberechnung (s. unten) für vollstreckbar erklärt worden ist (§§ 106—115 Gen.-Ges.).

Mit der Einziehung der Nachschüsse wird aber nicht bis zur Schlußverteilung gewartet, sondern alsbald nach der Konkurseröffnung vorgegangen. Sobald das Inventar und die Bilanz der Konkursmasse auf der Geschäftsstelle niedergelegt worden sind, hat der Verwalter die sogenannte Vorschußberechnung aufzustellen, worin der bilanzmäßige Fehlbetrag auf die haftpflichtigen Genossen unter Berücksichtigung der infolge Zahlungsunvermögens einzelner zu erwartenden Ausfälle umgelegt wird (§ 106 Gen.-Ges.). Die Vorschußberechnung wird für vollstreckbar erklärt und alsdann werden die

---

[1]) Vgl. § 33 Nr. 15 der Preuß. Geschäftsordnung.

[2]) Entsprechende Grundsätze gelten im Konkurse eines Versicherungsvereins auf Gegenseitigkeit (§ 52 Ges. vom 12. Mai 1901).

[3]) Diese Verpflichtung entsteht durch die Konkurseröffnung. RGZ. 85, 209.

darin berechneten Umlagen sofort eingezogen. Erweisen sich umgelegte Beträge als uneinziehbar oder erstreiten einzelne zu Beiträgen Herangezogene ihre Befreiung von der Beitragspflicht, oder wird aus anderen Gründen durch die berechneten Beiträge der Fehlbetrag nicht gedeckt, so sind nach Bedarf Zusatzberechnungen aufzustellen (§ 113 Gen.-Ges.). Sobald endlich mit der Schlußverteilung begonnen werden kann und somit feststeht, wieviel an verteilbarer Masse vorhanden ist und auf welchen Betrag sich die bei der Schlußverteilung zu berücksichtigenden Forderungen belaufen, hat der Verwalter, falls die eingezogenen Umlagen noch immer nicht zur Befriedigung dieser Forderungen ausreichen, in Ergänzung und Berichtigung der Vorschußberechnung die sogenannte Nachschußberechnung aufzustellen, welche den noch zu deckenden Fehlbetrag auf die Genossen, die sich nicht als zahlungsunfähig erwiesen haben, umzulegen hat (§ 114 Gen.-Ges.). Auch zur Nachschußberechnung können wieder Zusatzberechnungen erforderlich werden. Mit der Vollstreckbarkeitserklärung der Nachschußberechnung und der etwaigen Zusatzberechnungen und mit der Einziehung der berechneten Beiträge wird es wie bei der Vorschußberechnung gehalten[1]).

Wenn die Bilanz und die Vorschußberechnung vorsichtig aufgestellt werden, so können Zusatzberechnungen wohl sehr häufig erspart und kann erreicht werden, daß im Wege der Nachschußberechnung nur noch ein verhältnismäßig geringer Betrag einzuziehen ist. Hierzu ist es namentlich dienlich, die Bilanz nach strengen Grundsätzen aufzustellen, die Teilungsmasse nicht zu hoch und die Schulden nicht zu niedrig anzunehmen. Außerdem wird es sich aber empfehlen, in der Annahme eines „voraussichtlichen" Unvermögens einzelner Genossen (s. § 106 Abs. 2 Satz 2 Gen.-Ges.) nicht zu ängstlich sein. Denn da die Beitreibung der berechneten Nachschüsse nach §§ 106 Abs. 2 und 109 Gen.-Ges. gegen sämtliche Genossen erfolgt, deren Zahlungsunfähigkeit nicht bereits feststeht, und da die eingezogenen Nachschüsse, soweit sie etwa zur Befriedigung der Konkursgläubiger nicht erforderlich sind, den Genossen nach § 115 Abs. 3 Gen.-Ges. zurückgezahlt werden, so erwächst den zahlungsfähigen Genossen durch eine etwas hohe Berechnung der Beiträge in der Vorschußberechnung kein großer Nachteil.

Die Grundsätze für die Aufstellung der Berechnungen sind für

---

[1]) Ein weiteres Nachschußverfahren findet im Konkurse einer Genossenschaft mit unbeschränkter Nachschußpflicht behufs Heranziehung der innerhalb der letzten 18 Monate ausgeschiedenen Genossen statt, wenn nicht binnen 3 Monaten, seitdem die Nachschußberechnung für vollstreckbar erklärt worden, die Konkursgläubiger befriedigt oder sichergestellt sind. (§§ 128—130 Gen.-Ges.).

alle Arten der Berechnungen im allgemeinen die gleichen und werden deshalb im folgenden zusammengefaßt.

b) Art der Aufstellung der Berechnungen.

In den Berechnungen ist festzustellen:
1. welcher Fehlbetrag zu decken ist,
2. welche Personen zur Deckung des Fehlbetrages heranzuziehen sind,
3. welche Beiträge die einzelnen heranzuziehenden Personen zu leisten haben[1]).

1. Ermittelungen des zu deckenden Fehlbetrages.

Durch die Umlagen ist der Betrag zu decken, um den die vorhandene Teilungsmasse hinter der Gesamtsumme der Massekosten, Masseschulden und Konkursforderungen zurückbleibt. Die in § 63 KO. bezeichneten Forderungen werden nicht berücksichtigt. Dagegen sind zu berücksichtigen die Kosten des Umlageverfahrens, die zu den Massekosten gehören.

Bei der Vorschußberechnung kann der zu deckende Fehlbetrag nur schätzungsweise auf Grund der Bilanz festgestellt werden. Bei der Nachschußberechnung, bei der feststeht, wieviel nach Ausschüttung der Konkursmasse zur vollen Befriedigung der zu berücksichtigenden Konkursforderungen noch fehlt, ist die Summe umzulegen, die nach Heranziehung der bereits eingezogenen Beiträge und der aufgelaufenen Zinsen zur vollen Deckung der zu berücksichtigenden Konkursforderungen noch erforderlich ist. Diese Forderungen und ihr Betrag bestimmen sich nach dem im Konkurse aufgestellten Schlußverzeichnis.

2. Feststellung der Beitragspflicht.

Zur Deckung des Fehlbetrages sind sämtliche Genossen solidarisch verpflichtet.

Als Mitglieder der Genossenschaft werden behandelt:

1. Alle diejenigen, die als solche der Genossenschaft beigetreten und zur Zeit der Konkurseröffnung[2]) in der beim Amtsgericht geführten Liste der Genossen eingetragen sind (§ 15 Abs. 3 Gen.-Ges.). Die Eingetragenen werden als wirkliche Mitglieder der Genossenschaft behandelt, falls sie nicht darzulegen und zu beweisen

---

[1]) Nur die Beiträge zur Deckung der Genossenschaftsschulden, nicht auch irgendwelche Forderungen, die die Genossenschaft sonst gegen einzelne Genossen zu haben glaubt, dürfen in die Berechnung aufgenommen werden. RGZ. 69, 369 (Gr. 53, 1144).

[2]) RGZ. 50, 127.

vermögen, daß eine rechtsgültige Begründung der Mitgliedschaft nicht erfolgt ist[1]). Eine Beitrittserklärung ist nach erfolgter Eintragung, wenn sie nur dem erklärten Willen des Erklärenden entspricht, wegen Irrtums, Betrugs oder Drohung überhaupt nicht anfechtbar[2]), auch nicht um deswillen zu beanstanden, weil der Eingetragene nach den Satzungen nicht hätte aufgenommen werden dürfen[3]).

Zum Ausscheiden eines Genossen durch Kündigung ist erforderlich, daß die Kündigung rechtzeitig gemäß § 65 Gen.-Ges. erfolgt und das Ausscheiden in die Liste der Genossen eingetragen ist. Erst mit dem Ablauf des Geschäftsjahres, in dem das Ausscheiden eingetragen ist, hört der Ausscheidende auf, Genosse zu sein (§ 70 Gen.-Ges.). Auch wenn nur durch Verschulden des Vorstandes der Genossenschaft die Eintragung unterblieben ist, kann der Genosse nicht verlangen, als ausgeschieden behandelt zu werden[4]). Ist aber vor der Eintragung die Tatsache, auf Grund deren das Ausscheiden, und der Jahresschluß, zu dem es beansprucht worden, auf Antrag des Genossen oder im Falle des § 66 Gen.-Ges. auf Antrag des Gläubigers des Genossen in der Liste vorgemerkt, so tritt an die Stelle des Tages der Eintragung des Ausscheidens unter den im § 71 Abs. 2 Gen.-Ges. bestimmten Voraussetzungen der Tag der Eintragung der Vormerkung (§ 71 Gen.-Ges.).

Scheidet ein Genosse durch Übertragung seines Geschäftsanteils auf einen anderen aus, so tritt sein Ausscheiden gleich mit der Eintragung oder der nach § 71 Gen.-Ges. erfolgenden Vormerkung des Ausscheidens in Wirksamkeit (§ 76 Gen.-Ges.).

2. Diejenigen, deren Ausscheiden erst innerhalb der letzten 6 Monate vor der Auflösung der Genossenschaft — mag nun die Auflösung durch Konkurseröffnung oder auf andere Weise bewirkt sein — erfolgt ist (§ 75 Gen.-Ges.). Diejenigen, welche infolge der Übertragung ihres Geschäftsanteils auf einen anderen ausgeschieden sind, haften jedoch für die Nachschüsse, zu deren Zahlung sie verpflichtet gewesen sein würden, wenn sie Mitglieder geblieben wären, nur insoweit, als zur Zahlung dieser Nachschüsse der Erwerber ihres Geschäftsanteils unvermögend ist (§ 76 Abs. 4 Gen.-Ges.).

Die Erben eines verstorbenen Genossen haften in der Regel persönlich für die Nachschüsse nicht, da die Mitgliedschaft nicht auf sie übergeht. Die Mitgliedschaft des Verstorbenen wird aber durch sie bis zum Schlusse des Geschäftsjahres, in dem der

---

1) RGZ. 68, 90.
2) RGZ. 57, 292; 68, 346. S. auch RGZ. 45, 106.
3) RGZ. 60, 409.
4) Der Genosse hat dann nur einen Schadensersatzanspruch gegen die säumigen Vorstandsmitglieder. RGZ. 59, 49.

Tod erfolgt ist[1]), und im Falle des § 75 Gen.-Ges. auch noch später, fortgesetzt. In welchem Umfange — ob nur mit dem Nachlasse oder auch mit ihrem eigenen Vermögen — die Erben für die Verpflichtungen des Erblassers haften, bestimmt sich nach dem für den Erbfall geltenden bürgerlichen Recht (§ 77 Gen.-Ges.). S. BGB. §§ 1967 ff.

Die dargelegten Grundsätze gelten jetzt auch für die in Gemäßheit des Gesetzes vom 4. Juli 1868 eingetragenen Genossenschaften. Die §§ 154 bis 170 des Gesetzes vom 1. Mai 1889 sind aufgehoben. Auch auf die alten Genossenschaften findet das Gesetz in seiner allgemein geltenden Fassung jetzt ausschließlich Anwendung. Ges. vom 19. Januar 1926 (RGBl. S. 91).

3. Berechnung der Höhe der von den einzelnen Genossen zu leistenden Beiträge.

Die Höhe der Beiträge, die von den in die Berechnung aufgenommenen Genossen zu leisten sind, ist nach Anhalt folgender Vorschriften zu bestimmen:

I. Die Genossen haften, wenn nicht die Satzungen ein anderes Beitragsverhältnis vorsehen, nach Kopfteilen (§ 105 Abs. 2 Gen.-G.).

II. Bei der Vorschußberechnung und den Zusatzberechnungen zu dieser werden die Beiträge auf **sämtliche** Beitragspflichtige umgelegt. Die Höhe der Beiträge ist aber derart zu bemessen, daß durch ein vorauszusehendes Unvermögen einzelner Genossen zur Leistung von Beiträgen ein Ausfall an dem zu deckenden Gesamtbetrage nicht entsteht (§ 106 Abs. 2 Gen.-Ges.). Bei der Nachschußberechnung werden auf diejenigen Genossen, deren Unvermögen zur Leistung von Beiträgen sich herausgestellt hat, Beiträge nicht verteilt (§ 114 Abs. 2 Gen.-Ges.). Die Beiträge, die auf solche Genossen entfallen würden, werden auf die übrigen verteilt (§ 105 Abs. 3 GenGes.).

c) **Verhandlung über die Berechnungen. Deren Feststellung und Vollstreckung.**

Die aufgestellte Berechnung hat der Verwalter dem Konkursgericht mit dem Antrage einzureichen, sie für vollstreckbar zu erklären. Wird das Genossenschaftsregister nicht bei dem Konkursgerichte geführt, so ist dem Antrage eine beglaubigte Abschrift der Satzungen und der Liste der Genossen beizufügen (§§ 106 Abs. 3, 113, 114 Gen.-Ges.).

Das Konkursgericht hat zur Erklärung über die Berechnung einen Termin zu bestimmen, der nicht über 2 Wochen hinaus anberaumt werden darf. Der Termin ist in Gemäßheit des § 76 KO. öffentlich bekannt zu machen. Daneben sind die in der Be-

[1]) Nicht bis zum Schlusse des Geschäftsjahres, in dem das Ableben des Genossen in das Genossenschaftsregister **eingetragen** worden.

rechnung aufgeführten Genossen zu dem Termine besonders zu laden[1]). Die Bekanntmachung und die Ladungen haben den Gegenstand des Termins anzugeben, auch ist in ihnen darauf hinzuweisen, daß die Berechnung auf der Geschäftsstelle zur Einsicht der Beteiligten entweder schon niedergelegt ist oder spätestens 3 Tage vor dem Termine niedergelegt werden wird. Diese Niederlegung der Berechnung auf der Geschäftsstelle muß in jedem Falle spätestens 3 Tage vor dem Termin erfolgen (§§ 107, 113, 114 Gen.-Ges.).

Die Einsicht der Berechnung auf der Geschäftsstelle ist den Mitgliedern des Vorstandes und des Aufsichtsrates, den Liquidatoren, dem Verwalter, den Mitgliedern des Gläubigerausschusses und jedem in die Berechnung aufgenommenen Genossen, ferner jedem Konkursgläubiger zu gestatten.

Einwendungen können gegen die Berechnung nur in dem Termine erhoben werden[2]). Einwandsberechtigt ist jeder Genosse, der nach der Berechnung zu einem Beitrage herangezogen werden soll, ferner Vorstand, Aufsichtsrat und Gläubigerausschuß. Die Einwendungen können sich richten

dagegen, daß die allgemeinen Grundlagen der Berechnung (Teilungsmasse, Schuldenmasse) unrichtig angenommen seien,

oder dagegen, daß der Einwendende überhaupt, oder daß er zu einem zu hohen Betrage als beitragspflichtig veranlagt sei[3]),

oder endlich dagegen, daß ein anderer, der mit heranzuziehen sei, nicht oder zu einem zu geringen Betrage als beitragspflichtig veranlagt sei.

In dem Termine sind der Vorstand (bzw. die Liquidatoren), der Aufsichtsrat, der Konkursverwalter und der Gläubigerausschuß, ferner soweit Einwendungen erhoben werden, die hierbei Beteiligten über die Berechnung zu hören (§§ 108 Abs. 1, 118 Gen.-Ges.).

Das Gericht hat über die Einwendungen zu entscheiden und auf Grund der Satzungen, der Liste der Genossen, der Konkursakten und des Ergebnisses der stattgehabten Erörterungen über etwaige Berichtigungen der Berechnung zu befinden. Es kann auch von Amts wegen die Berechnung prüfen und Berichtigungen veranlassen. Der § 75 KO. erscheint anwendbar. Auf weitaussehende Erhebungen hat es sich jedoch nicht einzulassen, sondern Einwendungen, die nicht alsbald klargestellt werden können, auf den Weg der Anfechtungsklage (§ 111 Gen.-Ges.) zu verweisen. Die erfor-

---

[1]) Die Zustellung dieser Ladungen kann durch Aufgabe zur Post und ohne Beglaubigung der Abschrift erfolgen (§ 77 KO.).

[2]) RGZ. 69, 370.

[3]) Wegen Zulässigkeit der Aufrechnung gegen eine Nachschußschuld s. § 105 Abs. 5 Gen.-Ges. und RGZ. 88, 47.

derlichen Berichtigungen der Berechnung nimmt es entweder sofort selbst vor oder überträgt es, wenn dies nicht tunlich ist, dem Verwalter, indem es die Verhandlung und Entscheidung einstweilen aussetzt. In letzterem Falle hat es einen neuen Termin nicht über eine Woche hinaus anzuberaumen, der nach § 93 Abs. 2 KO. nur durch Verkündung bekannt gemacht zu werden braucht. Die Entscheidung über die Berechnung ist nach Vornahme der erforderlichen Berichtigungen durch einen Beschluß im Termine zu verkünden, für vollstreckbar zu erklären und sodann mit diesem Beschlusse auf der Geschäftsstelle zur Einsicht der Beteiligten niederzulegen (§§ 108 Abs. 2, 113, 114 Gen.-Ges.). Besondere Zustellungen finden daneben nicht statt.

Gegen die Entscheidung des Konkursgerichts, welche die Vollstreckbarkeit der Berechnung ausspricht, gibt es kein Rechtsmittel (§ 108 Abs. 3 Gen.-Ges.). Dagegen kann jeder Genosse die für vollstreckbar erklärte Berechnung mittels Klage, die gegen den Konkursverwalter zu richten ist, binnen der Notfrist von einem Monat seit Verkündung der Entscheidung anfechten, sofern er den Anfechtungsgrund in dem oben besprochenen Termine geltend gemacht hat oder ohne sein Verschulden geltend zu machen außerstande gewesen ist[1]) (§§ 111 Abs. 1, 113, 114 Gen.-Ges.). Das in dem Anfechtungsprozeß ergehende Urteil wirkt, wenn es rechtskräftig geworden, für und gegen alle beitragspflichtigen Genossen (§ 111 Abs. 2).

Auf Grund der für vollstreckbar erklärten Berechnung findet gegen die darin aufgeführten Genossen wegen der berechneten Beiträge die Zwangsvollstreckung in Gemäßheit der Zivilprozeßordnung statt[2]). Behufs der Zwangsvollstreckung gegen einen Genossen erhält der Konkursverwalter auf Antrag eine vollstreckbare Ausfertigung der gerichtlichen Entscheidung, verbunden mit einem Auszuge aus der Berechnung, aus dem der von dem Genossen zu leistende Beitrag hervorgeht (§§ 109 Abs. 1, 2, 113, 114 Abs. 2 Gen.-Ges.). Hat der Genosse Anfechtungsklage erhoben, so kann er unter den Voraussetzungen und nach Maßgabe der §§ 769, 770 ZPO. Einstellung der Zwangsvollstreckung sowie Aufhebung bereits erfolgter Vollstreckungsmaßregeln beim Prozeßgericht beantragen (§ 112 Abs. 4 Gen.-Ges.). Aufrechnung gegen eine Nachschußschuld ist einem Genossen nur gestattet, falls er als Konkursgläubiger Befriedigung wegen seiner Forderung aus den Nachschüssen zu verlangen hat (§ 105 Abs. 5 Gen.-Ges.).

---

[1]) RGZ. 40, 154. Auch Rechtsunkenntnis kann entschuldigen. RGZ. 50, 131.

[2]) Nach RGZ. 69, 370 (Gr. 53, 1145) gilt das selbst für Forderungsbeträge, die zu Unrecht vom Verwalter in die Berechnung aufgenommen sind, wenn der Genosse es versäumt hat, dagegen eine Einwendung und gegebenenfalls Anfechtungsklage zu erheben.

d) Verteilung der eingezogenen Nachschüsse.

Die auf Grund der Vorschußberechnung eingezogenen Umlagen werden nicht sofort unter die Konkursgläubiger verteilt, sondern bis zur Schlußverteilung so, wie es die Gläubigerversammlung auf Grund des § 132 KO. beschließt, hinterlegt oder angelegt (§ 110 Gen.-Ges.).

Die Verteilung erfolgt erst, nachdem die Nachschußberechnung für vollstreckbar erklärt worden ist, und natürlich nur soweit, als die eingezogenen Beträge zur Befriedigung der bei der Schlußverteilung zu berücksichtigenden Forderungen erforderlich sind. Die auf Grund der Nachschußberechnung eingehenden Umlagen werden verteilt, sobald und so oft hinreichender Bestand vorhanden ist. Sämtliche Verteilungen werden im Wege der Nachtragsverteilung, gemäß § 166 KO., vorgenommen; die Schlußverteilung (S. 154) erstreckt sich nur auf das eigentliche Genossenschaftsvermögen (§ 115 Gen.-Ges.). Die Grundlage der Verteilung bildet ausschließlich das festgestellte Schlußverzeichnis der zu berücksichtigenden Forderungen s. S. 160. Zurückzubehalten sind bei der Verteilung der Nachschüsse nicht nur die Beträge, die auf die in § 168 KO. bezeichneten Forderungen entfallen, sondern auch die Anteile auf solche Forderungen, die zwar im Konkurse als festgestellt zu behandeln, aber vom Vorstande der Genossenschaft im Prüfungstermin ausdrücklich bestritten sind und deshalb der Genossenschaft gegenüber nicht feststehen. Den betroffenen Gläubigern bleibt überlassen, den Widerspruch des Vorstandes durch Klage gegen die Genossenschaft zu beseitigen (§ 115 Abs. 2 Gen.-Ges.).

Was von den eingezogenen Nachschüssen nach Befriedigung bzw. Sicherstellung der Konkursgläubiger etwa übrig bleibt, ist an die Genossen zurückzuzahlen, und zwar wohl nicht einfach nach Verhältnis der geleisteten Beiträge, sondern so, daß die Genossen, die in höherem Maße als andere ihrer Nachschußverpflichtung genügt haben, das Mehr ihrer Leistungen in erster Reihe zurückerhalten (§ 115 Abs. 3 Gen.-Ges., vgl. § 105 Abs. 2).

e) Rückzahlung freiwilliger Beiträge.

Haben Genossen mehr eingezahlt, als sie an Nachschüssen zu zahlen schuldig waren, so ist ihnen das Mehrgezahlte nach Befriedigung der Konkursgläubiger zu erstatten. Soweit die eingezogenen Nachschüsse hierzu nicht ausreichen, ist das Fehlende durch Fortsetzung des Nachschußverfahrens, wobei dann aber die Mehrzahlenden mit heranzuziehen sind, zu beschaffen (§ 105 Abs. 4 Gen.-Ges.).

Beilagen.

A.

I. Der Eröffnungsbeschluß nebst Ausführungsverfügung.

Der Eröffnungsbeschluß[1]).

Über das Vermögen des Kaufmanns Gustav Reinhold Kummer in Firma H. W. Braun Nachf. zu Halle a/S. wird,

da die Firma Richter & Kühn zu Breslau den Antrag auf Konkurseröffnung gestellt und glaubhaft gemacht hat, daß ihr eine Forderung an Kummer für käuflich gelieferte Waren zum Betrage von 1612, 10 *RM* zusteht,

da Kummer seinem glaubwürdigen Zugeständnisse zufolge seit dem 5ten d. M. seine fälligen Zahlungsverbindlichkeiten, abgesehen von geringfügigen Zahlungen für Bedürfnisse seines Haushalts, nicht mehr erfüllt hat, hierzu auch außerstande ist,

da hiernach Kummer zahlungsfähig ist (§ 102 KO.),

heute am 16ten März 1928, vormittags 11½ Uhr, das Konkursverfahren eröffnet.

Der Kaufmann C. F. Treuenstein hier wird zum Konkursverwalter ernannt.

Konkursforderungen sind bis zum 5ten Mai 1928 bei dem Gerichte anzumelden.

Es wird zur Beschlußfassung über die Wahl eines anderen Verwalters, sowie über die Bestellung eines Gläubigerausschusses und eintretenden Falles über die in § 132 der Konkursordnung bezeichneten Gegenstände auf

den 10ten April 1928, vormittags 10 Uhr

— und zur Prüfung der angemeldeten Forderungen auf

den 20ten Mai 1928, vormittags 10 Uhr

— vor dem unterzeichneten Gerichte, Zimmer Nr. 9

Termin anberaumt.

Allen Personen, welche eine zur Konkursmasse gehörige Sache in Besitz haben oder zur Konkursmasse etwas schuldig sind, wird aufgegeben, nichts an den Gemeinschuldner zu verabfolgen oder zu leisten, auch die Verpflichtung auferlegt, von dem Besitze der Sache und von den Forderungen, für welche sie aus der Sache abgesonderte Befriedigung in Anspruch nehmen, dem Konkursverwalter bis zum 1ten April 1928 Anzeige zu machen.

Alle für den Gemeinschuldner bei den hiesigen Post- und Telegraphenanstalten eingehenden Sendungen, Briefe und Depeschen sind nicht dem Gemeinschuldner, sondern dem Konkursverwalter auszuhändigen.

Das Amtsgericht zu Halle a/S.

R. Amtsgerichtsrat.

---

[1]) Hierbei ist das in Preußen und verschiedenen anderen Ländern gebräuchliche Formular benutzt.

II. Ausführungsverfügung[1]).

1. Der vorstehende Beschluß ist zuzustellen
   a) dem Gemeinschuldner,
   b) dem Verwalter[2]).
2. Dem Verwalter ist die anbei ausgefertigte Bestallung zu behändigen.
3. Zu schreiben

an

a) das Postamt I hier,
b) das Telegraphenamt hier.

In dem Konkursverfahren über das Vermögen des Kaufmanns Gustav Reinhold Kummer hierselbst ist angeordnet worden, daß die bei den hiesigen Post- und Telegraphenanstalten eingehenden Sendungen, Briefe und Depeschen nicht dem Gemeinschuldner, sondern dem Konkursverwalter C. F. Treuenstein hier auszuhändigen sind.

Das Postamt (bzw. Telegraphenamt) wird um Vollziehung dieser Anordnung ergebenst ersucht.

Halle a/S., 16. März 1928.
Amtsgericht.

4. Zu schreiben

an

das Amtsgericht
zu
Schkeuditz.

Das Amtsgericht ersuchen wir, auf dem Grundbuchblatt des dem Kaufmann Gustav Reinhold Kummer hierselbst gehörigen, im Grundbuch von Schkeuditz Bd. VII Nr. 315 eingetragenen Grundstücks einen Vermerk dahin einzutragen, daß über das Vermögen des Kummer heute vormittag 11½ Uhr das Konkursverfahren eröffnet worden ist.

Vom Geschehenen bitten wir uns zu benachrichtigen.

Halle a/S., 16. März 1928.
Amtsgericht.

5. Der Konkursverwalter wird angewiesen, die flüssigen und flüssig werdenden Gelder, sofern sie den Betrag von 150 *RM* übersteigen, ferner etwa vorhandene Wertpapiere[3]) beim hiesigen Bankverein zu hinterlegen[4]).
6. Die Verfügung zu 5 ist dem Verwalter und dem Gemeinschuldner zuzustellen.
7. Die Konkurseröffnung ist außer durch die ein für allemal bestimmten Blätter[5]) bekannt zu machen.
   a) durch einmalige auszugsweise Einrückung in die Berliner Börsenzeitung,
   b) durch Aushang an der hiesigen Börse.
8. Nach 14 Tagen wieder vorzulegen (wegen der Verfügung zu 4 sowie wegen des Inventars und der Bilanz).

Halle a/S., 16. März 1928.
R. Amtsgerichtsrat.

---

[1]) Wegen der Obliegenheiten der Geschäftsstelle vgl. S. 91 ff.
[2]) Nicht gerade notwendig aber empfehlenswert.
[3]) Wegen der Kostbarkeiten sind Anordnungen nur erforderlich, wenn sie einen erheblichen Wert haben.
[4]) Diese Anordnung würde in Wegfall kommen, wenn ein Gläubigerausschuß bestellt wird.
[5]) Vgl. S. 89.

B.

Protokoll über die erste Gläubigerversammlung[1]). Verfügung darauf.

Das Amtsgericht.
Gegenwärtig:
R. Amtsgerichtsrat,
als Richter,
P. Justizobersekretär,
als Urkundsbeamter der Geschäftsstelle.

Verhandelt.
Halle a/S., 10. April 1928.

In dem Konkursverfahren über das Vermögen des Kaufmanns Gustav Reinhold Kummer von hier steht heute Termin an zur Abhaltung der ersten Gläubigerversammlung. Nach Aufruf melden sich nachbezeichnete Personen:

1. der Konkursverwalter, Kaufmann C. F. Treuenstein von hier,

2. der Gemeinschuldner, Kaufmann Gustav Reinhold Kummer von hier,

3. folgende Gläubiger und Gläubigervertreter:

a) Rechtsanwalt Scharf von hier für die Gläubiger zu 1 bis 3 der Anlage mit anl. Vollmacht des Gutsbesitzers A. G. Fischer und Bezug nehmend auf die Vollmachten Bl. 3 und 22 der Akten,

b) Rechtsanwalt Streit von hier für die Gläubiger zu 4 und 5 der Anlage, mit anl. Vollmacht und Bezug nehmend auf die Vollmacht Bl. 7 der Akten,

c) die Ehefrau Kummer, Emilie geb. Brandt von hier,

d) Justizrat Weise von hier für die Gläubiger zu 7 bis 9 der Anlage mit anl. 3 Vollmachten.

e) Kaufmann F. H. Kluge von hier,

f) Privatmann Bernhard Schleicher von hier,

g) Rechtsanwalt Hell von hier für den Kaufmann Daniel Schulze zu Cöthen, unter Bezugnahme auf die Vollmacht Bl. 23 der Akten,

h) Prokurist Andreas Heine aus Leipzig für die Firma Kohl & Walter daselbst, welcher sich durch Auszug aus dem Handelsregister des Amtsgerichts zu Leipzig auswies,

i) Rentner August Sommer von hier;

4. Die Witwe Dorothee Fricke, geb. Lehmann, von hier (vgl. zu VI 13 der Tabelle), welche jedoch für ihre angemeldete Forderung ein Stimmrecht nicht beansprucht.

Von den in der Anlage verzeichneten Gläubigern wird für die dort angegebenen, zum Teil noch nicht angemeldeten Forderungsbeträge das Stimmrecht für die heutige Gläubigerversammlung verlangt. Ein Widerspruch gegen die Stimmrechtsansprüche wird nur vom Konkursverwalter und von diesem nur insoweit erhoben, als er

Verfügung:

1. Zu schreiben an Herrn Bankier Friedrich Schütze hier:

In dem Konkurse über das Vermögen des Kaufmanns Gustav Reinhold Kummer von hier sind Sie von der heutigen Gläubigerversammlung zum Mitgliede des bestellten Gläubiger-Ausschußes gewählt worden.

Sie wollen sich gefl. umgehend über die Annahme der Wahl erklären.

2. Nach 1 Woche.

Halle a/S., 10. April 1928.

R.

[1]) In Preußen ist ein etwas abweichendes Formular für dieses Protokoll eingeführt.

zu I[3] ein Stimmrecht nur in Höhe von 1000 RM
zu IV[7] „ „ „ „ „ „ 7000 RM
und zu II[4], III, und VI gar kein Stimmrecht
zugestehen will.

Justizrat Weise erklärt hierauf, daß er sich namens des Bankiers Schütze für heute mit dem Stimmrecht für 7000 RM begnüge.

Der Privatmann Schleicher entfernt sich und hat an der weiteren Verhandlung nicht teilgenommen.

Rechtsanwalt Scharf legt einen Schuldschein vom 6. Mai 1926 vor, inhaltlich dessen der Gemeinschuldner bekennt, von seinem Schwager, dem Gutsbesitzer A. G. Fischer zu Hermsdorf, 2500 RM dargeliehen erhalten zu haben. Die unstreitigen 1000 RM sind gleichfalls Darlehnsforderung. Die übrigen 1500 RM sollen eine Restforderung für geliefertes Getreide darstellen. Der Verwalter bestreitet diese Forderung.

Zu II[4] erachtet der Verwalter die Forderung des Gläubigers Cohn durch den Wert der am 18. Februar d. Js. gepfändeten Gegenstände für vollständig sichergestellt. Rechtsanwalt Streit weist jedoch durch Vorlegung einer beglaubigten Abschrift des Pfändungsprotokolls nach, daß der Obergerichtsvollzieher Schneider den Wert der gepfändeten Gegenstände auf nur 450 RM geschätzt hat und behauptet, daß die Schätzung noch bei weitem zu hoch und nur ein Erlös von etwa 80 RM zu erwarten sei, da die Pfandgegenstände kaum verkäuflich seien.

Zu III erkennt der Gemeinschuldner an, daß seine Ehefrau ihm 6000 RM in die Ehe eingebracht habe. Der Verwalter erklärt jedoch, daß hierüber aus den Büchern des Gemeinschuldners nichts ersichtlich sei, und die Ehefrau des Gemeinschuldners vermag Nachweise oder Bescheinigungen über die Richtigkeit ihrer Forderung nicht beizubringen.

Auf Grund dieser Erörterungen wird als Beschluß verkündet, daß
zu I[3] dem Gutsbesitzer Fischer für 3500 RM
zu II[4] dem Kaufmann Cohn für 150 RM,
Stimmrecht bewilligt, der Ehefrau des Gemeinschuldners aber das Stimmrecht versagt werde.

Die Beträge, für welche hiernach den erschienenen bzw. vertretenen Gläubigern in der heutigen Gläubigerversammlung das Stimmrecht zusteht, sind in der Anlage ersichtlich gemacht.

Nunmehr wird in die Tagesordnung eingetreten.

Der Verwalter erstattet Bericht über die Entstehung der Zahlungsunfähigkeit des Gemeinschuldners, über die Lage der Sache und über die bisher ergriffenen Maßregeln.

Die Maßnahmen des Verwalters finden Billigung und es wird zur Wahl eines anderen Verwalters von keiner Seite eine Anregung gegeben.

Es werden sodann von den Gläubigern folgende Beschlüsse gefaßt:

1. Es soll ein Gläubigerausschuß, bestehend aus 3 Personen, bestellt werden.
2. Das Geschäft des Gemeinschuldners soll sobald als möglich geschlossen werden.
3. Die Bestimmung über die Hinterlegung und Anlegung der flüssigen Gelder wird dem Gläubigerausschusse überlassen.
4. Rechnungslegung des Verwalters soll, vorbehaltlich anderweiter Beschlußfassung, erst bei Beendigung des Konkurses erfolgen. Eine Berichterstattung des Verwalters an die Gläubigerversammlung über die Verwaltung und Verwertung der Masse soll nicht weiter stattfinden.

Dem Gläubigerausschusse bleibt überlassen, seinerseits hierüber Berichterstattung zu fordern.

Die Beschlüsse zu 1, 3 und 4 sind einstimmig, der zu 2 ist mit allen Stimmen gegen die des Kaufmanns Kluge gefaßt worden [1]).

Die hierauf vorgenommene Wahl der Mitglieder des Gläubigerausschusses hat folgendes Ergebnis:

1.	2.	3.	4.	
Lfde. Nr.	Name und Wohnort des Gewählten	Bezeichnung der Wähler nach der Protokollvorlage	Den in Spalte 3 bezeichneten Wählern steht Stimmrecht zu für	
			RM.	RPf
1.	Bankier Friedrich Schütze hier	I. II. IV. V. VII. VIII. IX.	22 990	37
2.	Rentner August Sommer hier	IV. VIII. IX.	14 242	87
3.	Kaufmann F. H. Kluge hier	I. II. V. VII.	8 747	50
4.	Justizrat Weise hier	I. II. VII IX.	9 276	35
5.	Rechtsanwalt Scharf hier	IV.	10 566	—
6.	Rechtsanwalt Hell hier	V. VIII.	3 148	03

Hiernach wird als Ergebnis der Abstimmung verkündet, daß gewählt sind:

a) der Bankier Friedrich Schütze,
b) der Rentner August Sommer,
c) der Rechtsanwalt Scharf,

sämtlich hier wohnhaft.

Der Rentner Sommer und der Rechtsanwalt Scharf nehmen die Wahl an.

Schließlich beantragt der Gemeinschuldner, die ihm aus der Konkursmasse bisher gewährte Unterstützung von wöchentlich 15 *RM* auf das Doppelte zu erhöhen. Nach Erörterung der persönlichen Verhältnisse des Gemeinschuldners beschließt die Gläubigerversammlung mit den Stimmen der Erschienenen zu II, IV, VIII IX der Anlage gegen die Stimmen der Erschienenen zu V und VII, welche 30 *RM* wöchentlich bewilligen wollten, daß dem Gemeinschuldner von heute ab eine Unterstützung von 20 *RM* wöchentlich aus der Konkursmasse gewährt werden soll. Im Anschluß hieran wird durch einstimmigen Beschluß dem Gläubigerausschusse die Ermächtigung erteilt, die bewilligte Unterstützung jederzeit nach seinem Ermessen zu mindern oder ganz zu entziehen.

Der Gemeinschuldner protestiert gegen den Beschluß, ihm nur 20 *RM* wöchentlich zu bewilligen, und beantragt, unter Aufhebung dieses Beschlusses ihm gerichtsseitig die verlangte Unterstützung zu gewähren, zieht jedoch seinen Antrag zurück, nachdem er über dessen Unzulässigkeit belehrt worden ist.

Vorgelesen, genehmigt.

R. Amtsgerichtsrat. P. Justizobersekretär.

---

[1]) Zur Benutzung der in Preußen eingeführten Stimmliste wird nur in verwickelteren Fällen Anlaß sein.

Zu N 8/28. **Anlage zum Protokoll vom 10. April 1928.**

Fortlaufende Nummer der: Erschienenen	Fortlaufende Nummer der: vertretenen Forderungen	Nummer der Konkurstabelle	Verzeichnis der in der Gläubigerversammlung vom 10ten April 1928 im Kaufmann Knmmer'schen Konkurse erschienenen und vertretenen stimmberechtigten Gläubiger und Namen der Vertreter	Stimmrecht der Forderungen beansprucht für RM.	RPf.	Stimmrecht der Forderungen gewährt für RM.	RPf.
I.			Rechtsanwalt Scharf hier				
	1.	VI. 1.	Firma Richter & Kühn zu Breslau	1612	10	1612	10
	2.	VI. 14.	Fabrikant Siegfried Diebel zu Chemnitz	500	—	500	—
	3.		Gutsbesitzer A. G. Fischer zu Hermsdorf	5000	—	3500	—
II.			Rechtsanwalt Streit hier				
	4.	VI. 2.	Kaufmann Alexander Cohn hier	500	—	150	—
	5.		Kaufmann Hermann Koch zu Magdeburg	1844	25	1844	25
III.	6.		Ehefrau des Gemeinschuldners	6000	—	—	—
IV.			Justizrat Weise hier				
	7.	VI. 3.	Bankier Friedrich Schütze hier	7612	76	7000	—
	8.		Kaufmann S. Nathan zu Breslau	2566	—	2566	—
	9.		Frau Oberlehrer Wunsch geb. Kummer zu Kassel	1000	—	1000	—
V.	10.	VI. 11.	Kaufmann H. F. Kluge hier	971	15	971	15
VI.	11.		Privatmann Bernhard Schleicher	850	—	—	—
VII.			Rechtsanwalt Hell hier				
	12.	VI. 7. 8.	Kaufmann Daniel Schulze zu Cöthen	170	—	170	—
VIII.	13.	VI. 12.	Prokurist Heine aus Leipzig für die Firma Kohl & Walter dort	2176	87	2176	87
IX.	14.	VI. 18.	Rentner August Sommer hier	1500	—	1500	—
					Sa.	22990	37
			Mithin beträgt die absolute Mehrheit			11495	19

R. Amtsgerichtsrat. P. Justizobersekretär.

C.

Tabelle

der in dem Konkursverfahren über das Vermögen des Kaufmanns Gustav Reinhold Kummer zu Halle a./S. angemeldeten Forderungen.

— Aktenzeichen N 8/28. —

Beanspruchtes Vorrecht	Laufende Nummer	Name, Stand oder Gewerbe und Wohnort des Gläubigers	Vertreter des Gläubigers. Hinweis auf die Vollmacht	Tag der Anmeldung	Angemeldeter Betrag RM.	RPf.	Grund der Forderung und urkundliche Beweisstücke
1.	2.	3.	4.	5.	6.		7.
I.	1.	Buchhalter August Hermann hier.		3. April 1928 Bl. 23*).	300	—	Gehalt für die Monate Februar und März 1928.
	2.	Wirtschafterin Marie Kleinau hier.		10. April 1928 Bl. 32.	76	50	Lohn und Kostgeld für die Zeit vom 1. Februar bis 15. März 1928.
II.							
III.							
IV.	1.	Dr. med. Hildebrandt hier.		4. April und 27. Mai 1928 Bl. 25, 70.	50	—	Honorar für ärztliche Bemühungen im Jahre 1927 laut Liquidation.
V.							
VI.	1.	Firma Richter & Kühn zu Breslau.	Rechtsanwalt Scharf hier.	23. März 1928 Bl. 1.	1612	10	Warenforderung laut Rechnung vom 20. März 1928.
	2.	Kaufmann Alexander Cohn hier.	Rechtsanwalt Streit hier.	25. März 1928 Bl. 4.	a) 500	—	Darlehn laut Schuldschein vom 11. Oktober 1927.
					b) 12	78	Zinsen vom 11. Oktober 1927 bis 15. März 1928.
					c) 43	—	Kosten der Ausklagung und Beitreibung laut Berechnung vom 25. März 1928.
	3.	Bankier Friedrich Schütze hier.	Justizrat Weise hier.	26. März 1919 Bl. 8.	7612	76	Guthaben laut Kontokorrent-Auszug vom 24. März 1928.

[1]) Zur Erleichterung der Auffindung der Anmeldungen wird zweckmäßig bemerkt, wo

Ergebnis der Prüfungsverhandlung	Berichtigung	Bemerkungen
8.	9.	10.
Forderung und Vorrecht festgestellt.	Die Forderung für die Zeit vom 16. bis 31. März 1928 mit 75 *RM* ist Masseschuld und kommt deshalb hier in Wegfall. P. Justizobersekretär.	
Forderung und Vorrecht in Höhe von 66 ℳ 75 ₰ festgestellt. Der Mehrbetrag vom Verwalter bestritten.		Stimmrecht für den streitigen Betrag nicht bewilligt. P. Justizobersekretär.
Forderung und Vorrecht festgestellt.		Vgl. Nr. VI[10].
Festgestellt.		
Festgestellt als Ausfallsforderung. Vgl. Sp. 10.		Gläubiger verlangt Befriedigung nur wegen des etwaigen Ausfalls, welchen er mit seiner Forderung bei Verwertung der am 18. Februar 1928 für ihn gepfändeten Sachen erleiden wird. P. Justizobersekretär.
Festgestellt auf Höhe von 6610 *RM* 20 *RPf*. Mehrbetrag vom Verwalter bestritten.		Stimmrecht für 7000 *RM* durch Vereinbarung festgestellt. P. Justizobersekretär.

sie sich in den Akten befinden.

Beanspruchtes Vorrecht	Laufende Nummer	Name, Stand oder Gewerbe und Wohnort des Gläubigers	Vertreter des Gläubigers. Hinweis auf die Vollmacht	Tag der Anmeldung	Angemeldeter Betrag RM.	RPf.	Grund der Forderung und urkundliche Beweisstücke
1.	2.	3.	4.	5.	6.		7.
VI.	4.	Kaufmann Wilhelm Hinze zu Königsberg		28. März 1928 Bl. 13.	640	—	Warenforderung laut Rechnung vom 28. März 1928.
	5.	Firma Gross & Schmidt zu Hamburg.		28. März 1928 Bl. 15.	1171	25	Regreßforderung aus dem Wechsel vom 12. Januar 1928, welcher von der Gläubigerin weiterbegeben ist.
	6.	Buchhändler Adolf Schöne hier.		29. März 1928 Bl. 16.	3000	—	Darlehn laut notarieller Schuldurkunde vom 23. Dezember 1926.
	7.	Kaufmann Daniel Schulze zu Cöthen.	Rechtsanwalt Hell hier	2. April 1928 Bl. 20.	120	—	Forderung aus dem Wechsel vom 6. Februar 1928.
	8.	Derselbe.	Derselbe.	2. April 1928 Bl. 20.	50	—	Provisionsforderung, durch Urteil des hiesigen Amtsgerichts vom 14. März 1928 dem Gläubiger zuerkannt.
	9.	Pferdehändler Hirsch zu Braunschweig.		4. April 1928 Bl. 24.	200	—	Restkaufgeld für ein Pferd.
	10.	Dr. med. Hildebrandt hier.		4. April 1928 Bl. 25.	50	—	Arzthonorar laut Liquidation.

usw.

Ergebnis der Prüfungsverhandlung	Berichtigung	Bemerkungen
8.	9.	10.
Vom Verwalter bestritten.	Durch Vergleich vom 9. Juni 1928 in Höhe von 300 ℳ festgestellt. P. Justizobersekretär.	Auch vom Gemeinschuldner bestritten. Stimmrecht nicht bewilligt. P. Justizobersekretär.
Als sicherungsberechtigt festgestellt.		Diese Forderung ist dadurch bedingt, daß Gläubiger den Wechsel einlöst. P. Justizobersekretär.
Forderung an sich festgestellt, vom Verwalter jedoch insoweit widersprochen, als Gläubiger mehr als den Ausfall geltend macht, welchen er etwa bei dem für die Forderung hypothekarisch haftenden Grundstücke Bd. VII Bl. 315 des Grundbuchs vou Schkeuditz erleiden wird.		
Festgestellt.		Vollstreckbare Ausfertigung ist am 16. Dezember 1928 dem Gläubiger erteilt. P. Justizobersekretär.
Vom Verwalter bestritten.	Durch Urteil des Landgerichts hierselbst v. 13. Juli 1928 festgestellt P. Justizobersekretär.	Stimmrecht für die ganze Forderung durch Gerichtsbeschluß bewilligt. P. Justizobersekretär. Vollstreckbare Ausfertigung ist am 16. Dezember 1928 dem Gläubiger erteilt. P. Justizobersekretär.
Festgestellt.		Vom Gemeinschuldner bestritten. P. Justizobersekretär.
	Nachträglich Vorrecht beansprucht.	Fällt hier weg. Vgl. zu IV[1]. P. Justizobersekretär.

usw.

Halle a./S., 27. Mai 1928.
R. Amtsgerichtsrat: P. Justizobersekretär.

D.

Protokoll über den allgemeinen Prüfungstermin. Verfügung darauf.

Das Amtsgericht.

Gegenwärtig:

R. Amtsgerichtsrat, als Richter.
P. Justizobersekretär, als Urkundsbeamter der Geschäftsstelle.

Halle a./S., 27. Mai 1928.

In dem Konkurse über das Vermögen des Kaufmanns Gustav Reinhold Kummer von hier steht heute der allgemeine Prüfungstermin an.

Nach erfolgtem Aufrufe melden sich:

1. der Konkursverwalter, Kaufmann C. F. Treuenstein von hier,
2. der Gemeinschuldner,
3. dessen Ehefrau,
4. Rechtsanwalt Scharf von hier für die Gläubiger zu VI^{1}, ^{14}, ^{24} und ^{38} der Tabelle,
5. Justizrat Weise von hier für die Gläubiger zu VI^{8}, ^{23} und ^{35} der Tabelle.

Mit dem Erschienenen sind die in der Tabelle unter I^{1} und ^{2}, IV^{1}, VI$^{1-38}$ eingetragenen Forderungen einzeln erörtert und nach Grund, Betrag und Vorrecht geprüft. Das Ergebnis der Prüfung ist bei einer jeden der geprüften Forderungen in Spalte 8 der Tabelle vermerkt worden. Die bestreitenden Erklärungen des Gemeinschuldners sowie die Vereinbarungen und die Entscheidungen über die Stimmrechte der streitig gebliebenen Forderungen sind in Spalte 10 der Tabelle aufgenommen. Die Forderungen zu VI^{39} und ^{40} der Tabelle, welche erst gestern angemeldet sind, konnten wegen des Widerspruchs des Verwalters nicht mit geprüft werden.

Vorgelesen, genehmigt.

Zur Beglaubigung

R. Amtsgerichtsrat. P. Justizobersekretär.

Verfügung [1]):

1. Den Gläubigern zu I^{2} und VI^{3}, ^{4}, ^{6}, ^{8}, ^{13}, ^{16}, ^{17}, ^{22}, ^{27}, ^{30}, ^{31}, ^{34}, ^{38} bezw. deren aus der Tabelle ersichtlichen Vertretern sind beglaubigte Auszüge aus der Tabelle bezüglich ihrer Forderungen zu erteilen und die von ihnen eingereichten Original-Urkunden zurückzugeben.
2. Termin zur Prüfung nachträglich angemeldeter Forderungen
   den 26. Juni d. J., vorm. 11 Uhr.
3. Der Termin ist durch die ein für allemal bestimmten Blätter bekannt zu machen.
4. Nachricht vom Termin dem Verwalter [2]).

Halle a./S., 27. Mai 1928.
R.

[1]) Wegen der dem Urkundsbeamten obliegenden Vermerke auf den Urkunden über festgestellte Forderungen vgl. S. 139.
[2]) Zweckmäßigkeitsmaßregel. Vgl. S. 137 Anm. 4.

E.

Protokoll über den Zwangsvergleichstermin nebst Bestätigungsbeschluß[1]). Verfügung darauf.

Das Amtsgericht. Halle a/S., 1. Juli 1928.

Gegenwärtig:
R. Amtsgerichtsrat, als Richter.
P. Justizobersekretär, als Urkundsbeamter der Geschäftsstelle.

In dem Konkursverfahren über das Vermögen des Kaufmanns Gustav Reinhold Kummer von hier, steht heute Termin an zur Beschlußfassung über den vom Gemeinschuldner unterm 5. Juni d. J. eingereichten Zwangsvergleichsvorschlag. Nach Aufruf melden sich:

1. der Gemeinschuldner, Kaufmann Gustav Reinhold Kummer, jetzt in Leipzig, Katharinenstr. 11, wohnhaft,
2. der Konkursverwalter, Kaufmann Treuenstein von hier,
3. folgende Gläubiger und Gläubigervertreter:
   a) Rechtsanwalt Scharf von hier, zugleich Mitglied des Gläubigerausschusses, für die Gläubiger zu 1 und 8 der Anlage I, legitimiert durch die zu den Akten eingereichten Vollmachten,
   b) Rechtsanwalt Streit von hier für den Kaufmann Alexander Cohn von hier unter Bezugnahme auf die Vollmacht Bd. C Bl. 7 der Akten,
   c) Bankier Friedrich Schütze von hier, zugleich Mitglied des Gläubigerausschusses, für sich und die Gläubiger Nr. 9, 10, 11, 12, 16, 17 und 20 der Anlage I, sowie für den Fabrikanten H. O. Sturm zu Leipzig (Nr. VI 30 der Tabelle), mit anl. Vollmacht der bezeichneten Gläubiger,
   d) Kaufmann F. H. Kluge von hier für sich und als Vertreter der Firma Gross & Schmidt zu Hamburg, mit anl. Vollmacht vom 25. v. Mts.,
   e) Rechtsanwalt Hell von hier für den Gläubiger zu 4 der Anlage I unter Bezugnahme auf die Vollmacht Bd. C Bl. 23 der Akten,
   f) Privatmann W. Fuchs von hier für sich und als Vertreter der Gläubiger Nr. 7, 18 und 24 der Anlage I, mit anl. Vollmacht der bezeichneten Gläubiger,
   g) Justizrat Weise von hier für die Gläubiger zu 14 und 22 der Anlage I, legitimiert durch die bereits eingereichten Vollmachten,
   h) Oberrentmeister Säuberlich von hier für die hiesige Gerichtskasse,
   i) Gutsbesitzer A. G. Fischer aus Hermsdorf,
   k) die Ehefrau des Kaufmanns Kummer, Emilie geb. Brandt, von hier, jetzt in Leipzig.

Verfügung[2])
Nach 14 Tagen wieder vorzulegen.
Halle a/S., 1. Juli 1928.
R

Zunächst wird unter Zugrundelegung des anliegenden Verzeichnisses darüber verhandelt, welchen Forderungen ein Stimmrecht für den heutigen Termin zusteht. Es wurden noch folgende Stimmrechte geltend gemacht:

---

[1]) Die in Preußen eingeführten Formulare weichen ab.
[2]) Vgl. S. 189, 191.

1. Die Ehefrau des Gemeinschuldners verlangt Stimmrecht für ihre nachträglich angemeldete Forderung von 6000 *RM* — VI[41] der Tabelle. Widerspruch wird dagegen nicht erhoben.

2. Rechtsanwalt Streit weist durch Vorlegung einer beglaubigten Abschrift des Versteigerungsprotokolls vom 29. Mai 1928 nach, daß der Kaufmann Alexander Cohn wegen seiner Forderung zu VI[2] der Tabelle aus den am 18. Februar 1928 gepfändeten Gegenständen in Höhe von 285 *RM* 22 *Rpf* Befriedigung nicht erlangt hat, und beansprucht wegen dieses Betrages für seinen genannten Machtgeber Stimmrecht.

3. Kaufmann C. F. Kluge beansprucht Stimmrecht für die Firma Gross & Schmidt zu Hamburg, indem er geltend macht, daß diese den heute fälligen, vom Gemeinschuldner akzeptierten Wechsel über 1171,25 *RM* als Ausstellerin sicher werde einlösen müssen. Ein Widerspruch gegen das beanspruchte Stimmrecht wird von keiner Seite erhoben.

4. Bankier Schütze beantragt namens des Fabrikanten H. O. Sturm zu Leipzig, für dessen streitige Forderung zu VI[30] der Tabelle das im Prüfungstermine versagte Stimmrecht nachträglich zu bewilligen, und überreicht einen beglaubigten Kontoauszug, inhaltlich dessen der Gemeinschuldner dem Gläubiger zur Zeit der Konkurseröffnung noch 1521,50 *RM* schuldig gewesen wäre. Der Verwalter bestreitet jedoch, in Übereinstimmung mit dem Gemeinschuldner, daß die Bestellung der in dem Auszuge unterm 29. Dezember 1927 aufgeführten Warenposten, deren Preis sich auf zusammen 1521,50 *RM* beläuft, seitens des Gemeinschuldners erfolgt ist, und es wird als Beschluß des Gerichts verkündet, daß der gestellte Antrag abgelehnt werde.

Die Gesamtsumme aller stimmberechtigten Forderungen ist hiernach auf 42592 *RM* 57 *Rpf* (vergleiche die Anlage) festgestellt.

Hierauf trägt der Gemeinschuldner den Inhalt des auf der Geschäftsstelle niedergelegten Zwangsvergleichsvorschlages vor. Dieser Vorschlag stößt jedoch auf so erheblichen Widerspruch, daß der Gemeinschuldner sich nach längeren Erörterungen veranlaßt sieht, den Gläubigern einen anderweiten Vorschlag, wie folgt, zu machen:

I. Die nicht bevorrechtigten Konkursgläubiger sollen anstatt der früher gebotenen 30 % von demjenigen Betrage ihrer Forderungen, welcher ihnen zur Zeit der Konkurseröffnung zustand, 35 % — in Worten fünfunddreißig Prozent — gezahlt erhalten, und zwar 10 % bis zum 15. d. Mts., 10 % bis zum 15. August d. J. und die übrigen 15 % bis zum 1. Oktober d. J. Dagegen soll der Rest der Forderungen einschließlich der nach der Konkurseröffnung erwachsenen Zinsen und Kosten dem Gemeinschuldner erlassen sein.

II. Für die Erfüllung der unter I bezeichneten Verpflichtungen des Gemeinschuldners übernimmt der Gutsbesitzer A. G. Fischer aus Hermsdorf gegenüber allen beteiligten Gläubigern, mit Ausnahme der Ehefrau Kummer und der Frau Oberlehrer Wunsch, selbstschuldnerische Bürgschaft.

Zur Sicherheit für die aus der Bürgschaft hervorgehenden Verbindlichkeiten läßt er auf seinem zu Hermsdorf belegenen Gute eine Grundschuld zum Betrage von 20000 *RM* auf seinen Namen eintragen. Sämtlichen bei der Bürgschaftsübernahme beteiligten Gläubigern wird die Grundschuld mit der Maßgabe verpfändet, daß den Gläubigern untereinander gleiche Rechte daran zustehen sollen. Der Grundschuldbrief soll gemäß der soeben aufgenommenen notariellen Urkunde dem Konkursverwalter zugestellt werden, der ihn für die Gläubiger zu verwahren hat[1]).

---

[1]) Die Bestimmungen dürften den Konkursgläubigern ausreichende Sicherung gewähren.

III. Den durch die Bürgschaftsübernahme gesicherten Gläubigern bleibt überlassen, wegen ihrer Ansprüche an den Vergleichsbürgen sich vollstreckbare Titel zu beschaffen und diese dem Verwalter vorzulegen. Wenn und soweit sie dies bis zum 1. Juli 1929 nicht tun, erlischt ihr Pfandrecht an der Grundschuld und erlangt der Gutsbesitzer A. G. Fischer die freie Verfügung über diese und über den in der Verwahrung des Verwalters befindlichen Grundschuldbrief. Sofern aber ein beteiligter Gläubiger bis zu dem bezeichneten Termine dem Konkursverwalter die Urkunden vorlegt, welche die Vollstreckbarkeit seiner Forderungen gegen den Vergleichsbürgen nachweisen, darf die Herausgabe des Grundschuldbriefes an den Gutsbesitzer Fischer nur erfolgen, wenn sie von dem Gläubiger bewilligt oder ihm ein entsprechender Teil der Grundschuld besonders verpfändet wird.

IV. Die Kosten der Eintragung und der Löschung der Grundschuld, sowie die Kosten der Verpfändungen trägt der Gemeinschuldner.

Der Gutsbesitzer A. G. Fischer aus Hermsdorf erklärt, daß er mit vorstehenden Vorschlägen einverstanden sei und die danach ihm zur Last fallenden Verpflichtungen übernehme.

Die Ehefrau des Gemeinschuldners und Justizrat Weise Namens der Frau Oberlehrer Wunsch erklären gleichfalls zu den Vorschlägen ihre Zustimmung[1]).

Der Verwalter und die anwesenden Mitglieder des Gläubigerausschusses erachten den Vergleichsvorschlag in seiner jetzigen Gestalt für wohl annehmbar. Der Verwalter erklärt sich auch zur Übernahme der ihm nach dem Vorschlage obliegenden Verpflichtungen bereit.

Es wird nunmehr zur Abstimmung über obigen Vergleichsvorschlag geschritten. Als Ergebnis der Abstimmung wird die Annahme des Vorschlags mit einer Personenmehrheit von 15 gegen 8 und einer Summenmehrheit von 34184,53 *RM* gegen 7365,79 *RM* (vgl. die Protokollanlage) verkündet.

Hierauf werden die Anwesenden zur Erklärung über den Zwangsvergleich aufgefordert.

Der Verwalter und die anwesenden Mitglieder des Gläubigerausschusses, Bankier Schütze und Rechtsanwalt Scharf, erklären, daß sie gegen die Bestätigung des Zwangsvergleichs Bedenken nicht zu erheben haben.

Dagegen beantragt der Privatmann Fuchs, den Zwangsvergleich zu verwerfen, weil, wie er an Eides Statt versichert und zu beschwören sich bereit erklärt, der Gemeinschuldner soeben seinem Schwager, dem Gutsbesitzer Fischer, Zahlung für dessen ganze Forderung versprochen habe.

Der Gemeinschuldner, zur Erklärung hierüber aufgefordert, gibt zu, seinem Schwager eine Zusicherung wegen vollständiger Bezahlung der ihm zustehenden Forderung von 5000 *RM* gemacht zu haben, behauptet aber, daß dies erst nach der Annahme des Zwangsvergleichs und nur zum Dank für die ihm von seinem Schwager geleisteten wesentlichen Dienste, auch nur in der Weise geschehen sei, daß er sich ausdrücklich vorbehalten habe, die Art und die Zeit der zu leistenden Zahlungen selbst zu bestimmen. Der Gutsbesitzer A. G. Fischer bestätigt diese Angaben. Der Privatmann Fuchs gibt deren Richtigkeit als möglich zu, beharrt aber bei seinem Antrage.

Seitens der übrigen Anwesenden wurden Erklärungen nicht abgegeben.

Sodann wird die Verhandlung geschlossen und anliegender Beschluß verkündet.

Vorgelesen genehmigt.

R. Amtsgerichtsrat. P. Justizobersekretär.

---

[1]) Diese und der Gutsbesitzer Fischer sind die zurückgesetzten Gläubiger. S. § 181 KO.

Zu N 8/28. I. Anlage zum Protokoll vom 1. Juli 1928.

Fortlaufende Nummer	Nummer der Konkurstabelle	Verzeichnis der sämtlichen zum Stimmen berechtigten Forderungen im Konkurse über das Vermögen des Kaufmanns Gustav Reinhold Kummer zu Halle a/S.	Stimmberechtigte Forderungen überhaupt		Es haben gestimmt			
			RM.	RPf.	mit ja		mit nein	
1.	1.	Firma Richter & Kühn zu Breslau	1612	10	1612	10		
2.	3.	Bankier Friedrich Schütze hier	7000	—	7000	—		
3.	4.	Kaufm. Wilh. Hinze zu Königsberg	300	—				
4.	7. 8.	Kaufm. Daniel Schulze zu Cöthen	170	—			170	—
5.	9.	Pferdehändler Hirsch zu Braunschweig	200	—				
6.	11.	Kaufmann F. H. Klnge hier	971	15	971	15		
7.	12.	Firma Kohl & Walter Leipzig	2176	87			2176	87
8.	14.	Fabrikant Siegfried Diebel zu Chemnitz	500	—			500	—
9.	15.	Kaufm. Moritz Aronsohn zu Berlin	3600	—	3600	—		
10.	18.	Rentner August Sommer hier	1500	—	1500	—		
11.	19.	Kaufleute Wander & Reiche hier	279	45	279	45		
12.	20.	Firma J. C. Böhme zu Berlin	620	33	620	33		
13.	21.	Fabrikant H. Niemann zu Leipzig	118	50				
14.	23.	Kaufmann S. Nathan zu Breslau	2566	—	2566	—		
15.	24. 25.	Privatmann W. Fuchs hier	392	50			392	50
16.	26.	Kaufm. Herm. Koch zu Magdeburg	1844	25	1844	25		
17.	28.	Kaufmann B. Wieder hier	480	—	480	—		
18.	29.	Firma C. W. Müller & Co. hier	307	90			307	90
19.	32.	Gerichtskasse hier	126	70			126	70
20.	33.	Fabrikant Heinrich Ahlemann zu Leipzig	540	—	540	—		
21.	34.	Gutsbesitzer A. G. Fischer zu Hermsdorf	5000	—	5000	—		
22.	35	Frau Oberlehrer Wunsch geb. Kummer zu Kassel	1000	—	1000	—		
23.	36. 37.	Kaufmann P. Stein hier	423	75				
24.	39. 40.	Kaufm. Georg W. Löwe zu Berlin	3406	60			3406	60
		Bis hierher zusammen	35136	10[1])				
25.	VI. 41	Dazu treten nach den Verhandlungen im Termine:						
26.	VI. 2.	Ehefrau des Kaufmanns Kummer, Emilie geb. Brandt hier	6000	—	6000	—		
27.	5.	Kaufmann Alexander Cohn hier	285	22			285	22
		Firma Gross & Schmidt zu Hamburg	1171	25	1171	25		
		Also im Ganzen	42592	57	42592	53	7365	79

R. Amtsgerichtsrat. P. Justizobersekretär.

[1]) Soweit kann das Verzeichnis vor dem Termine fertiggestellt werden.

II. Anlage zum Protokoll vom 1. Juli 1928 in Sachen N 8/28.

Beschluß.

Verkündet am 1. Juli 1928. P. Justizobersekretär als Urkundsbeamter der Geschäftsstelle.

In dem Konkursverfahren über das Vermögen des Kaufmanns Gustav Reinhold Kummer von hier, wird der im heutigen Vergleichstermin angenommene Zwangsvergleich hierdurch bestätigt.

Gründe:

Dem vom Gemeinschuldner gemachten Zwangsvergleichsvorschlage haben im heutigen Vergleichstermine von den anwesenden bzw. vertretenen 23 stimmberechtigten Gläubigern 15, deren Forderungen zusammen 34184,53 *RM* betragen, ausdrücklich zugestimmt. Die Gesamtsumme der stimmberechtigten Forderungen beläuft sich auf nicht mehr als 42592,57 *RM*.

Hiernach genügen die für die Annahme des Zwangsvergleichs erzielten Mehrheiten dem § 182 Abs. 1 KO., obwohl bei Berechnung der Mehrheiten die Stimme der Ehefrau des Gemeinschuldners gemäß § 183 KO. außer Betracht zu lassen ist.

Die für das Verfahren und den Abschluß des Vergleichs gegebenen Vorschriften sind beobachtet worden, ein Fall der Unzulässigkeit des Verfahrens liegt nicht vor.

Ein Antrag auf Verwerfung des Zwangsvergleichs ist nur von dem Privatmann Fuchs hierselbst gestellt worden, dieser Antrag ist aber unbegründet, weil

a) nicht feststeht, daß der Gutsbesitzer A. G. Fischer durch die Zusicherung voller Zahlung in seiner Eigenschaft als Konkursgläubiger vom Gemeinschuldner hat begünstigt werden sollen, vielmehr als wahrscheinlich anzusehen ist, daß ihm diese Zusicherung nur als Entgelt für seine Bürgschaftsübernahme gemacht worden ist,

b) der Gemeinschuldner auch die erwähnte Zusicherung erst nach Annahme des Zwangsvergleichs erteilt hat, mithin der Vergleich nicht durch diese Zusicherung zustande gebracht sein kann.

Halle a/S, den 1. Juli 1928.

Das Amtsgericht.

R.

F.

I.

Konkursordnung.

Nach der Bekanntmachung vom 20. Mai 1898 in der jetzt geltenden Fassung.

Erstes Buch.

Konkursrecht.

Erster Titel.

Allgemeine Bestimmungen.

§ 1. Das Konkursverfahren umfaßt das gesamte, einer Zwangsvollstreckung unterliegende Vermögen des Gemeinschuldners, welches ihm zur Zeit der Eröffnung des Verfahrens gehört (Konkursmasse).

Die im § 811 Nr. 4, 9 der Zivilprozeßordnung und im § 20 des Gesetzes über das Postwesen des Deutschen Reichs vom 28. Oktober 1871 vorgesehenen Beschränkungen kommen im Konkursverfahren nicht zur Anwendung.

Zur Konkursmasse gehören auch die Geschäftsbücher des Gemeinschuldners.

Gegenstände, die nicht gepfändet werden sollen, gehören nicht zur Konkursmasse.

§ 2. Wird bei dem Güterstande der allgemeinen Gütergemeinschaft, der Errungenschaftsgemeinschaft oder der Fahrnisgemeinschaft das Konkursverfahren über das Vermögen des Ehemanns eröffnet, so gehört das Gesamtgut zur Konkursmasse; eine Auseinandersetzung wegen des Gesamtguts zwischen den Ehegatten findet nicht statt.

Durch das Konkursverfahren über das Vermögen der Ehefrau wird das Gesamtgut nicht berührt.

Diese Vorschriften finden bei der fortgesetzten Gütergemeinschaft mit der Maßgabe Anwendung, daß an die Stelle des Ehemanns der überlebende Ehegatte, an die Stelle der Ehefrau die Abkömmlinge treten.

§ 3. Die Konkursmasse dient zur gemeinschaftlichen Befriedigung aller persönlichen Gläubiger, welche einen zur Zeit der Eröffnung des Verfahrens begründeten Vermögensanspruch an den Gemeinschuldner haben (Konkursgläubiger).

Unterhaltsansprüche, die nach den §§ 1351, 1360, 1361, 1578 bis 1583, 1586, 1601 bis 1615, 1708 bis 1714 des Bürgerlichen Gesetzbuchs gegen den Gemeinschuldner begründet sind, sowie die sich aus den §§ 1715, 1716 des Bürgerlichen Gesetzbuchs ergebenden Ansprüche können für die Zukunft nur geltend gemacht werden, soweit der Gemeinschuldner als Erbe des Verpflichteten haftet.

§ 4. Ein Anspruch auf abgesonderte Befriedigung aus Gegenständen, welche zur Konkursmasse gehören, kann nur in den von diesem Gesetze zugelassenen Fällen geltend gemacht werden.

Die abgesonderte Befriedigung erfolgt unabhängig vom Konkursverfahren.

§ 5. Ausländische Gläubiger stehen den inländischen gleich.

Unter Zustimmung des Bundesrats kann durch Anordnung des Reichskanzlers bestimmt werden, daß gegen einen ausländischen Staat sowie dessen Angehörige und ihre Rechtsnachfolger ein Vergeltungsrecht zur Anwendung gebracht wird [1]).

§ 6. Mit der Eröffnung des Verfahrens verliert der Gemeinschuldner die Befugnis, sein zur Konkursmasse gehöriges Vermögen zu verwalten und über dasselbe zu verfügen.

Das Verwaltungs- und Verfügungsrecht wird durch einen Konkursverwalter ausgeübt.

§ 7. Rechtshandlungen, welche der Gemeinschuldner nach der Eröffnung des Verfahrens vorgenommen hat, sind den Konkursgläubigern gegenüber unwirksam; die Vorschriften der §§ 892, 893 des Bürgerlichen Gesetzbuchs bleiben unberührt.

Dem anderen Teile ist die Gegenleistung aus der Masse zurückzugewähren, soweit letztere durch dieselbe bereichert ist.

Hat der Gemeinschuldner Rechtshandlungen am Tage der Eröffnung des Verfahrens vorgenommen, so wird vermutet, daß sie nach der Eröffnung vorgenommen worden sind.

§ 8. Eine Leistung, welche auf eine zur Konkursmasse zu erfüllende Verbindlichkeit nach der Eröffnung des Verfahrens an den Gemeinschuldner erfolgt ist, befreit den Erfüllenden den Konkursgläubigern gegenüber nur insoweit, als das Geleistete in die Konkursmasse gekommen ist.

War die Leistung vor der öffentlichen Bekanntmachung der Eröffnung erfolgt, so ist der Erfüllende befreit, wenn nicht bewiesen wird, daß ihm zur Zeit der Leistung die Eröffnung des Verfahrens bekannt war.

War die Leistung nach der öffentlichen Bekanntmachung erfolgt, so wird der Erfüllende befreit, wenn er beweist, daß ihm zur Zeit der Leistung die Eröffnung des Verfahrens nicht bekannt war.

§ 9. Die Annahme oder Ausschlagung einer vor der Eröffnung des Verfahrens dem Gemeinschuldner angefallenen Erbschaft, sowie eines vor diesem Zeitpunkte dem Gemeinschuldner angefallenen Verhältnisses steht nur dem Gemeinschuldner zu. Das Gleiche gilt von der Ablehnung der fortgesetzten Gütergemeinschaft.

§ 10. Rechtsstreitigkeiten über das zur Konkursmasse gehörige Vermögen, welche zur Zeit der Eröffnung des Verfahrens für den Gemeinschuldner anhängig sind, können in der Lage, in welcher sie sich befinden, von dem Konkursverwalter aufgenommen werden. Wird die Aufnahme verzögert, so kommen die Bestimmungen des § 239 der Zivilprozeßordnung zur entsprechenden Anwendung.

Lehnt der Verwalter die Aufnahme des Rechtsstreits ab, so kann sowohl der Gemeinschuldner als der Gegner denselben aufnehmen.

§ 11. Rechtsstreitigkeiten, welche gegen den Gemeinschuldner anhängig und auf Aussonderung eines Gegenstandes aus der Konkursmasse oder auf abgesonderte Befriedigung gerichtet sind oder einen Anspruch betreffen, welcher als Masseschuld zu erachten ist, können sowohl von dem Konkursverwalter als von dem Gegner aufgenommen werden.

Erkennt der Verwalter den Anspruch sofort an, so fallen ihm die Prozeßkosten nicht zur Last.

§ 12. Konkursgläubiger können ihre Forderungen auf Sicherstellung oder Befriedigung aus der Konkursmasse nur nach Maßgabe der Vorschriften für das Konkursverfahren verfolgen.

§ 13. Ein gegen den Gemeinschuldner bestehendes Veräußerungsverbot der in den §§ 135, 136 des Bürgerlichen Gesetzbuchs bezeichneten Art ist den Konkursgläubigern gegenüber unwirksam; wirksam bleibt jedoch eine

[1]) An die Stelle von Bundesrat und Reichskanzler sind jetzt Reichsrat und Reichsregierung getreten.

bei der Zwangsvollstreckung in das unbewegliche Vermögen erfolgte Beschlagnahme.

§ 14. Während der Dauer des Konkursverfahrens finden Arreste und Zwangsvollstreckungen zugunsten einzelner Konkursgläubiger weder in das zur Konkursmasse gehörige, noch in das sonstige Vermögen des Gemeinschuldners statt.

In Ansehung der zur Konkursmasse gehörigen Grundstücke, sowie der für den Gemeinschuldner eingetragenen Rechte an Grundstücken oder an eingetragenen Rechten kann während der Dauer des Konkursverfahrens eine Vormerkung auf Grund einer einstweiligen Verfügung zugunsten einzelner Konkursgläubiger nicht eingetragen werden. Das Gleiche gilt von der Eintragung einer Vormerkung in Ansehung eines Schiffspfandrechts.

§ 15. Rechte an den zur Konkursmasse gehörigen Gegenständen, sowie Vorzugsrechte und Zurückbehaltungsrechte in Ansehung solcher Gegenstände können nach der Eröffnung des Verfahrens nicht mit Wirksamkeit gegenüber den Konkursgläubigern erworben werden, auch wenn der Erwerb nicht auf einer Rechtshandlung des Gemeinschuldners beruht. Die Vorschriften der §§ 878, 892, 893 und des § 1260 Abs. 1 des Bürgerlichen Gesetzbuchs bleiben unberührt.

§ 16. Befindet sich der Gemeinschuldner mit Dritten in einem Miteigentume, in einer Gesellschaft oder in einer anderen Gemeinschaft, so erfolgt die Teilung oder sonstige Auseinandersetzung außerhalb des Konkursverfahrens.

Eine Vereinbarung, durch welche bei einer Gemeinschaft nach Bruchteilen das Recht, die Aufhebung der Gemeinschaft zu verlangen, für immer oder auf Zeit ausgeschlossen oder eine Kündigungsfrist bestimmt worden ist, wirkt nicht gegen die Konkursmasse. Das Gleiche gilt von einer Anordnung dieses Inhalts, die ein Erblasser für die Gemeinschaft seiner Erben getroffen hat.

Zweiter Titel.

Erfüllung der Rechtsgeschäfte.

§ 17. Wenn ein zweiseitiger Vertrag zur Zeit der Eröffnung des Konkursverfahrens von dem Gemeinschuldner und von dem anderen Teile nicht oder nicht vollständig erfüllt ist, so kann der Konkursverwalter an Stelle des Gemeinschuldners den Vertrag erfüllen und die Erfüllung von dem anderen Teile verlangen.

Der Verwalter muß auf Erfordern des anderen Teils, auch wenn die Erfüllungszeit noch nicht eingetreten ist, demselben ohne Verzug erklären, ob er die Erfüllung verlangen will. Unterläßt er dies, so kann er auf der Erfüllung nicht bestehen.

§ 18. War die Lieferung von Waren, welche einen Markt- oder Börsenpreis haben, genau zu einer festbestimmten Zeit oder binnen einer festbestimmten Frist bedungen, und tritt die Zeit oder der Ablauf erst nach der Eröffnung des Verfahrens ein, so kann nicht die Erfüllung verlangt, sondern nur eine Forderung wegen Nichterfüllung geltend gemacht werden.

Der Betrag dieser Forderung bestimmt sich durch den Unterschied zwischen dem Kaufpreise und demjenigen Markt- oder Börsenpreise, welcher an dem Orte der Erfüllung oder an dem für denselben maßgebenden Handelsplatze sich für die am zweiten Werktage nach der Eröffnung des Verfahrens mit der bedungenen Erfüllungszeit geschlossenen Geschäfte ergibt.

Ist ein solcher Markt- oder Börsenpreis nicht zu ermitteln, so findet die Bestimmung des ersten Absatzes keine Anwendung.

§ 19. War dem Gemeinschuldner ein von ihm gemieteter oder gepachteter Gegenstand vor der Eröffnung des Verfahrens überlassen, so kann sowohl der andere Teil als der Verwalter das Miet- oder Pachtverhältnis kündigen. Die Kündigungsfrist ist, falls nicht eine kürzere Frist bedungen war, die gesetzliche. Kündigt der Verwalter, so ist der andere Teil berechtigt, Ersatz des ihm durch die Aufhebung des Vertrags entstehenden Schadens zu verlangen.

§ 20. War dem Gemeinschuldner ein von ihm gemieteter oder gepachteter Gegenstand zur Zeit der Eröffnung des Verfahrens noch nicht überlassen, so kann der andere Teil von dem Vertrage zurücktreten.

Auf Erfordern des Verwalters muß der andere Teil demselben ohne Verzug erklären, ob er von dem Vertrage zurücktreten will. Unterläßt er dies, so kommen die Bestimmungen des § 17 zur Anwendung.

§ 21[1]). Hatte der Gemeinschuldner einen von ihm vermieteten oder verpachteten Gegenstand dem Mieter oder dem Pächter vor der Eröffnung des Verfahrens überlassen, so ist der Miet- oder Pachtvertrag auch der Konkursmasse gegenüber wirksam.

Im Falle der Vermietung oder der Verpachtung eines Grundstücks sowie im Falle der Vermietung von Wohnräumen oder anderen Räumen ist jedoch eine Verfügung, die der Gemeinschuldner vor der Eröffnung des Verfahrens über den auf die spätere Zeit entfallenden Miet- oder Pachtzins getroffen hat, insbesondere die Einziehung des Miet- oder Pachtzinses, der Konkursmasse gegenüber nur insoweit wirksam, als sich die Verfügung auf den Miet- oder Pachtzins für das zur Zeit der Eröffnung des Verfahrens laufende Kalendervierteljahr bezieht. Erfolgt die Konkurseröffnung innerhalb des letzten halben Monats eines Kalendervierteljahrs, so ist die Verfügung auch insoweit wirksam, als sie sich auf den Miet- oder Pachtzins für das folgende Kalendervierteljahr bezieht. Soweit die Entrichtung des Miet- oder Pachtzinses der Konkursmasse gegenüber wirksam ist, kann der Mieter oder der Pächter gegen die Miet- oder Pachtzinsforderung der Konkursmasse eine ihm gegen den Gemeinschuldner zustehende Forderung aufrechnen.

Eine von dem Konkursverwalter vorgenommene freiwillige Veräußerung des von dem Gemeinschuldner vermieteten oder verpachteten Grundstücks wirkt, sofern das Grundstück dem Mieter oder dem Pächter vor der Eröffnung des Verfahrens überlassen war, auf das Miet- oder Pachtverhältnis wie eine Zwangsversteigerung. Die Vorschriften des § 57b des Gesetzes über die Zwangsversteigerung und Zwangsverwaltung bleiben jedoch außer Betracht.

§ 22. Ein in dem Haushalte, Wirtschaftsbetriebe oder Erwerbsgeschäfte des Gemeinschuldners angetretenes Dienstverhältnis kann von jedem Teile gekündigt werden. Die Kündigungsfrist ist, falls nicht eine kürzere Frist bedungen war, die gesetzliche.

Kündigt der Verwalter, so ist der andere Teil berechtigt, Ersatz des ihm durch die Aufhebung des Dienstverhältnisses entstehenden Schadens zu verlangen.

§ 23. Ein von dem Gemeinschuldner erteilter Auftrag erlischt durch die Eröffnung des Verfahrens, es sei denn, daß der Auftrag sich nicht auf das zur Konkursmasse gehörige Vermögen bezieht. Erlischt der Auftrag, so finden die Vorschriften des § 672 Satz 2 und des § 674 des Bürgerlichen Gesetzbuchs entsprechende Anwendung.

Das gleiche gilt, wenn sich jemand durch einen Dienstvertrag oder einen Werkvertrag verpflichtet hat, ein ihm von dem Gemeinschuldner übertragenes Geschäft für diesen zu besorgen.

§ 24. Ist zur Sicherung eines Anspruchs auf Einräumung oder Aufhebung eines Rechts an einem Grundstücke des Gemeinschuldners oder an einem für den Gemeinschuldner eingetragenen Rechte oder zur Sicherung

---

[1]) In der Fassung des Gesetzes vom 8. Juni 1915 (RGBl. S. 327) Art. 3.

eines Anspruchs auf Änderung des Inhalts oder des Ranges eines solchen Rechts eine Vormerkung im Grundbuch eingetragen, so kann der Gläubiger von dem Konkursverwalter die Befriedigung seines Anspruchs verlangen. Das gleiche gilt, wenn in Ansehung eines Schiffspfandrechts eine Vormerkung im Schiffsregister eingetragen ist.

§ 25. Soweit rücksichtlich einzelner, durch die §§ 18 bis 24 nicht betroffener Rechtsverhältnisse das bürgerliche Recht besondere Bestimmungen über die Wirkung der Eröffnung des Konkursverfahrens enthält, kommen diese Bestimmungen zur Anwendung.

§ 26. Wenn infolge der Eröffnung des Konkursverfahrens die Nichterfüllung einer Verbindlichkeit oder die Aufhebung eines Rechtsverhältnisses des Gemeinschuldners eintritt, so ist der andere Teil nicht berechtigt, die Rückgabe seiner in das Eigentum des Gemeinschuldners übergegangenen Leistung aus der Konkursmasse zu verlangen. Er kann eine Forderung wegen der Nichterfüllung oder der Aufhebung nur als Konkursgläubiger geltend machen, soweit ihm nicht ein Anspruch auf abgesonderte Befriedigung zusteht.

§ 27. Erlischt ein von dem Gemeinschuldner erteilter Auftrag oder ein Dienst- oder Werkvertrag der im § 23 Abs. 2 bezeichneten Art infolge der Eröffnung des Verfahrens, so ist der andere Teil in Ansehung der nach der Eröffnung des Verfahrens entstandenen Ersatzansprüche im Falle des § 672 Satz 2 des Bürgerlichen Gesetzbuchs Massegläubiger, im Falle des § 674 des Bürgerlichen Gesetzbuchs Konkursgläubiger.

§ 28. Wird eine nach § 705 des Bürgerlichen Gesetzbuchs eingegangene Gesellschaft durch die Eröffnung des Konkursverfahrens über das Vermögen eines Gesellschafters aufgelöst, so ist der geschäftsführende Gesellschafter in Ansehung der Ansprüche, welche ihm aus der einstweiligen Fortführung der Geschäfte nach § 728 Satz 2 des Bürgerlichen Gesetzbuchs zustehen, Massegläubiger, in Ansehung der ihm nach § 729 des Bürgerlichen Gesetzbuchs zustehenden Ansprüche, unbeschadet der Bestimmung des § 51, Konkursgläubiger.

Dritter Titel.

Anfechtung.

§ 29. Rechtshandlungen, welche vor der Eröffnung des Konkursverfahrens vorgenommen sind, können als den Konkursgläubigern gegenüber unwirksam nach Maßgabe der folgenden Bestimmungen angefochten werden.

§ 30. Anfechtbar sind:

1. die nach der Zahlungseinstellung oder dem Antrage auf Eröffnung des Verfahrens von dem Gemeinschuldner eingegangenen Rechtsgeschäfte, durch deren Eingehung die Konkursgläubiger benachteiligt werden, wenn dem anderen Teile zu der Zeit, als er das Geschäft einging, die Zahlungseinstellung oder der Eröffnungsantrag bekannt war; sowie die nach der Zahlungseinstellung oder dem Eröffnungsantrage erfolgten Rechtshandlungen, welche einem Konkursgläubiger Sicherung oder Befriedigung gewähren, wenn dem Gläubiger zur Zeit, als die Handlung erfolgte, die Zahlungseinstellung oder der Eröffnungsantrag bekannt war;
2. die nach der Zahlungseinstellung oder dem Antrage auf Eröffnung des Verfahrens oder in den letzten zehn Tagen vor der Zahlungseinstellung oder dem Eröffnungsantrage erfolgten Rechtshandlungen, welche einem Konkursgläubiger eine Sicherung oder Befriedigung gewähren, die er nicht oder nicht in der Art oder nicht zu der Zeit zu beanspruchen hatte, sofern er nicht beweist, daß ihm zur Zeit der Handlung weder die Zahlungseinstellung und der Eröffnungsantrag, noch eine Absicht des Gemeinschuldners, ihn vor den übrigen Gläubigern zu begünstigen, bekannt war.

§ 31. Anfechtbar sind:
1. Rechtshandlungen, welche der Gemeinschuldner in der dem anderen Teile bekannten Absicht, seine Gläubiger zu benachteiligen, vorgenommen hat;
2. die in dem letzten Jahre vor der Eröffnung des Verfahrens geschlossenen, entgeltlichen Verträge des Gemeinschuldners
   mit seinem Ehegatten, vor oder während der Ehe,
   mit seinen oder seines Ehegatten Verwandten in auf- und absteigender Linie, mit seinen oder seines Ehegatten voll- und halbbürtigen Geschwistern, oder mit dem Ehegatten einer dieser Personen,

   sofern durch den Abschluß des Vertrages die Gläubiger des Gemeinschuldners benachteiligt werden und der andere Teil nicht beweist, daß ihm zur Zeit des Vertragsabschlusses eine Absicht des Gemeinschuldners, die Gläubiger zu benachteiligen, nicht bekannt war.

§ 32. Anfechtbar sind:
1. die in dem letzten Jahre vor der Eröffnung des Verfahrens von dem Gemeinschuldner vorgenommenen unentgeltlichen Verfügungen, sofern nicht dieselben gebräuchliche Gelegenheitsgeschenke zum Gegenstande hatten;
2. die in den letzten zwei Jahren vor der Eröffnung des Verfahrens von dem Gemeinschuldner vorgenommenen unentgeltlichen Verfügungen zugunsten seines Ehegatten.

§ 33. Rechtshandlungen, welche früher als 6 Monate vor der Eröffnung des Verfahrens erfolgt sind, können aus dem Grunde einer Kenntnis der Zahlungseinstellung nicht angefochten werden.

§ 34[1]. Wechselzahlungen des Gemeinschuldners können auf Grund des § 30 Nr. 1 von dem Empfänger nicht zurückgefordert werden, wenn nach Wechselrecht der Empfänger bei Verlust des Wechselanspruchs gegen andere Wechselverpflichtete zur Annahme der Zahlung verbunden war.

Die gezahlte Wechselsumme muß von dem letzten Wechselregreßschuldner oder, falls derselbe den Wechsel für Rechnung eines Dritten begeben hatte, von diesem erstattet werden, wenn dem letzten Wechselregreßschuldner oder dem Dritten zu der Zeit, als er den Wechsel begab oder begeben ließ, einer der im § 30 Nr. 1 erwähnten Umstände bekannt war.

§ 35. Die Anfechtung wird dadurch nicht ausgeschlossen, daß für die anzufechtende Rechtshandlung ein vollstreckbarer Schuldtitel erlangt, oder daß dieselbe durch Zwangsvollstreckung oder durch Vollziehung eines Arrestes erwirkt ist.

§ 36. Das Anfechtungsrecht wird von dem Verwalter ausgeübt.

§ 37. Was durch die anfechtbare Handlung aus dem Vermögen des Gemeinschuldners veräußert, weggegeben oder aufgegeben ist, muß zur Konkursmasse zurückgewährt werden.

Der gutgläubige Empfänger einer unentgeltlichen Leistung hat dieselbe nur soweit zurückzugewähren, als er durch sie bereichert ist.

§ 38. Die Gegenleistung ist aus der Konkursmasse zu erstatten, soweit sie sich in derselben befindet, oder soweit die Masse um ihren Wert bereichert ist. Darüber hinaus kann ein Anspruch nur als Konkursforderung geltend gemacht werden.

§ 39. Wenn der Empfänger einer anfechtbaren Leistung das Empfangene zurückgewährt, so tritt seine Forderung wieder in Kraft.

§ 40. Die gegen den Erblasser begründete Anfechtung findet gegen den Erben statt.

---

[1]) Findet nach § 24 des Scheckgesetzes auf die Anfechtung einer auf einen Scheck geleisteten Zahlung entsprechende Anwendung.

Gegen einen anderen Rechtsnachfolger desjenigen, welchem gegenüber die anfechtbare Handlung vorgenommen ist, findet die gegen den letzteren begründete Anfechtung statt:

1. wenn ihm zur Zeit seines Erwerbes die Umstände, welche die Anfechtbarkeit des Erwerbes seines Rechtsvorgängers begründen, bekannt waren;
2. wenn er zu den im § 31 Nr. 2 genannten Personen gehört, es sei denn, daß ihm zur Zeit seines Erwerbes die Umstände, welche die Anfechtbarkeit des Erwerbes seines Rechtsvorgängers begründen, unbekannt waren;
3. wenn ihm das Erlangte unentgeltlich zugewendet worden ist.

Im Falle des Abs. 2 Nr. 3 findet auf die Haftung des Rechtsnachfolgers die Bestimmung des § 37 Abs. 2 Anwendung.

§ 41. Die Anfechtung kann nur binnen Jahresfrist seit der Eröffnung des Verfahrens erfolgen. Auf den Lauf der Frist finden die für die Verjährung geltenden Vorschriften des § 203 Abs. 2 und des § 207 des Bürgerlichen Gesetzbuchs entsprechende Anwendung. Die Anfechtung nach § 31 Nr. 1 ist ausgeschlossen, wenn seit der Vornahme der Handlung 30 Jahre verstrichen sind.

Ist durch die anfechtbare Handlung eine Verpflichtung des Gemeinschuldners zu einer Leistung begründet, so kann der Konkursverwalter die Leistung verweigern, auch wenn die Anfechtung nach Abs. 1 ausgeschlossen ist.

§ 42. Die Vorschriften über die Anfechtung der vor der Eröffnung des Verfahrens vorgenommenen Rechtshandlungen gelten auch für die Anfechtung von Rechtshandlungen, die nach der Eröffnung des Verfahrens vorgenommen worden sind, sofern diese nach den §§ 892, 893 des Bürgerlichen Gesetzbuchs den Konkursgläubigern gegenüber wirksam sind. Die Frist für die Ausübung des Anfechtungsrechts beginnt mit der Vornahme der Rechtshandlung.

Vierter Titel.

Aussonderung.

§ 43. Die Ansprüche auf Aussonderung eines dem Gemeinschuldner nicht gehörigen Gegenstandes aus der Konkursmasse auf Grund eines dinglichen oder persönlichen Rechts bestimmen sich nach den außerhalb des Konkursverfahrens geltenden Gesetzen.

§ 44. Der Verkäufer oder Einkaufskommissionär kann Waren, welche von einem anderen Orte an den Gemeinschuldner abgesendet und von dem Gemeinschuldner noch nicht vollständig bezahlt sind, zurückfordern, sofern nicht dieselben schon vor der Eröffnung des Verfahrens an dem Orte der Ablieferung angekommen und in den Gewahrsam des Gemeinschuldners oder einer anderen Person für ihn gelangt sind.

Die Bestimmungen des § 17 finden Anwendung.

§ 45. Die Ehefrau des Gemeinschuldners kann Gegenstände, welche sie während der Ehe erworben hat, nur in Anspruch nehmen, wenn sie beweist, daß dieselben nicht mit Mitteln des Gemeinschuldners erworben sind.

§ 46. Sind Gegenstände, deren Aussonderung aus der Konkursmasse hätte beansprucht werden können, vor der Eröffnung des Verfahrens von dem Gemeinschuldner oder nach der Eröffnung des Verfahrens von dem Verwalter veräußert worden, so ist der Aussonderungsberechtigte befugt, die Abtretung des Rechts auf die Gegenleistung, soweit diese noch aussteht, zu verlangen. Er kann die Gegenleistung aus der Masse beanspruchen, soweit sie nach der Eröffnung des Verfahrens zu derselben eingezogen worden ist.

Fünfter Titel.

Absonderung.

§ 47. Zur abgesonderten Befriedigung dienen die Gegenstände, welche der Zwangsvollstreckung in das unbewegliche Vermögen unterliegen, für diejenigen, welchen ein Recht auf Befriedigung aus denselben zusteht.

§ 48. Gläubiger, welche an einem zur Konkursmasse gehörigen Gegenstand ein durch Rechtsgeschäft bestelltes Pfandrecht haben, können aus den ihnen verpfändeten Gegenständen abgesonderte Befriedigung wegen ihrer Pfandforderung verlangen, zunächst wegen der Kosten, dann wegen der Zinsen, zuletzt wegen des Kapitals.

§ 49. Den im § 48 bezeichneten Pfandgläubigern stehen gleich:

1. die Reichskasse, die Staatskassen und die Gemeinden sowie die Amts-, Kreis- und Provinzialverbände wegen öffentlicher Abgaben, in Ansehung der zurückgehaltenen oder in Beschlag genommenen zoll- und steuerpflichtigen Sachen;
2. diejenigen, welche an gewissen Gegenständen ein gesetzliches oder ein durch Pfändung erlangtes Pfandrecht haben; das dem Vermieter und dem Verpächter nach den §§ 559, 581, 585 des Bürgerlichen Gesetzbuchs zustehende Pfandrecht kann in Ansehung des Miet- oder Pachtzinses für eine frühere Zeit als das letzte Jahr vor der Eröffnung des Verfahrens, sowie in Ansehung des dem Vermieter oder dem Verpächter infolge der Kündigung des Verwalters entstehenden Entschädigungsanspruchs nicht geltend gemacht werden; das Pfandrecht des Verpächters eines landwirtschaftlichen Grundstücks unterliegt in Ansehung des Pachtzinses der Beschränkung nicht;
3. diejenigen, welche etwas zum Nutzen einer Sache verwendet haben, wegen des den noch vorhandenen Vorteil nicht übersteigenden Betrags ihrer Forderung aus der Verwendung, in Ansehung der zurückbehaltenen Sache;
4. diejenigen, welchen nach dem Handelsgesetzbuche in Ansehung gewisser Gegenstände ein Zurückbehaltungsrecht zusteht.

Die im Abs. 1 Nr. 1 bezeichneten Rechte gehen den im Abs. 1 Nr. 2 bis 4 und den im § 48 bezeichneten Rechten vor.

§ 50. Wer nach der Eröffnung des Konkursverfahrens oder mit Kenntnis des Eröffnungsantrages oder der Zahlungseinstellung eine Konkursforderung dem im Auslande wohnenden Inhaber eines zur Konkursmasse gehörigen Gegenstandes oder in der Absicht, daß dieser die Forderung erwerbe, einer Mittelsperson abtritt, ist verpflichtet, zur Konkursmasse den Betrag zu ersetzen, welcher derselben dadurch entgeht, daß der Inhaber für die Forderung nach dem Rechte des Auslandes entgegen den Bestimmungen dieses Gesetzes ein Absonderungsrecht an dem Gegenstand ausübt. Die Vorschrift des § 33 findet entsprechende Anwendung.

§ 51. Wer sich mit dem Gemeinschuldner in einem Miteigentume, in einer Gesellschaft oder in einer anderen Gemeinschaft befindet, kann wegen der auf ein solches Verhältnis sich gründenden Forderungen abgesonderte Befriedigung aus dem bei der Teilung oder sonstigen Auseinandersetzung ermittelten Anteile des Gemeinschuldners verlangen.

§ 52. Die Befriedigung der Lehen-, Stammguts- oder Familienfideikommiß-Gläubiger erfolgt abgesondert aus dem Lehen, Stammgute oder Familienfideikommisse nach den Vorschriften der Landesgesetze.

Sechster Titel.

Aufrechnung.

§ 53. Soweit ein Gläubiger zu einer Aufrechnung befugt ist, braucht er seine Forderung im Konkursverfahren nicht geltend zu machen.

§ 54. Die Aufrechnung wird nicht dadurch ausgeschlossen, daß zur Zeit der Eröffnung des Verfahrens die aufzurechnenden Forderungen oder die eine von ihnen noch betagt oder noch bedingt war, oder die Forderung des Gläubigers nicht auf einen Geldbetrag gerichtet war.

Eine betagte Forderung des Gläubigers ist zum Zwecke der Aufrechnung nach der Vorschrift des § 65 zu berechnen.

Zum Zwecke der Aufrechnung einer aufschiebend bedingten Forderung bei dem Eintritte der Bedingung kann der Gläubiger Sicherstellung insoweit verlangen, als die Forderung der von ihm einzuzahlenden Schuld gleichkommt.

Eine nicht auf Geld gerichtete Forderung des Gläubigers ist zum Zwecke der Aufrechnung nach den Vorschriften der §§ 69, 70 zu berechnen.

§ 55. Eine Aufrechnung im Konkursverfahren ist unzulässig:

1. wenn jemand vor oder nach der Eröffnung des Verfahrens eine Forderung an den Gemeinschuldner erworben hat und nach der Eröffnung etwas zur Masse schuldig geworden ist;
2. wenn jemand dem Gemeinschuldner vor der Eröffnung des Verfahrens etwas schuldig war und nach derselben eine Forderung an den Gemeinschuldner erworben hat, auch wenn diese Forderung vor der Eröffnung für einen anderen Gläubiger entstanden war;
3. wenn jemand vor der Eröffnung des Verfahrens dem Gemeinschuldner etwas schuldig war und eine Forderung an den Gemeinschuldner durch ein Rechtsgeschäft mit demselben oder durch Rechtsabtretung oder Befriedigung eines Gläubigers erworben hat, falls ihm zur Zeit des Erwerbes bekannt war, daß der Gemeinschuldner seine Zahlungen eingestellt hatte, oder daß die Eröffnung des Verfahrens beantragt war. Die Vorschrift des § 33 findet entsprechende Anwendung.

   Die Aufrechnung ist zulässig, wenn der Erwerber zur Übernahme der Forderung oder zur Befriedigung des Gläubigers verpflichtet war und zu der Zeit, als er die Verpflichtung einging, weder von der Zahlungseinstellung noch von dem Eröffnungsantrage Kenntnis hatte.

§ 56. Die Bestimmung des § 50 findet entsprechende Anwendung auf den Fall, daß ein im Auslande wohnender Schuldner nach dem Rechte des Auslandes eine nach § 55 unzulässige Aufrechnung mit der ihm abgetretenen Konkursforderung vornimmt.

Siebenter Titel.

Massegläubiger.

§ 57. Aus der Konkursmasse sind die Massekosten und Masseschulden vorweg zu berichtigen.

§ 58. Massekosten sind:

1. die gerichtlichen Kosten für das gemeinschaftliche Verfahren;
2. die Ausgaben für die Verwaltung, Verwertung und Verteilung der Masse;
3. die dem Gemeinschuldner und dessen Familie bewilligte Unterstützung.

§ 59. Masseschulden sind:

1. die Ansprüche, welche aus Geschäften oder Handlungen des Konkursverwalters entstehen;
2. die Ansprüche aus zweiseitigen Verträgen deren Erfüllung zur Konkursmasse verlangt wird oder für die Zeit nach der Eröffnung des Verfahrens erfolgen muß;
3. die Ansprüche aus einer rechtlosen Bereicherung der Masse.

§ 60. Sobald sich herausstellt, daß die Konkursmasse zur vollständigen Befriedigung aller Massegläubiger nicht ausreicht, tritt eine verhältnismäßige Befriedigung derselben in der Weise ein, daß zunächst die Masseschulden, dann die Massekosten, von diesen zuerst die baren Auslagen und zuletzt die dem Gemeinschuldner und dessen Familie bewilligte Unterstützung zu berichtigen sind.

Achter Titel.

Konkursgläubiger.

§ 61. Die Konkursforderungen werden nach folgender Rangordnung, bei gleichem Range nach Verhältnis ihrer Beträge, berichtigt:

1. die für das letzte Jahr vor der Eröffnung des Verfahrens oder dem Ableben des Gemeinschuldners rückständigen Forderungen an Lohn, Kostgeld oder anderen Dienstbezügen der Personen, welche sich dem Gemeinschuldner für dessen Haushalt, Wirtschaftsbetrieb oder Erwerbsgeschäft zur Leistung von Diensten verdungen hatten;
2. die Forderungen der Reichskasse, der Staatskassen und der Gemeinden, sowie der Amts-, Kreis- und Provinzialverbände wegen öffentlicher Abgaben, welche im letzten Jahre vor der Eröffnung des Verfahrens fällig geworden sind oder nach § 65 als fällig gelten; es macht hierbei keinen Unterschied, ob der Steuererheber die Abgabe bereits vorschußweise zur Kasse entrichtet hat;
3. die Forderungen der Kirchen und Schulen, der öffentlichen Verbände und der öffentlichen, zur Annahme der Versicherung verpflichteten Feuerversicherungsanstalten wegen der nach Gesetz oder Verfassung zu entrichtenden Abgaben und Leistungen aus dem letzten Jahre vor der Eröffnung des Verfahrens;
4. die Forderungen der Ärzte, Wundärzte, Tierärzte, Apotheker, Hebammen und Krankenpfleger wegen Kur- und Pflegekosten aus dem letzten Jahre vor der Eröffnung des Verfahrens, insoweit der Betrag der Forderungen den Betrag der taxmäßigen Gebührnisse nicht übersteigt;
5. die Forderungen der Kinder, der Mündel und der Pflegebefohlenen des Gemeinschuldners in Ansehung ihres gesetzlich der Verwaltung desselben unterworfenen Vermögens; das Vorrecht steht ihnen nicht zu, wenn die Forderung nicht binnen zwei Jahren nach Beendigung der Vermögensverwaltung gerichtlich geltend gemacht und bis zur Eröffnung des Verfahrens verfolgt worden ist;
6. alle übrigen Konkursforderungen.

§ 62. Mit der Kapitalsforderung werden an derselben Stelle angesetzt:

1. die Kosten, welche dem Gläubiger vor der Eröffnung des Verfahrens erwachsen sind;
2. die Vertragsstrafen;
3. die bis zur Eröffnung des Verfahrens aufgelaufenen Zinsen.

§ 63. Im Konkursverfahren können nicht geltend gemacht werden:

1. die seit der Eröffnung des Verfahrens laufenden Zinsen;
2. die Kosten, welche den einzelnen Gläubigern durch ihre Teilnahme an dem Verfahren erwachsen;
3. Geldstrafen;
4. Forderungen aus einer Freigebigkeit des Gemeinschuldners unter Lebenden oder von Todes wegen.

§ 64. Ein Gläubiger, welcher abgesonderte Befriedigung beansprucht, kann die Forderung, wenn der Gemeinschuldner auch persönlich für sie haftet, zur Konkursmasse geltend machen, aus derselben aber nur für den Betrag verhältnismäßige Befriedigung verlangen, zu welchem er auf abgesonderte Befriedigung verzichtet, oder mit welchem er bei der letzteren ausgefallen ist.

§ 65. Betagte Forderungen gelten als fällig.

Eine betagte unverzinsliche Forderung vermindert sich auf den Betrag, welcher mit Hinzurechnung der gesetzlichen Zinsen desselben für die Zeit von der Eröffnung des Verfahrens bis zur Fälligkeit dem vollen Betrage der Forderung gleichkommt.

§ 66. Forderungen unter auflösender Bedingung werden wie unbedingte geltend gemacht.

§ 67. Forderungen unter aufschiebender Bedingung berechtigen nur zu einer Sicherung.

§ 68. Wird über das Vermögen mehrerer oder einer von mehreren Personen, welche nebeneinander für dieselbe Leistung auf das Ganze haften, das Konkursverfahren eröffnet, so kann der Gläubiger bis zu seiner vollen Befriedigung in jedem Verfahren den Betrag geltend machen, den er zur Zeit der Eröffnung des Verfahrens zu fordern hatte.

§ 69. Forderungen, welche nicht auf einen Geldbetrag gerichtet sind, oder deren Geldbetrag unbestimmt oder ungewiß oder nicht in Reichswährung festgesetzt ist, sind nach ihrem Schätzungswerte in Reichswährung geltend zu machen.

§ 70. Wiederkehrende Hebungen zu einem bestimmten Betrage und von einer bestimmten Zeitdauer werden unter Abrechnung der Zwischenzinsen (§ 65) durch Zusammenzählung der einzelnen Hebungen kapitalisiert. Der Gesamtbetrag darf den zum gesetzlichen Zinssatze kapitalisierten Betrag derselben nicht übersteigen.

Zweites Buch.

Konkursverfahren.

Erster Titel.

Allgemeine Bestimmungen.

§ 71. Für das Konkursverfahren ist das Amtsgericht ausschließlich zuständig, bei welchem der Gemeinschuldner seine gewerbliche Niederlassung oder in Ermangelung einer solchen seinen allgemeinen Gerichtsstand hat.

Sind mehrere Gerichte zuständig, so schließt dasjenige, bei welchem zuerst die Eröffnung des Verfahrens beantragt worden ist, die übrigen aus.

§ 72. Die Vorschriften der Zivilprozeßordnung finden, soweit nicht aus den Bestimmungen dieses Gesetzes sich Abweichungen ergeben, auf das Konkursverfahren entsprechende Anwendung.

§ 73. Die Entscheidungen im Konkursverfahren können ohne vorgängige mündliche Verhandlung erfolgen.

Die Zustellung geschieht von Amts wegen.

Gegen die Entscheidungen im Konkursverfahren findet, soweit dieses Gesetz nicht ein anderes bestimmt, die sofortige Beschwerde statt.

§ 74. Die Entscheidung des Beschwerdegerichts wird erst mit der Rechtskraft wirksam. Das Beschwerdegericht kann jedoch die sofortige Wirksamkeit der Entscheidung anordnen.

§ 75. Das Konkursgericht kann zur Aufklärung aller das Verfahren betreffenden Verhältnisse die erforderlichen Ermittelungen, insbesondere die Vernehmungen von Zeugen und Sachverständigen anordnen.

§ 76. Die öffentlichen Bekanntmachungen erfolgen durch mindestens einmalige Einrückung in das zur Veröffentlichung amtlicher Bekanntmachungen des Gerichts bestimmte Blatt; die Einrückung kann auszugsweise geschehen. Die Bekanntmachung gilt als bewirkt mit dem Ablaufe des zweiten Tages nach der Ausgabe des die Einrückung oder die erste Einrückung enthaltenden Blattes.

Das Gericht kann weitere Bekanntmachungen anordnen.

Die öffentliche Bekanntmachung gilt als Zustellung an alle Beteiligten, auch wenn dieses Gesetz neben ihr eine besondere Zustellung vorschreibt.

§ 77. Wenn neben der öffentlichen Bekanntmachung eine besondere Zustellung vorgeschrieben ist, so kann dieselbe durch Aufgabe zur Post bewirkt werden. Einer Beglaubigung der Abschrift des zuzustellenden Schriftstücks bedarf es nicht.

Die dem Verwalter obliegenden Mitteilungen können unmittelbar und ohne besondere Form geschehen.

§ 78. Der Konkursverwalter wird von dem Gerichte ernannt.

Das Gericht kann demselben die Leistung einer Sicherheit auferlegen.

§ 79. Wenn die Verwaltung verschiedene Geschäftszweige umfaßt, so können mehrere Konkursverwalter ernannt werden. Jeder von ihnen ist in seiner Geschäftsführung selbständig.

§ 80. In der auf die Ernennung eines Verwalters folgenden Gläubigerversammlung können die Konkursgläubiger statt des Ernannten eine andere Person wählen. Das Gericht kann die Ernennung des Gewählten versagen.

§ 81. Der Name des Verwalters ist öffentlich bekannt zu machen.

Dem Verwalter ist eine urkundliche Bescheinigung seiner Ernennung zu erteilen. Er hat dieselbe bei der Beendigung seines Amts dem Gerichte zurückzureichen.

§ 82. Der Verwalter ist für die Erfüllung der ihm obliegenden Pflichten allen Beteiligten verantwortlich.

§ 83. Der Verwalter steht unter der Aufsicht des Konkursgerichts.

§ 84. Das Gericht kann gegen den Verwalter Ordnungsstrafen bis zu eintausend Reichsmark festsetzen[1]). Es kann denselben vor der auf seine Ernennung folgenden Gläubigerversammlung von Amts wegen, später nur auf Antrag der Gläubigerversammlung oder des Gläubigerausschusses seines Amts entlassen.

Vor der Entscheidung ist der Verwalter zu hören.

§ 85. Der Verwalter hat Anspruch auf Erstattung angemessener barer Auslagen und auf Vergütung für seine Geschäftsführung. Die Festsetzung der Auslagen und der Vergütung erfolgt durch das Konkursgericht.

Die Landesjustizverwaltung kann für die dem Verwalter zu gewährende Vergütung allgemeine Anordnungen treffen.

§ 86. Der Verwalter hat bei der Beendigung seines Amts einer Gläubigerversammlung Schlußrechnung zu legen. Die Rechnung muß mit den Belegen und, wenn ein Gläubigerausschuß bestellt ist, mit dessen Bemerkungen spätestens drei Tage vor dem Termine auf der Geschäftstelle zur Einsicht der Beteiligten niedergelegt werden. Der Gemeinschuldner, jeder Konkursgläubiger und der nachfolgende Verwalter sind berechtigt, Einwendungen gegen die Rechnung zu erheben. Soweit in dem Termine Einwendungen nicht erhoben werden, gilt die Rechnung als anerkannt.

§ 87. Vor der ersten Gläubigerversammlung kann das Gericht aus der Zahl der Gläubiger oder der Vertreter von Gläubigern einen Gläubigerausschuß bestellen.

Die Gläubigerversammlung hat über die Bestellung eines Gläubigerausschusses zu beschließen. Die Mitglieder des Gläubigerausschusses sind von der Gläubigerversammlung zu wählen. Zu Mitgliedern können Gläubiger oder andere Personen gewählt werden.

---

[1]) Beruht auf den Verordnungen vom 6. Februar und 12. Dezember 1924 (RGBl. S. 44 und 775).

§ 88. Die Mitglieder des Gläubigerausschusses haben den Verwalter bei seiner Geschäftsführung zu unterstützen und zu überwachen. Dieselben können sich von dem Gange der Geschäfte unterrichten, die Bücher und Schriften des Verwalters einsehen und den Bestand seiner Kasse untersuchen.

Der Gläubigerausschuß ist berechtigt, von dem Verwalter Berichterstattung über die Lage der Sache und die Geschäftsführung zu verlangen. Er ist verpflichtet, die Untersuchung der Kasse des Verwalters wenigstens einmal in jedem Monate durch ein Mitglied vornehmen zu lassen.

§ 89. Die Mitglieder des Gläubigerausschusses sind für die Erfüllung der ihnen obliegenden Pflichten allen Beteiligten verantwortlich.

§ 90. Ein Beschluß des Gläubigerausschusses ist gültig, wenn die Mehrheit der Mitglieder an der Beschlußfassung Teil genommen hat, und der Beschluß mit absoluter Mehrheit der abgegebenen Stimmen gefaßt ist.

§ 91. Die Mitglieder des Gläubigerausschusses haben Anspruch auf Erstattung angemessener barer Auslagen und auf Vergütung für ihre Geschäftsführung. Die Festsetzung der Auslagen und der Vergütung erfolgt nach Anhörung der Gläubigerversammlung durch das Konkursgericht.

Die Landesjustizverwaltung kann für die den Mitgliedern des Gläubigerausschusses zu gewährende Vergütung allgemeine Anordnungen treffen.

§ 92. Die durch das Gericht erfolgte Bestellung zum Mitgliede des Gläubigerausschusses kann von dem Gerichte, die durch die Gläubigerversammlung erfolgte Bestellung zum Mitgliede des Gläubigerausschusses durch Beschluß der Gläubigerversammlung widerrufen werden.

§ 93. Über die Berufung der Gläubigerversammlung beschließt das Gericht. Die Berufung muß erfolgen, wenn sie von dem Verwalter, dem Gläubigerausschusse oder von mindestens fünf Konkursgläubigern, deren Forderungen nach der Schätzung des Gerichts den fünften Teil der Schuldenmasse erreichen, beantragt wird.

Die Berufung muß öffentlich bekannt gemacht werden. Der öffentlichen Bekanntmachung bedarf es nicht, wenn in einer Gläubigerversammlung eine Vertagung der Verhandlung angeordnet wird.

§ 94. Die Gläubigerversammlung findet unter der Leitung des Gerichts statt.

Die Beschlüsse der Gläubigerversammlung werden mit absoluter Mehrheit der Stimmen gefaßt. Für die Wahl der Mitglieder des Gläubigerausschusses genügt relative Mehrheit der Stimmen.

Die Stimmenmehrheit ist nach den Forderungsbeträgen zu berechnen. Bei Gleichheit der Summe entscheidet die Zahl der Gläubiger.

§ 95. Zur Teilnahme an den Abstimmungen berechtigen die festgestellten Konkursforderungen. In Ansehung einer streitig gebliebenen Forderung wird bei der Prüfung mit den Parteien erörtert, ob und zu welchem Betrage ein bleibendes Stimmrecht für dieselbe zu gewähren ist. In Ermangelung einer Einigung entscheidet das Konkursgericht. Das Gericht kann die Entscheidung auf den weiteren Antrag einer Partei abändern.

Ob und zu welchem Betrage nicht geprüfte Konkursforderungen zum Stimmen in einer Gläubigerversammlung berechtigen, entscheidet auf den Widerspruch eines Konkursgläubigers oder des Verwalters das Gericht.

Eine Anfechtung der Entscheidung findet nicht statt.

§ 96. Ob und zu welchem Betrage Forderungen, für welche abgesonderte Befriedigung beansprucht wird, in Ansehung ihres mutmaßlichen Ausfalls, sowie Konkursforderungen unter aufschiebender Bedingung zum Stimmen in einer Gläubigerversammlung berechtigen, entscheidet auf den Widerspruch eines Konkursgläubigers oder des Verwalters das Gericht.

Eine Anfechtung der Entscheidung findet nicht statt.

§ 97. Gezählt werden nur die Stimmen der in der Gläubigerversammlung erschienenen Gläubiger. Die nicht erschienenen Gläubiger sind an die Beschlüsse gebunden.

§ 98. Der Gegenstand, über welchen in der Gläubigerversammlung ein Beschluß gefaßt werden soll, muß bei der Berufung derselben öffentlich bekannt gemacht werden.

§ 99. Das Gericht hat die Ausführung eines von der Gläubigerversammlung gefaßten Beschlusses auf den in der Gläubigerversammlung gestellten Antrag des Verwalters oder eines überstimmten Gläubigers zu untersagen, wenn der Beschluß dem gemeinsamen Interesse der Konkursgläubiger widerspricht.

§ 100. Der Gemeinschuldner ist verpflichtet, dem Verwalter, dem Gläubigerausschusse und auf Anordnung des Gerichts der Gläubigerversammlung über alle das Verfahren betreffenden Verhältnisse Auskunft zu geben.

§ 101. Der Gemeinschuldner darf sich von seinem Wohnorte nur mit Erlaubnis des Gerichts entfernen.

Das Gericht kann die zwangsweise Vorführung und nach Anhörung des Gemeinschuldners die Haft desselben anordnen, wenn er die ihm von dem Gesetze auferlegten Pflichten nicht erfüllt, oder wenn es zur Sicherung der Masse notwendig erscheint.

Zweiter Titel.

Eröffnungsverfahren.

§ 102. Die Eröffnung des Konkursverfahrens setzt die Zahlungsunfähigkeit des Gemeinschuldners voraus.

Zahlungsunfähigkeit ist insbesondere anzunehmen, wenn Zahlungseinstellung erfolgt ist.

§ 103. Das Verfahren kann nur auf Antrag eröffnet werden.

Zu dem Antrage ist der Gemeinschuldner und jeder Konkursgläubiger berechtigt.

§ 104. Beantragt der Gemeinschuldner die Eröffnung des Verfahrens, so hat er ein Verzeichnis der Gläubiger und Schuldner, sowie eine Übersicht der Vermögensmasse bei Stellung des Antrags einzureichen oder, wenn dies nicht tunlich ist, ohne Verzug nachzuliefern.

§ 105. Der Antrag eines Gläubigers auf Eröffnung des Verfahrens ist zuzulassen, wenn die Forderung des Gläubigers und die Zahlungsunfähigkeit des Gemeinschuldners glaubhaft gemacht werden.

Wird der Antrag zugelassen, so hat das Gericht den Schuldner zu hören und, sofern dieser nicht seine Zahlungsunfähigkeit einräumt, die erforderlichen Ermittelungen anzuordnen.

Die Anhörung des Schuldners kann unterbleiben, wenn sie eine öffentliche Zustellung oder eine Zustellung im Auslande erfordert; in diesem Falle ist, soweit tunlich, ein Vertreter oder Angehöriger des Schuldners zu hören.

§ 106. Das Gericht kann die zwangsweise Vorführung und die Haft des Schuldners anordnen. Dasselbe kann alle zur Sicherung der Masse dienenden einstweiligen Anordnungen treffen. Es kann insbesondere ein allgemeines Veräußerungsverbot an den Schuldner erlassen.

Bei der Abweisung des Eröffnungsantrags sind die angeordneten Sicherheitsmaßregeln aufzuheben.

§ 107. Die Abweisung des Eröffnungsantrags kann erfolgen, wenn nach dem Ermessen des Gerichts eine den Kosten des Verfahrens entsprechende Konkursmasse nicht vorhanden ist. Die Abweisung unterbleibt, wenn ein zur Deckung der im § 58 Nr. 1, 2 bezeichneten Massekosten ausreichender Geldbetrag vorgeschossen wird.

Das Gericht hat ein Verzeichnis derjenigen Schuldner zu führen, bezüglich deren der Eröffnungsantrag auf Grund der Vorschrift des Abs. 1 Satz 1 abgewiesen worden ist. Die Einsicht des Verzeichnisses ist jedem gestattet. Nach dem Ablaufe von fünf Jahren seit der Abweisung des Eröffnungsantrags ist die Eintragung in dem Verzeichnisse dadurch zu löschen, daß der Name unkenntlich gemacht wird.

§ 108. Der Eröffnungsbeschluß hat die Stunde der Eröffnung anzugeben.

Ist dies versäumt worden, so gilt als Zeitpunkt der Eröffnung die Mittagsstunde des Tages, an welchem der Beschluß erlassen ist.

§ 109. Die sofortige Beschwerde steht gegen den Eröffnungsbeschluß nur dem Gemeinschuldner, gegen den abweisenden Beschluß nur demjenigen zu, welcher den Eröffnungsantrag gestellt hat.

§ 110. Bei der Eröffnung des Konkursverfahrens ernennt das Gericht den Konkursverwalter, verordnet einen nicht über einen Monat hinauszusetzenden Termin zur Beschlußfassung über die Wahl eines anderen Verwalters, sowie über die Bestellung eines Gläubigerausschusses, erläßt den offenen Arrest und bestimmt die Anmeldefrist und den allgemeinen Prüfungstermin.

Das Gericht kann die Termine verbinden, wenn die Konkursmasse von geringerem Betrage oder der Kreis der Konkursgläubiger von geringerem Umfange ist, oder wenn der Gemeinschuldner einen Zwangsvergleichsvorschlag eingereicht hat.

§ 111. Die Geschäftsstelle hat die Formel des Eröffnungsbeschlusses, den offenen Arrest, die Anmeldefrist und die Termine sofort öffentlich bekannt zu machen.

Die Bekanntmachung ist, unbeschadet der Vorschriften des § 76 Abs. 1, auszugsweise in den Deutschen Reichsanzeiger einzurücken.

An die ihrem Wohnorte nach bekannten Gläubiger und Schuldner des Gemeinschuldners erfolgt besondere Zustellung.

§ 112. Die Geschäftsstelle hat unter Bezeichnung des Konkursverwalters beglaubigte Abschriften der Formel des Eröffnungsbeschlusses den Behörden für die Führung des Handels- oder Genossenschaftsregisters oder ähnlicher Register und der Dienstbehörde des Gemeinschuldners mitzuteilen.

§ 113. Ein von dem Konkursgericht in Gemäßheit des § 106 erlassenes allgemeines Veräußerungsverbot, sowie die Eröffnung des Konkursverfahrens ist in das Grundbuch einzutragen:

1. bei denjenigen Grundstücken, als deren Eigentümer der Gemeinschuldner im Grundbuch eingetragen ist;
2. bei den für den Gemeinschuldner eingetragenen Rechten an Grundstücken oder an eingetragenen Rechten, wenn nach der Art des Rechtes und den obwaltenden Umständen bei Unterlassung der Eintragung eine Beeinträchtigung der Konkursgläubiger zu besorgen ist.

Das Konkursgericht hat, soweit ihm solche Grundstücke oder Rechte bekannt sind, das Grundbuchamt von Amts wegen um die Eintragung zu ersuchen.

Die Eintragung kann auch von dem Konkursverwalter bei dem Grundbuchamte beantragt werden.

§ 114. Werden Grundstücke oder Rechte, bei denen eine Eintragung nach Maßgabe des § 113 Abs. 1, 2 bewirkt worden ist, von dem Verwalter freigegeben oder veräußert, so kann das Konkursgericht auf Antrag das Grundbuchamt um Löschung der Eintragung ersuchen.

§ 115. Die Eintragung und Löschung von Vermerken auf Grund der §§ 113, 114 geschieht gebührenfrei.

§ 116. Sobald eine den Eröffnungsbeschluß aufhebende Entscheidung die Rechtskraft erlangt hat, ist die Aufhebung des Verfahrens öffentlich bekannt zu machen. Die Vorschriften der §§ 111 Abs. 2, 112, 113, 191 finden entsprechende Anwendung.

Dritter Titel.

Teilungsmasse.

§ 117. Nach der Eröffnung des Verfahrens hat der Verwalter das gesamte zur Konkursmasse gehörige Vermögen sofort in Besitz und Verwaltung zu nehmen und dasselbe zu verwerten.

Die Geschäftsbücher des Gemeinschuldners dürfen nur mit dem Geschäft im ganzen und nur insoweit veräußert werden, als sie zur Fortführung des Geschäftsbetriebs unentbehrlich sind.

§ 118. Durch den offenen Arrest wird allen Personen, welche eine zur Konkursmasse gehörige Sache in Besitz haben oder zur Konkursmasse etwas schuldig sind, aufgegeben, nichts an den Gemeinschuldner zu verabfolgen oder zu leisten, auch die Verpflichtung auferlegt, von dem Besitze der Sache und von den Forderungen, für welche sie aus der Sache abgesonderte Befriedigung in Anspruch nehmen, dem Konkursverwalter innerhalb einer bestimmten Frist Anzeige zu machen.

§ 119. Wer die Anzeige über den Besitz von Sachen des Gemeinschuldners innerhalb der bestimmten Frist zu machen unterläßt, haftet für allen aus der Unterlassung oder Verzögerung der Anzeige entstehenden Schaden.

§ 120. Gläubiger, welche abgesonderte Befriedigung aus einer in ihrem Besitze befindlichen Sache beanspruchen, haben dem Verwalter auf dessen Verlangen die Sache zur Ansicht vorzuzeigen und die Abschätzung derselben zu gestatten.

§ 121. Die Post- und Telegraphenanstalten sind verpflichtet, auf Anordnung des Konkursgerichts alle für den Gemeinschuldner eingehenden Sendungen, Briefe und Depeschen dem Verwalter auszuhändigen. Dieser ist zur Eröffnung derselben berechtigt. Der Gemeinschuldner kann die Einsicht und, wenn ihr Inhalt die Masse nicht betrifft, die Herausgabe derselben verlangen.

Das Gericht kann die Anordnung auf Antrag des Gemeinschuldners nach Anhörung des Verwalters aufheben oder beschränken.

§ 122. Der Verwalter kann zur Sicherung der zur Konkursmasse gehörigen Sachen durch eine zur Vornahme solcher Handlungen gesetzlich ermächtigte Person siegeln lassen.

Die Geschäftsbücher des Gemeinschuldners sind durch den Urkundsbeamten der Geschäftsstelle zu schließen.

§ 123. Der Verwalter hat die einzelnen zur Konkursmasse gehörigen Gegenstände unter Angabe ihres Wertes aufzuzeichnen. Der Wert ist erforderlichenfalls durch Sachverständige zu ermitteln. Bei der Aufzeichnung ist eine obrigkeitliche oder eine Urkundsperson zuzuziehen. Der Gemeinschuldner ist zuzuziehen, wenn er ohne Aufschub zu erlangen ist.

Auf Antrag des Verwalters und, wenn ein Gläubigerausschuß bestellt ist, des letzteren, kann das Gericht gestatten, daß die Aufzeichnung unterbleibe oder ohne Zuziehung einer obrigkeitlichen oder einer Urkundsperson vorgenommen werde.

§ 124. Dem Verwalter liegt die Anfertigung eines Inventars und einer Bilanz ob. Derselbe hat eine von ihm gezeichnete Abschrift des Inventars und der Bilanz, und, wenn eine Siegelung und Entsiegelung stattgefunden hat, die Protokolle über dieselben auf der Geschäftsstelle zur Einsicht der Beteiligten niederzulegen.

§ 125. Nach der Anfertigung des Inventars kann der Verwalter oder ein Konkursgläubiger den Gemeinschuldner in eine Sitzung des Amtsgerichts, bei welchem das Konkursverfahren anhängig ist, zur Leistung des Offenbarungseides laden.

§ 126. Die Zwangsverwaltung und die Zwangsversteigerung der zur Masse gehörigen unbeweglichen Gegenstände kann bei der zuständigen Behörde durch den Konkursverwalter betrieben werden.

§ 127. Der Verwalter ist berechtigt, die Verwertung eines zur Masse gehörigen beweglichen Gegenstandes, an welchem ein Gläubiger ein durch Rechtsgeschäft bestelltes Pfandrecht oder ein diesem gleichstehendes Recht beansprucht, nach Maßgabe der Vorschriften über die Zwangsvollstreckung oder über den Pfandverkauf zu betreiben. Der Gläubiger kann einer solchen Verwertung nicht widersprechen, vielmehr seine Rechte nur auf den Erlös geltend machen.

Ist der Gläubiger befugt, sich aus dem Gegenstande ohne gerichtliches Verfahren zu befriedigen, so kann auf Antrag des Verwalters das Konkursgericht dem Gläubiger nach dessen Anhörung eine Frist bestimmen, innerhalb welcher er den Gegenstand zu verwerten hat. Nach dem Ablaufe der Frist findet die Vorschrift des ersten Absatzes Anwendung.

§ 128. Ist der Gemeinschuldner Vorerbe, so darf der Verwalter die zur Erbschaft gehörenden Gegenstände nicht veräußern, wenn die Veräußerung im Falle des Eintritts der Nacherbfolge nach § 2115 des Bürgerlichen Gesetzbuchs dem Nacherben gegenüber unwirksam ist.

§ 129. Bis zur Beschlußfassung durch eine Gläubigerversammlung kann der Verwalter mit Genehmigung des Gerichts oder, wenn von dem Gericht ein Gläubigerausschuß bestellt ist, mit dessen Genehmigung dem Gemeinschuldner und der Familie desselben notdürftigen Unterhalt aus der Konkursmasse gewähren.

Bis zur Beschlußfassung durch eine Gläubigerversammlung hat der Verwalter nach seinem Ermessen das Geschäft des Gemeinschuldners zu schließen oder fortzuführen und die Gelder, Wertpapiere und Kostbarkeiten nach Anordnung des Gerichts zu hinterlegen. Ist von dem Gericht ein Gläubigerausschuß bestellt, so beschließt dieser über die Schließung oder die Fortführung des Geschäfts und über die Hinterlegung der Gelder, Wertpapiere und Kostbarkeiten.

§ 130. Soll nach § 129 das Geschäft des Gemeinschuldners geschlossen werden, so hat der Verwalter vor der Beschlußfassung des Gläubigerausschusses oder, wenn ein Gläubigerausschuß nicht bestellt ist, vor der Schließung des Geschäfts dem Gemeinschuldner, sofern derselbe ohne Aufschub zu erlangen ist, von der beabsichtigten Maßregel Mitteilung zu machen.

Das Gericht kann auf Antrag des Gemeinschuldners die Schließung des Geschäfts untersagen, wenn der Gemeinschuldner einen Zwangsvergleichsvorschlag eingereicht hat.

§ 131. In der ersten Gläubigerversammlung hat der Verwalter über die Entstehung der Zahlungsunfähigkeit des Gemeinschuldners, über die Lage der Sache und über die bisher ergriffenen Maßregeln zu berichten.

§ 132. Die Gläubigerversammlung beschließt über eine dem Gemeinschuldner und dessen Familie zu bewilligende Unterstützung, über die Schließung oder die Fortführung des Geschäfts und über die Stelle, bei welcher, sowie über die Bedingungen, unter welchen die Gelder, Wertpapiere und Kostbarkeiten hinterlegt oder angelegt werden sollen.

Die Gläubigerversammlung beschließt, in welcher Weise und in welchen Zeiträumen der Verwalter ihr oder einem Gläubigerausschusse über die Verwaltung und Verwertung der Masse Bericht erstatten und Rechnung legen soll.

§ 133. Der Verwalter hat, falls ein Gläubigerausschuß bestellt ist, essen Genehmigung einzuholen:

1. wenn Gegenstände, deren Verkauf ohne offenbaren Nachteil für die Masse ausgesetzt werden kann und nicht durch die Fortführung des Geschäfts veranlaßt wird, verkauft werden sollen, bevor der allgemeine Prüfungstermin abgehalten oder ein vor dem Schlusse desselben eingereichter Zwangsvergleichsvorschlag erledigt ist;
2. wenn die Erfüllung von Rechtsgeschäften des Gemeinschuldners verlangt, Prozesse anhängig gemacht, deren Aufnahme abgelehnt, Vergleiche oder Schiedsverträge geschlossen, Aussonderungs-, Absonderungs- oder Masseansprüche anerkannt, Pfandstücke eingelöst oder Forderungen veräußert werden sollen, und es sich in diesen Fällen um einen Wertgegenstand von mehr als 300 Reichsmark handelt.

§ 134. Der Verwalter hat die Genehmigung des Gläubigerausschusses oder, wenn ein solcher nicht bestellt ist, die Genehmigung einer Gläubigerversammlung einzuholen:

1. wenn ein unbeweglicher Gegenstand aus freier Hand. oder das Geschäft oder das Warenlager des Gemeinschuldners im ganzen, oder das Recht auf den Bezug wiederkehrender Einkünfte veräußert werden soll;
2. wenn Darlehen aufgenommen, fremde Verbindlichkeiten übernommen, zur Masse gehörige Gegenstände verpfändet oder Grundstücke erstanden werden sollen.

§ 135. Der Verwalter hat in den Fällen der §§ 133, 134 vor der Beschlußfassung des Gläubigerausschusses oder der Gläubigerversammlung, und in den Fällen des § 133, wenn ein Gläubigerausschuß nicht bestellt ist, vor der Vornahme der Rechtshandlung dem Gemeinschuldner, sofern derselbe ohne Aufschub zu erlangen ist, von der beabsichtigten Maßregel Mitteilung zu machen.

Das Gericht kann auf Antrag des Gemeinschuldners, sofern nicht die Gläubigerversammlung die Genehmigung erteilt hat, die Vornahme der Rechtshandlung vorläufig untersagen und zur Beschlußfassung über die Vornahme eine Gläubigerversammlung berufen.

§ 136. Durch die Vorschriften der §§ 133 bis 135 wird die Gültigkeit einer Rechtshandlung des Verwalters dritten Personen gegenüber nicht berührt.

§ 137. Wenn ein Gläubigerausschuß bestellt ist und die Gläubigerversammlung nicht ein anderes beschließt, bedürfen Quittungen des Verwalters über den Empfang von Geldern, Wertpapieren oder Kostbarkeiten von der Hinterlegungsstelle und Anweisungen des Verwalters auf die Hinterlegungsstelle zu ihrer Gültigkeit der Mitzeichnung eines Mitgliedes des Gläubigerausschusses.

Vierter Titel.

Schuldenmasse.

§ 138. Die Frist zur Anmeldung der Konkursforderungen beträgt zwei Wochen bis drei Monate. Der Zeitraum zwischen dem Ablaufe der Anmeldefrist und dem allgemeinen Prüfungstermin soll mindestens eine Woche und höchstens zwei Monate betragen.

§ 139. Die Anmeldung hat die Angabe des Betrages und des Grundes der Forderung sowie des beanspruchten Vorrechts zu enthalten. Sie kann bei dem Gerichte schriftlich eingereicht oder zum Protokolle des Urkundsbeamten der Geschäftsstelle angebracht werden. Die urkundlichen Beweisstücke oder eine Abschrift derselben sind beizufügen.

§ 140. Die Anmeldungen sind in der Geschäftsstelle zur Einsicht der Beteiligten niederzulegen.

Der Urkundsbeamte der Geschäftsstelle hat jede Forderung sofort nach der Anmeldung derselben in der Rangordnung des beanspruchten Vorrechts in eine Tabelle einzutragen, welche innerhalb des ersten Drittells des zwischen dem Ablaufe der Anmeldefrist und dem Prüfungstermine liegenden Zeitraums auf der Geschäftsstelle zur Einsicht der Beteiligten niederzulegen und abschriftlich dem Verwalter mitzuteilen ist.

§ 141. In dem Prüfungstermine werden die angemeldeten Forderungen ihrem Betrage und ihrem Vorrechte nach einzeln erörtert.

Der Gemeinschuldner hat sich über die Forderungen zu erklären.

§ 142. In dem Prüfungstermine sind auch diejenigen Forderungen, welche nach dem Ablaufe der Anmeldefrist angemeldet sind, zu prüfen, wenn weder der Verwalter noch ein Konkursgläubiger hiergegen Widerspruch erhebt; anderenfalls ist auf Kosten des Säumigen ein besonderer Prüfungstermin zu bestimmen.

Auf nachträglich beanspruchte Vorrechte und sonstige Änderungen der Anmeldung findet die vorstehende Bestimmung entsprechende Anwendung.

Gläubiger, welche Forderungen nach dem Prüfungstermine anmelden, tragen die Kosten des besonderen Prüfungstermins.

§ 143. Die Prüfung einer angemeldeten Forderung findet statt, wenngleich der anmeldende Gläubiger im Prüfungstermine ausbleibt.

§ 144. Eine Forderung gilt als festgestellt, soweit gegen sie im Prüfungstermine ein Widerspruch weder von dem Verwalter noch von einem Konkursgläubiger erhoben wird, oder soweit ein erhobener Widerspruch beseitigt ist.

Ist die Forderung vom Gemeinschuldner im Prüfungstermine bestritten, so kann ein Rechtsstreit, welcher über dieselbe zur Zeit der Eröffnung des Konkursverfahrens anhängig war, gegen den Gemeinschuldner aufgenommen werden.

§ 145. Das Gericht hat nach der Erörterung einer jeden Forderung das Ergebnis in die Tabelle einzutragen. Auf Wechseln und sonstigen Schuldurkunden ist von dem Urkundsbeamten der Geschäftsstelle die Feststellung zu vermerken.

Die Eintragung in die Tabelle gilt rücksichtlich der festgestellten Forderungen ihrem Betrage und ihrem Vorrechte nach wie ein rechtskräftiges Urteil gegenüber allen Konkursgläubigern.

§ 146. Den Gläubigern streitig gebliebener Forderungen bleibt überlassen, die Feststellung derselben gegen die Bestreitenden zu betreiben. Zu diesem Behufe hat das Gericht den Gläubigern einen Auszug aus der Tabelle in beglaubigter Form zu erteilen.

Auf die Feststellung ist im ordentlichen Verfahren Klage zu erheben. Für die Klage ist das Amtsgericht, bei welchem das Konkursverfahren anhängig ist und, wenn der Streitgegenstand zur Zuständigkeit der Amtsgerichte nicht gehört, das Landgericht ausschließlich zuständig, zu dessen Bezirke der Bezirk des Konkursgerichts gehört.

War zur Zeit der Eröffnung des Konkursverfahrens ein Rechtsstreit über die Forderung anhängig, so ist die Feststellung derselben durch Aufnahme des Rechtsstreits zu verfolgen.

Die Feststellung kann nur auf den Grund gestützt und nur auf den Betrag gerichtet werden, welcher in der Anmeldung oder dem Prüfungstermine angegeben ist.

Die Bestimmungen des ersten, dritten und vierten Absatzes finden auf Forderungen, für deren Feststellung ein besonderes Gericht, eine Verwaltungsbehörde oder ein Verwaltungsgericht zuständig ist, entsprechende Anwendung.

Der Widerspruch gegen eine Forderung, für welche ein mit der Vollstreckungsklausel versehener Schuldtitel, ein Endurteil oder ein Vollstreckungsbefehl vorliegt, ist von dem Widersprechenden zu verfolgen.

Die obsiegende Partei hat die Berichtigung der Tabelle zu erwirken.

§ 147. Soweit durch ein Urteil rechtskräftig eine Forderung festgestellt oder ein Widerspruch für begründet erklärt ist, wirkt dasselbe gegenüber allen Konkursgläubigern. War der Prozeß nur gegen einzelne Gläubiger geführt, so können diese den Ersatz ihrer Prozeßkosten aus der Konkursmasse insoweit verlangen, als der letzteren durch das Urteil ein Vorteil erwachsen ist.

§ 148. Der Wert des Streitgegenstandes eines Prozesses über die Richtigkeit oder das Vorrecht einer Forderung ist mit Rücksicht auf das Verhältnis der Teilungs- zur Schuldenmasse von dem Prozeßgerichte nach freiem Ermessen festzusetzen.

Fünfter Titel.

Verteilung.

§ 149. Nach Abhaltung des allgemeinen Prüfungstermins soll, so oft hinreichende bare Masse vorhanden ist, eine Verteilung an die Konkursgläubiger erfolgen.

§ 150. Zur Vornahme einer Verteilung hat der Verwalter, wenn ein Gläubigerausschuß bestellt ist, dessen Genehmigung einzuholen.

§ 151. Vor der Vornahme einer Verteilung hat der Verwalter ein Verzeichnis der bei derselben zu berücksichtigenden Forderungen auf der Geschäftsstelle zur Einsicht der Beteiligten niederzulegen und die Summe der Forderungen sowie den zur Verteilung verfügbaren Massebestand öffentlich bekannt zu machen.

§ 152. Konkursgläubiger, deren Forderungen nicht festgestellt sind und für deren Forderungen ein mit der Vollstreckungsklausel versehener Schuldtitel, ein Endurteil oder ein Vollstreckungsbefehl nicht vorliegt, haben bis zum Ablauf einer Ausschlußfrist von zwei Wochen nach der öffentlichen Bekanntmachung dem Verwalter den Nachweis zu führen, daß und für welchen Betrag die Feststellungsklage erhoben oder das Verfahren in dem früher anhängigen Prozesse aufgenommen ist. Wird der Nachweis nicht rechtzeitig geführt, so werden die Forderungen bei der vorzunehmenden Verteilung nicht berücksichtigt.

§ 153. Gläubiger, von welchen abgesonderte Befriedigung beansprucht wird, haben bis zum Ablaufe der Ausschlußfrist dem Verwalter den Nachweis ihres Verzichtes oder ihres Ausfalls nach Maßgabe des § 64 zu führen. Wird der Nachweis nicht rechtzeitig geführt, so werden die Forderungen bei der vorzunehmenden Verteilung nicht berücksichtigt.

Zur Berücksichtigung bei einer Abschlagsverteilung genügt es, wenn bis zum Ablaufe der Ausschlußfrist dem Verwalter der Nachweis, daß die Veräußerung des zur abgesonderten Befriedigung dienenden Gegenstands betrieben ist, geführt und der Betrag des mutmaßlichen Ausfalls glaubhaft gemacht wird.

§ 154. Forderungen unter aufschiebender Bedingung werden bei einer Abschlagsverteilung zu dem Betrage berücksichtigt, welcher auf die unbedingte Forderung fallen würde.

Bei der Schlußverteilung ist die Berücksichtigung ausgeschlossen, wenn die Möglichkeit des Eintritts der Bedingung eine so entfernte ist, daß die bedingte Forderung einen gegenwärtigen Vermögenswert nicht hat.

§ 155. Gläubiger, welche bei einer Abschlagszahlung nicht berücksichtigt worden sind, können nachträglich, sobald sie die Vorschriften der §§ 152,

153 erfüllt haben, die bisher festgesetzten Prozentsätze aus der Restmasse verlangen, soweit diese reicht und nicht infolge des Ablaufs einer Ausschlußfrist für eine neue Verteilung zu verwenden ist.

§ 156. Die Anteile, mit welchen Gläubiger bei Abschlagszahlungen nach Maßgabe des § 153 Abs. 2 oder des § 154 Abs. 1 berücksichtigt worden sind, werden für die Schlußverteilung frei, wenn bei dieser die Voraussetzungen des § 153 Abs. 1 nicht erfüllt sind oder nach Maßgabe des § 154 Abs. 2 die Berücksichtigung der bedingten Forderung ausgeschlossen ist.

§ 157. Binnen drei Tagen nach dem Ablaufe der Ausschlußfrist hat der Verwalter die auf Grund der vorstehenden Bestimmungen erforderlichen Änderungen des Verzeichnisses zu bewirken.

§ 158. Bei einer Abschlagsverteilung sind Einwendungen gegen das Verzeichnis bis zum Ablaufe einer Woche nach dem Ende der Ausschlußfrist bei dem Konkursgerichte zu erheben.

Das Gericht entscheidet über die Einwendungen. Die Entscheidung, durch welche eine Berichtigung des Verzeichnisses angeordnet wird, ist auf der Geschäftsstelle niederzulegen. Die Beschwerdefrist beginnt mit dem Tage, an welchem die Niederlegung der Entscheidung erfolgt ist.

§ 159. Für eine Abschlagsverteilung bestimmt der Verwalter und, wenn ein Gläubigerausschuß bestellt ist, dieser auf Antrag des Verwalters den zu zahlenden Prozentsatz.

Der Verwalter hat den Prozentsatz den berücksichtigten Gläubigern mitzuteilen.

§ 160. Das Gericht kann auf Antrag des Gemeinschuldners, wenn derselbe einen Zwangsvergleich vorgeschlagen hat, die Aussetzung einer Abschlagsverteilung anordnen, sofern nicht schon die Ausschlußfrist abgelaufen ist.

§ 161. Die Schlußverteilung erfolgt, sobald die Verwertung der Masse beendigt ist.

Die Vornahme der Schlußverteilung unterliegt der Genehmigung des Gerichts.

§ 162. Zur Abnahme der Schlußrechnung, zur Erhebung von Einwendungen gegen das Schlußverzeichnis und zur Beschlußfassung der Gläubiger über die nicht verwertbaren Vermögensstücke bestimmt das Gericht einen Schlußtermin, welcher nicht unter drei Wochen und nicht über einen Monat hinaus anzuberaumen ist.

Die Bestimmungen des § 158 Abs. 2 finden auf die Schlußverteilung Anwendung.

§ 163. Nach der Abhaltung des Schlußtermins beschließt das Gericht die Aufhebung des Konkursverfahrens. Eine Anfechtung des Beschlusses findet nicht statt.

Der Beschluß und der Grund der Aufhebung sind öffentlich bekannt zu machen.

Die Vorschriften der §§ 111 Abs. 2, 112, 113 finden entsprechende Anwendung.

§ 164. Nach der Aufhebung des Konkursverfahrens können die nicht befriedigten Konkursgläubiger ihre Forderungen gegen den Schuldner unbeschränkt geltend machen.

Für die Gläubiger, deren Forderungen festgestellt und nicht von dem Gemeinschuldner im Prüfungstermine ausdrücklich bestritten worden sind, findet gegen den Schuldner aus der Eintragung in die Tabelle die Zwangsvollstreckung unter entsprechender Anwendung der §§ 724 bis 793 der Zivilprozeßordnung statt.

Für Klagen auf Erteilung der Vollstreckungsklausel sowie für Klagen, durch welche die die Forderung selbst betreffenden Einwendungen geltend gemacht werden, oder der bei der Erteilung der Vollstreckungsklausel als bewiesen angenommene Eintritt der Tatsache, von welcher die Vollstreckung aus der Eintragung in die Tabelle abhängt, oder die als eingetreten angenommene Rechtsnachfolge bestritten wird, ist das im § 146 Abs. 2 dieses Gesetzes bezeichnete Gericht zuständig.

§ 165. Hat der Schuldner den Prüfungstermin versäumt, so ist ihm auf Antrag die Wiedereinsetzung in den vorigen Stand zu erteilen. Die Vorschriften des § 232 Abs. 2 und der §§ 233 bis 236 der Zivilprozeßordnung finden entsprechende Anwendung. Der den Antrag auf Wiedereinsetzung enthaltende Schriftsatz ist dem Gläubiger zuzustellen, dessen Forderung nachträglich bestritten werden soll. Das Bestreiten in diesem Schriftsatze steht, wenn die Wiedereinsetzung erteilt wird, dem Bestreiten im Prüfungstermine gleich und ist in die Tabelle einzutragen.

§ 166. Wenn nach dem Vollzuge der Schlußverteilung Beträge, welche von der Masse zurückbehalten sind, für dieselbe frei werden, oder Beträge, welche aus der Masse gezahlt sind, zur Masse zurückfließen, so sind dieselben von dem Verwalter nach Anordnung des Konkursgerichts auf Grund des Schlußverzeichnisses zur nachträglichen Verteilung zu bringen. Die über die Verwaltung und Verteilung solcher Beträge abzulegende Rechnung unterliegt der Prüfung des Konkursgerichts.

Dasselbe gilt, wenn nach der Schlußverteilung oder der Aufhebung des Verfahrens zur Konkursmasse gehörige Vermögensstücke ermittelt werden.

§ 167. Der Vollzug einer jeden Verteilung erfolgt durch den Verwalter.

§ 168. Die Anteile

1. auf Forderungen, welche infolge eines bei der Prüfung erhobenen Widerspruchs im Prozesse befangen sind,
2. auf Forderungen, welche von einer aufschiebenden Bedingung abhängen,
3. auf Forderungen, für welche eine abgesonderte Befriedigung beansprucht und der Vorschrift des § 153 Abs. 2 genügt ist,
4. auf Forderungen unter auflösender Bedingung, sofern der Gläubiger zu einer Sicherheitsleistung verpflichtet ist und die Sicherheit nicht leistet,

werden zurückbehalten.

§ 169. Die Beträge, welche bei dem Vollzuge der Schlußverteilung zurückbehalten sind, oder welche bis zu diesem Zeitpunkte nicht erhoben werden, hat der Verwalter nach Anordnung des Gerichts für Rechnung der Beteiligten zu hinterlegen.

§ 170. Zahlungen auf festgestellte bevorrechtigte Forderungen kann der Verwalter mit Ermächtigung des Gerichts unabhängig von den Verteilungen leisten.

§ 171. Beträge, welche zur Sicherstellung eines bedingt zur Aufrechnung befugten Gläubigers nach Maßgabe des § 54 Abs. 3 hinterlegt worden sind, fließen für die Schlußverteilung zur Konkursmasse zurück, wenn die Möglichkeit des Eintritts der Bedingung eine so entfernte ist, daß die bedingte Forderung einen gegenwärtigen Vermögenswert nicht hat.

§ 172. Masseansprüche, welche nicht bis zu der Festsetzung des Prozentsatzes oder der Beendigung des Schlußtermins oder der Bekanntmachung einer Nachtragsverteilung zur Kenntnis des Verwalters gelangt sind, können nicht auf den Massebestand geltend gemacht werden, welcher zur Auszahlung des festgesetzten Prozentsatzes erforderlich ist oder den Gegenstand der Schlußverteilung oder der Nachtragsverteilung bildet.

Sechster Titel.

Zwangsvergleich.

§ 173. Sobald der allgemeine Prüfungstermin abgehalten und solange nicht die Vornahme der Schlußverteilung genehmigt worden ist, kann auf den

Vorschlag des Gemeinschuldners zwischen diesem und den nicht bevorrechtigten Konkursgläubigern ein Zwangsvergleich geschlossen werden.

§ 174. Der Vergleichsvorschlag muß angeben, in welcher Weise die Befriedigung der Gläubiger erfolgen sowie ob und in welcher Art eine Sicherstellung derselben bewirkt werden soll.

§ 175. Ein Zwangsvergleich ist unzulässig:

1. solange der Gemeinschuldner flüchtig ist oder die Ableistung des Offenbarungseides verweigert;
2. solange gegen den Gemeinschuldner wegen betrüglichen Bankrotts eine gerichtliche Untersuchung oder ein wiederaufgenommenes Verfahren anhängig ist;
3. wenn der Gemeinschuldner wegen betrüglichen Bankrotts rechtskräftig verurteilt worden ist.

§ 176. Auf Antrag des Verwalters und, wenn ein Gläubigerausschuß bestellt ist, des letzteren kann das Gericht den Vergleichsvorschlag zurückweisen, wenn bereits in dem Konkursverfahren ein Vergleichsvorschlag von den Gläubigern abgelehnt oder von dem Gerichte verworfen oder von dem Gemeinschuldner nach der öffentlichen Bekanntmachung des Vergleichstermins zurückgezogen worden ist.

§ 177. Wird der Vergleichsvorschlag nicht zurückgewiesen, so hat der Gläubigerausschuß sich über die Annehmbarkeit des Vorschlags zu erklären.

Erklärt der Gläubigerausschuß den Vorschlag nicht für annehmbar, so ist ein Widerspruch des Gemeinschuldners gegen die Verwertung der Masse nicht zu berücksichtigen.

§ 178. Der Vorschlag und die Erklärung des Gläubigerausschusses sind auf der Geschäftsstelle zur Einsicht der Beteiligten niederzulegen.

§ 179. Der Vergleichstermin soll nicht über einen Monat hinaus anberaumt werden. Der Termin ist öffentlich bekannt zu machen. Zu demselben sind der Gemeinschuldner, der Verwalter, sowie unter Mitteilung des Vergleichsvorschlags und des Ergebnisses der Erklärung des Gläubigerausschusses die nicht bevorrechtigten Konkursgläubiger, welche Forderungen angemeldet haben, besonders zu laden.

In der Bekanntmachung ist zu bemerken, daß der Vergleichsvorschlag und die Erklärung des Gläubigerausschusses auf der Geschäftsstelle des Konkursgerichts zur Einsicht der Beteiligten niedergelegt seien.

§ 180. Auf Antrag des Gemeinschuldners und, wenn ein Gläubigerausschuß bestellt ist, des letzteren kann das Gericht den Vergleichstermin mit dem allgemeinen Prüfungstermine verbinden.

§ 181. Der Vergleich muß allen nicht bevorrechtigten Konkursgläubigern gleiche Rechte gewähren. Eine ungleiche Bestimmung der Rechte ist nur mit ausdrücklicher Einwilligung der zurückgesetzten Gläubiger zulässig. Jedes andere Abkommen des Gemeinschuldners oder anderer Personen mit einzelnen Gläubigern, durch welches diese bevorzugt werden sollen, ist nichtig.

§ 182. Zur Annahme des Vergleichs ist erforderlich, daß

1. die Mehrzahl der in dem Termine anwesenden stimmberechtigten Gläubiger dem Vergleiche ausdrücklich zustimmt, und
2. die Gesamtsumme der Forderungen der zustimmenden Gläubiger wenigstens drei Vierteile der Gesamtsumme aller zum Stimmen berechtigten Forderungen beträgt.

Wird nur eine der Mehrheiten erreicht, so kann der Gemeinschuldner bis zum Schlusse des Termins die einmalige Wiederholung der Abstimmung in einem neuen Termine verlangen. Das Gericht hat denselben zu bestimmen und im Termine zu verkünden.

§ 183. Bei der Berechnung der nach § 182 Abs. 1 Nr. 1, 2 erforderlichen Mehrarbeiten bleibt der Ehegatte des Gemeinschuldners außer Betracht, wenn er dem Vergleiche zugestimmt hat.

Das Gleiche gilt von demjenigen, welchem der Ehegatte des Gemeinschuldners während des Konkursverfahrens oder in dem letzten Jahre vor der Eröffnung des Verfahrens eine Forderung gegen den Gemeinschuldner abgetreten hat, soweit das Stimmrecht auf der abgetretenen Forderung beruht. Diese Vorschrift findet keine Anwendung, wenn der Ehegatte zu der Abtretung durch das Gesetz oder durch einen Vertrag verpflichtet war, welcher früher als ein Jahr vor der Eröffnung des Konkursverfahrens geschlossen wurde.

§ 184. Der angenommene Zwangsvergleich bedarf der Bestätigung des Konkursgerichts.

Das Gericht entscheidet, nachdem es die Gläubiger, den Verwalter und den Gläubigerausschuß in dem Vergleichstermine oder einem zu verkündenden Termine gehört hat.

§ 185. Der Beschluß, durch welchen der Zwangsvergleich bestätigt oder verworfen wird, ist zu verkünden.

§ 186. Der Vergleich ist zu verwerfen:

1. wenn die für das Verfahren und den Abschluß des Vergleichs gegebenen Vorschriften nicht beobachtet sind, und das Fehlende nicht ergänzt werden kann;
2. wenn ein Fall der Unzulässigkeit eines Zwangsvergleichs nachträglich eingetreten ist.

§ 187. Der Vergleich ist zu verwerfen, wenn er den Gläubigern nicht mindestens den fünften Teil ihrer Forderungen gewährt und dieses Ergebnis auf ein unredliches Verhalten des Gemeinschuldners, insbesondere darauf zurückzuführen ist, daß der Gemeinschuldner durch ein solches Verhalten die Eröffnung des Konkursverfahrens verzögert hat. Der Vergleich kann verworfen werden, wenn das gleiche Ergebnis auf ein leichtsinniges Verhalten des Gemeinschuldners zurückzuführen ist.

§ 188. Der Vergleich ist auf Antrag eines nicht bevorrechtigten Konkursgläubigers, welcher stimmberechtigt war oder seine Forderung glaubhaft macht, zu verwerfen:

1. wenn der Vergleich durch Begünstigung eines Gläubigers oder sonst in unlauterer Weise zustande gebracht ist;
2. wenn der Vergleich dem gemeinsamen Interesse der nicht bevorrechtigten Konkursgläubiger widerspricht.

Der Antrag ist nur zuzulassen, wenn die Tatsachen, auf welche derselbe gegründet wird, glaubhaft gemacht werden.

§ 189. Die sofortige Beschwerde gegen den Beschluß, durch welchen der Vergleich bestätigt oder verworfen ist, steht dem Gemeinschuldner und jedem nicht bevorrechtigten Konkursgläubiger zu, welcher stimmberechtigt war oder seine Forderung glaubhaft macht.

Die Frist zur Einlegung der Beschwerde beginnt mit der Verkündung des Beschlusses.

Eine Anfechtung der Entscheidung des Beschwerdegerichts findet nicht statt.

§ 190. Sobald der Vergleich rechtskräftig bestätigt ist, beschließt das Gericht die Aufhebung des Konkursverfahrens. Eine Anfechtung des Beschlusses findet nicht statt.

Der Beschluß und der Grund der Aufhebung sind öffentlich bekannt zu machen.

Die Vorschriften der §§ 111 Abs. 2, 112, 113 finden entsprechende Anwendung.

§ 191. Der Verwalter hat aus der Konkursmasse die Masseansprüche zu berichtigen. Die bestrittenen Masseansprüche sind sicher zu stellen.

Die bevorrechtigten Konkursforderungen sind, insoweit sie festgestellt sind zu berichtigen, insoweit sie glaubhaft gemacht sind, sicher zu stellen.

§ 192. Soweit der Zwangsvergleich nicht ein Anderes bestimmt, erhält der Gemeinschuldner das Recht zurück, über die Konkursmasse frei zu verfügen.

§ 193. Der rechtskräftig bestätigte Zwangsvergleich ist wirksam für und gegen alle nicht bevorrechtigten Konkursgläubiger, auch wenn dieselben an dem Konkursverfahren oder an der Beschlußfassung über den Vergleich nicht Teil genommen oder gegen den Vergleich gestimmt haben. Die Rechte der Gläubiger gegen Mitschuldner und Bürgen des Gemeinschuldners, sowie die Rechte aus einem für die Forderung bestehenden Pfandrecht, aus einer für sie bestehenden Hypothek, Grundschuld oder Rentenschuld oder aus einer zu ihrer Sicherung eingetragenen Vormerkung werden durch den Zwangsvergleich nicht berührt.

§ 194. Aus dem rechtskräftig bestätigten Zwangsvergleiche findet für die Konkursgläubiger, deren Forderungen festgestellt und nicht von dem Gemeinschuldner in dem Prüfungstermine ausdrücklich bestritten worden sind, gegen den Gemeinschuldner und diejenigen, welche in dem Vergleiche für dessen Erfüllung neben dem Gemeinschuldner ohne Vorbehalt der Einrede der Vorausklage Verpflichtungen übernommen haben, die Zwangsvollstreckung unter entsprechender Anwendung der §§ 724 bis 793 der Zivilprozeßordnung und des § 164 Abs. 3 dieses Gesetzes statt.

§ 195. Eine Klage auf Aufhebung des Zwangsvergleichs aus dem Grunde der Nichterfüllung desselben findet nicht statt.

§ 196. Wenn der Zwangsvergleich durch Betrug zustande gebracht ist, so kann jeder Gläubiger den vergleichsmäßigen Erlaß seiner Forderung anfechten, unbeschadet der ihm durch den Vergleich gewährten Rechte.

Die Anfechtung ist nur zulässig, wenn der Gläubiger ohne Verschulden außerstande war, den Anfechtungsgrund in dem Bestätigungsverfahren geltend zu machen.

§ 197. Die rechtskräftige Verurteilung des Gemeinschuldners wegen betrüglichen Bankerotts hebt für alle Gläubiger den durch den Zwangsvergleich begründeten Erlaß auf, unbeschadet der ihnen durch den Vergleich gewährten Rechte.

Auf Antrag eines Gläubigers kann das Konkursgericht Sicherheitsmaßregeln gegen den Gemeinschuldner schon vor der rechtskräftigen Verurteilung desselben anordnen.

§ 198. Im Falle der rechtskräftigen Verurteilung wird, wenn genügende Masse vorhanden ist oder ein zur Deckung der im § 58 Nr. 1, 2 bezeichneten Massekosten ausreichender Geldbetrag vorgeschossen wird, das Konkursverfahren auf Antrag eines Konkursgläubigers wieder aufgenommen.

Die Wiederaufnahme erfolgt durch Beschluß des Gerichts. Auf den Zeitpunkt der Wiederaufnahme und die Bekanntmachung derselben finden die Vorschriften der §§ 108, 111, 112, 113 entsprechende Anwendung.

§ 199. Für die Anfechtung von Rechtshandlungen, welche in der Zeit von der Aufhebung bis zur Wiederaufnahme des Konkursverfahrens vorgenommen sind, sowie für die in diesem Zeitraume entstandenen Aufrechnungsbefugnisse gilt, wenn nicht inzwischen eine Zahlungseinstellung erfolgt ist, als Tag der Zahlungseinstellung der Tag des ersten die Verurteilung des Gemeinschuldners aussprechenden Urteils.

§ 200. An dem aufgenommenen Verfahren nehmen die Gläubiger, für und gegen welche der Vergleich wirksam war, mit dem noch nicht getilgten Betrage ihrer ursprünglichen Forderungen Teil.

Die neuen Gläubiger des Gemeinschuldners sind zur Teilnahme an dem Verfahren berechtigt. Dieselben haben keinen Anspruch auf Befriedigung aus einer für die Erfüllung des Zwangsvergleichs bestellten Sicherheit.

§ 201. Das Verfahren ist soweit als nötig zu wiederholen. Früher geprüfte Forderungen werden nur hinsichtlich einer inzwischen eingetretenen Tilgung von Neuem geprüft.

Siebenter Titel.

Einstellung des Verfahrens.

§ 202. Das Konkursverfahren ist auf Antrag des Gemeinschuldners einzustellen, wenn er nach dem Ablaufe der Anmeldefrist die Zustimmung aller Konkursgläubiger, welche Forderungen angemeldet haben, beibringt. Inwieweit es der Zustimmung oder der Sicherstellung von Gläubigern bedarf, deren Forderungen angemeldet, aber nicht festgestellt sind, entscheidet das Konkursgericht nach freiem Ermessen.

Das Verfahren kann auf Antrag des Gemeinschuldners vor dem Ablaufe der Anmeldefrist eingestellt werden, wenn außer den Gläubigern, deren Zustimmung der Gemeinschuldner beibringt, andere Gläubiger nicht bekannt sind.

§ 203. Der Antrag ist öffentlich bekannt zu machen und mit den zustimmenden Erklärungen auf der Geschäftsstelle zur Einsicht der Konkursgläubiger niederzulegen. Die Konkursgläubiger können binnen einer mit der öffentlichen Bekanntmachung beginnenden Frist von einer Woche Widerspruch gegen den Antrag erheben. Im Falle des § 202 Abs. 1 steht der Widerspruch jedem Gläubiger zu, welcher bis zum Ablaufe der Frist eine Forderung angemeldet hat.

Das Gericht beschließt über die Einstellung nach Anhörung des Gemeinschuldners und des Verwalters. Im Falle eines Widerspruchs ist auch der widersprechende Gläubiger zu hören.

§ 204. Das Gericht kann das Konkursverfahren einstellen, sobald sich ergibt, daß eine den Kosten des Verfahrens entsprechende Konkursmasse nicht vorhanden ist. Die Einstellung unterbleibt, wenn ein zur Deckung der im § 58 Nr. 1 und 2 bezeichneten Massekosten ausreichender Geldbetrag vorgeschossen wird.

Vor der Einstellung soll die Gläubigerversammlung gehört werden.

§ 205. Der Einstellungsbeschluß und der Grund der Einstellung sind öffentlich bekannt zu machen.

Die Vorschriften der §§ 111 Abs. 2, 112, 113, 191 finden entsprechende Anwendung.

§ 206. Der Gemeinschuldner erhält das Recht zurück, über die Konkursmasse frei zu verfügen.

Die Vorschriften des § 164 finden entsprechende Anwendung.

Achter Titel.

Besondere Bestimmungen.

§ 207. I. Über das Vermögen einer Aktiengesellschaft findet das Konkursverfahren außer dem Falle der Zahlungsunfähigkeit in dem Falle der Überschuldung statt.

Nach Auflösung einer Aktiengesellschaft ist die Eröffnung des Verfahrens so lange zulässig, als die Verteilung des Vermögens nicht vollzogen ist.

§ 208. Zu dem Antrage auf Eröffnung des Verfahrens ist außer den Konkursgläubigern jedes Mitglied des Vorstandes und jeder Liquidator berechtigt.

Wird der Antrag nicht von allen Mitgliedern des Vorstandes oder allen Liquidatoren gestellt, so ist derselbe zuzulassen, wenn die Zahlungsunfähigkeit oder Überschuldung glaubhaft gemacht wird. Das Gericht hat die übrigen Mitglieder oder Liquidatoren nach Maßgabe des § 105 Abs. 2, 3 zu hören.

§ 209. Im Falle der Zahlungsunfähigkeit einer offenen Handelsgesellschaft, einer Kommanditgesellschaft, oder einer Kommanditgesellschaft auf Aktien findet über das Gesellschaftsvermögen ein selbständiges Konkursverfahren statt. Über das Vermögen einer Kommanditgesellschaft auf Aktien findet das Konkursverfahren auch im Falle der Überschuldung statt.

Die Vorschrift des § 207 Abs. 2 findet entsprechende Anwendung.

§ 210. Zu dem Antrage auf Eröffnung des Verfahrens ist außer den Konkursgläubigern jeder persönlich haftende Gesellschafter und jeder Liquidator berechtigt.

Wird der Antrag nicht von allen persönlich haftenden Gesellschaftern oder allen Liquidatoren gestellt, so ist derselbe zuzulassen, wenn bei der offenen Handelsgesellschaft oder der Kommanditgesellschaft die Zahlungsunfähigkeit, bei der Kommanditgesellschaft auf Aktien die Zahlungsunfähigkeit oder die Überschuldung glaubhaft gemacht wird. Das Gericht hat die übrigen persönlich haftenden Gesellschafter oder Liquidatoren nach Maßgabe des § 105 Abs. 2, 3 zu hören.

§ 211. Ein Zwangsvergleich kann nur auf Vorschlag aller persönlich haftenden Gesellschafter geschlossen werden.

Der Zwangsvergleich begrenzt, soweit er nicht ein Anderes festsetzt, zugleich den Umfang der persönlichen Haftung der Gesellschafter.

§ 212. In dem Konkursverfahren über das Privatvermögen eines persönlich haftenden Gesellschafters können die Gesellschaftsgläubiger, wenn das Konkursverfahren über das Gesellschaftsvermögen eröffnet ist, Befriedigung nur wegen desjenigen Betrags suchen, für welchen sie in dem letzteren Verfahren keine Befriedigung erhalten.

Bei den Verteilungen sind die Anteile auf den vollen Betrag der Gesellschaftsforderungen zurückbehalten, bis der Ausfall bei dem Gesellschaftsvermögen feststeht.

Im übrigen finden auf die bezeichneten Forderungen die Vorschriften der §§ 64, 96 entsprechende Anwendung.

§ 213. Auf das Konkursverfahren über das Vermögen einer juristischen Person, sowie eines Vereins, der als solcher verklagt werden kann, finden die Vorschriften der §§ 207, 208 entsprechende Anwendung.

§ 214. II. Für das Konkursverfahren über einen Nachlaß ist das Amtsgericht ausschließlich zuständig, bei welchem der Erblasser zur Zeit seines Todes den allgemeinen Gerichtsstand gehabt hat.

§ 215. Die Eröffnung des Verfahrens setzt die Überschuldung des Nachlasses voraus.

§ 216. Die Eröffnung des Verfahrens wird nicht dadurch gehindert, daß der Erbe die Erbschaft noch nicht angenommen hat, oder daß er für die Nachlaßverbindlichkeiten unbeschränkt haftet.

Bei dem Vorhandensein mehrerer Erben ist die Eröffnung des Verfahrens auch nach der Teilung des Nachlasses zulässig.

§ 217. Zu dem Antrage auf Eröffnung des Verfahrens ist jeder Erbe, der Nachlaßverwalter, sowie ein anderer Nachlaßpfleger, ein Testamentsvollstrecker, dem die Verwaltung des Nachlasses zusteht, und jeder Nachlaßgläubiger berechtigt.

Wird der Antrag nicht von allen Erben gestellt, so ist er zuzulassen, wenn die Überschuldung glaubhaft gemacht wird. Das Gericht hat die übrigen Erben, soweit tunlich, zu hören.

Steht der Verwaltung des Nachlasses einem Testamentsvollstrecker zu, so ist, wenn der Erbe die Eröffnung des Verfahrens beantragt, der Testamentsvollstrecker, wenn der Testamentsvollstrecker den Antrag stellt, der Erbe zu hören.

§ 218. Ist eine Ehefrau die Erbin und gehört der Nachlaß zum eingebrachten Gute oder zum Gesamtgute, so kann sowohl die Ehefrau als der Ehemann die Eröffnung des Verfahrens beantragen, ohne daß die Zustimmung des anderen Teiles erforderlich ist. Das gleiche gilt, wenn der Nachlaß zum Gesamtgute gehört, auch nach Beendigung der Gemeinschaft.

Wird der Antrag nicht von beiden Ehegatten gestellt, so ist er zuzulassen, wenn die Überschuldung glaubhaft gemacht wird. Das Gericht hat den anderen Ehegatten, wenn tunlich, zu hören.

§ 219. Ein Nachlaßgläubiger, der im Aufgebotsverfahren ausgeschlossen ist oder nach § 1974 des Bürgerlichen Gesetzbuchs einem ausgeschlossenen Gläubiger gleichsteht, kann die Eröffnung des Verfahrens nur beantragen, wenn über das Vermögen des Erben das Konkursverfahren eröffnet ist. Das gleiche gilt von einem Vermächtnisnehmer sowie von demjenigen, welcher berechtigt ist, die Vollziehung einer Auflage zu fordern.

Ist eine Ehefrau die Erbin und gehört der Nachlaß zum Gesamtgute, so können die im Abs. 1 bezeichneten Gläubiger den Antrag nur stellen, wenn über das Vermögen des Ehemanns das Konkursverfahren eröffnet ist.

§ 220. Die Eröffnung des Verfahrens kann von einem Nachlaßgläubiger nicht mehr beantragt werden, wenn seit der Annahme der Erbschaft zwei Jahre verstrichen sind.

§ 221. Auf Grund einer nach dem Eintritte des Erbfalls gegen den Nachlaß erfolgten Maßregel der Zwangsvollstreckung oder der Arrestvollziehung kann abgesonderte Befriedigung nicht verlangt werden.

Eine nach dem Eintritte des Erbfalls im Wege der einstweiligen Verfügung erlangte Vormerkung ist unwirksam.

§ 222. Hat der Erbe vor der Eröffnung des Verfahrens aus dem Nachlasse Pflichtteilsansprüche, Vermächtnisse oder Auflagen erfüllt, so ist die Leistung in gleicher Weise anfechtbar wie eine unentgeltliche Verfügung des Erben.

§ 223. Dem Erben steht wegen der ihm nach den §§ 1978, 1979 des Bürgerlichen Gesetzbuchs aus dem Nachlasse zu ersetzenden Aufwendungen ein Zurückbehaltungsrecht nicht zu.

§ 224. Masseschulden sind außer den im § 59 bezeichneten Verbindlichkeiten:

1. die dem Erben nach den §§ 1978, 1979 des Bürgerlichen Gesetzbuchs aus dem Nachlasse zu ersetzenden Aufwendungen;
2. die Kosten der standesmäßigen Beerdigung des Erblassers;
3. die im Falle der Todeserklärung des Erblassers dem Nachlasse zur Last fallenden Kosten des Verfahrens;
4. die Kosten der Eröffnung einer Verfügung des Erblassers von Todes wegen, der gerichtlichen Sicherung des Nachlasses, einer Nachlaßpflegschaft, des Aufgebots der Nachlaßgläubiger und der Inventarerrichtung;
5. die Verbindlichkeiten aus den von einem Nachlaßpfleger oder einem Testamentsvollstrecker vorgenommenen Rechtsgeschäften;
6. die Verbindlichkeiten, welche für den Erben gegenüber einem Nachlaßpfleger, einem Testamentsvollstrecker oder einem Erben, der die Erbschaft ausgeschlagen hat, aus der Geschäftsführung dieser Personen entstanden sind, soweit die Nachlaßgläubiger verpflichtet sein würden, wenn die bezeichneten Personen die Geschäfte für sie zu besorgen gehabt hätten.

§ 225. Der Erbe kann die ihm gegen den Erblasser zustehenden Ansprüche geltend machen.

Hat der Erbe eine Nachlaßverbindlichkeit berichtigt, so tritt er, soweit nicht die Berichtigung nach § 1979 des Bürgerlichen Gesetzbuchs als für Rechnung des Nachlasses erfolgt gilt, an die Stelle des Gläubigers, es sei denn, daß er für die Nachlaßverbindlichkeiten unbeschränkt haftet.

Haftet der Erbe einem einzelnen Gläubiger gegenüber unbeschränkt, so kann er dessen Forderung für den Fall geltend machen, daß der Gläubiger sie nicht geltend macht.

§ 226. In dem Verfahren kann jede Nachlaßverbindlichkeit geltend gemacht werden.

Nachstehende Verbindlichkeiten werden erst nach allen übrigen Verbindlichkeiten und in folgender Rangordnung, bei gleichem Range nach Verhältnis ihrer Beträge berichtigt:

1. die seit der Eröffnung des Verfahrens laufenden Zinsen der im § 61 bezeichneten Forderungen;
2. die gegen den Erblasser erkannten Geldstrafen;
3. die Verbindlichkeiten aus einer Freigebigkeit des Erblassers unter Lebenden;
4. die Verbindlichkeiten gegenüber Pflichtteilsberechtigten;
5. die Verbindlichkeiten aus den vom Erblasser angeordneten Vermächtnissen und Auflagen.

Ein Vermächtnis, durch welches das Recht des Bedachten auf den Pflichtteil nach § 2307 des Bürgerlichen Gesetzbuchs ausgeschlossen wird, steht, soweit es den Pflichtteil nicht übersteigt, im Range den Pflichtteilsrechten gleich. Hat der Erblasser durch Verfügung von Todes wegen angeordnet, daß ein Vermächtnis oder eine Auflage vor einem anderen Vermächtnis oder einer anderen Auflage erfüllt werden soll, so hat das Vermächtnis oder die Auflage den Vorrang.

Die Verbindlichkeiten, in Ansehung deren der Gläubiger im Wege des Aufgebotsverfahrens ausgeschlossen ist oder nach § 1974 des Bürgerlichen Gesetzbuchs einem ausgeschlossenen Gläubiger gleichsteht, werden erst nach den im Abs. 2 Nr. 1 bis 3 bezeichneten Verbindlichkeiten und, soweit sie zu den in Abs. 2 Nr. 4, 5 bezeichneten Verbindlichkeiten gehören, erst nach den Verbindlichkeiten berichtigt, mit denen sie ohne die Beschränkung gleichen Rang haben würden. Im übrigen wird durch die Beschränkungen an der Rangordnung nichts geändert.

§ 227. Mit den im § 226 Abs. 2 bis 5, Abs. 4 bezeichneten Forderungen werden die bis zur Eröffnung des Verfahrens aufgelaufenen und die seit der Eröffnung laufenden Zinsen an derselben Stelle angesetzt.

§ 228. Was infolge der Anfechtung einer von dem Erblasser oder ihm gegenüber vorgenommenen Rechtshandlung zur Konkursmasse zurückgewährt wird, darf nicht zur Berichtigung der im § 226 Abs. 2 Nr. 4, 5 bezeichneten Verbindlichkeiten verwendet haben.

Auf dasjenige, was der Erbe auf Grund der Vorschriften der §§ 1978 bis 1980 des Bürgerlichen Gesetzbuchs zu der Masse zu ersetzen hat, haben die Gläubiger, die im Wege des Aufgebotsverfahrens ausgeschlossen sind oder nach § 1974 des Bürgerlichen Gesetzbuchs einem ausgeschlossenen Gläubiger gleichstehen, nur insoweit Anspruch, als der Erbe auch nach den Vorschriften über die Herausgabe einer ungerechtfertigten Bereicherung ersatzpflichtig sein würde.

§ 229. Die in dem Aufgebotsverfahren zum Zwecke der Ausschließung von Nachlaßgläubigern angemeldeten und nicht ausgeschlossenen Forderungen gelten als auch im Nachlaßkonkurs angemeldet, sofern das Aufgebot von dem Gerichte, bei welchem der Konkurs anhängig wird, erlassen und das Verfahren nicht vor der Eröffnung des Konkursverfahrens ohne Erlassung des Ausschlußurteils erledigt ist.

§ 230. Ein Zwangsvergleich kann nur auf den Vorschlag aller Erben geschlossen werden.

Die Gläubiger, welchen die im § 226 Abs. 2 Nr. 2 bis 5, Abs. 4 bezeichneten Forderungen zustehen, nehmen an dem Zwangsvergleiche nicht teil, sie sind jedoch vor der Bestätigung zu hören. Macht einer von ihnen glaubhaft, daß der Zwangsvergleich sein berechtigtes Interesse verletzt, so ist auf seinen Antrag der Zwangsvergleich zu verwerfen; gegen die Bestätigung steht ihm die sofortige Beschwerde nach § 189 zu.

§ 231. Die Vorschriften des § 223, des § 224 Nr. 1 und des § 225 Abs. 2, 3 gelten für den Vorerben auch nach dem Eintritte der Nacherbfolge.

§ 232. Hat der Erbe die Erbschaft verkauft, so tritt der Käufer in Ansehung des Verfahrens an seine Stelle.

Der Erbe ist wegen einer Nachlaßverbindlichkeit, die im Verhältnisse zwischen ihm und dem Käufer diesem zur Last fällt, in derselben Weise wie ein Nachlaßgläubiger zu dem Antrag auf Eröffnung des Verfahrens berechtigt. Das gleiche Recht steht ihm auch wegen einer anderen Nachlaßverbindlichkeit zu, es sei denn, daß er unbeschränkt haftet oder daß eine Nachlaßverwaltung angeordnet ist. Die Vorschriften des § 223, des § 224 Nr. 1 und des § 225 gelten für den Erben auch nach dem Verkaufe der Erbschaft.

§ 233. Die Vorschriften des § 232 finden entsprechende Anwendung, wenn jemand eine durch Vertrag erworbene Erbschaft verkauft oder sich zur Veräußerung einer ihm angefallenen oder anderweit von ihm erworbenen Erbschaft in sonstiger Weise verpflichtet hat.

§ 234. In dem Konkursverfahren über das Vermögen des Erben finden, wenn auch über den Nachlaß das Konkursverfahren eröffnet, oder wenn eine Nachlaßverwaltung angeordnet ist, auf Nachlaßgläubiger, denen gegenüber der Erbe unbeschränkt haftet, die Vorschriften der §§ 64, 96, 153, 155, 156, des § 168 Nr. 3 und des § 169 entsprechende Anwendung.

Das gleiche gilt, wenn eine Ehefrau die Erbin ist und der Nachlaß zum Gesamtgute gehört, auch in dem Konkursverfahren über das Vermögen des Ehemanns.

§ 235. Über einen Erbteil findet ein Konkursverfahren nicht statt.

§ 236. Die Vorschriften der §§ 214 bis 234 finden im Falle der fortgesetzten Gütergemeinschaft auf das Konkursverfahren über das Gesamtgut entsprechende Anwendung. Konkursgläubiger sind nur die Gesamtgutsgläubiger, deren Forderungen schon zur Zeit des Eintritts der fortgesetzten Gütergemeinschaft bestanden. Zu dem Antrag auf Eröffnung des Verfahrens ist ein Gläubiger nicht berechtigt, demgegenüber der überlebende Ehegatte zu dieser Zeit persönlich haftete. Die anteilsberechtigten Abkömmlinge sind zu dem Antrage nicht berechtigt; das Gericht hat sie, soweit tunlich, zu hören.

§ 237. III. Besitzt ein Schuldner, über dessen Vermögen im Auslande ein Konkursverfahren eröffnet worden ist, Vermögensgegenstände im Inlande, so ist die Zwangsvollstreckung in das inländische Vermögen zulässig.

Ausnahmen von dieser Bestimmung können unter Zustimmung des Bundesrats durch Anordnung des Reichskanzlers getroffen werden.

§ 238. Das Konkursverfahren umfaßt nur das im Inlande befindliche Vermögen, wenn der Schuldner im Deutschen Reiche eine gewerbliche Niederlassung, aber keinen allgemeinen Gerichtsstand hat.

Hat ein Schuldner im Deutschen Reiche weder eine gewerbliche Niederlassung noch einen allgemeinen Gerichtsstand, so findet ein Konkursverfahren über das im Inlande befindliche Vermögen des Schuldners statt, wenn er im Inlande ein mit Wohn- und Wirtschaftsgebäuden versehenes Gut als Eigentümer, Nutznießer oder Pächter bewirtschaftet. Für das Verfahren ist das Amtsgericht ausschließlich zuständig, in dessen Bezirke das Gut sich befindet.

Ist im Auslande ein Konkursverfahren eröffnet, so bedarf es nicht des Nachweises der Zahlungsunfähigkeit zur Eröffnung des inländischen Verfahrens.

Drittes Buch.

Strafbestimmungen.[1])

§ 239. Schuldner, welche ihre Zahlungen eingestellt haben oder über deren Vermögen das Konkursverfahren eröffnet worden ist, werden wegen betrüglichen Bankrotts mit Zuchthaus bestraft, wenn sie in der Absicht, ihre Gläubiger zu benachteiligen,

1. Vermögensstücke verheimlicht oder beiseite geschafft haben;
2. Schulden oder Rechtsgeschäfte anerkannt oder aufgestellt haben, welche ganz oder teilweise erdichtet sind;
3. Handelsbücher zu führen unterlassen haben, deren Führung ihnen gesetzlich oblag, oder
4. ihre Handelsbücher vernichtet oder verheimlicht oder so geführt oder verändert haben, daß dieselben keine Übersicht des Vermögenszustandes gewähren.

Sind mildernde Umstände vorhanden, so tritt Gefängnisstrafe nicht unter drei Monaten ein.

§ 240. Schuldner, welche ihre Zahlungen eingestellt haben, oder über deren Vermögen das Konkursverfahren eröffnet worden ist, werden wegen einfachen Bankrotts mit Gefängnis bestraft, wenn sie

1. durch Aufwand, Spiel oder Wette oder durch Differenzhandel mit Waren oder Börsenpapieren übermäßige Summen verbraucht haben oder schuldig geworden sind;
2. in der Absicht, die Eröffnung des Konkursverfahrens hinauszuschieben, Waren oder Wertpapiere auf Kredit entnommen und diese Gegenstände erheblich unter dem Werte in einer den Anforderungen einer ordnungsmäßigen Wirtschaft widersprechenden Weise veräußert oder sonst weggegeben haben;
3. Handelsbücher zu führen unterlassen haben, deren Führung ihnen gesetzlich oblag, oder dieselben verheimlicht, vernichtet oder so unordentlich geführt haben, daß sie keine Übersicht ihres Vermögenszustandes gewähren, oder
4. es gegen die Bestimmungen des Handelsgesetzbuchs unterlassen haben, die Bilanz ihres Vermögens in der vorgeschriebenen Zeit zu ziehen.

Neben der Gefängnisstrafe kann in den Fällen der Nr. 1, 2 auf Verlust der bürgerlichen Ehrenrechte erkannt werden.

Sind mildernde Umstände vorhanden, so kann auf Geldstrafe erkannt werden.

§ 241. Schuldner, welche ihre Zahlungen eingestellt haben, oder über deren Vermögen das Konkursverfahren eröffnet worden ist, werden mit Gefängnis bis zu zwei Jahren bestraft, wenn sie, obwohl sie ihre Zahlungs-

---

[1]) Durch die Verordnung vom 6. Februar 1924 (RGBl. S. 44) sind die Bestimmungen des Strafgesetzbuchs über die Geldstrafen in Teil I Abschnitt I wesentlich erweitert worden. Der Höchstbetrag der Geldstrafen ist bei Verbrechen und Vergehen auf 10000 Mk. erhöht und beträgt, wenn die Tat aus Gewinnsucht begangen ist, sogar 100000 Mk. Außerdem ist bestimmt, daß die Geldstrafe mindestens so hoch sein soll, wie das Entgelt, das der Täter für die Tat empfangen hat, und der Gewinn, den er durch die Tat gezogen hat. In Fällen, wo bisher nur Freiheitsstrafe angedroht war, kann dagegen jetzt auch auf Geldstrafe erkannt werden. Andrerseits ist es für zulässig erklärt, in Fällen, wo eine Freiheitsstrafe von weniger als 3 Monaten verwirkt ist, an Stelle der Freiheitsstrafe auf eine Geldstrafe zu erkennen, wenn dadurch der Zweck der Strafe erreicht werden kann.

Diese Änderungen des Strafgesetzbuchs sind durch Artikel VIII der genannten Verordnung für das gesamte Reichs- und Landesrecht, also auch für die Strafbestimmungen der Konkursordnung für maßgebend erklärt worden. Die bisherigen Grenzen für die Höhe der Geldstrafen in den §§ 240 Abs. 3, 241 Abs. 2, 242 Abs. 2 und 243 sind daher weggefallen.

unfähigkeit kannten, einem Gläubiger in der Absicht, ihn vor den übrigen Gläubigern zu begünstigen, eine Sicherung oder Befriedigung gewährt haben, welche derselbe nicht oder nicht in der Art oder nicht zu der Zeit zu beanspruchen hatte.

Sind mildernde Umstände vorhanden, so kann auf Geldstrafe erkannt werden.

§ 242. Mit Zuchthaus bis zu zehn Jahren wird bestraft, wer

1. im Interesse eines Schuldners, welcher seine Zahlungen eingestellt hat, oder über dessen Vermögen das Konkursverfahren eröffnet worden ist, Vermögensstücke desselben verheimlicht oder beiseite geschafft hat, oder
2. im Interesse eines solchen Schuldners oder, um sich oder einem anderen Vermögensvorteil zu verschaffen, in dem Verfahren erdichtete Forderungen im eigenen Namen oder durch vorgeschobene Personen geltend gemacht hat.

Sind mildernde Umstände vorhanden, so tritt Gefängnisstrafe oder Geldstrafe ein.

§ 243. Ein Gläubiger, welcher sich von dem Gemeinschuldner oder anderen Personen besondere Vorteile dafür hat gewähren oder versprechen lassen, daß er bei den Abstimmungen der Konkursgläubiger in einem gewissen Sinne stimme, wird mit Geldstrafe oder mit Gefängnis bis zu einem Jahre bestraft.

§ 244. Die Strafvorschriften der §§ 239 bis 241 finden gegen die Mitglieder des Vorstandes einer Aktiengesellschaft oder eingetragenen Genossenschaft und gegen die Liquidatoren einer Handelsgesellschaft oder eingetragenen Genossenschaft, welche ihre Zahlungen eingestellt hat oder über deren Vermögen das Konkursverfahren eröffnet worden ist, Anwendung, wenn sie in dieser Eigenschaft die mit Strafe bedrohten Handlungen begangen haben.

II.

Einführungsgesetz

zur Konkursordnung.

Vom 10. Februar 1877.

In der Fassung nach dem Gesetze vom 17. Mai 1898, betreffend Änderungen der Konkursordnung, und dem dazu gehörigen Einführungsgesetze.

---

§ 1. Die Konkursordnung tritt im ganzen Umfange des Reichs gleichzeitig mit dem Gerichtsverfassungsgesetze in Kraft.

§ 2. Gesetz im Sinne der Konkursordnung und dieses Gesetzes ist jede Rechtsnorm.

§ 3. Die den Konkurs betreffenden Vorschriften der Reichsgesetze werden durch die Konkursordnung nicht berührt.

Aufgehoben werden:

1. Die Vorschriften des § 51 des Gesetzes, betreffend die privatrechtliche Stellung der Erwerbs- und Wirtschaftsgenossenschaften, vom 4. Juli 1868, sowie die im § 48 desselben Gesetzes bestimmte Zuständigkeit des Handelsgerichts;
2. die Vorschriften der §§ 13 bis 18 des Gesetzes, betreffend die Gewährung der Rechtshilfe, vom 21. Juni 1869;
3. die Vorschriften der §§ 281 bis 283 des Strafgesetzbuchs.

[Der Artikel 80 der Wechselordnung wird dahin abgeändert, daß die Verjährung auch nach Maßgabe des §13 der Konkursordnung unterbrochen wird.]

Art. 80 WO. ist durch Art. 8 Ziff. 2 des Einf.-Ges. zum Handelsgesetzbuch vom 10. Mai 1897 aufgehoben.

§ 4. Aufgehoben werden die Vorschriften der Landesgesetze über Konkurs-, Falliments-, Gant-, Debit-Verfahren, über gerichtliche, zur Abwendung oder Einleitung eines solchen Verfahrens dienende Stundungs- oder Nachlaßverhandlungen, konkursmäßige Einleitungen, Vermögensuntersuchungen, über die Rechtswohltat der Güterabtrennung und die landesherrliche oder gerichtliche Bewilligung einer allgemeinen Zahlungsstundung sowie über das Konkursrecht, insoweit nicht in der Konkursordnung auf dieselben verwiesen oder bestimmt ist, daß sie nicht berührt werden.

Aufgehoben werden die Strafvorschriften, welche rücksichtlich des Konkurses in den Landesgesetzen enthalten sind.

§ 5. Unberührt bleiben die landesgesetzlichen Vorschriften, welche die Lehen, Stammgüter oder Familienfideikommisse betreffen.

§ 6. Die Bestimmungen der §§ 207, 208, 244 der Konkursordnung finden auf registrierte Gesellschaften, welche auf Grund des bayerischen Gesetzes vom 29. April 1869, betreffend die privatrechtliche Stellung der Erwerbs- und Wirtschaftsgesellschaften, bestehen, entsprechende Anwendung.

Die Gesellschaft wird in dem Konkursverfahren durch den Vorstand oder die Liquidatoren vertreten. Ein Zwangsvergleich findet nicht statt.

§ 7. In Ansehung der Landesherren und der Mitglieder der landesherrlichen Familien, sowie der Mitglieder der fürstlichen Familie Hohenzollern finden die Bestimmungen der Konkursordnung nur insoweit Anwendung, als nicht besondere Vorschriften der Hausverfassungen oder der Landesgesetze abweichende Bestimmungen enthalten.

Das gleiche gilt in Ansehung der Mitglieder des vormaligen Hannoverschen Königshauses, des vormaligen Kurhessischen und des vormaligen Herzoglich Nassauischen Fürstenhauses.

§ 8[1]. Ein vor dem Tage des Inkrafttretens der Konkursordnung eröffnetes Konkursverfahren ist nach den bisherigen Gesetzen zu erledigen.

Der Landesgesetzgebung bleibt vorbehalten, die Konkursordnung auf Erledigung der vor dem Inkrafttreten der Konkursordnung anhängig gewordenen Konkurssachen für anwendbar zu erklären und zu dem Zwecke Übergangsbestimmungen zu erlassen.

§ 9[1]. In einem am Tage des Inkrafttretens der Konkursordnung oder nach diesem Tage eröffneten Konkursverfahren finden die Bestimmungen der Konkursordnung über die Anfechtung von Rechtshandlungen auf eine vor dem bezeichneten Tage vorgenommene Rechtshandlung Anwendung, sofern nicht dieselbe nach den Vorschriften der bisherigen Gesetze der Anfechtung entzogen oder in geringerem Umfange unterworfen ist.

§ 10[1]. In einem am Tage des Inkrafttretens der Konkursordnung oder nach diesem Tage eröffneten Konkursverfahren finden die Bestimmungen der §§ 50, 55 Nr. 3, 56 der Konkursordnung auf eine vor dem bezeichneten Tage abgetretene oder erworbene Forderung Anwendung, sofern nicht die bisherigen Gesetze eine Aufrechnung zulassen oder eine Verpflichtung zum Schadenersatze nicht oder in geringerem Umfange begründen.

§ 11[1]. In einem am Tage des Inkrafttretens der Konkursordnung oder nach diesem Tage eröffneten Konkursverfahren finden die Bestimmungen der Konkursordnung und dieses Gesetzes über abgesonderte Befriedigung auf Pfand- und Vorzugsrechte Anwendung, wenngleich dieselben oder die Forderungen vor dem bezeichneten Tage erworben sind.

§ 12. Insoweit Pfand- und Vorzugsrechte, welche vor dem Tage des Inkrafttretens der Konkursordnung auf Grund eines Vertrages, einer letztwilligen Anordnung oder einer richterlichen Verfügung erworben oder in Bankstatuten den Banknoteninhabern rechtsgültig zugesichert sind, zufolge der Bestimmungen der Konkursordnung und dieses Gesetzes ihre Wirksamkeit verlieren, kann die Landesgesetzgebung für die Forderung des Berechtigten ein Vorrecht vor allen oder einzelnen der im § 61 der Konkursordnung bezeichneten Forderungen gewähren.

Ist das Pfand- oder Vorzugsrecht auf einzelne bewegliche Gegenstände des Schuldners beschränkt, so kann das Vorrecht nur in Höhe des Erlöses derselben gewährt werden.

Das durch die vorstehenden Bestimmungen vorbehaltene Vorrecht kann nicht gewährt werden für ein zwei Jahre nach dem Inkrafttreten der Konkursordnung eröffnetes Konkursverfahren, wenn nicht das Vorrecht dadurch erhalten wird, daß dasselbe bis zum Ablaufe der zwei Jahre zur Eintragung in ein öffentliches Register vorschriftsmäßig angemeldet ist. Der Erlaß von Vorschriften über die Einrichtung solcher Register sowie über die Anmeldung und Eintragung der Forderungen bleibt der Landesgesetzgebung vorbehalten.

§ 13. Die Landesgesetzgebung kann der Ehefrau, den Kindern und den Pflegebefohlenen des Gemeinschuldners für Forderungen, welche vor dem Tage des Inkrafttretens der Konkursordnung entstanden sind, ein Vorrecht nach Maßgabe des § 12 Abs. 1, 2 insoweit gewähren, als ein gesetzliches

---

[1] Siehe hierzu die Artikel V und VI des Einführungsgesetzes zur Novelle zur KO. vom 17. Mai 1898 S. 283.

Pfand- oder Vorzugsrecht der Ehefrau, der Kinder oder der Pflegebefohlenen nach den bisherigen Gesetzen bestanden hat.

Auf das Vorrecht der Ehefrau findet die Bestimmung des § 12 Abs. 3 entsprechende Anwendung.

Den Kindern und den Pflegebefohlenen kann das Vorrecht für ein fünf Jahre nach dem Inkrafttreten der Konkursordnung eröffnetes Konkursverfahren nicht gewährt werden.

Die §§ 14 bis 16 sind aufgehoben.

§ 17. Unberührt bleiben die landesgesetzlichen Vorschriften, nach denen den Inhabern von Schuldverschreibungen, die von anderen Kreditanstalten als Hypothekenbanken auf Grund von Hypotheken oder von Reallasten oder von nichthypothekarischen Darlehen der im § 41 des Hypothekengesetzes bezeichneten Art ausgegeben sind, ein Vorrecht vor allen anderen Konkursgläubigern in Ansehung der Befriedigung aus den Hypotheken oder den Reallasten oder den genannten Darlehen der Anstalt, zusteht. Wird ein solches Vorrecht gewährt, so gehen in Ansehung der Befriedigung aus den Hypotheken die Forderungen aus Schuldverschreibungen, zu deren Deckung Hypotheken verwendet werden, den Forderungen aus den übrigen Schuldverschreibungen vor; entsprechendes gilt für die Befriedigung aus Reallasten und nichthypothekarischen Darlehen. Werden wertbeständige Hypotheken verschiedener Gattung zur Deckung verwendet, so gehen in Ansehung der Befriedigung aus den Hypotheken der einen Gattung die Forderungen aus Schuldverschreibungen der gleichen Gattung den Forderungen aus anderen Schuldverschreibungen anderer Gattungen vor; entsprechendes gilt für Reallasten und nichthypothekarischen Darlehen[1]).

Unberührt bleiben die landesgesetzlichen Vorschriften, nach welchen den Inhabern von Schuldverschreibungen, die von Körperschaften des öffentlichen Rechts, Aktiengesellschaften, Kommanditgesellschaften auf Aktien, Gesellschaften mit beschränkter Haftung oder Genossenschaften über ein Anlehen ausgestellt sind, ein Vorrecht vor nicht bevorrechtigten Konkursgläubigern, deren Forderungen später entstehen, dadurch gewährt werden kann, daß die zu bevorrechtigenden Forderungen in ein öffentliches Schuldbuch eingetragen werden[2]).

---

[1]) Die jetzige Fassung des Abs. 1 beruht auf Art. III des Gesetzes vom 14. Juli 1923 (RGBl. S. 635).

[2]) Der Absatz 2 beruht auf § 43 des Hypothekenbankgesetzes vom 13. Juli 1899 (RGBl. S. 375).

III.

Auszug aus dem Einführungsgesetze

zu dem Gesetze, betr. Änderungen der Konkursordnung vom 17. Mai 1898.

Artikel IV.

Unberührt bleiben die landesgesetzlichen Vorschriften, welche die Zulässigkeit des Konkursverfahrens über das Vermögen der im § 15 Nr. 3 des Einführungsgesetzes zur Zivilprozeßordnung bezeichneten juristischen Personen beschränken oder ausschließen.

Artikel V.

Ein vor dem Inkrafttreten des Gesetzes, betr. Änderungen der Konkursordnung eröffnetes Konkursverfahren ist nach den bisherigen Gesetzen zu erledigen.

Artikel VI.

In einem am Tage des Inkrafttretens des Gesetzes betr. Änderungen der Konkursordnung, oder nach diesem Tage eröffneten Konkursverfahren bleiben, soweit für ein Rechtsverhältnis die Vorschriften des bisherigen bürgerlichen Rechtes maßgebend sind, für das Rechtsverhältnis auch die Vorschriften des bisherigen Konkursrechts maßgebend. Dies gilt insbesondere in Ansehung eines Nachlasses, wenn der Erblasser vor dem bezeichneten Zeitpunkte gestorben ist. Die Landesgesetzgebung kann jedoch auf ein Rechtsverhältnis, für welches nach den Übergangsvorschriften des Einführungsgesetzes zum Bürgerlichen Gesetzbuche die Landesgesetze maßgebend sind, die Vorschriften des neuen Konkursrechts für anwendbar erklären.

Sachregister.

Die Zahlen bedeuten die Seiten.

B.

D.

E.

F.

G.

H.

J.

K.

T.

U.

V.

W.

Z.

FSC
www.fsc.org
MIX
Papier | Fördert gute Waldnutzung
FSC® C083411

Kolibri 360 GmbH
Ferdinand-Jühlke-Straße 7
99095 Erfurt, Deutschland
produktsicherheit@kolibri360.de